발부리 아래의 돌

발부리 아래의 돌

초판 1쇄 펴낸날 2018년 1월 2일
초판 2쇄 펴낸날 2018년 4월 3일

지은이 | 김호정
펴낸이 | 홍지연
펴낸곳 | 도서출판 우리학교

편집 | 김영숙 이혜재 소이언
디자인 | 권진영 김민경
마케팅 | 이선행
관리 | 김미영
인쇄 | 에스제이 피앤비

등록 | 제313-2009-26호(2009년 1월 5일)
주소 | 03993 서울시 마포구 월드컵북로6길 92 구성빌딩 2층
전화 | 02-6012-6094
팩스 | 02-6012-6092
전자우편 | woorischool@naver.com

ISBN 979-11-87050-49-0 03330

'재일교포 간첩단 조작 사건'의 피해자인 아버지들을 위한 비망록

발부리 아래의 돌

김호정
기록

우리학교

이 책에 등장하는 인물들은 모두 실존 인물이며,

실명을 원칙으로 기록했다.

연락이 닿지 않아 동의를 구할 수 없는 참고인들,

실명을 밝히기가 조심스러운 일부 인물들은 가명으로 기록했다.

| 추 천 사 |

너무나 갈망해온 무죄라는 한 마디. 막상 손에 쥐고 보니 허망하기 짝이 없었다. 한을 품고 돌아가신 분들의 육신은 이미 스러졌고, 남은 이들은 여전히 파괴되고 훼손된 삶을 살아내야 한다. 그 폭격 맞은 땅에 도착한 "미안해, 오폭이었어."라는 통지서. 아홉 살 때 아버지와 헤어진 딸은 스무 살이 넘어서야 아버지가 간첩 사건으로 끌려갔다는 것을 알았고, 아버지의 나이를 훌쩍 넘겨 애끓는 사부곡(思父曲)을 펴냈다. 너무 많은 조작간첩 사건이 있었다. 『발부리 아래의 돌』은 그 피해자들을 국가폭력의 피해자 일반으로 두는 것을 단호히 거부한다. 이 책은 사부곡에 머물지 않는, 뒤늦게 쓰는 아버지들 한 분, 한 분의 부고장이다. 발신지는 오폭의 현장, 수신인은 여전히 고개를 뻣뻣이 들고 다니는 가해자와 그들의 무심한 이웃들이다.

– 한홍구 성공회대 교수

1977년 날조된 간첩죄로 사형 판결을 받은 재일동포 사업가 강우규와 공범으로 중형을 선고받았던 김추백 등 그 친지들은 2016년 대법원의 재심 무죄 판결로 누명에서 벗어났다. 이 책은 그에 이르기까지 10년 여 땀 흘려 애써온 저자의 집념의 산물이다. 작고한 부친 김추백이 불법 체포되었을 당시 초등학생이었던 저자는 노구의 생존 피고인들과 그 가족들을 위한 따뜻하고 지혜로운 심부름꾼, 안내자이자 구심점으로서, 오랜 기간 지침 없이 진실규명을 위한 싸움을 이끌어왔다. 이 책이 그 인내의 기록이다. 저자의 그때그때 빠짐없는 노트와 기억의 도움으로 이 책에서 독자들은 그 과정 모두를 생생하게 되풀이 공감할 수 있다. 재심 과정의 말석에 참여했던 변호사로서 높은 도덕적 이상과 정의의 승리라 할 이 기록물에 경의를 표한다.

– 이석태 변호사

『발부리 아래의 돌』은 김호정 선생님이 '재일교포 실업인 간첩단 사건'의 피해자와 유족들과 함께 재심을 신청하고 무죄를 받기까지 그 모든 과정에 앞장선 당사자이기에 엮을 수 있는 글입니다. 김호정 선생님은 아버지들이 억울한 누명을 벗어내기까지의 긴 시간을 갈무리하며 만 장 이상의 수사기록과 재판 자료를 읽고 또 읽었습니다. 아버지들을 '간첩'으로 만들어낸 기록은 저자의 손끝에서 아버지들이 살아 계실 때 자식들에게 미처 못한 말, 오랜 세월이 지나 재심을 하면서도 자식들에게 미처 못한 말로 다시 태어났습니다. 그러나 이 책은 그저 당사자라고 해서 쓸 수 있는 글이 아닙니다. 일본의 식민지 지배로 일본으로 건너가야 했던 제주인들의 삶, 해방 후 제주 4.3과 남북 분단 속에 일본과 제주도에서 이산가족으로 살아야 했던 삶, 국가 권력의 피해자임에도 불구하고 자기를 책망해온 세월을 쓰는 일은 김호정 선생님만의 깊은 고민이 있기에 가능했습니다. 이 책에는 재심을 통해 함께 누명을 이겨낸 평범한 사람들의 10년의 노력이 고스란히 담겨 있습니다.

– 이령경 릿교대 교수

이 책을 읽는 독자에게

1977년 3월 24일, 신문에 '재일교포 실업인 간첩단' 사건이 대서특필되었습니다. 제 아버지를 비롯한 열한 명의 시민들의 이름이 중앙정보부가 그린 '간첩단 조직도'에 들어 있었습니다. 간첩으로 지목된 분들은 대부분 제주 출신이었으며, 그분들 중에는 공화당 국회의원 비서, 새마을 지도자, 재건국민운동본부 지역 간부, 중앙정보부 직원이었던 분도 있었고, 전몰군경 유가족인 분, 화랑무공훈장·국민훈장 목련장을 받은 분도 있었습니다. 그분들 모두들 억울한 옥살이를 하고, 사회적으로 배제된 삶을 살아야 했습니다.

아버지가 병 요양 중에 돌아가신 줄로만 알아왔던 저는 스무 살이 훨씬 넘어서야 위의 '간첩단' 사건에 대해 듣게 되었습니다. 아버지는 '간첩단'의 일원이라는 누명을 쓰고 실형을 살다가 쓰러져 돌아가셨던 것입니다.

우리들에게 정답고 다감하게 이야기를 들려주곤 하던 아버지였습니다. 저는 아버지 죽음의 인과를 밝혀 아버지가 못다 한 이야기를 이어가야겠다고 다짐했습니다.

허나 제게 주어진 것은 빛바랜 판결문 몇 장, 검색해 찾아낸 당시 신문 기사, 그리고 어머니가 보관해온 탄원서 등의 기록물밖에 없었습니다. 도대체 무엇 때문에 제 아버지를 비롯한 열한 명의 아버지들은 간첩이 되었던 것일까요?

저는 잃어버린 아버지의 이야기를 찾기 위해 길을 떠났습니다. 막막한 여정이었지만 뜻하지 않은 조력자들을 만날 수 있었고, 힘든 고비를 겪게 될 때면 용기 있게 길을 가던 인물들을 떠올리곤 했습니다.

『오즈의 마법사』에서 도로시는 태풍이 휩쓸고 가는 바람에 집과 고향을 잃어버립니다. 낯선 도시에 떨어진 도로시는 고향으로 돌아가게 해 달라는 부탁을 하려고 오즈의 마법사를 찾아갑니다. 그 길에서 뇌가 없는 허수아비, 심장이 없는 양철 나무꾼, 용기가 없는 사자를 만나게 되지요. 그들 모두 자신에게 결핍되어 있는 것들을 얻기 위하여 함께 오즈의 마법사를 방문하기로 합니다. 서로 힘을 모으고, 착한 마녀 등의 도움을 얻기도 하며 마침내 난관을 뚫고 마법사에게 가 닿았지만, 사실 마법사는 사람들에 의해 '추앙되었을 뿐', 전능한 존재가 아니었습니다. 절망했던 도로시와 세 친구들은 마법사와 마주하며 이내 자신들을 재발견합니다. 마법사를 통해서가 아니라, 서로 마음을 나누고 어려움을 극복하며 길을 함께함으로써 온전해진 스스로의 모습을요. 서쪽 마녀를 물리칠 만큼 그들은 지혜와 사랑과 용기로 충만한 존재가 되어 있었습니다.

무지개 너머를 꿈꾸던 도로시는 자신의 마음속에 항상 품고 있었던 곳이 바로 고향이었음을 깨닫게 됩니다. 그 깨달음을 통하여, 이제 도로시는 고향에서 맞닥뜨리던 현실의 어려움을 한결 더 의연히 극복해나가겠지요.

뿔뿔이 흩어져 있던 피해자들이 만났습니다. 서로의 사연에 귀 기울였습니다. 진저리치게 끔찍했던 고문의 기억들, 훼손된 삶들을 설명하는 주어와 목적어를 밝히기 시작했습니다. 그리고 진실을 규명하여 무죄를 얻기 위한 여정을 함께했습니다.

피해자들이 모여 신청서를 제출한 지 4년 만에 진화위의 진실규명 결정을 얻고, 다시 6년 만에 법원의 재심으로 무죄판결을 받았습니다. 그러나 진실규명이나 재심 무죄판결은 피해자들의 고통을 해결해주는 '마법'이 아니었습니다. 과거를 돌이킬 수도 없고, 깊은 상처를 회복시키지도 못했습니다. 그럼에도 피해자들은 10년의 싸움을 통해서, 스스로 과거를 극복하기 위한 '진실의 증언자'가 되어 왔고, 판결문의 '무죄'를 넘어서, 스스로가 '진실의 기록'이 되었습니다.

아버지 사건에 대해 들은 사람들은 "그런 안타까운 일이 있었구나.", "얼마나 고생했느냐.", "이제라도 밝혀져서 다행이다."라고 말하곤 했습니다. 비슷한 사건들이 실린 신문 기사에서는 '불행했던 과거'를 되풀이해서는 안 된다고 했습니다. 하지만 왠지 공허함을 떨칠 수 없었습니다. 제게는 생생한 현재의 이야기가, 많은 사람들에게는 지나간 과거의 한 장으로만 스치는 것 같았습니다.

저는 우리 사건에 대한 이야기를 '과거사'가 아니라 '지금 여기'의 이야기, '특별한 사람'이 아니라 '누구나'의 이야기, 나아가 여전히 반복되고 있는 아픔들과 손잡는 이야기로 들려주고 싶었습니다.

2006년, 진화위에 진실규명을 신청하면서부터 재심 무죄확정판결까지 10년이 넘는 시간 동안 보고, 듣고, 겪고, 나누었던 일들을 기록했습니다. 무슨 일이 일어났던 것인지 스스로 이해하기 위하여, 진화위에 진실규명 신청의 근거를 마련하기 위하여, 재심에서 무죄의 증거를 찾기 위하여 사건 피해자 한 분 한 분을 만나 증언들을 기록하고, 기사와 관련 자료들을 찾았습니다. 재심을 마무리하며 과거 중앙정보부와 검찰의 수사기록, 진화위의 조사기록 만 여 쪽을 한 장 한 장 넘기며 정리했습니다. 수사기록처럼 조작된 내용들은 맥락을 파악하려면 일부 추론에 기댈 수밖에 없는 부분도 있었지만, 다른 자료들과 견주어보며 사건 피해자들이 겪은 일들을 촘촘히 읽어내고자 했습니다.

이제 아버지가 제게 남긴 이야기 한 권을 내어 놓습니다. 무지개 너머 세상을 꿈꾸는 것만으로는 우리의 현재를 일으켜 세울 수 없습니다. 과거로의 여정을 함께함으로써 우리가 한 발짝 더 나아갈 수 있기를 기원합니다.

기록을 한참 정리할 무렵 저는, 박정희 신화를 공고히 하며 권위주의로 회귀하려는 흐름에 대하여 책을 통해 의문을 던지고자 했습니다.

책을 마무리하려는 지금, 세상은 조금 달라진 듯 보입니다. 새로운 정부가 들어서서 '공정과 정의와 평등'을 강조합니다. 검찰은 새삼 '공익을 대표하고, 불의를 걷어내며, 진실을 따르겠다'는 자기 선서를 되새기는 듯도 합니다. 더 많은 민주주의와 인권을 위한 질문들이 우리에게 필요하겠지요. 이 책이 그런 질문의 하나이길 소망합니다.

정의가 지켜지고 진실이 침몰되지 않도록 하는 것은 소소한 곳곳에서 끈질기게 어둠을 이겨낸 이들의 완강한 연대일 것입니다.

서로의 목소리가 되는 이들이 많아졌으면 좋겠습니다.

10여 년 인고의 과정에 함께해주신 피해자분들께, 도움의 손길을 주신 분들께, 부족한 자료를 책으로 묶어준 출판사에, 이 책을 펼치며 이야기에 귀기울여주는 독자에게, 길 위에서 만난 모든 분들께 다시 한 번 깊은 감사를 올립니다.

2017년 12월

김호정

| 차 례 |

[1부]
말해줄 사람이 아무도 남아 있지 않았다

1장 : **1차 검거** (1977. 2. 8 ~ 2. 18)

2장 : **2차 검거** (1977. 2. 22 ~ 3. 8)

부고

1979년 5월 광주. J대학병원 뒤뜰에서 우리 가족은 통곡했다. 이울지 않은 태양이 푸른 하늘 위로 아득한 오후였다.

'김추백 위독.'

전보를 받고 엄마가 내려간 지 열흘 만에 아빠는 끝내 숨을 거두었다. 나와 동생들은 영문도 모른 채 이모를 따라 도착한 낯선 도시에서, 이제 정말 영영 아빠가 돌아올 수 없다는 말을 듣고 긴 울음을 터뜨렸다.

내가 아홉 살이 되던 해 2월, 낯선 사람들이 타고 온 검은 차에 태워져 아빠는 집을 떠났다. 그날 이후 우리는 다시는 아빠를 볼 수 없었다. 아빠를 기다리며 훌쩍이던 우리에게 엄마는 아빠가 병원에서 요양 치료를 받고 있다고 말했다. 병원이 너무 멀어서 우리가 아빠를 보러 갈 수 없다고도 했다. 이전에도 병상에 누운 아빠를 보았었기에 언니와 나, 두 동생은 매일 저녁 기도 시간에 아빠가 건강해져서 빨리 돌아오게 해 달라고 하느님께 청했다. TV에 나오는 동요에선 꿈속 무지개 동산에서 아빠의 얼굴을 보았다는데, 나는 꿈속에서도 아빠를 만날 수 없었다. 착한 일도 열심히 했지만 두 번의 성탄절을 보내는 동안에도 아빠는 돌아오지 않았다.

베갯잇에 얼굴을 묻으며 몰래 울던 밤들이 있었다. 아빠를 보지 못한 채 봄, 여름, 가을을 보내고 어느 초겨울, 나는 엄마와 시내로 향했다. 서대문 근처 골목의 작은 가게에 나를 맡긴 뒤 엄마는 집에서 준비해 온 회색 누비옷 보따리를 들고 어딘가 다녀왔다. 친절한 주인 할머니는 엄마를 기다리는 내게 사탕을 쥐어주었지만 나는 자꾸 울컥했다. 언젠가 내가 TV에서 하는 〈113 수사본부〉에 아빠네 회사 이름이 나왔다고 하자, 엄마와 이모는 누가 먼저랄 것도 없이 서둘러 아빠 회사가 아니라고 말했었다. 나는 아빠가 돌아오지 못할까 봐 무서워서 울다가 잠이 들곤 했다.

내가 열한 살이던 해의 늦은 봄, 1년 3개월 남짓 남은 형기를 앞두고 아빠는 쓰러졌다. 엄마가 교도소에 도착했을 땐 이미 한참 의식불명 상태였다. 교도관들은 아빠를 인계해 가라며 엄마에게 서류를 내밀었다. 엄마는 황망한 가운데도 그냥 도장을 찍어서는 안 될 것 같아, 사람을 이 지경으로 만들었는데 누구라도 책임져야 하는 것 아니냐며 항의하다 기진해 까무라쳤다. 교도관들은 기절해 있는 엄마의 손을 그러쥐어다 지장을 찍게 했다. 그러곤 제 할 일을 다했다고 안도하며 웃었다. 교도소 내 공장 작업 중 쓰러진 아빠는 치료와 돌봄도 제대로 받지 못하고, '형집행정지'라는 명목으로 다시 '추방'되어 결국 목숨을 잃었다.

훗날 엄마는 내게 그 열흘간의 병원 치료 영수증이 담긴 봉투를 건네주었었다. 그 안에는 아빠의 운구 비용 영수증도 들어 있었다. '시체 1구, 근수 얼마, 운임료 7만 원…' 아빠가 이름 없는 화물이 되어 배의 가장 낮은 칸에 실린다. 무연히 일렁이는 남해 바다를 건너 한줌 흙으로 고향에 돌아가 눕는다. 나는 낡은 영수증이 서러웠다.

* * *

집을 떠나기 전 아빠는 꽤 많은 시간을 우리와 함께 보내고 있었다. 고혈압으로 두 차례 쓰러진 뒤 결국 회사를 그만두고 2년 가까이 쉬고 있던 무렵이었다. 덕분에 아빠와의 추억이 많다. 모진 세월을 살아온 엄마와는 원망과 갈등도 많았지만, 아빠에 대한 기억들은 흑백 사진처럼 고요히 가라앉아서 내 어린 삶의 갈피에 고이 끼워져 있다.

부천. 당시 아빠 회사 근처이기도 했던 그곳에서의 몇 년간을 언니는 우리가 가장 행복했던 시절로 기억한다.

골목길 세 번째 파란 대문집이 우리 집이었다. 넓지 않은 마당이었지만 벽돌을 비스듬히 세워 경계를 지운 꽃밭도 있었다. 철따라 넝쿨 장미와 채송화, 봉숭아, 과꽃이 몇 그루 나무들과 함께 자랐다. 한쪽 귀퉁이엔 우리 사남매가 타고 놀던 그네가 있었다. 차고 오르는 즐거움과 그만큼의 아찔한 하강, 바람을 가르는 상쾌함과 비에 젖은 기다림. 그네에 담긴 사연과 풍경이 나는 좋았다. 그 마당에서 우리는 함께 꽃씨를 뿌리고, 김장독을 묻고, 눈사람을 만들고, 별들을 바라보았다.

아빠는 눈이 내린 날이면 어느 집보다 일찍 집 앞 골목을 쓸었다. 날이 추워지기 시작하면 짚 밧줄로 나무들에게 옷을 서둘러 입혀 주었다. 빨래도 네 귀가 맞게 쓱쓱 개었고, 익숙한 솜씨로 머리를 땋아주기도 했다. 「일일공부」를 하던 내게 '3' 자를 쓸 때는 'ʓ'이 아니라 '3'으로 써야 한다며 몇 번이고 다시 써보이게 했다. 새 학기를 앞둔 무렵이면 모아두었던 연갈색 종이봉투를 차곡차곡 펴서 교과서를 튼튼히 싸 주었다.

우리는 많은 노래를 함께했다. 〈꽃밭에서〉, 〈과꽃〉, 〈토끼야〉, 〈꼬마 눈사람〉…. 음악 교과서를 펴고 같이 불렀던 동요의 가사는 아직도 2절까지 기억이 난다. 〈꽃가지에 내리는〉이라는 노래도 아빠가 자주 들려주었는데, 그 노래에 담긴 청아한 바람이 아빠의 마음이라고 나는 느꼈다.

꽃가지에 내리는 가는 빗소리

가만히 기울이고 들어 보아요

너희들도 이 꽃처럼 맘이 고와라

너희들도 이 꽃처럼 맘이 고와라

냇가에서 종종종 우는 새소리

가만히 기울이고 들어 보아요

너희들도 이 물처럼 맘이 맑아라

너희들도 이 물처럼 맘이 맑아라

〈여수(旅愁)〉, 〈아! 목동아〉, 〈메기의 추억〉 같은 외국 민요도 아빠에게 배운 노래들이다. 〈오! 수재너〉나 〈클레멘타인〉은 아빠가 원어로 알려주기도 했는데 'I come from Alabama…', 'In a cavern in a canyon…'으로 시작되는 그 노래들을 남동생은 꽤 잘 따라 흥얼거렸다. 아빠가 좋아했던 노래 중에는 〈동무 생각〉, 〈아름다운 것들〉, 〈제비〉 같은 곡도 있었다. 자라면서 나는 그 노랫말과 선율을 꺼내보며 아빠의 서정을 인화해보곤 했다.

우리 집 마루 쪽으로 난 문을 열면 S여고가 보였다. 아빠와 엄마가 그 마루에서 만화방을 운영했던 적이 있다. 만화방 한편에서 엄마는 핫도그를 튀겨 팔기도 했다. 나무 막대에 소시지를 꿰고 밀가루 물을 말아 올려 칸칸이 튀김기에 꽂으면 이내 기름방울이 퐁퐁 솟았다. 노랗게 익은 핫도그를 우리도 한 입씩 베어 물곤 했다. 학교가 파한 뒤 몰려오는 동네 언니 오빠들 틈에서 언니와 나는 실컷 만화책을 보았다. 아빠는 많은 만화 중에 이상무의 독고탁 시리즈를 우리에게 적극 추천해주었다. 독고탁. 쓸쓸하게 내던져진 이름. 씩씩한 눈망울로 세상과의 고독한 싸움을 멈추지 않는 그를 나는 힘껏 응원했다.

얼마 되지 않아 엄마는 먼저 핫도그 튀김 기계를 처분했고, 곧 만화방도 문을 닫았다. 언니도 나도 서운했지만, 아빠와 엄마가 월부로 사 준 광음사판 『소년 소녀 세계명작전집』을 만화 대신 펴며 새로 즐거워했다.

우리의 부천 시절은 내가 초등학교 1학년이던 1976년 여름에 마감되었다. 엄마 아빠는 다리 하나만 건너면 서울이라는, 머지않아 서울로 편입될 수도 있던 동네로 집을 옮겼다. 언니와 나는 새 환경이 낯설었고, 옛 친구들이 하염없이 보고 싶었다. 아빠는 우리더러 부천에 다녀오라며 역까지 데려다 주고 전철 타는 법을 세심히 일러주었다. '탈 때는 인천행을 타고 세 정거장 가서 왼쪽으로 내릴 것, 올 때는…' 막상 전철에 타자, 나는 뒤돌아서면 왼쪽과 오른쪽이 바뀌는데 어떤 왼쪽인가 헷갈려 했지만 (모든 좌우는 가고자 하는 방향이 기준이었다!) 언니는 용케 제대로 내렸다. 우린 익숙한 골목과 친구들을 다시 만났다. 과수원이 이어지던 등굣길, 토끼풀을 엮어 목걸이와 화관을 만들던 벌판, 소박히 울려 퍼지던 성당의 종소리…. 그 풍경들을 담고 돌아온 우리의 키가 그날 조금은 더 자라 보였을까. 아빠는 언니와 나의 머리를 쓸어주었다.

전학 오고 얼마 후 선생님이 〈토끼와 거북〉 연극을 위해 집에서 가면을 만들어 오라고 하셨다. 나랑 이야기를 주고받으며 아빠는 거북이 가면을 멋지게 완성해주었다. 다음 날 학교에 가니 다른 아이들은 모두 토끼 가면을 가지고 왔다. 선생님은 내가 가지고 간 거북이 가면 덕분에 연극을 진행할 수 있었다며 고맙다고 하셨다. 나는 어엿한 존재감을 느꼈다. 우직스런 거북이 가면을 정성 들여 그려주었던 아빠의 마음을 나는 오래 기억했다.

이사한 집 현관 전등 옆에는 제비 둥지가 있었다. 그 둥지를 바라보며 나는 혹시 다리 부러진 제비가 있을까 마음을 졸였다. 아빠는 먹이를 받아먹고 있는 저 어린 새끼들도 언젠가 날개를 펴고 담장 멀리 날아갈 것이라고 했다. 나는 어떤 날개의 힘이 그들을 남쪽 나라에까지 유영하게 하는지, 박씨처럼 반가운 소식들로 이듬해 봄이 되면 우리를 찾아올지 궁금했다.

그러나 그 집에서 우리는 아빠와 함께 봄을 맞지 못했다. 제비도 돌아오지 않았다. 꽃들은 여전히 그 마당에도 피어났을 것이다. 그 빛깔과 향기는 어떤 것이었나. 누구도 큰 욕심을 부린 것이 없었는데, 거인의 뜰처럼 우리들의 마당은 쓸쓸해졌다. 그 여름 마당은 홍수로 흙탕이 되었고 빗물이 마루 앞까지 차올랐다. 종이배를 띄우며 외삼촌이 물길을 가늠해 보는 것을 우리는 조바심으로 지켜보았다.

아빠가 돌아오지 못하는 동안 엄마는 매일같이 어딘가를 다녀왔다. 엄마는 우리에게 요리 강습을 받는 거라고 했다. 한번은 엄마의 공책에서 '라조기', '탕수육' 등의 목록을 보고 만들어 달라고 했는데 엄마는 나중에 해주겠다고만 그랬다. 출장 요리사의 일일 보조가 엄마의 첫 생계 방편이었다.

언니와 갑작스런 이별을 하게 된 것이 그즈음이었다. 언니는 나와 엄마가 다르다. 아빠에 관한 소식을 듣고, 제주에 살고 있던 언니의 생모가 찾아왔다. 중학교 입학을 앞두고 언니는 제주로 내려가게 되었다. 엄마와 나, 두 동생은 이듬해 13평 아파트로 이사를 했다.

놀이터 통나무배에 한꺼번에 매달린 아이들의 시끌벅적한 함성을 뒤로하고, 나는 하늘 위로 오가는 비행기 대수를 세며 아파트 첫 동에서 끝 동까지 한참 걸었다. 그렇게 일주일이 지나고 한 달이 지났지만 언니는 돌아오지 못했다(아빠가 돌아왔다면 언니도 다시 우리와 함께 지낼 수 있었을 것이다). 동생들과 싸운 날이면 엄마는 언니 노릇을 잘 못해서라며 나를 나무랐다. 허나, 내겐 동생들의 언니보단 언니의 동생이 익숙한 터였다. 얼마 뒤 고종사촌 언니가 제주에서 올라와 우리를 돌봐주었지만 어쨌거나 나는 '언니 노릇'이 버거웠고 점차 다투기보다 말을 거두는 편을 택했다.

아빠가 떠나고 언니와도 헤어져 지내야 했던 그 회색 시간들 속에서 나는 우리가 같이 펴던 『소년 소녀 세계명작전집』을 몇 번이고 읽었다. 미운 오리의 당혹스런 각인과 인어공주의 가여운 비원을 마주했고, 하이디의 무구한 목소리와 네로의 동경이며 슬픔에 젖은 눈동자를 떠올렸다. 빨강머리 앤의 당당함과 역경 속에서 진짜 삶을 배워가는 세라의 용기를 닮고 싶었다. 아빠가 들려주던 링컨 대통령 이야기, 아빠와 함께 보던 알렉스 헤일리의 드라마 〈뿌리〉를 떠올리며 『톰 아저씨네 오두막』을 읽고 눈물을 훔쳤다. 『작은 아씨들』을 읽고는 그들 자매들을 우리 남매들과 각각 짝지어 보았다. 큰언니 메기처럼 우리 언니는 의젓하고 어른스러웠고, 베스처럼 내 아래 동생은 몸이 아팠고, 에이미처럼 막내 동생은 꾸미는 것을 좋아하고 고집스러운 데가 있었다. 나는 네 자매들처럼 우리 사남매도 언젠가, 멀리 떠났던 아버지를 다시 만나 따뜻한 불빛 아래 오랜 얘기를 나누는 것을 상상하곤 했다.

그 전집에는 『철가면』이란 책도 있었는데 표지 그림 때문에 한동안 나는 그 책을 펼치지 못했었다. 검은 가면의 죄수가 철창 너머를 응시하는 시선이 너무나 생생했다. 두려움 속에서도 내가 그 얼굴을 도외시할 수 없던 까닭은 무엇일까.

외삼촌은 그 무렵 우리에게 『소년 중앙』을 다달이 사다 주었다. 거기엔 만화 외에도 탐정물, 공포물, 퀴즈, 시사 상식 등 다양한 얘기들이 실려 있었다. 나는 「비둘기 합창」으로 독고탁네 가족을 다시 만날 수 있었고, 별책부록으로 연말엔 커다란 일기장도 얻었다. 그 일기장은 꽤 진지하게 만들어진 것이어서 매월, 일 별로 탄생한 인물이며 관련된 역사적 사건이 나왔고 명언들과 국내외 명시도 담겨 있었다. 나는 김소월, 윤동주, 칼 붓세, 하이네 같은 시인들의 이름을 익혔고, 푸쉬킨의 「삶」을 즐겨 암송했다.

마음은 미래에 사는 것
현재는 언제나 슬픈 것
모든 것은 순간에 지나가 버리고…

엄마는 훗날 열 살 남짓한 내가 그 시를 외우고 다니는 게 염려스러웠다고 말했다. 하지만 그 때 '참고 견뎌야 할 슬픔의 날들'을 '머지않은 기쁨의 날'로 읽어내며 어깨를 다독여주는 시가 곁에 없었다면 나는 더욱 심한 울보가 되었을 것이다.

30여 년 전의 13평 아파트에는 그래도 동마다 널찍한 잔디밭이 있었고, 봄가을로 나비며 잠자리를 쫓는 아이들이 있었다. 고무줄이나 공기놀이를 하다가 벤치에 앉아 해가 질 무렵까지 얘기를 나누곤 하던 또래들도 제법 많았다. 5분 거리엔 성당이 있었다. 기도할 것이 많았던 우리는 다른 아이들보다 더 열심히, 평일 미사에도 참석을 했다. 하지만 아빠는 그 아파트 집엔 와보지도 못하고 그대로 고향 제주 땅에 묻혔다.

엄마는 안방에 상을 차리고 아빠의 영정 사진을 올렸다. 매 끼니마다 밥을 올리고 저녁마다 모두 모여 연도를 올렸다.

"기쁨과 즐거움을 돌려주시어 바수어진 뼈들이 춤추게 하소서…"

열한 살, 여덟 살, 일곱 살 우리들은 엄마를 따라 뜻 모르는 시편의 구절들을 외웠다.

아빠의 사진을 바라보아도 예전처럼 눈물이 솟지 않게 된 무렵, 신부님이 우리 집에 오셔서 100일 탈상 미사를 지내 주셨다. 신부님은 또 엄마에게 성당 앞에서 노점을 할 수 있게 해 주셨다. 엄마는 동대문 평화시장에서 옷가지를 떼어다가 좌판을 깔고 팔았다. 나중엔 한쪽에서 튀김도 만들어 팔았다. 엄마는 방 두 개 중 한 개에 잠만 자는 세입자를 들였다. 성격 좋은 홍마담 아줌마가 잠시 세 들었을 때, 손님이 왔었는지 짜장면을 시켜 먹고 남은 그릇을 문 앞에 내놓은 적이 있었다. 동생은 그걸 가져다 먹었다며 웃었다.

베란다 한쪽에는 아빠가 키우던 고무나무가 우리 키보다 높이 자랐다. 동생은 어린 병아리를 키웠다. 나는 창문 너머 흘러가는 구름을 보며 〈클레멘타인〉을 불렀다.

• • •

그녀도 우리처럼 통곡했을까. 그해 시월에 그녀도 아버지를 잃었다.

엄마가 새벽같이 시장에 물건 떼러 갔던 아침이었다. 콩나물을 사러 나갔던 사촌 언니가 상기된 목소리로 우리를 깨우며 말했다.

"대통령 각하가 돌아가셨대!"

"각하? 대통령이 죽을 수도 있어?"

처음엔 우리를 놀래키려고 농담을 하는 줄 알았는데, 사촌 언니는 사뭇 진지한 표정으로 TV를 틀었다. 정말이었다. 긴급 뉴스가 계속 반복되고 있었다.

학교에 가니 선생님이 검은 리본을 나누어주며 집집마다 조기를 달아야 한다고 말씀하셨다. 시험 문제에 나왔던 조기 게양 방법을 다시 강조해서 설명하시는데, 옆 반에서 아이들이 흐느끼는 울음소리가 들려왔다. 우리 반에서도 누군가 먼저 울음을 터뜨리더니 너나 할 것 없이 한참을 엉엉 울었다(한참 뒤인 1994년, 북의 김일성 주석이 사망했을 때 북한 학생들이

우는 것을 보고 나는 기시감을 느꼈었다). TV에서는 모든 프로그램이 삭제된 채 종일 조곡이 흘러나왔다. "태산이 무너진 듯 강물이 갈라진 듯…."

사람들의 웅성거림은 며칠이고 이어지는 테너 성악가의 비장한 목소리에 묻혔다. 하지만 교실은 점차 활기를 찾았고, 대통령이 없어도 우리나라가 없어지거나 망하는 건 아니라는 걸 처음으로 실감할 수 있었다. 얼마 후 우리는 선생님이 일러주는 대로 다른 대통령의 이름을 외웠고, 그 이듬해엔 '제5공화국'과 또 다른 대통령의 이름을 외웠다. 그때 우리 반에는 김대중이라는 아이가 있었는데, 어느 날엔가 아이들이 그 애를 간첩이라며 놀렸다. 그 애는 한 시간 내내 책상 위에 엎드려 울었다.

• • •

아버지의 죽음과 각하의 죽음. 예기치 못했던 그 죽음들 뒤로 40년 가까운 세월이 흘렀다. 어머니는 그 사이 팔순이 지났고, 우리 남매들도 사진 속 아버지의 나이를 훌쩍 뛰어넘었다.

2014년 12월. 아버지는 근 37년 만에 서울고등법원 재심에서 무죄를 선고받았다. '진실과 화해를 위한 과거사정리위원회'에 진실규명을 간원한 지 8년 만이었다. 검찰은 불복, 37년 전처럼 다시 상고하였다.

30여 년 전 대법원 상고심을 앞두고, 어머니는 대법원에 탄원서를 올리고 당시 '영애(令愛)'이던 그녀에게도 편지를 보냈었다. 초등학교 6학년이던 언니도 또박한 글씨로 편지를 썼지만, 우리 가족은 그녀에게 어떤 답장도 받지 못했다. 그리고 30여 년이 지나 그녀가 아버지의 뒤를 이어 대통령이 되었다. 그녀를 통하여 재호출된 그녀의 아버지는 그녀에 의하여 복원되고 있었다.

나는 울음바다가 되었던 어린 날 우리들의 교실, 내 눈물을 반추한다.

응답도 경청도 공감도 없이 불공평하게 솟구쳤던 눈물을 반성한다.

그녀 아버지의 복원과 내 아버지의 신원. 두 가지를 뫼비우스의 띠처럼 이을 수는 없다. 그 회귀를 끊어내야 새로운 지평이 열린다. 평평해진 세계 속에서는 아무 것도 더할 게 없는 투명한 슬픔들이 어쩌면 조우할지도 모른다.

그리하여 나는 내 아버지의 부고를 다시 쓴다.

어떤 아버지인들 그 시절의 올무를 피해갈 수 있었을까. 나는 가장 평범한 이름들로 엮인 이 이야기를 당신에게 건넨다. 과거를 기억하는 것은 미래를 성찰하기 위함이며, 애도를 나누는 것은 희망을 키우기 위함일 것이다.

나는 아픈 발부리를 바라본다. 당신의 발부리에는 지금 무엇이 걸려 있는가.

[1부]

말해줄 사람이

아무도

남아 있지 않았다

- 1977년 2월 8일, 중앙정보부에 의해 강우규 씨가 검거되고, 2월 18일까지 김성기, 김추백, 고재원, 김기오 씨가 연달아 검거되었다. 다시 1977년 2월 22일부터 3월 8일까지 강용규, 고원용, 이근만, 이오생, 김문규, 장봉일 씨가 검거되었다. 1부에서는 수사기록과 진화위 조사 기록 등을 바탕으로, 피의자로 검거되었던 이들이 수사 받던 당시의 상황을 재구성했다.

- 1부의 제목은 마틴 니묄러(Martin Niemoeller)의 시 「그들이 처음 왔을 때」에서 인용했다.

1장:

1차 검거
(1977. 2. 8 ~ 2. 18)

꼬마는 화가 난 아버지 앞에서, 벚나무를 벤 것은 다름 아닌 자신이라고 고백했다.

"누구나 잘못을 저지를 수 있지만 누구나 잘못에 책임을 지려는 건 아니란다."

두려움에 떠는 아들을 아버지는 대견스레 안아주었다.

아빠는 이 꼬마가 자라서 미국의 초대 대통령이 되었다고 했다. 그의 위인전을 빌려다 읽으며 가난 속에서도 배움을 놓지 않았던 또 다른 소년이 있었는데, 훗날 수차례의 실패와 좌절을 딛고 마침내 대통령이 되어 노예제를 폐지했다고 했다. 얼마 전 그 나라의 대통령으로 땅콩 농사를 짓던 농부가 출마했다며 아빠는 그를 응원했다.

그 무렵에는 저녁마다 TV에서 '건전가요'가 방송되었다. 아빠와 우리는 〈나의 조국〉을 자주 따라 불렀다. 푸른 정기로 어깨를 펴며 뻗어오는 북녘의 백두산, 높은 기상으로 마주 일어서는 남녘의 한라산. 온 국토에 무수히 피고 지었던 꽃들, 굳세게 살아온 사람들…. 가보지 못한 어느 산천의 이름에도 내 가슴이 뜨거워졌던 까닭은 무엇일까. 아빠는 우리가 그 조국의 자랑스런 국민이 되길 바랐다. 동해 어디선가 유전이 발견되었다는 뉴스를 듣고 환호하며 원유 수출국이 될 수 있다는 기대에 설레했다. 어린 학생들이 푼푼이 모은 방위성금을 내미는 화면을 보고, 등굣길에 우리들에겐 제법 아쉬운 동전들을 성금으로 들려 보내기도 했다. 남동생의 생일을 '충무공 탄신일 전날'로 기억시키고, 〈최영 장군〉 노래의 "황금 보기를 돌같이 하라"는 가사를 각인시키며 욕망보다 헌신으로 귀감이 된 '겨레의 스승'들을 일러주었다.

지나가던 소년은 어른들이 미처 보지 못한 댐 아래쪽의 작은 구멍을 발견한다. 댐이 무너지는 것은 마을이 무너지는 것이다. 사람들을 부르러 갈 사이도 없이 소년은 손가락으로 구멍을 막아본다. 물살은 세서 손가락보다 더 크게 구멍이 벌어지고, 소년은 주먹으로, 팔뚝으로 물살을 막다가 마침내 온몸으로, 밀려오는 물살에 거대한 총알처럼 받힌다. 마을은 무너지지 않았다.

아빠에게 어느 네덜란드 소년의 이야기를 들으며, 나는 경외보다 더 생생한 공포와 연민을 느꼈다. 내 손가락과 팔목의 두께를 헤아려보고, 가쁜 호흡을 뒤로 한 채 돌처럼 차갑고 단단하게 굳어지는 소년의 몸을 떠올렸다. 자그마한 소년의 심장을 생각했다. 그런 내가, 나는 부끄러웠다.
나라와 겨레에 얽힌 그 낭만적인 신화들 속에서 나는 아빠처럼 충성스런 신민이 되고 싶었다.

이름을 앗기고서야
밀실을 나갈 수 있었다

::: **제4 피고인 김추백 씨 이야기** :::

며칠이나 지났는지 가늠이 되지 않았다. 전등의 불빛은 어둠을 소거하며 발가벗겨진 정신의 구석구석을 탐욕적으로 핥아왔다. 어떤 인생이든 이곳에서는 자신들의 방식대로 표백해낼 수 있다고, 그러니 진실 따위에야 이제 이쯤에서 눈 감으라고 스멀거렸다.

의무관이 들어와 혈압을 쟀다. 200까지 올라갔던 혈압계의 눈금은 조금 떨어져 180을 가리키고 있었다. 김추백(사건 당시 나이 42세) 씨는 잠시나마 안도했다. 조금 더 혈압이 내려가면 이내 다시 취조와 고문이 이어지곤 했다. 약은 소용이 없었고, 그는 아무 것도 조절할 수 없었다. 온몸의 핏줄이 터져나가든 그예 쓰러져 실려가든 오직 저들의 처분에 달려 있었다. 저들에게 매달릴 것인가, 거꾸로 처박혀 비명을 지를 것인가. 입술 위로 어떤 신음이 자신에게서 내뱉어질지, 얼굴에는 어떤 공포가 자신을 무장해제시킬지 몰랐다. 살아 있음이 원망(怨望)스러우면서도 절실히 살아 있기를 원망(願望)하는 순간들, 그토록 빨리 꺾이고 마는 무릎이 부끄러워 그는 울음을 삼켰다.

1977년 2월 9일 늦은 오후, 김성기의 부인이 그의 집으로 찾아왔다.

"그이가 연락이 되지 않아서요. 어제 오전에 경찰이라며 그이를 찾기에 전화를 바꿔주었거든요. 집 앞 제과점에 나가는 걸 따라가 봤는데 5분도 안 되어 낯선 사람들이 검은 승용차에 그이를 태우고 가버렸어요. 이틀째 강 감사님도 행방불명이시구요. 도대체 무슨 일인지….”

“너무 염려하지 마십시오. 제가 내일 아침 회사에 나가 상황을 알아본 뒤 연락드리겠습니다.”

부인은 입술이 바짝 말라 있었다. 밤새 한숨도 못 자고 이곳저곳 알아보다가 한 번도 와보지 않은 그의 집까지 물어물어 찾아왔을 것이다. 잠시 앉을 새도 없이 총총 길을 재촉해 돌아가는 부인의 불안한 등을 바라보며 그의 마음도 스산스러워졌다.

회사에서는 강우규(이하 강) 씨와 김성기가 연행된 사실을 모르고 있었다. 그는 우선 이순천 회장의 전화번호를 적어다 김성기의 부인에게 주었다. 부인은 남편 친구들을 통해 수소문해봤는데, 남편이 중앙정보부에 가 있다는 소식을 들었다며 한결 더 걱정스런 얼굴이었다.

“별일이야 있겠습니까.”

그렇게 부인을 안심시키면서도 무슨 일이 벌어진 것인지 그도 신경이 쓰였다.

집으로 돌아가니 그의 아내도 잔뜩 긴장한 표정이었다.

“아까 당신을 찾는 사람들이 왔었는데, 당신 안 계시다고 하니까 내일 또 온다네요. 강 감사랑 관련된 일일까요?”

“감사님한테 무슨 일이 생긴 건지 몰라도, 아마 주변 사람들 말을 참고하려는 거겠지. 떳떳지 못할 게 없으니 염려 말고, 어서 아이들과 저녁이나 먹읍시다.”

그는 추운 날에는 밖으로 나다니는 걸 삼갔는데 종일 바람을 쐬며 신경을 썼더니 혈압이 오른 상태였다. 조잘거리는 아이들을 건넌방에 모아두고 아내는 이른 잠자리를 펴주었다. 미간을 찌푸린 채 그는 강과 만나며 있었던 일들을 차례대로 떠올려보았다. 간혹 언론에 '재일교포 관련 간첩 사건'들이 보도되곤 했다. 중정에서 연행해 갔다면 강도 그런 사건에 연루된 것일까. 설마 그럴 리 없다고 그는 고개를 저었다. 강은 이미 환갑을 맞은 데다 한쪽 다리마저 불편한 노인이었다. 1년에 한두 번씩 국내에 들어와 달포 남짓 머무르며, 고향 제주를 다녀오고 사람들과 한담을 나누거나 가끔씩 관광을 즐기는 것이 강의 일상이었다.

그가 강을 처음 만난 건 1973년 9월이었다. 일본에서 플라스틱 공장으로 성가한 이순천 회장의 아들이 서울에 지사를 새로 설립한 즈음이었다. 이순천 회장은 동향 출신의 사업가로, 고향인 제주에 학교를 짓거나 도로를 놓을 때 많은 기금을 기꺼이 희사했으며 온화한 성품으로 덕망을 쌓은 사람이었다. 당시 정부의 중화학공업 육성책과 외자 유치 정책 등에 맞물려 대영플라스틱 공업주식회사 서울지사는 순조롭게 출범할 수 있었다. 경영진이나 직원 중에는 제주 출신이 많았다. 1971년경 잠시 H국회의원 비서로 있다가 제주장학회 간사로 일하던 그도 제안을 받고 회사 창립 때부터 총무부장을 맡았다. 그는 고향 동기이자 회사 상무인 이근만과 함께 공항으로 이 회장을 마중 나갔다가 강과 처음 인사를 나누었다. 이 회장은 강이 자신의 죽마고우이며 회사에 출자를 한 사람으로, 회사 감사를 맡게 될 것이라고 소개했다. 조금 작은 키에 몸피가 있는 편인 강은 한쪽 다리를 절었는데 말투가 쾌활하고 서글했다. 강은 그보다 연배도 한참 위고 회사 운영에 구체적으로 관여하는 것도 아니었기에, 특별히 교류할 일은 없었다. 회사 사무실에서 마주쳤을 때 강이 회사 근처 여관에 묵고 있다며 놀러 오라기에, 어느 퇴근길에 강의 숙소에 들러 잠시 얘기를 나누다 왔을 뿐이었다.

강이 인정이며 호의가 남다른 사람이라는 것을 느끼게 된 것은 그가 고혈압으로 쓰러져 병원에 입원하면서부터였다.

"정말 고마운 분이에요. 당신 쓰러졌을 때 강 감사님이 회사 차로 병원에 이송해주고, 입원 수속도 해주고, 회사에서 입원비를 지원할 수 있도록 힘을 써주셨어요."

아내의 말을 듣고 그는 무척 고마운 마음이 들었다.

"강 감사님은 회사 임원이시지만 늘 소탈하고 서민적이신 것 같아요. 말단 직원들에게도 스스럼없이 대해주시고, 어려운 사정의 직원들에게 힘이 되는 말씀도 많이 해주시고요."

회사 사무실 윤 양이 했던 말도 새삼 떠올랐다. 회사에서 다시 만났을 때에도 강은, 의사에게 필요한 약을 알아오면 일본에서 사다 주겠다며 그를 살뜰히 살펴주었다.

몸을 추스르고 출근한 지 1년여 만에 그는 두 번째로 쓰러졌고, 결국 회사를 퇴직하게 되었다. 강은 퇴사한 그의 집에 직접 찾아와 혈압약과 혈압계를 건네주었다. 며칠 뒤 그는 인사 차 과일 한 봉지를 사 들고 강이 머무르는 여관으로 찾아갔다.

"여러 번 도움을 주셔서 뭐라 감사 말씀 드려야 할지 모르겠습니다."

"괘념치 말아요. 나도 어렵게 살아온 사람인데, 서로 조금씩 도우며 살아야지요. 나나 김 부장이나 객지에 와서 외로운 처지 아니겠습니까. 조카 삼촌처럼 친하게 지냅시다. 앞으로도 종종 이곳에 들러 나와 이야기나 나누어주세요."

고향에서는 친한 이웃사람을 삼촌으로 부른다. 강은 누구와도 경계를 풀어버리는 독특한 친화력이 있었다. 그도 친밀함으로 응대하며 말했다.

"고맙습니다. 조카한테 말씀 낮추십시오."

그는 그 여관에서 몇 차례 더 강을 만났다. 강은 인생의 다양한 곡절을 겪으며 나름의 식견을 갖춘 노인이었다. 정치, 경제며 세상 돌아가는 이야기에도 관심이 많았다. 몇 년 전 유럽 16개국을 여행한 적이 있다며 런던, 로마, 파리 등지의 풍광을 들려주기도 했다.

"파리에서 동포들을 만났는데 얼마나 반갑던지 눈물이 나더군. 남은 생에 기회가 된다면 더 많은 땅을 밟아보고, 더 많은 사람들을 만날 수 있었으면 좋겠네. 그리고 종래는 고향 땅에 돌아가 가까운 이들 곁에서 조용히 눈을 감는 게 나의 소원이라네."

국내에 안정적인 거주지를 마련하고 싶어 하던 강은 1976년 초, 여의도에 전세 아파트를 얻었다. 마침 강의 조카도 재수를 위해 상경, 그 집에 머물기로 했다. 입주 인사 차 아파트로 찾아간 그에게 강은 몇 가지 부탁을 했다.

"자네가 이 녀석 서울 지리랑 교통편을 좀 안내해주고, 서울 생활에 익숙해질 때까지 내가 없을 때 들러서 좀 돌봐주게나."

"예, 저도 서울에서 고학한 경험이 있고, 상철이 아버님도 고향에서 제가 잘 알고 지낸 형님이시니 시간 되는 대로 와서 돌아보겠습니다."

"또, 자네 사정이 된다면 세금 납부며 파출부 아주머니 임금 지급을 당분간 맡아주었으면 하는데, 괜찮겠나?"

"알겠습니다. 상철이 볼 겸 와서 제가 처리할 수 있는 일들을 하지요."

"고맙네. 이건 얼마 안 되지만 자네 오갈 때 교통비로 쓰게나."

강은 예금 통장과 함께 10만 원을 건네주었다.

반 년 정도 지나자 강의 조카는 서울 생활에 퍽 익숙해졌다. 그는 강에게 이제 자신이 따로 들러보지 않아도 될 것 같다는 의사를 밝혔다. 강은 그에게 그간 수고했다며 10만 원을 더 주었다. 곧 이사할 계획이던 그에게 이사비에 보태라며 준 것이었다. 그 얼마 후 제주에 다녀올 때에도 강이 다시 여비로 5만 원을 주어 그는 고맙게 받았다.

돌이켜봐도 강에게 특별히 의심할 만한 점은 없었다. 혹시 강의 분방한 어투가 문제가 된 것일까.

"자네도 빨리 생계 대책을 찾아야지. 아이들도 커 가는데 걱정이구먼. 저쪽에서는 의무교육이라 아이들 학비 걱정은 따로 하지 않아도 된다는데 이쪽은 아직까지 부모의 뒷받침이 없으면 마음껏 공부할 수 없는 처지이니…."

"의무교육이면 뭐합니까. 김일성 유일사상을 고취시키는 의무교육이라면 백 번 해도 소용없습니다."

예사로이 응수하긴 했으나 '저쪽'이라는 말이 거리낌 없이 나오자 그는 반사적으로 움찔했다. 허나 재일동포 사회에서야 북쪽 얘기도 흔히 들을 수 있을 것이고, 그렇다고 강이 편향적으로 북쪽을 추앙하는 말을 해 온 바도 아니어서 그냥 듣고 넘겼었다. 강의 이야기 중에는 간혹 '북한도 공업이 발전되어 있고 여성 노동력도 활용되어 전반적인 생산성을 올리고 있다, 남한도 수출 1,000만 불을 목표로 경제가 날로 성장하고 있지만 종래에 남북이 화합하고 통일을 이룬다면 일본 못지않은 선진국으로 발전할 수 있지 않겠나, 외세에 의해 분단이 되었어도 북이든 남이든 서로가 단결하여 통일을 이뤄야 한다.' 등의 의견이 있었다. 굳이 구부려 들으면 정부시책에 반하는 뉘앙스로 들릴 수 있겠으나 강은 어디서든 속내를 거리낌 없이 말하는 성격이 아니던가. 남한 사회의 국외자로서 그런 생각을 말할 때 강의 표정은 어린아이처럼 투명한 것이어서, 그는 오히려 자신이 지나치게 경직된 경계 안에 머물러 온 건 아닌지 스스로를 돌아보았다. 거기다 김성기를 통해 강의 신원이 확실하다는 얘기까지 듣고는 더욱이 그런 말들에 대한 색안경을 거두었다.

강이 아파트로 입주하고 얼마 후 김성기가 그를 집으로 불러 강에 대해 잘 아느냐고 물은 적이 있었다.

"얼마 전에 강 감사님이 내 처에게 주라면서 고급 시계를 선물하더군. 친구들과 만난 자리에서 그 얘길 했더니 친구들이 농담 삼아 그 사람 간첩 아니냐는 거야. 그중에 어떤 친구는 자기가 일본에 다녀올 때 교육을 받았다며 교포들에게 함부로 선물 받는 게 아니라나. 듣고 보니 조금 신경이 쓰여서…."

"글쎄. 강 감사님에 대해서는 이순천 회장님을 통해 들은 게 전부라…. 그나저나 그렇다면 야단났는걸. 나도 고혈압으로 입원했다 퇴원한 후 강 감사님이 가져다 준 약을 얼마간 받아 쓴 일이 있는데, 우리들 모두 걸리는 거 아닌가?"

그가 반농담조로 답을 했다.

"그럴 리야 없겠지만, 언젠가 강 감사님이 일본 다방에서는 어떤 말도 거리낌 없이 오가는데 한국 다방에서는 언론의 자유가 보장되지 않는다, 그런 말을 하더라구. 재일동포라서 쉽게 하는 말 같긴 한데, 만에 하나 꺼림칙한 인물이라면…. 신고해야 하는 건가?"

"확실한 것도 없는데 조금 의심스러운 점이 있다고 신고까지 했다가 아무 문제도 없는 것으로 밝혀지면 무슨 망신인가? 여태껏 우리에게 잘 대해 준 강 감사님에게 면목이 없어지는 건 물론이고 사회적으로도 우린 완전 병신이 되겠지."

"그렇지? 그래도 말이 나온 김에…. 고향 후배 한 명이 중정에 있는데, 한번 알아봐 달라고 할까?"

김성기는 고향 후배에게 전화를 걸었고, 얼마 후 후배로부터 강이 '재일교포 실업인'으로 등록되어 있으며 별다른 문제가 없다는 답을 들었다고 했다.

1977년 2월 11일. 아침부터 중앙정보부 요원들이 그의 집으로 들이닥

쳤다. 무슨 일이냐고 따져 묻는 아내에게 요원들은 H국회의원 관계로 조사할 것이 있다고 말했다. 그러더니 안방에 들어가서는 그에게 강에 대해 몇 마디 묻고는 다짜고짜 온 집안의 서랍을 뒤졌다. 안방 캐비닛이며 부엌 그릇장, 다락방까지 다 훑더니 득의양양, 강의 아파트 관리에 관련된 금전출납부와 예금통장을 챙겼다. 요원들은 임의동행이라며 그를 끌어내어 검은 차에 태웠다.

"우리 애들 아빠, 성치도 못한 몸인데 무슨 일 생기면 당신들이 책임져야 해요!"

아내가 목소리를 세우며 말했다.

"김 선생님한테는 별일 없을 겁니다. 간단히 조사할 것이 있어 그러니 염려하지 마십시오."

아이들은 낯선 방문객의 위압스런 출몰에 겁을 잔뜩 먹고 있었다. 아내는 사흘 치 혈압약을 챙겨주었지만, 그는 이틀 분이면 충분하다며 마당을 나섰다.

진실은 기각되었다. 그는 더 이상 어떤 말도 할 수 없었다. 고개를 저을 수도 없었다.

"무슨 소리야! 강우규가 다 자백했다구! 김기오랑 김성기도 그 영감이 간첩이라고 시인했는데, 너만 모른다는 게 말이 돼? 아프다며 시간만 끌고 발뺌할 작정이야? 악질 새끼!"

날아오는 몽둥이도 몽둥이지만 그 사람들이 '자백'하고 '시인'했다는 말에 정신이 멍해졌다. 불과 2주 전에 만났을 때에도 서로의 친밀엔 어떤 균열도 가지 않았고, 수상할 무엇도 없었다. 그는 자신에게서 내던져졌던 비명 소리가 가져다주었을 공포와 절망을 떠올렸다.

그는 부끄럼 없는 진실 대신에 자신을 속이는 편을 택해야 했다. 한 점씩 또 한 점씩 그렇게 거짓에 의탁해가다 보니 애초에 진실이란 없었던 것 같기도 했다. 자기 자신도, 강도, 김성기도 모두 예전과 다른 누군가가 되어버린 듯했다. 요원들에게는 언제든 채워야 할 공란이 있었고, 바야흐로 강을 필두로 하나둘씩 그 공란에 욱여넣어지고 있었다.

진술은 완성되었다. '강이 간첩임을 알았었다.'라고 답하고 나니, 그에게도 강에 대한 의심과 분노가 스며오는 것이었다. 그리고 이내 그는 강물처럼 깊은 자책에 휩싸였다.

2월 11일에 집을 나섰는데, 피의자 신문조서의 작성일은 2월 18일로 되어 있었다. 그는 공란에 제 이름을 넣고 서명을 마친 뒤 무인을 찍었다. 곧 구치소로 송치된다고 했다. 그렇게 자신의 이름을 앗기고서야 그는 밀실을 나갈 수 있었다.

이곳의 밤은
끝이 보이지 않는다

::: 제5 피고인 김성기 씨 이야기 :::

난데없는 날벼락에 김성기(사건 당시 나이 41세) 씨는 너무도 당혹스러웠다. 그의 인생은 순탄하고 평온한 편이었다. 강릉의 지역 유지였던 집안에서 외아들로 태어나 어린 시절부터 유복한 환경에서 성장했다. 그런만큼 성품 또한 넉넉하고 너그러웠다. 그는 서울에서 고등학교와 대학을 나온 뒤 육군정훈(政訓)학교를 거쳐 육군부관학교에서 복무했다. 착하고 고운 아내를 맞아 2남 1녀의 자녀를 키우며 다복한 가정을 꾸려왔다. 대학 졸업 후 잠시 강릉 출신 K국회의원 비서직에 있다가 K국회의원이 낙선하자 사업에 나섰다. 비닐 상사를 운영하며 기반을 다졌고, 차츰 사업이 자리를 잡아가며 경제적으로도 윤택한 생활을 하고 있었다.

그가 동향인도 아니고, 동년배도 아니며, 같은 직장 동료도 아닌 강우규(이하 강) 씨를 알게 된 것은 약 3년 전쯤 대영플라스틱과 거래하면서부터였다. 대영플라스틱은 방산시장에 있는 그의 점포 근처에 사무실을 두고 있는 신생 회사였다. 원유 파동으로 제품을 구하기 어려웠던 무렵 대영플라스틱에서는 의욕적으로 제품을 확보해주었다.

어느 날 그가 거래 차 대영플라스틱 사무실에 들렀을 때, 직원의 소개로 그 회사 감사인 강과 인사하게 되었다. 외근 나간 거래 담당자를 기다리는 동안 강은 처음 보는 그에게 한참 이야기를 건네며 기꺼이 응접해주었다. 딱히 바쁜 일이 없었던 탓일 수도 있겠으나 그보다는 거리낌 없이 곁을 주는 성격 때문인 것 같았다. 이야기 끝에 서로 바둑이 취미라는 것을 알게 되었고, 그 후 만나면 함께 바둑을 두곤 했다. 강은 바둑 실력이 뛰어난 편이라 응수하는 즐거움이 있었다. 대화를 나눌 기회도 자연스레 쌓여갔다.

"일본에서 생활하시기는 어떻습니까, 어려움은 없으신지요?"

"뭐, 내가 큰돈을 가진 건 아니지만 일본에서 식구들과 작으나마 레스토랑을 경영해오고 있어요. 또 일본은 사회복지 제도가 잘 되어 있는 편이라 그럭저럭 살아가고 있습니다. 한국은 아직까지는 복지 제도가 취약하지요? 거리에서 신문이나 껌을 파는 노인들을 종종 마주치게 되더군요."

"일본에서는 교포들에게도 사회복지 혜택을 주고 있습니까?"

"예. 재일 외국인들에게도 복지 혜택을 줍니다. 일본에서 살다 보면 민족적 차별에 설움을 느낄 때가 한두 번이 아니지만, 적어도 제도 면에서는 일본이 선진국이라는 건 인정하게 되더군요."

"우리나라도 1980년대 가면 국민소득 1,000불을 이룩하게 된다는데, 머지않아 일본처럼 복지 제도를 갖추게 되겠지요."

일제 때 보통학교를 졸업하고 일본으로 건너갔다는 강은 젊은 시절 온갖 잡역과 공장 일을 두루 거치다, 군수공장에서 한쪽 다리를 잃는 사고를 당하고 실의에 빠지기도 했으며, 거듭되는 사업의 부침을 겪고 나서야 이제 조금 생활이 안정되었다고 이야기했다.

"이순천 회장님은 저와 어릴 적부터 소꿉친구였습니다. 일본에 와서도 어려울 때 서로 힘이 되어주었지요. 회장님은 동포 사이에서도 신망이 높아서 민단 간부를 역임하기도 했어요. 고향 중문에도 큰 농장을 가지고 있고, 우리 고향 발전을 위해서도 공헌을 많이 하셨습니다. 그분 아드님이 투자를 권유하기에 마침 제가 갖고 있던 여윳돈을 서울지사 설립 자금에 보태게 된 것입니다. 덕분에 저도 수십 년 만에 고향을 방문했지요. 머지않아 가족과 귀국해서 여생을 보내고 싶습니다."

고향에서 만난 할아버지 같은 인자한 풍모와 구수한 입담에, 그는 강과 점차 친밀해져서 업무 외에도 만나서 식사나 차를 함께하곤 했다.

어느 날, 강과 점심을 먹고 점포 부근 다방에서 차를 마시는데 한 소년이 구두통을 들고 들어온 적이 있었다. 강은 퍽 안타까운 표정으로 눈시울을 붉히며 말했다.

"사회복지 제도가 잘 되어 있으면 저런 아이들이 없을 텐데요. 한참 공부할 나이에…."

안쓰러울 것도 없이 그런 소년들을 일상적으로 보아오던 그는 갑자기 자신이 낯설게 느껴졌었다.

강은 식당이든 다방이든, 어디서 만나는 사람이건 간에 허물없이 말을 섞으며 친근히 대했다. 그는 그것이 동포로서의 막역함과 고생했던 젊은 시절의 경험 때문이리라 생각했다.

그가 강에게 제의하여 함께 춘천 소양호 관광을 갔을 때였다. 일렁이는 물결 위 늦가을의 창연한 산빛을 강은 고즈넉이 바라보았다.

"이 호수는 온전히 국내 기술로 만들어진 것입니다."

보트 위로 선뜻한 바람을 가르며 그가 말했다. 강은 일본에서도 이만한 인공 호수를 보기 쉽지 않다며 감탄했다.

강은 그를 아들이나 막냇동생처럼 따뜻이 대해주었다. 동양화를 전공한 그의 아내를 위해 일본에서 고급 화선지며 물감을 사다 주기도 했고, 그에게 관광도 할 겸 사업 견문도 넓힐 겸 일본에 꼭 한 번 오라고 제안하기도 했다. 강의 초청으로 그가 아내와 제주에 2박 3일간 여행을 다녀온 일도 있다. 그도 강이 거소를 마련할 때, 마침 같은 단지 내에 나와 있던 전세 매물의 계약을 거들어주기도 하고, 대학 입시 준비 차 상경한 강의 조카를 위해 학원을 물색해주기도 했다.

1977년 2월 8일 오전, 늦은 아침을 먹는 참이었다. 그는 지난밤 강의 집에 갔다가 새벽녘에야 집으로 돌아왔다. 근자에 강의 아파트에 자주 바둑을 두러 오는 이가 있었는데, 그 사람과 강의 대국을 보다 보면 시간이 어떻게 흐르는지 몰랐다.

식사를 다 마치기 전, 아내가 전화를 바꿔주었다. 경찰인데 근처에 와 있다며 알아볼 게 있으니 잠시 만나자는 것이었다.

"경찰이 무슨 일로 나를 만나자는 거지? 혹시 어떤 친구가 장난하는 건가?"

그는 의아해하는 아내를 안심시키고 슬리퍼를 신은 채 집 앞 제과점으로 갔다.

"김성기 씨 되십니까?"

"예, 제가 김성기입니다만…."

낯선 사내들은 신분을 확인하자마자 그를 끌어내어 제과점 앞 검은색 코로나[1]에 태웠다. 저만치 뒤따라온 아내가 보였지만 그는 아무 말도 전할 수 없었다. 차는 남산 쪽으로 향했다. 공포감이 엄습해왔으나 그는 여전히 영문을 알 수 없었다.

요원들은 그를 지하 조사실로 끌고 갔다. 6~7평 정도 되는 방이었다. 출입을 제한하려는 것인지 문은 앞쪽으로 한 개만 나 있었고, 외부의 빛이 차단된 가운데 형광등이 창백히 달려 있었다. 그는 시키는 대로 책상에 앉아 요원들을 마주했다.

---

1 1966년부터 1972년까지 생산되었던, '신진자동차(한국GM의 전신)'의 1.5X급 세단형 승용차 이름이다.

"강우규 씨 잘 아시지요?"

"예, 잘 압니다. 사업 관계로 거래하는 회사의 감사인데, 저와 한 아파트에 살아서 자주 뵙는 분입니다."

"회사의 감사? 그 영감은 고정간첩으로 암약 중인 자였소. 수상하다고 느낀 적이 있었지요?"

강이 간첩이라니, 그는 도저히 믿을 수가 없었다.

1년 전쯤, 강이 레스토랑에 걸 그림을 부탁해왔을 때 그저 취미로 그릴 뿐이라며 아내는 한사코 사양했었다.

"한국의 평범한 부인이 그린 그림이니 오히려 뜻깊고 자랑할 만한 것이 아니겠습니까?"

원하는 그림의 크기까지 적어주기에 그의 아내는 그림 몇 점을 정성껏 그려주었다. 강은 흡족해하며 그림을 가져갔고, 다음 번 귀국할 때 고급 시계를 선물로 가져다주었다. 그가 강의 아파트 전세 계약에 도움을 준 무렵이기도 했다.

교포에게 받은 비싼 선물이라 만에 하나 탈이 날까 봐 그는 중앙정보부에서 일하는 후배에게 강의 신원을 알아봐 달라고 했었다. 그때 후배도 별 문제가 없는 사람이라 하지 않았던가.

"선물이야 그저 호의로 준 것 아니겠습니까."

후배의 말을 들으며 그는 선의를 선의로 받지 못했던 게 미안하고 부끄러웠다.

그 일이 아니더라도 강에게 의심을 가질 여지는 없었다. 자신이 한일친선협회 회원이라고 했을 뿐 아니라, 수년간 복수여권을 가지고 왕래해왔다면 국가기관 심사에서도 아무런 문제가 없었다는 것 아닌가. 대영플라스틱의 면면을 보아도, 오랫동안 공화당 국회의원의 비서를 지낸 이가 회사의 중역이었고, 회장은 전직, 사장은 현직 민단 간부였다. 회사 사무실

전면에는 이순천 회장에게 박정희 대통령이 지역개발 공로를 치하하며 표창장을 주는 사진이 걸려 있었다.

그는 이런 일들을 들어 강을 수상히 여기지 않았다고 누차 강조했다. 허나 요원들은 들은 체도 하지 않았다.

"이봐. 누가 그따위 신원 확인을 해주었다는 거야! 여기 그 빨갱이 노인네가 하고 다닌 말들이 있는데, 무슨 소리야!"

선임으로 보이는 요원이 서류 뭉치로 책상을 내리쳤다. 그러고는 강이 했다는 말들을 죽 읽어 내려갔다. 주한미군 철수의 당위성, 불가침 조약 비판, 북한 제도의 우월성 선전, 남한 정부의 사대주의 비판, 변증법적 유물론 교양 등의 내용이었다. 그는 강을 꽤 자주 만나왔지만 도대체 강이 그런 말을 하고 다녔다는 것이 믿기지 않았다. 이따금 우리 사회의 어두운 면에 대해 말한 적은 있지만 자기 검열이 익숙지 않은 재일동포로서는 그렇게 느끼고 표현할 수 있으리라 받아들였던 터였다.

"아닙니다. 저는 그분이 간첩이라는 생각을 하지 못했습니다. 그분은 박 대통령한테도 늘 각하라는 존칭을 썼고, 한국의 발전된 모습을 보고 감격해했습니다."

"이 새끼, 말이 안 통하는구만. 맛 좀 봐야겠어?"

요원들은 그를 벽으로 몰아세웠다. 그러고는 침대 마구리 같은 것을 가져와 그의 엉덩이를 마구 내리쳤다. 옆방에서는 고문에 못 이겨 지르는 비명 소리가 들려왔고, 벽에는 말라붙은 핏자국들이 보였다.

"어차피 여기서 오래 버텨봤자 몸만 상할 뿐이야. 괜히 개죽음 당하지 말고, 우리 신사적으로 가자구. 당신 말대로 그 영감이랑 이웃하며 자주 만난 사이라면 뭐라도 들었을 거 아냐. 털끝만큼이라도 이상한 게 없었는지 잘 생각해봐. 조사에 협조하는 만큼 우리도 선처를 구할 여지는 충분히 있다구. 그 영감이 뭐라고 하던가?"

몽둥이를 내리고 안경을 추어올리는 요원의 얼굴은 고등학교 시절 수재로 촉망받던 한 친구의 얼굴과 닮아 있었다. 다만 음습한 시선과 눅눅한 음성이, 그 남자가 이곳에서 일하기에 최적화된 사람이라는 걸 보여주었다.

"사업 좀 한다는 사람이 왜 영판 세상 물정 모르는 것처럼 구실까? 정말 한번 인생 다 말아먹고 싶어!"

요원은 다시 몽둥이를 내리쳤다. 바닥에 나동그라진 그의 멱살을 잡고 벽으로 밀치더니 이내 다시 책상 쪽으로 끌어와 앉혔다. 그러고는 언제 빼 두었는지 지갑에 끼워 있던 가족사진을 가져와 보였다.

"아이들이 귀엽게 생겼군. 부인도 미인이구…. 그 영감이 사회나 정부에 비판적인 말을 흘리고 다녔다는데, 식구들 생각해서라도 잘 좀 협조하라구."

요원이 입꼬리를 애매하게 올렸다.

"… 언젠가 H화학이 대금을 받고도 원료를 한 달 넘게 제공해주지 않는다며 결국 생산업자들은 자금이 두 배로 든다는 말을 하더군요. 그때 돈 있는 기업은 쉽게 돈을 불리지만 중소 업체들은 어려움을 겪는다, 빈익빈 부익부가 문제다, 그런 얘기가 있었습니다."

"그게 다야?"

"… 당신 조카딸이 간경화에 걸렸다며, 사회복지 제도가 잘 되어 있으면 문제가 없을 텐데 한국에서는 병원비 마련도 큰일이라고 했습니다."

"뭐, 복지니 뭐니 떠드는 게 빨갱이들 주요 수법이니까. 조총련을 두둔한다거나 북에 대한 얘기, 그런 것도 있었을 텐데?"

한참을 다그치는 통에 그는 마지못해 강과 나누었던 대화의 한 부분을 꺼냈다.

"조총련계에서는 일본에서 교육을 마치고 직업을 갖지 못하면 북에 데려가 집과 일터를 준다고 했습니다. 한국은 그러지 않으니까 거류민단 사람들은 일본으로 귀화하는 사람들이 많다더군요. 그때 저는 우리나라도 금년부터는 재일동포 학생들에게 무시험 대학 진학의 혜택을 주는 것으로 안다, 그런 말을 했었습니다."

요원은 계속 추궁하며 몇 가지의 삽화를 더 메모하더니 제법 흡족한 표정을 지었다. 후임이 메모들을 가지고 나갔다가 한참 만에 다시 들어왔다.

"자, 그럼 이제 본격적으로 시작해보자구."

요원이 '진술서' 작성에 참고하라며 별도의 종이를 내밀었다. 거기에는 자신이 말한 내용이 엉뚱하게 부풀려져 있었고, 강에게서 듣도 보도 않은 말들이 빼곡히 적혀 있었다. 그는 고개를 저었다.

"아닙니다. 아무리 기억을 더듬어봐도 이런 말은 없었습니다."

그는 다시 침상으로 내쳐졌다.

"버틸 테면 버텨봐, 이 새끼야! 온몸에 피멍이 들도록 맞아도 검찰에 송치될 즈음이면 다 풀릴 테고, 아무도 네 말을 들어줄 리 없으니까."

이곳의 밤은 끝이 보이지 않는다. 휴식과 평온을 도려내고 진실을 탈취하여 오욕을 덧씌우는 절망의 시간. 정말이지 누구도 자신을 구할 수 없다는 캄캄한 느낌은 그에게 처음이었다. 따뜻한 식탁, 어린 아들의 보조개, 방산시장 골목의 떠들썩함, 퍼블리카[2]를 타고 가족들과 함께했던 여행, 고향의 부모님을 위해 새로 지은 강릉 집에서의 흥성스런 잔치…. 다시 그런 순간들을 환하게 만날 수 있을까? 그는 자기 인생의 어느 깊은 부분이 영영 암전되고 말 것이라는 예감에 몸서리쳤다.

---

2 1967년 일본의 도요타 퍼블리카를 국내에 들여와 조립한, '신진자동차'의 800cc급 4도어 왜건의 이름이다.

저들은 직업적인 각색가였다. 한두 군데 어색한 부분이 있어도 훌륭하게 연출할 누군가를 신뢰하며 충성을 다한다. 저들은 항간에 구르는 말의 뼛조각들을 주워다 살을 붙이고 거짓의 거대한 육체를 입히어 용공의 숨결을 불어넣는 조물주였다. 툭툭 던진 강의 말은 꿰어지고 엮이어 간첩의 변으로 재탄생하였다. 문답형의 진술 조서까지 작성되고 나니 그에게도 간첩의 포섭망에 걸린 자신의 역이 실제인 양 다가왔고 어쨌거나 이런 곤욕을 치르게 한 강과의 만남이 얄궂고 짜증스레 여겨졌다.

조서에 마지막으로 무인을 찍었지만 그게 다가 아니었다. 얼마 후 요원은 이른바 각서를 내밀며 말했다.

"여기에서 있었던 일을 발설하면 그땐 정말 쥐도 새도 모르게 사라지는 수가 있어. 어느 누구에게라도 허튼소리 했다간 당신뿐 아니라 당신 가족도 무사하지 못할 줄 알아. 공판정에 가서도 우리가 받은 진술 그대로 시인하란 말이야. 괜한 수작 부리지 말구. 우리가 다 지켜볼 거니까."

여부가 있으랴. 그는 이미 국가보안법 위반으로 구속 통보를 받은 상태였다. 낙인을 피하지 못할 바에야 감당할 형벌이라도 줄어들기만을 바랄 뿐이었다. 괴악한 저들의 말을 거스른다는 것은 무망한 일이었다.

그는 좋은 직장에 취직했다며 고향 후배를 추어주었던 일을 떠올렸다. 자신이 이곳에 와 있는 걸 후배는 알고 있을까. 개인에 대한 신뢰나 우의란 얼마나 허약한 것일까. 강, 그리고 강의 신원에 아무 문제가 없다고 했던 후배 모두 원망스러웠다. 그러나 그는 사람을 좋아하고 정에 약했던 자신이 누구보다 미웠다.

범죄는
그렇게 완성되었다

::: 제3 피고인 고재원 씨 이야기 :::

1958년 정초, 우연히 재일 제주개발협의회 명단에서 '강우규'(이하 강)라는 이름을 발견한 고재원(사건 당시 나이 60세) 씨는 무척 반가웠다. 강은 1945년, 그가 일본에서 고무제품 공장을 운영하던 때 만난 친구로, 같은 동네에 있는 병원의 사무장이었다. 강은 쾌활하고 정이 많은 성격이어서 환자들에게 호감을 샀고, 재일 제주도민들과도 교분이 깊었다. 강과 그는 동향인 데다 1917년생 갑장이라 쉽게 친해질 수 있었다. 고향에서의 어린 시절, 조선인으로서 겪었던 차별과 설움들, 몸이 부서져라 작업했던 공장에서의 나날들…. 그 무렵 그들은 마음을 터놓고 많은 이야기를 나누었다.

보통학교 졸업 후 수학(修學) 차 일본으로 건너간 그는 일본 연수 학관을 수료한 뒤 진학보다 사업 경험을 쌓는 쪽을 택했다. 1년 남짓 정밀기계 공장에서 일을 배우고 나서 금속 제작소를 운영했는데, 7년 만에 태평양전쟁의 전재(戰災)로 폐업을 하게 되었다. 남은 자본금으로 다시 고무제품 공장을 세워 운영하다가 1949년 가을에 모든 것을 정리하고 영주 귀국했다. 그가 귀국할 무렵 강은 병원을 그만두고 고무장화 공장을 차렸다. 그때 그는 강에게 공장 운영에 대해 여러 조언을 해주었었다.

그가 영주 귀국하고 얼마 되지 않아 한국전쟁이 발발했다. 전쟁 중 그는 대구에서 군복 제조 공장, 철물 가게 등을 운영하다가 전쟁이 끝난 후 서울로 올라와 철물 관련 사업을 하며 생계를 꾸려왔다. 사업의 부침을 겪기도 했지만 다행히 오남매 모두가 잘 자라주었다.

"개발협의회 일에 나서는 걸 보니 이 친구도 이제 조금 살 만해졌나 보군."

타국에서 고생한 게 몇 년인가. 서글한 강의 얼굴에 번질 미소를 떠올리면서 그는 협의회 명단에 나온 강의 주소로 연하장을 부쳤다. 그러나 웬일인지 그가 보낸 연하장은 그대로 반송되었다.

그가 강을 만난 것은 그로부터 11년이 더 지난 1969년경이었다. 제주 개발협의회의 초청으로 일본에 갔을 때, 사촌형과 목욕을 다녀오다 들른 '詩園(시엔)'이라는 다방에서 강을 만난 것이다. 뜻밖의 만남에 얼싸안으며 그는 강과 한참을 이야기했다. 강은 고무장화 공장을 2년 만에 접은 뒤 주로 음식점 관련된 사업을 해오다가 그해 다방을 내게 되었다고 했다.

"지금은 다방 일도 바쁘고 경황이 없지만, 나중에 기회가 닿으면 나도 한국에 가려고 한다네."

희끗한 머리칼이 눈에 많이 띄었다. 갈수록 고향이 사무쳐올 것이다. 그는 서울에 오면 꼭 연락하라며 강에게 명함을 건네고 다방을 나왔다.

그는 1972년 무렵부터 재경 제주도민회 간사를 맡아보고 있었다. 도민회 회장은 그의 보통학교 선배이기도 했고, 평소 도민회 일에 적극 참여해온 데다 성격 또한 부지런하고 꼼꼼한 그를 퍽 신뢰해주었다. 독자로 자랐고, 청년기의 주요 시절을 일본에서 보낸 그는 고향이나 친척들에 대한 애정이 남달랐다. 경조사 연락, 도민회 각종 행사를 어찌나 잘 챙기는지 재경 제주도민들은 거의 대부분 그를 모르는 사람이 없다 할 정도였

다. 뿐만 아니라 그는 고씨 종문회 부회장으로 일하며 『고씨세록』 편찬에
도 적극 관여하고 있었다.

1972년 12월 말, 그는 도민회 사무실에서 강이 막 귀국했다는 반가운
전화를 받았다. 그는 집으로 찾아온 강과 함께 저녁을 먹고, 명동의 M호
텔에서 하룻밤 같이 묵었다. 40년 만에 귀국을 한 강은 자못 상기된 얼굴
이었다. 가볼 곳, 만날 사람들, 하고 싶은 일들…. 강은 풍운의 청년 시절
처럼 기대에 부풀어 있었다.

"어떻게 귀국하게 되었나?"

"이순천 회장이 귀국한다기에 고향 친지들 방문도 하고 사업도 알아볼
겸 함께 나왔네."

"사업이라면? 뭐 구상한 게 있나?"

"글쎄, 아직 확실히 정한 건 없고 이것저것 알아보고 있어. 포경업은 어
떨지 생각해보고 있다네. 예전에 내 친구 하나가 제주 연안에서 포경업으
로 꽤 재미를 봤거든. 자넨 요즘 무얼 하며 지내는가?"

"지금은 제주도민회 간사 일을 맡아보고 있는데 수입은 변변치 않다
네. 생각 같아서는 처와 작은 양과자점이라도 하나 차리고 싶지만 그것도
자본이 있어야지…."

"양과자점을 차리려면 자본금은 얼마나 드는가?"

"한 천만 원은 족히 들 거야."

"나도 형편 닿는 대로 얼마간 도울 수 있으니 너무 상심하지 말고, 좋은
계획이 있으면 내게도 알려주게."

강은 여전히 그에게 사심 없이 돕겠다는 말을 하고 있었다. 고맙고 따
듯한 친구였다.

"앞으로 국내에서 사업을 하려면 도움 얻을 사람들이 필요할 텐데, 자
네가 도민 출신 인사들을 좀 소개해줄 수 있겠나?"

그리 어려운 일이 아니었다. 재일 제주도민들은 제주 개발에 꾸준히 후원을 해왔기에 제주 출신 국회의원들도 그들을 만나는 것을 꺼려하지는 않았다. 그는 쾌히 승낙했다.

"모쪼록 고향에 잘 다녀오고, 다시 연락 주게."

며칠 뒤 강이 귀경하자 그는 강에게 친척집 방문길을 안내하고, H, Y, H′ 국회의원과 제주도민회 전·현직 회장을 소개시켜 주었다. 그리고 상황이 되는 경우에는 식사 자리도 주선했다. 특별한 대화라기보다 그저 덕담이나 의례적인 말들이 오갔으나 애초에 그 정도면 충분히 훈훈한 자리였으니 강은 퍽 고마워했다.

주말에 서울 시내 관광이나 하자는 강의 말에 그는 북악스카이웨이, 4.19 탑, 신익희 선생 묘 등지를 안내했다. 성북구에 사는 그가 재일 제주도민들의 부탁을 받으면 자주 안내하던 명소들이었다.

그 밤, 워커힐에서 시내 야경을 보며 강은 말했다.

"서울의 야경이 퍽 익숙한 느낌이 들어. 나야 열여섯에 제주를 떠나고, 이 서울에 어떤 골목이 사라지고 어떤 지붕이 허물어졌는지, 새로 열린 길들이며 다시 올린 건물들은 어느 것인지 모르지만, 여기에 얼마나 많은 꿈들이 묻히고 얼마나 많은 땀들이 배어 있느냐 말이야. 참… 뻐근히 뿌듯해지는 게 조국인지…."

그는 강의 곁에서, 어느새 익숙해진 서울의 밤거리와 자신이 거쳐 온 골목골목들을 아스라이 떠올리며 왠지 모를 비감에 젖었다.

그해 가을 다시 귀국하면서 강은 그에게 브라운 면도기, 세이코 손목시계, 레인코트와 구두를 선물로 가져다주었다.

"지난번엔 여러 가지로 고마웠네. 변변치 않은 것들이지만 우선 받아주게나. 앞으로도 신세를 질 일이 있을 텐데 도움 부탁하네."

"고마우이. 어떻게 자네 사업 계획에는 좀 진척이 있었나?"

"이번에 이순천 회장의 아들이 국내에 지사를 설립하는데 나도 여유 자금을 투자했다네. 감사직을 맡기로 했으니 앞으로 종종 한국에 나오게 될 것 같아. 새로 사무실을 차리고 공장을 굴리느라 회사가 한창 바쁘니 나도 거들 일이 있겠지. 자네도 혹시 우리 회사 대리점을 맡아서 운영해 보면 어떻겠나? 언제 한번 시간 내서 회사 직매점에 같이 가보세."

강과 대영플라스틱 직매점을 찾아가 보았지만 대리점 일은 자본도 없고 그쪽 경험이 없는 그에게는 역부족인 듯싶었다. 그는 아무래도 양과자 점 쪽에 마음이 끌렸다. 동네에 오가는 사람들을 상대로 다소나마 수입을 올릴 수 있다면 자식들에게 기대지 않고 아내와 노후를 보낼 수 있을 것이다. 과자 굽는 냄새와 손주 입에 물릴 사탕을 상상하면 마음이 흐뭇해졌다.

그 뒤 강은 그를 불러내어 양복을 맞추어주기도 했다. 회색 맞춤 양복에 어울리는 감색 바탕의 무늬 진 넥타이까지 손수 골라 건네주었다.

어느 날 시내의 한 다방에서 강이 그에게 제안했다.

"설악산 단풍이 좋다는데 자네, 같이 가보지 않겠나. 나이 드니 산천만큼 정다운 게 또 있을까 싶더군."

창밖으로 비치는 가을 하늘이 눈부시게 푸르른 날이었다.

"좋지. 기분 전환이나 할 겸 오랜만에 나도 산 좀 타볼까?"

토요일 오후, 그는 모처럼 2박 3일의 여장을 챙겨 나갔다. 서울에서 떠날 때는 하늘이 맑았지만 속초에 도착해 1박을 한 다음날엔 빗방울이 떨어지고 날씨도 제법 쌀쌀했다.

우중이라 설악산행 버스에는 사람이 많지 않았다. 한 시간 여 가다가 건너편 좌석의 젊은이가 혼자 먹기가 뭣했는지 계란이며 밤을 건네주었다. 강은 예의 사교적인 태도로 젊은이에게 어디서 왔는지부터 직업과 가족 이야기까지 끌어내며 금세 친밀해졌다. 그와 강은 젊은이와 일행이 되어 함께 비룡폭포로 향했다. 그러나 빗방울이 점점 굵어지는 데다 강이 의족을 한 상황이어서 더는 오를 수가 없었다. 발길을 돌려 설악산 입구의 한 식당에서 늦은 점심을 같이했다.

식당 주인은 친절한 여인이었다. 강의 서투른 우리말 억양을 듣고 교포인지 묻고는 설악산의 유래며 흔들바위랑 비선대에 대한 설명을 주욱 해주었다. 강은 적절한 추임새를 넣으며 그녀의 설명에 열중하더니 아예 비가 잦아드는 대로 같이 가보면 어떻겠느냐 제안하는 것이었다. 바쁜 때가 지난 데다 강이 워낙 감탄하며 귀 기울이던 터라 그녀는 사양하지 않고 함께 길을 나섰다. 강은 그녀와 젊은이의 부축에 힘입어 비선대까지 올랐고, 그도 구름에 쌓인 절경을 놓치지 않고 볼 수 있었다. 내려와 헤어지면서 강은 식당 주인에게 깍듯이 인사를 했다. 젊은이에게도 근무지인 C시에 언제 한번 가보겠다며 유쾌히 손을 흔들었다.

두 사람은 설악산 아래에서 기분 좋은 밤을 보내고 쾌청하게 갠 아침 햇살을 맞으며 경포대와 오죽헌을 둘러본 뒤 강릉발 비행기로 돌아왔다.

이듬해 늦겨울쯤 다시 귀국한 강이 도민회로 찾아왔다. 그는 간단한 업무를 마치고 강과 도민회 건물 아래층에 있는 다방에서 차를 마셨다.

"날씨도 꽤 풀렸는데, 자네 한가할 때 어디 가까운 데 가서 바람이나 쐬고 오자구."

강의 말을 옆에서 듣고 정 마담이 자기도 같이 가면 안 되겠느냐고 물어왔다. 도민회 일 등으로 종종 그곳에 들렀던 터라 정 마담은 그를 퍽 친근히 대하던 터였다. 40대 중반의 그녀는 삶의 피로에 그늘진 얼굴과는 달리 목소리가 나긋하고 청초한 데가 있었다. 언젠가 조금 취해서 그에게 사연 많은 인생을 터놓기도 했었다.

"갑갑하기론 우리만 할까요. 이왕이면 쉬는 날, 제 친구 김 마담도 같이 불러서 넷이 다녀오는 게 어때요?"

강은 사양하지 않으며, 그럼 어디로 가는 게 좋을지 잘 생각해 두라고, 마치 큰오빠처럼 응수하며 다방을 나갔다.

그 주 일요일, 전등사로 가자는 여인들과 함께 두 사람은 신촌에서 강화행 버스를 탔다. 김 마담의 쾌활한 수다를 강은 적절히 농담을 섞으며 들어주었다. 김 마담은 어느새 강과 친숙해져서 전등사를 오가는 내내 다리가 불편한 강을 부축해주었다.

불당에서 그가 절을 드리고 일어섰을 때, 강은 경건하고 엄허한 얼굴로 한참 묵도를 올리고 있었다. 경내를 벗어나자 강은 다시 호쾌한 목소리로 여인들과 이야기를 나누고, 저녁 식사 자리에서도 한참 미식에 대한 일가견을 자랑했다. 강은 어찌 보면 발심 깊은 거사 같기도 하고, 다시 보면 한없이 범속한 중생 같기도 했다.

1974년 6월, 그는 『제주연감』과 『고씨세록』을 판매·배포할 목적으로 석 달 남짓 일본에 체류했다. 강의 집은 그가 유숙 중인 재종형네와 같은 구역에 있었기에 그는 전화를 걸어 강을 찾아갔다.

"자네도 꽤 오랜만에 일본에 온 셈인데, 나와 여행도 하고 조금 쉬다 가게."

그는 강과 다시 만나 아타미(熱海)와 하코네(箱根) 일대를 2박 3일간 둘러보았다.

어느 날 두 사람이 동경 번화가의 극장에서 전통춤을 감상한 후 차를 나눌 때였다. 강은 모았던 곗돈으로 곧 유럽 여행을 다녀올 예정이라며 여행사에서 가져온 관광 안내서를 그에게 보여주었다. 그는 강이 조금 부러웠다. 자신은 가져온 책자들의 대금 회수를 못하여 꼬박 빚을 지게 될 형편이었다.

"미안한데···. 연감이랑 세록 판매가 영 부진해서 말이야. 자네가 오사카 도민 사이에 발이 넓다고 추천해주었던 박 모도 찾아가 봤는데 장기 출타 중이어서 만나질 못했네. 아쉬운 대로 그 집에 책을 맡겨놓고 오긴 했지만 언제 대금을 회수할 수 있을지 모르니, 자네 혹시 대금 중 30만 엔만 변통해줄 수 없겠나?"

"그간 자네 고생이 많았구먼. 글쎄··· 당장은 어렵고, 일단 유럽 여행을 다녀온 뒤에 내가 최대한 돈을 융통해보지."

유럽을 다녀온 뒤 강은 식사나 같이하자며 그를 마쓰도(松戸)시에 있는 자신의 큰아들 집으로 초청했다. 강의 아내는 직접 식사를 준비해 놓고 그를 반갑게 맞아주었다.

"남편이 서울 갈 때마다 신세를 많이 진다고 하던데, 일본에 오셨다는 소식을 듣고도 이제야 저녁 한번 대접하게 되네요. 여러모로 고맙습니다."

강의 아내는 선이 굵으면서도 온화한 인상이었다. 그녀도 제주도 출신이라 자연스레 고향 이야기를 주고받았고, 강도 유럽 여행 이야기를 더하며 한참 담소를 즐겼다.

식사를 마칠 무렵 손님이 찾아왔는데 강과 친하게 지내는 이웃인 듯했다. 강은 같은 동포끼리 인사나 하라며 손님의 차도 함께 내왔다. 그가 사업 관계로 서울에서 왔다고 자신을 소개하자 상대편은 그의 손을 덥석 잡으며 반가움을 표했다.

"저는 경상도 출신입니다. 조만간 저도 고향에 가보고 싶습니다. 조국도 많이 발전했지요?"

한 50세쯤 되어 보이는 남자였다. 다소 센 억양에 까무잡잡하고 둥그스름한 얼굴이 투박한 느낌을 주었다. 차를 마시던 남자가 그에게 물었다.

"최근 민청학련 사건에 일본인들도 연루되어 20년 형을 받게 된 것으로 압니다. 한국 내 여론은 어떤가요?"

그는 정치적인 얘기는 좀처럼 하지 않는 데다 낯선 교포와 주고받기에는 썩 내키지 않는 화제여서, 자신도 뉴스에서 언뜻 봤을 뿐 자세한 내용은 모른다고 답했다.

"그나저나 남쪽 정부가 점점 독재정치로 치닫는 것 같아서 걱정입니다."

그가 별 대꾸 없이 듣고 있으려니까 그 남자가 강에게 하는 말이, 그나마 의무교육 등 사회보장 제도가 잘 되어 있으니 가난한 사람들이 살기엔 차라리 북쪽이 더 낫다는 것이었다. 김일성의 통치력 운운하는 대목에서 그는 듣기가 거북하여 언성을 높이며 말을 잘랐다.

"김일성의 통치력이라구요? 그는 남한에서 간 사람들을 무자비하게 숙청하지 않았습니까? 어째서 이북에서는 김일성을 신격화합니까!"

그가 정색을 하니 상대방도 머쓱해했다. 강이 화제를 다른 곳으로 돌렸지만 분위기는 영 어색해졌다.

"제가 실례한 것 같습니다. 먼저 일어나겠습니다. 말씀 더 나누다 가십시오."

그는 자신도 교포사회를 어느 정도는 아는 입장인데 너무 예민하게 굴었나 싶었지만 어쨌든 흥이 깨져서 더 있지 못하고 그 집을 나왔다.

그리고 며칠 뒤 강은 그가 사업차 가 있던 오사카까지 찾아와 30만 엔을 건네며 만년필 한 개를 선물로 주었다.

인연이 깊다면 깊은 것이 잘못이었나. 젊은 시절 일본에서의 교분을 바탕으로, 강이 국내를 왕래하면서부터 그는 강에게 가장 편한 말벗이요, 세심한 안내자였던 것이 사실이다. 〈풍년집〉이며 〈안판장집〉을 무시로 드나들며 밥과 술을 나누었고, 동숙하며 허물없는 이야기를 주고받은 밤도 여러 번이었다. 하지만 강에게서 '수상한' 기미라고는 전혀 느끼지 못했다.

언젠가 강이 양과자점 개업을 지원해주겠다고 했지만 정작 별 도움을 얻지 못했던 것이 조금 서운한 일이긴 했다. 허나 강과 오래 지내다 보니, 강은 가끔 한도에 넘칠 만큼 곳곳에 호의를 베푸는 성격임을 알고 자신의 기대를 털어버렸다. 그는 강과 만남이 잦은 사람들도 거개 알고 있었지만 다들 수상할 리 없는 사람들이었다. 대체 어쩌다 강은 '간첩'이 되어버린 걸까.

그는 1년 전쯤 아들이 '불온 사건'에 연루되어 구속됐다며 도움을 청해 왔던 동향 출신 재일동포를 떠올렸다. 그 부모를 데리고 그가 아는 여러 인사를 찾아갔을 때, 부모는 울면서 호소했었다.

"우리 아들은 '간첩'과는 전혀 무관하며 모국어를 제대로 배우고 한국 사회를 연구하려던 사회학도일 뿐이다….."

부모는 한국인으로서 정체성을 잃지 말아야 한다고 가르쳐온 자신들을 책망했었다. 그 자신이 이와 비슷한 사건에 얽히게 될 줄은 꿈에도 몰랐다. 무언가 단단히 잘못된 것이 틀림없었다.

계속되는 추궁과 협박을 못 견딘 그는 마지못해 강과의 일들을 기억나는 한 사실대로 적었다. 그러나 그에게 돌아오는 것은 발길질과 뭇매뿐이었다.

"그 영감은 김일성 지령을 받은 거물 간첩이라구. 이미 북에 다녀온 걸 실토했어. 당신과 그렇게 오래 알고 지냈는데, 간첩인 줄 몰랐다는 걸 우리가 믿을 것 같아? 똑바로 대! 그 영감이 북괴에 대해 뭐라고 떠들고 다녔는지, 일본에선 누구를 만나고 있었는지 말이야."

부풀어 오른 오른 뺨 위로 다시 우악스런 손바닥이 날아왔다. 하지만 아무리 돌이켜 보아도 강이 북을 찬양한 적은 없었다. 할 수 없이 일본 강의 집에 찾아왔던 손님과의 대화를 꺼냈다. 아타미 여행 땐가 대화 중 잠시 강이 북의 의무교육을 언급했던 것도 말했다. 그때도 북을 편든다기보다는 사회주의 국가인 북의 현실에 대해 지나가며 말한 것이었지만, 북에 대한 강의 얘기는 그것밖에 생각해낼 수가 없었다.

"당신, 그 영감이 간첩인 줄 다 알고 있었으면서 협조한 거 아니야? 국회의원도 소개시켜 주었다며? 그 정도 행위면 당신 10년쯤 중형 먹는 건 일도 아니야. 제대로 한번 맛 좀 보여줄까?"

선임으로 보이는 요원이 말을 채 마치기 전, 후임이 다가와 그를 바닥에 무릎 꿇렸다. 그러고는 각목을 가져와 무릎 사이에 끼우고 양 끝을 발로 밟았다. 단말마의 비명을 내지르는 그를 태연히 바라보던 선임이 흰 눈자위를 번득이며 다시 말했다.

"오래된 일이라서 기억이 나지 않는다구? 자, 그럼 우리랑 복기해보자구. 72년에 그 영감이 들어와서 무슨 사업을 하겠다고 했다구?"

"포경업에 대해 얘기하긴 했는데 딱히 구체적인 계획은 없는 것처럼 보였습니다."

"계획도 없는 사람한테 왜 의원들까지 소개시켜 주었나?"

"강이 사업을 하겠다기에, 저는 아무런 연고 없이 한국에 와서 새로 사업하기란 만만치 않을 거라고 말했습니다. 그때 강은 자기가 일본에서 무슨 협회 회원이라며, 그 협회 중앙을 통하면 어떻게든 국내 인맥을 활용할 수 있지 않겠느냐, 그런 얘길 했습니다. 제가 여기는 일본과 사정이 다른데 너무 쉽게 생각하는 거 아니냐고 했더니, 강이 그러면 도민회를 통해서라도 아는 인사들을 소개해줄 수 없겠느냐 문의해왔던 것입니다."

이야기를 듣던 요원은 심장한 표정을 지었다.

"협회 회원… 중앙이라… 그거 조총련 관련된 거 아닌가?"

"예? 강은 현재 민단에서 활동하고 있는 것으로 알고 있습니다만…."

"그건 다 위장용이고!"

선임 요원은 후임과 잠시 속닥이다 결론을 들이밀었다.

"알겠어. 그 영감의 말은 자기가 중앙위원이라는 거야. 중앙위원이라… 조총련 중앙위원? 아니, 당 중앙위원이라 이거지."

기울어져도 너무 기울어진 말이기에 바로잡아야 할 것 같아 그는 피터진 입술을 옴짝거리며 말했다.

"저… 그런 얘기가 아니고…."

"무슨 소리야, 정확히 기억도 못한다며!"

근거 없는 추론과 어처구니없는 상상 가운데, 간첩은 생산되는 것이었다. 요원들은 권력이 달아준 광포한 날개를 퍼덕거리며 캄캄한 거짓의 동굴을 제왕처럼 점령했다.

옆방에서 들리던 비명 소리들도 어느 정도 잦아든 듯했다. 포기와 체념에 그 자신의 영혼도 잠식되고 있었다. 그는 그들이 불러주는 대로 강이 '선전 교양'한 말들을 써 넣고, 몇 번이고 시키는 대로 다시 고쳤다.

"이봐, 고재원 씨!"

모처럼 눈을 붙이고 있던 그를 깨운 요원은 그의 집에서 압수해온 금전출납부를 책상 위에 펼쳤다.

"여기 아주 좋은 자료가 있더군. 헌데 몇 군데 훑어보니 지난번 1, 2차 진술과 앞뒤가 맞지 않는 게 꽤 있어서 말이야. 이것들 보고, 지난번에 빠뜨린 것까지 다시 자세히 진술해야겠는 걸."

요원들이 가져온 금전출납부는 1972년 12월부터 최근까지 총 10권에 달하는 내용이었다. 오랫동안 사업을 운영하고, 도민회 일을 맡아 하며 그가 꼼꼼히 작성해온 것이었다. 금전출납부가 다시 한 번 그를 옥죄며 궁지로 몰았다. 그는 강과 차를 마신 날짜와 장소, 강에게 일화를 환전해준 날짜와 액수까지 시시콜콜 다시 써야 했다. 그렇게 범죄는 재구성되었고, 요원들은 만족감을 표했다. 금전출납부와 다른 압수물들(양복, 구두 등 강에게서 받은 물품)을 그의 것으로 확인하는 3차 조서 작업까지 마치더니, 이내 그를 구속 송치했다.

구치소에서의 며칠 밤을 보내며 그는 다시 조심스레 마음을 다잡았다. 검사에게 가면 억울함을 호소할 수 있을까, 재판정에 가면 진실을 말할 수 있을까. 그러나 요원들은 며칠 뒤 구치소로 그를 찾아왔고 4차 조서를 써야 한다며 다시 황당한 진술을 강요했다. 강과 다녔던 여행이 빌미였다. 북악스카이웨이에서, 강화도에서, 강릉에서 강이 군사시설을 탐지 수집했고, 그는 그걸 방조했음을 시인하라는 것이었다. 순순히 응하지 않으면 중정으로 데려가 재조사하겠다고도 했다.

언제, 얼마나 진실을 밝힐 수 있을지 모르는 불투명한 미래보다는 너무도 선명히 남아 있는 과거의 끔찍한 고통이 그에게 선택의 여지를 남겨주지 않았다. 범죄는 그렇게 완성되었고, 그는 간첩의 방조자가 되었다. 범죄를 시인하는 만큼 선처를 구해보겠다는 요원들의 말이, 범죄 사실이 늘어날수록 형량 또한 늘어난다는 상식보다 훨씬 신빙성 있게 여겨졌다. 어떤 형을 받더라도 그들이 없는 곳이라면 버틸 수 있을 것 같아 그는 그들과 공모하는 편을 택했다.

이 벽은
무너지지 않을 것이다

::: 제2 피고인 김기오 씨 이야기 :::

이제 다 끝났다고 생각했다. 수사관들의 몇 가지 질문만 듣고도 김기오 (사건 당시 나이 52세) 씨는 이 일이 어떤 방향으로 흘러갈지 감을 잡을 수 있었다. 옆방, 또 그 옆방에서도 비명 소리가 이어졌다. 이 방들은 모든 빛이 차단된 어둠 속에서도 유독 소리만은 그대로 투과시킨다. 뼈와 살을 찢고 나오는, 인간의 마지막 목소리들. 저항과 고통과 능욕이 핏물처럼 배어 있는 소리들을 그는 온몸으로 듣는다.

누군가 강우규(이하 강) 씨를 밀고한 모양이었다. 그간 강의 언행에는 어찌 보면 '건전한 국민'에 부합하지 않는 말이 더러 섞여 있곤 했다. 강이 그에게 보여준 후의(厚意), 그 사람에 대한 자신의 신뢰가 아니었다면 그런 말들에 붉은 칠을 해서 보는 것이 온전히 불가능한 일은 아니었을는지 모른다. 이런 사건의 특성상 중요한 것은 사실이 아니라 수사 당국의 의중이라는 점을 그는 알고 있었다.

"그 영감, 북에 가서 김일성이 만나고 온 거 당신한테 다 이야기했잖아!"

더 이상 고개를 저어보았자 아무 소용이 없을 것이다. 강은 간첩이 되었고, 자신도 그 반경 안에서 함께 체포되었으니 반공법이니 국가보안법이니 옭아맬 구실이야 저들은 얼마든지 만들 수 있으리라.

그가 수사를 받는 것은 이번이 처음이 아니었다. 제주농업학교에 다닐 당시 '재농 독립 만세 사건'의 주모자로 체포된 것이 1941년, 그러니까 그가 열일곱 살 때였다.

일본이 '대동아전쟁'의 선전포고를 한 12월 8일, 학생들은 관덕정에 모여 국민총력계 담당의 전쟁 지지 연설을 들었다.

"선전포고의 소식을 듣고 다만 감격하여 눈물밖에 나오지 않는다…."

과장된 몸짓까지 섞인 일본어 연설을 들으면서 내심 반발하는 학생들이 꽤 있었다. 그도 그런 학생 중 한 명이었다. 이튿날 이어진 신사참배 행사에 그는 가지 않았다. 두통을 핑계로 조퇴를 허락받고 교실에 혼자 남았다.

다음 날, 복도며 변소에 '일본놈 죽어라', '대한 독립 만만세' 등의 낙서가 눈에 띄자 학교는 발칵 뒤집혔다. 고등계 형사가 총동원되어 범인 색출에 달려들었다. 전교생이 '대한 독립 만만세'를 써 보이며 필적을 감정당했다. 한국 소설을 즐기는 학생, 기독교 신자인 학생, 타지에서 전학 온 학생, 반항을 잘하는 학생, 공부 잘하는 학생…. 학생들은 차례로 연행되어 고문을 당했다.

그가 첫 번째 연행되었을 때는 참고인 신분으로 경미한 고문을 당하고 나왔지만 열흘 남짓 만에 다시 연행되어서는 세 양동이 넘게 물고문을 당한 끝에 빈사 상태로 유치장에 갇혔다. 일경은 압수된 그의 일기장에 쓰여 있는 '불온한' 구절들을 들이밀었다. 그는 낙서 사건의 주범으로 지목되었다. 전교생에게 내려졌던 금족령이 해제되고 '재농 불온 사건'의 범인을 체포했다는 기사가 대대적으로 보도되었다. 그는 치안유지법 위반으로 구속되었다.

"손톱을 불송곳으로 지져대고 동짓달 밤중에 용담의 하천으로 끌고 가물속에 담그고…. 고등계 형사들이 갖은 고문을 자행하는 바람에 어쩔 도리 없이 시인하게 된 것입니다."

검사는 그의 진술을 받아들이지 않았고, 그를 다시 경찰로 넘겼다. 모진 고문을 재차 당한 끝에 결국 그는 주범이라 자백할 수밖에 없었고, 검찰로 재이송되어서도 인정하는 진술을 했다.

감옥으로 돌아온 그는 슬픔에 잠긴 채 한참을 벽에 기대 있었다. 조만간 동경으로 유학을 가려던 꿈이 물거품이 된 것은 물론이고 징역살이 후에는 평생 전과자의 낙인이 찍힐 터였다. 그때였다. 꿈결엔가 한 노인이 나타나 왜 그런 자백을 했냐며 그를 꾸짖는 것이 아닌가. 놀라 일어나보니 아무도 없었다. 잠시 후 그날 보충 근무를 서던 동향인 아저씨가 그에게 살짝 와서 계란탕을 시켜주었다.

"배 하영 고팠지? 이거 먹으라. 검찰 조사는 잘 받아시냐?"

"검사한테 나가 한 일이 아니라고 해신디, 다시 경찰서로 끌려가서 고문 받고…. 할 수 없이 시인하게 됐수다."

"무사 경 해시니?"

아저씨는 그의 눈을 한참이나 말없이 쳐다보다가 총총히 사라졌다.

그는 마음을 다잡았다. 재조사를 받을 때에는 죽는 한이 있더라도 부인하리라. 이어진 검찰 조사에서 그는 진술을 번복했다. 조사가 원점으로 돌아가자 다시 고문을 당해야 했지만 결국 8개월 만에 증거불충분으로 불기소 석방되었다.

치안유지법 위반의 대가는 혹독했다. 그는 퇴학 처분을 받았고, 아버지는 17년 동안 해 오던 면장 직을 사임하게 되었으며, 도청에 근무하던 맏형도 자리에서 물러났다. 그는 도항 허가 신청을 했지만 거부당했고, 어쩔 수 없이 사건 담당 검사에게 도움을 요청하고서야 일본으로 건너가 공부할 수 있었다. 그러나 수시로 경찰서에 불려 다녀야만 했다. 동경의 하숙집에서, 방학 때 관부(關釜) 연락선에서, 혹은 경부선·호남선 기차 속

에서 요시찰 인물로 내내 감시를 당했다.[3]

　해방이 되어 귀국한 그는 고향에서 2년 정도 중학교 교사로 근무하다가 제주신보, 합동통신사 기자 등 20여 년을 언론인으로 생활했다. 1962년 민정당(民政黨)[4] 창설에 관여하기도 하고, 한국독립당[5] 상임위원으로 활동하다가 고향에서 국회의원으로 출마한 적도 있었다. 낙선한 뒤로 최근 몇 년 동안 출판 관계 일을 하며 살림을 꾸려왔는데 곤궁한 형편이 좀처럼 나아지질 않았다. 그러나 그는 자신의 삶에 대한 자부심만큼은 여전히 높고 크게 간직해왔다.

　해방 후 좌익과 우익의 이념 대립 속에서 그는 자신만의 기준을 가지고 소신껏 기사를 쓰려고 애썼다. 좌익과 거리를 두었으나 무조건 우익을 두둔하지도 않았다. 여순 사건 당시 그는 경찰 측의 우발적인 폭행 사건이 군인들의 불만을 터뜨리게 했던 일을 보도했다. 덕분에 경찰국에 끌려가 취재 경위를 한참 추궁당해야 했다. 제주 4.3 때에는 동네를 돌아다니다 폭도로 몰려 죽은 어느 눈 먼 이에 관한 기사를 썼다가 '폭도들의 정보참모'로 지목되어 경찰서 유치장에 갇히기도 했다. 그리고 나서도 그가 외도에서 발생한 주민 고문치사 사건을 기사화하자, 경찰에 있는 한 후

3 '재농 독립 만세 사건' 관련 내용은 김기오 씨가 '상고이유서'에 첨부하여 냈던 글을 발췌하여 구성했다. 원문은 『재경 제주도민회 회보 5집』에 「재농 독립 만세 사건」이라는 제목으로 실린 글이다.

4 윤보선, 김병로 등이 군정세력에 반대하는 범야 집결체를 목표로 1963년 6월에 발족하여 1965년 5월까지 존속하였다. 6대 국회에서 41석을 얻어 제1 야당이 되었으며, '대일굴욕외교반대 범국민투쟁위원회'를 결성하여 반대투쟁에 나서기도 했다. -『한국민족문화대백과사전』 발췌

5 1930년 1월 25일 중국 상해(上海)에서 김구 등 민족주의 계열의 인사들이 창립한 독립운동단체이자 광복 이후 건국운동에 참여하고 제1공화국 때 몰락하였다가 1962년에 재건된 보수정당. 반민주적 처사의 배격과 정보기관의 정치사찰 금지, 철저한 선거공영제를 통한 공무원의 정치적 엄정중립 보장 등을 정책으로 내세웠으며, 1970년 '신민당'에 흡수, 합당되었다. -『한국민족문화대백과사전』 발췌

배가 그에게 신변을 조심하라고 귀띔해주었다. 그는 몸을 피해 상경했고, 이틀 후에 그가 살던 제주 집은 급습을 당했다. 제주의 유지들도 이유 없이 연행되어 가서는 시체로 돌아오기도 하는 흉흉한 시절이었다.

한번은 자유당의 세도 당당한 S의원이 국회 본회의 발언에서 '사람을 낳으면 서울로 데려오고 말을 낳으면 제주로 보내야 한다. 정부의 말을 안 듣는 자들은 말과 같이 제주로 모두 쓸어 보내야 하겠다.' 운운하여 제주 사람들이 격분한 적이 있었다. 그는 고향 인사들과 S의원을 찾아가 제주도민만이 아니라 국민 앞에 사과하라고 항의했다. 복도까지 따라 나와 굽신거리던 S의원은 결국 신문에도 사과문을 싣겠다며 용서를 구했다.

3.15 부정 선거 당시에는 기자들에게 입막음용 돈이 돌았다. 당시 200만 원이었으니 전세살이도 면할 수 있는 큰 액수였다. 그도 얼마간 마음이 흔들렸지만 며칠 되지 않아 자유당 당사로 찾아갔다.

"이 돈으로 어서 부정선거에 보태어 쓰시오. 이 돈 먹었다가 설사 날 것 같아 먹지 않기로 했소."

그는 뒤도 돌아보지 않고 그곳을 나왔다.

기자직을 그만둔 이후에도 그는 자기 양심껏 살아왔다는 긍지 하나로 핍진한 생활을 견뎠다. 오십이 넘도록 집 하나 장만하지 못하고 박봉에 자식들을 충분히 먹이고 입히지는 못했으나, 아비로서 남겨줄 것은 그런 것들이 다가 아니라는 신념이 그에게는 있었다.

그가 강을 알게 된 것은 1년 전 이맘때로, 동향인 고원용을 통해서였다. 고원용은 몇 년 전 그가 제주도민회 감사로 있을 때, 전기 제품을 대량 희사해주었던 D전자에 인사갔다가 알게 된 후배였다.

"얼마 전 재일동포 한 분을 만났는데, 선배님의 형님과 동기동창이라면서 제게 선배님을 아느냐고 묻더군요. 선배님과 성격도 잘 맞을 것 같은데 언제 한번 연락해보세요."

고원용은 그에게 강의 연락처와 주소를 알려주었다. 전화를 걸어보니 강은 일본으로 돌아갔는지 통화를 할 수 없었다. 5월 말인가, 처음으로 통화하며 인사했을 때 강은 언제 한번 식사라도 같이 하자며 꼭 한번 자기 집에 들르라고 했다.

한동안 강을 잊고 지내던 그가 연락을 받고 강의 아파트로 찾아간 것이 지난 가을이었다. 아파트에는 고원용과 장모(某)라는 친구가 먼저 와 있었다. 고원용은 강과 꽤 친하게 지내는 듯했다.

"어서 오세요, 선배님. 강 선생님께서 선배님을 무척 보고 싶어 하셨습니다."

강은 그에게 반가이 손을 내밀었다.

"자네는 나를 잘 모르겠지만, 나는 어렸을 때 본 자네 얼굴이 떠오른다네. 제주에 가면 자네 형과 종종 만나곤 하지. 자네는 일찍 서울에 올라왔다던데, 그래, 그동안 어떻게 지냈는가."

"신문기자 생활을 오래 하다가 요즘은 출판 쪽에 관여하고 있습니다."

"그런가. 자네가 예전에 독립운동으로 옥고를 치렀다는 얘기도 들었네. 얼마나 고생이 많았겠는가."

그가 강에게 당시 사건의 요지를 전하자, 강도 감회에 젖으며 옛이야기를 이어갔다.

"일정 때 우리들이 다녔던 보통학교에서도 동맹휴학을 했었지. 나도 주동으로 나섰다네. 일제 앞잡이 역할을 한 선생들 골탕 먹이는 게 얼마나 통쾌하던지…. 그때 우리들의 심정을 이해하며 편이 되어주시던 선생님이 계셨어. 김인지 선생님이라고 참 좋은 분이셨지. 귀국하고 동창들이랑 그분 묘를 찾아가 헌화했다네. … 자네 아버님도 아주 훌륭한 분이셨어. 면장을 맡아보시면서 민족운동하는 사람들을 많이 도와주셨지. 학식도 높으시고, 붓글씨 또한 명필이셨고. 우리 선친과도 퍽 친근한 사이셨어. 내가 도일할 때 도항증명을 해주기도 하셨지. 자네 아버님께 은혜를 많이 입었네."

강과 대화를 나누며 그는 마음이 아늑해졌다. 고향집의 풍경이며 어린 시절 형들과의 추억, 고단했던 감방에서의 나날이 차례로 스쳐갔다. 그의 아버지는 해방 후 마을 건국준비위원회[6] 부위원장을 맡을 만큼 신망이 높았다. 그는 엄격하지만 따뜻했고, 세상과 좌충우돌하는 고집스런 자신을 속 깊이 감싸주셨던 아버지가 사무치게 그리웠다.

자리는 화기애애하게 이어졌다. 강은 고원용에게 "자네 명강의를 들어봐야지. 언제 자네가 나간다는 노인대학에 같이 가보세." 하며 추어주는가 하면, 장에게도 "오는 주말엔 자네 부인이 일한다는 갈비집에 다 함께 식사하러 가세." 하며 세심히 챙겨주었다. 꽤 늦은 밤이 되어서야 그는 강의 집을 나왔다.

"내가 구경시켜 줄 테니, 언제 꼭 한번 일본에 나오게. 당분간 나는 서울에 머무를 예정이야. 자주 만나 이야기 나누세나."

강은 다시 한 번 그의 손목을 잡고 말했다.

돌아온 밤, 별다른 이유 없이 그는 한참 동안 잠을 이루지 못했다.

이틀 후, 그는 퇴근길에 강의 아파트에 들렀다. 재수를 한다던 강의 조카는 아직 들어오지 않았고, 파출부 아주머니도 식사를 차려주고 돌아간 상태라 집안은 한갓졌다. 함께 저녁을 먹으며 강이 물었다.

"출판 관련 일을 하고 있다구? 한참 아이들 뒷바라지해야 할 나이일 텐

---

6 8.15 광복 이후 최초로 여운형을 중심으로 조직한 정치 단체. 광복 직후 과도기의 국내 질서를 자주적으로 유지하는 것을 목표로 하여 국내 유일의 정치 세력을 형성하였으나, 미 군정 시대 이후 해체되었다. - 『국립국어원 표준국어대사전』

데, 어찌 생활은 그럭저럭 할 만한가?"

"그동안 기자 일을 하다가 정당에 잠시 몸담은 적이 있습니다만, 생활이야 늘 빠듯하더군요. 지금 다니고 있는 직장은 작은 출판사여서 실상 최하의 생활을 면치 못하고 있는 형편입니다."

그는 솔직하게 말했다.

"자네가 그리 고생하며 살고 있는 줄은 몰랐네. 내가 조금씩이나마 도울 형편은 되니, 힘든 일이 있으면 어려워 말고 내게 알려주게나."

강은 방으로 들어가더니 조금 뒤 그를 불렀다.

"더 주고 싶지만 지금 가진 현금이 얼마 안 되어 5만 원밖에 못 넣었네. 이거라도 아쉬운 대로 쓰게."

그가 주뼛거리자 강은 형이 동생에게 주는 용돈이니 마음 쓸 것 없다며 봉투를 그의 손에 쥐어주었다.

그 주말, 강의 부인이 일하는 식당에서 함께 흐벅진 저녁식사를 하고 돌아가려던 참이었다. 강은 그가 사는 집이 어딘지 알아두고 싶다고 말했다. 그는 택시 편으로 강과 청량리로 가서 자기 집께를 가리켜 보인 뒤 근처 찻집에 들어가 이야기를 더 나누었다.

"아까 그 집은 자네 소유로 된 집인가?"

"아닙니다. 현재 전세금 60만 원으로 방 둘을 쓰고 있는데, 오는 11월이면 만기라 집주인이 20만 원을 더 올려 달라는군요. 조만간 현재 보증금에 맞는 집을 찾아 이사해야 할 것 같습니다."

"다른 집으로 옮기는 일이 쉬운 게 아닐 텐데. 그나저나 조그마한 집이라도 마련하여 안정된 생활을 해야 하는 것 아닌가. 의복은 좋지 못한 걸 입어도 내 집은 있어야 한다네."

"방 세 개 정도 딸리고 그럭저럭 살 만한 집을 사려면 300~400만 원은 있어야 합니다. 저나 제 처의 소망이야 오막살이라도 내 집 갖는 것이지만 어디 그렇게 쉽게 되겠습니까."

"우선 급한 20만 원은 일본으로 가기 전에 내가 어떻게든 마련해볼테니 조금만 기다려 보게. 내가 자네보다는 좀 여유가 있지 않겠나."

며칠 뒤 강이 그를 집으로 불렀다.

"이 돈 가지고 아쉬운 대로 전세금에 보태게. 곧 일본으로 갔다가 내년 1월 초에 다시 올 계획이야. 식구들과 잘 지내고 그때 다시 만나세."

강은 친지처럼 다정히 그의 어깨를 감쌌다.

집으로 돌아간 그는 아내에게 강이 준 돈 봉투를 건넸다. 아내는 요즘 세상에 그런 고마운 분이 다 있느냐며 감탄했다. 방 한쪽에서 숙제를 하던 중2 아들이 부모의 대화를 듣고 대뜸 물었다.

"아빠, 그 사람 간첩 아니야? 왜 아무 관계없이 아빠한테 큰돈을 주는 거야?"

그는 정색을 하며 아들을 나무랐다.

"무슨 소리야. 그분은 옛날에 너희 할아버지한테 신세를 많이 졌고, 큰아버지랑 동창이셔서 아빠한테 잘해주시는 거야. 아빠가 일제 때 옥고를 치르고, 지금도 고생하며 사는 게 얼마나 안타까운지 모르겠다고 하시더라."

멸공이 국민총화의 모토라는 시대이니 어린 아들의 입에서 그런 말이 나오는 걸 뭐라 탓할 수는 없었지만, 그는 서글픈 느낌이 들었다.

그가 강을 다시 만난 것은 1977년 1월 말경이었다. 회사에 들렀다 오는 길이라며 강이 오후 늦게 그의 직장 아래층 다방으로 찾아왔다.

"회사에 무슨 일이 있습니까?"

"별일은 아니고, 세무감찰반이 나와서 직원들이 다들 긴장했더군. 내가 감찰반을 붙잡고 서서 한바탕 얘기했지. '우리가 일본에서 돈을 가져와 고국에 공장을 짓고 물건을 생산하는 목적은 돈 벌어 일본에 다시 가져가겠다는 생각에서가 아니다, 갖은 냉대를 받아가면서 피눈물 나는 고생 끝에 모은 돈으로 만든 것이 우리 공장이다, 탈세하려고 고국에 투자한 것도 아니다. 정부는 우리 교포의 투자 시설에 몇 년간 면세를 법으로 보장해주고 있는데, 그만큼 외자 업체를 육성하겠다는 것 아닌가. 당신들의 세무 사찰이 곧 행정 지도인 줄 알고 잘못이 있다면 시정하겠으니 미숙한 점이 있으면 잘 지도해 달라.' 뭐 그런 내용이었어. 그들이 나더러 '영감님, 걱정 마십시오. 잘 알겠습니다.' 그러더군."

다소 장황한 말끝에 강이 잠시 목을 축이고 그에게 물었다.

"그래, 직장을 옮겼다구? 그곳에선 무슨 일을 하는가?"

"일종의 도서 도매업을 하는 곳입니다. 후배가 운영하는 회사인데 저는 전무 직함이 있지만 일반 사원이나 매한가지로, 시간 나는 대로 책 판매도 맡아보고 있습니다."

"아, 그래? 내가 예전부터 한국 속담에 관한 책을 하나 구하고 싶었는데 혹시 자네 회사를 통해 얻을 수 있겠나? 가끔 사람들과 대화하다 보면 뉘앙스가 잘 이해되지 않는 말들도 있고, 무엇보다 속담이야말로 우리 백성들의 지혜가 담긴 말 아니겠나."

"예, 한번 알아보지요."

그는 흔쾌히 답했다.

자리에서 일어나기 전에 강은 일본 방문을 권하면서 교포들에게 그를 소개시켜 주겠다고 했다.

"최근 제주 출신 국회의원들이 일본에 와서 1억 얼마씩 모금해 간 일이 있었네. 자네는 과거 독립투쟁도 했고 고생도 많이 한 사람이니 도와줄 사람들이 있을 거야. 일본에 돌아가면 내가 자네 이야기를 몇몇 교포들에게 해둘 테니 이력서나 한 장 써다 주게."

"말씀 고맙습니다. 갈 수 있는 방법을 한번 강구해보지요."

강과 헤어진 뒤 그는 사무실로 올라가 남은 일을 마무리했다. 그리고는 책상 서랍 한쪽에서 이력서 용지를 꺼내든 채 생각에 잠겼다. 이제 오십 고개를 넘었다. 앞으로 밟고 갈 길은 또 어떤 것일까. 이력서 뒤에 마지막 마침표를 찍으며 그는 아직도 자신의 삶에 전환이 될 무엇이 남아 있다는 것을 위안했다.

이틀 뒤 이력서와 『한국 속언집』을 챙겨 강의 집을 찾았을 때 강은 TV 저녁 뉴스를 보고 있었다. 늦은 저녁을 함께 먹으며 그는 강과 남북대화 문제에 대해 이야기를 나누었다. 북의 남북불가침협정 반대며, 남의 남북 조절위원회 재개 제안 등이 한참 이슈가 되고 있던 터였다.

강과 대화하다 보니, 그는 남북 정치를 바라보는 강의 관점이 자신과는 조금 거리가 있다는 생각이 들었다. 강이 한 이야기 중에는, 남북통일에 대한 염원은 북도 예외가 아니다, 김일성도 평화통일을 말한다, 남북 정치 협상이 선언적인 불가침협정보다 더 실효성을 갖지 않겠나, 사실 북한도 어느 정도 공업이 발전되어 있으며, 고등학교까지 의무교육이 보장되는 등 제도적으로 남쪽보다 앞선 면도 있다, 그런 말들이 나왔다. 그가 조금 경계하며 듣는다는 느낌을 받았는지 강은 덧붙여 말했다.

"나는 그저 한 사람의 민족주의자로서 내 나름대로 보고 들은 사실을 전하는 것뿐이네."

일본에서 오래 살아온 강의 입장이 이해되지 않는 것은 아니었으나, 의견이 다른 것은 상호 간에 확인해두어야겠다 생각하고 그가 반론을 던졌다.

"평화통일을 원한다면서 6.25를 일으키고, 땅굴을 파는 게 말이 됩니까? 김일성은 자신이 항일투쟁을 했다고 선전하지만 실제 투쟁했던 인물과는 다른 가짜가 아닙니까? 게다가 1인 독재로도 모자라 이젠 아들에게 세습까지 한다던데요. 박 대통령이 연두 기자회견에서 식량 원조 제의를 했는데, 그런 걸로 보아도 북한은 경제적으로 어려움이 크다는 것 아니겠습니까?"

강이 세습은 말이 안 되는 것이며, 전쟁은 오판에 의한 것이었다는 등 무어라고 응수했으나 그의 귀에는 썩 꽂히지 않았다.

"내겐 어느 한쪽을 두둔하려는 생각은 없다네. 다만 나는 통일이 하루빨리 이루어지길 바라는 사람이야. 통일을 위해서는 정치인들만이 아니라 자네와 나 같은 평범한 사람들의 마음과 뜻 또한 중요하다고 보네."

그쯤에서 남북문제에 대한 대화는 마무리되었다. 강도 자신의 생각을 강요하거나 설득하려는 태도는 아니었다. 그는 밤늦게까지 강과 바둑을 두다가 그곳에서 하룻밤 묵고, 이튿날 강의 제안으로 임진각에 함께 다녀온 뒤 헤어졌다. 일주일 전쯤의 일이었다.

지금 강과 그는 이곳 남산에 끌려와 벽과 벽을 사이에 두고 저마다 심문을 당하는 처지가 되었다. 20여 년 전에 이미 그는 고문의 무자비한 얼굴에 무릎을 꿇었던 적이 있다. 그러나 그때 대의와 정세는 그의 편이었고, 그의 젊은 가슴에는 희망이 있었다. 1977년 2월, 그는 자신이 또다시, 간단치 않은 현대사의 질곡에 갇혀 있음을 깨달았다. 체포, 압수, 구금, 고문, 투옥…. 저항이 있다 해도 한동안 이 벽은 무너지지 않을 것이다. 시국사범, 반체제 인사, 아니 간첩단의 일원. 그는 이제 내내 비난과 조롱, 낙인과 시찰의 형틀에 매인 채 살아가게 될 터였다.

그는 얼마 전에도 전체 수석을 했다며 상장을 가져와 보이던 아들의 얼굴을 떠올리며 눈물을 흘렸다. 연좌제[7]의 그물에 아들의 날개는 찢기

---

7 개인의 행위로 본인 이외의 일정한 친족관계에 있는 자에게 형사처벌은 물론이고 그밖에 불이익처분을 하는 제도. 1980년 헌법은 제12조 3항에서 연좌제 폐지를 헌법적 요청으로 규정했다.
– 『Daum 백과사전』 발췌

고, 아들의 희망은 더 이상 어떤 동력도 지원받지 못할 것이다. 앞으로의 삶에 남은 의미가 있을까. 그는 차라리 자결함으로써 무고함을 드러내고 아비로서의 명예를 회복하고 싶었다.

기록의 중요성을 누구보다 잘 알았고, 한 획 한 구절의 뉘앙스를 꼼꼼하게 가려 쓰던 그였지만, 지금 그는 허위와 모순으로 100쪽 넘게 채워진 진술서 안에 만신창이가 된 자신을 구겨 넣었다. 구치소로 가게 되면, 딱 한 번은 가족의 얼굴을 보리라, 그리고 이 오욕의 삶을 청산하리라. 그는 절망에 기대어 수일 밤을 지냈다.

조국은 그에게서
모든 것을 앗아갔다

::: **제1 피고인 강우규 씨 이야기** :::

1972년 12월, 김포공항의 겨울 하늘은 시리도록 맑았다. 40년 만에 찾아오는 고국, 처음으로 밟아보는 서울 땅이었다. 공항 곳곳의 왁자한 모국어에 강우규(사건 당시 나이 60세) 씨의 가슴은 설렜다.

서울에 사는 친구를 만나고 제주에 내려가겠다는 그의 말을 듣고 이순천 회장은 택시를 잡아주었다. 가로수 사이로 시원히 뚫린 길, 곳곳에서 올라가고 있는 고층건물들, 살가운 간판들, 부지런히 걸어가는 젊은이들. 서울의 거리는 활기차 보였다.

고향은 또 얼마나 아득하고 아늑한 이름이었던가. 바다는 여전히 의연한 깊이를 품고, 하염없이 부서지는 물결을 햇빛 아래 다시 일으켜 세우고 있었다. 동네 어귀의 서낭나무는 잎을 떨군 가지만으로도 모진 풍상 속에 키워온 그 뿌리가 얼마나 단단한지, 그 그늘은 또 얼마나 웅숭깊을지 짐작할 수 있었다.

"무사 이제 와서! 어멍이 얼마나 기다려신디."

친지들은 그를 반가이 맞아주면서도 그간 소식조차 없었던 것을 나무라기도 했다. 어머니가 돌아가신 지 5년이 지나고 나서야 그는 묘소에 꽃을 올렸다.

"울지 맙서. 돈 하영 벌엉 어멍 호강시키러 감젠 안 햄수과?"

동구 밖까지 나와 훌쩍이는 어머니와 어린 동생을 다시 돌아보지 않으려 그는 발걸음을 재촉했다. 열여섯, 그는 눈물을 훔치는 대신 어느 때보다 크게 가슴을 열어젖혔다.

오사카에는 교포들이 많이 살고 있었다. 그는 고향 출신 교포가 사는 허름한 하숙집에 의탁하여 닥치는 대로 일을 시작했고, 펜촉 공작소를 거쳐 알미늄 식기 제작소에서 스무 살 무렵까지 일했다. 1938년경 그는 군수물품을 제작하던 나까야먀(中山) 제강소로 징용되었다. 주야를 불문하고 혹독한 노동에 시달렸다. 체력이야 남들에게 뒤지지 않을 만큼 강건했던 그도 계속되는 철야 작업에 코피를 쏟은 적이 한두 번이 아니었다. 어느 날 밤, 졸음을 이기지 못한 그는 한쪽 다리가 기계에 끼는 사고를 당했고, 결국 절단 수술을 받아야 했다. 동료들의 도움이 아니었다면 목숨을 잃을 뻔했던 큰 사고였다. 차별과 멸시, 냉대와 모욕 속에서도 애써 다잡았던 낙관과 희망을 그는 한꺼번에 잃어버렸다.

그는 귀국한 뒤 좁은 하꼬방에서 햇빛도 보지 않고 달포를 지냈다. 급기야 그대로 죽는 편이 낫겠다는 생각으로 의족을 한 채 산속을 헤매어 다녔다. 그가 목을 맬 끈을 쥐고 건너편 나뭇가지를 망연히 바라보고 있을 때였다. 지나가던 스님이 사연을 물어왔다. 물끄러미 바라보며 그의 이야기를 듣던 스님은 꼭 한번 찾아오라며 자신이 있는 절의 위치를 알려주었다. 스님의 표표한 뒷모습은 세속에서 부딪히는 절망이며 원망을 초탈한 데가 있었다. 그는 그 절을 찾아가 한동안 묵었다. 여일한 불경 소리가 안온했다.

"태어남도 죽음도 원래 없는 것이고, 온전함과 일그러짐은 다를 바가 없다네. 목숨이란 애써 구할 바도 아니지만 구차하다고 피할 바 또한 아니니, 열심히 살아가게나."

산을 내려오는 그에게 스님은 염주를 쥐어주며 말했다.

마음을 굳게 먹고 집으로 돌아갔지만 막상 그가 할 수 있는 일은 없었다. 그해 열여섯이 된 동생도 일자리를 구하러 만주로 떠난 터였다. 어머니의 만류에도 그는 재차 일본으로 향했다. 기반을 잡을 때까지는 돌아가지 않으리라, 모질게 자신을 몰아세우며 그는 밤낮으로 억세게 일했다. 수년간 금속 공장 노동자로, 병원 사무장으로 일하며 모은 돈으로 작은 장화 공장을 차렸으나 오래지 않아 문을 닫아야 했다. 다시 파친코 지배인을 거쳐 요식업을 하며 몇 번의 실패를 맛본 후에 조금씩 사업이 안정된 것이 몇 년 전부터였다. 그 사이 고생만 하던 아내는 다섯 명의 아이를 남겨두고 폐암으로 먼저 떠났다. 아이들을 돌보며 밤늦도록 식당 일을 꾸려가던 그는 자신의 처지를 이해해주는 현재의 아내를 만나 많은 위로를 얻었다. 그 아내와의 사이에 둔 막내아들이 이제 열 살이 되어 있었다.

힘든 처지 속에서도 그는 동포들이 어려운 일을 당하면 발 벗고 나섰다. 관청을 찾아가 동포들의 입장을 대변하고, 소송 사건에 휘말려 고생하는 동포들의 억울함을 들어주며 해결을 거들고자 했다. 그런 그는 해방 직후 재일조선인들의 단결과 권익을 위해 조직되었던 재일조선인연맹 동경 ○○지부의 부위원장을 맡기도 했었다.

첫 고향 방문 뒤 그는 막연했던 귀국 시기를 앞당기기로 마음먹었다. 국외자가 아닌 정주민으로서 뿌리를 내리고 싶었다.

그가 고향의 학생들에게 했던 말도 같은 맥락이었다. 몇몇 제주 출신 재일동포가 고향의 고등학교에 체육관 건립 기금을 후원한 데 대해 학교 측에서 감사 행사를 열었다. 전교생의 박수 속에서 화환 증정식이 있었다. 동포들이 답례를 할 차례였다. 이순천 회장이 떠미는 바람에 그가 단상으로 나갔다.

"이 자리에 서니, 감개로 벅차옵니다. 여러분만한 나이에 우리는 고향을 떠났습니다. 먼 이국땅에서 비록 일본말을 쓰며 일본인 틈에서 일하면서도 가슴 한구석엔 늘 우리 조선에 대한 자부심이 있었습니다. 고향 어르신들께 들었던 독립투사들의 이야기를 잊지 않았고, 먼발치에서나마 항일운동의 소식에 귀를 기울였습니다. 해방이 되었을 땐 동포들과 부둥켜안으며 눈물을 흘렸습니다. 누추한 잠자리에 눕고 헐벗고 굶주리면서도 우리는 이를 악물고 누구보다 열심히 일했습니다. 그것은 다시 고향에 돌아오기 위해서였습니다. 고향이며 조국이란 무엇인가요. 우리에게 그것은 간절한 그리움이며 값진 사명이었습니다. 일본 내에서도 우리 동포들은 조선의 혼을 잃지 않기 위해 조선어를 가르치는 학교를 세웠습니다. 이제 우리가 여러분의 학교를 위해 뜻깊은 일을 할 수 있게 되어 기쁘고 고맙기 그지없습니다. 오늘 이 자리의 만남이 우리 서로에게 긍지가 되기를 바랍니다. 여러분이 어떤 자리에 있게 되더라도 얼마간의 땀을 고향을 위하여, 또 조국을 위하여 흘릴 수 있는 젊은이들이 되어주리라 믿습니다."

그는 자녀들에게 언젠가 고국에 가서 살 테니 우리말 공부를 열심히 해 두라고 격려했다. 근년에 고등학교를 졸업한 딸이 좋은 취직자리가 생겼다고 했을 때도 조만간 가족이 함께 귀국할 예정이니 가게 일을 도우며 조금만 더 기다리라고 했다. 이번 귀국 때에는 식구들과 묵을 수 있는 아파트를 분양받기 위하여 대금까지 준비해 와서 신청 절차를 밟으려던 참이었다.

1977년 2월 8일, 그와 이용국(가명)이 전날 저녁부터 시작한 대국은 새벽이 되어서야 마무리 되었다. 이용국은 이순천 회장의 먼 친척으로, 일찍 고향을 떠나 법원 사환, 사법서사 사무소 일들을 하다가 얼마 전부터 미곡상을 하고 있는 젊은이였다. 대영플라스틱 등기 업무에 관여했던 인연으로 인사를 나누었던 이용국은 바둑 실력이 무척 뛰어난 편이었다. 근자에 그는 자주 이용국과 바둑을 두며 이런저런 대화를 나누곤 했다. 얼마 전 그는 임야를 매입해 달라는 이용국의 부탁을 받고 땅을 보러 제주에 다녀오기도 했었다. 그의 동생은 경제성이 별로 없는 땅이라 말했으나 그는 이용국의 사정을 봐서 가능한 매입해주리라 마음먹고 있었다. 이용국은 국내에선 영 생활이 어렵다며 이민을 가고 싶다고도 했다. 그의 친척이 브라질에서 회사를 운영한다는 말을 듣고는 아예 브라질 이민 주선을 요청해왔다. 허나 그는 해외 기반 마련이 생각처럼 쉬운 것이 아니니 심사숙고하라고 조언했다.

"우선은 운전이든 뭐든 기술을 배워보는 건 어떻겠는가. 참 안타까운 일이네. 한국의 재벌들은 살쪄가지만 그 반대편에선 착실히 일해 온 자네 같은 젊은이들이 곤궁을 면치 못하고 있으니…. 그래도 마음만은 가난해서는 안 되네. 너무 조급하게 생각하지 말게."

이용국과 자리에 누워 눈을 부치려던 중이었다. 경비원이라며 벨을 누르는 소리가 났다. 문을 열자마자 두 명의 건장한 사내가 구둣발로 들어와서는 그를 무조건 끌어내 차에 태웠다. 뭐가 어떻게 돌아가는 건지 몰라 호통을 치며 저항을 해 보았지만 소용이 없었다.

자신이 한국의 중앙정보부에 의해 연행되었다는 것을 알게 되었을 때에도, 처음엔 그토록 큰일이 벌어진 줄 몰랐다. 그도 일본 내 신문 등을 통해서 중앙정보부에 대한 소문을 들은 적이 있었다. 김대중 씨 납치 사건 외에도 동포 유학생 서 씨 형제를 비롯하여 여러 젊은이가 스파이라는 누명을 쓰고 갇히게 된 데에는 중앙정보부의 개입이 있었다. 동경에서는 그들의 석방을 탄원하는 집회도 수차례 열렸었는데 그도 거리를 지나다 서명 운동에 함께한 적은 있었다. 하지만 자신은 대학생도 아니고 정치권 인사도 아니지 않나. 그는 문제가 될 일이 있는지 자신이 아는 인물들을 떠올려 보았지만 딱히 감이 잡히는 게 없었다.

"영감님, 저희는 이미 다 알고 있습니다. 북에서 받은 지령은 무엇입니까? 언제부터 북괴공작원을 만났습니까? 영감님 집에서 돈다발이 나왔는데 어디서 받은 공작금입니까?"

지령이며 공작원이라니, 어이가 없었다. 집을 마련하려던 돈을 그들은 공작금으로 둔갑시키고 있었다.

"이보시오, 젊은 양반들. 무슨 소리입니까? 나는 그저 한국에서 사업을 해보려는 평범한 동포입니다. 무슨 오해가 있는 거 같은데, 내가 무슨 지령을 받았다는 겁니까?"

요원은 그에게 소위 '범죄사실'을 적은 메모를 들이밀었다. 북괴공작원에게 포섭된 후 사상 혁명 교양을 받고 입북, 지령을 받아 남한에 잠입하여 포섭 대상자를 물색, 위장 기업체 설립을 시도하며, 북괴를 찬양하고 공산주의 우월성을 선전했다는 내용이었다. 그는 정신이 바짝 들었다. 최근에도 동포 유학생이 사형 선고를 받았다는 보도가 나지 않았나. 저들의 날조에 협조해서는 안 된다…. 그는 이어지는 심문을 거부하고 가져다주는 음식에도 일절 손을 대지 않았다.

요원들은 그를 지하 조사실로 끌고 가 발가벗겼다. 의족이 드러난 채 무방비가 된 몸 위로 발길질이 쏟아졌다.

"이 영감이 나이 좀 들었다고 고분고분 대해주니까 정신을 못 차리는구먼!"

아들뻘 되는 젊은이가 몽둥이로 그의 어깨를 내리쳤다. 그가 넘어지자 곧바로 일으켜 세우고는 주먹질을 해댔다.

"대영플라스틱 감사로 위장해서 국내에 잠입하라고 지령을 내린 상부선이 있을 거 아냐! 누군지 이름을 대라구!"

요원들은 그의 머리를 벽에 짓찧으며 구둣발로 정강이를 밟았다. 쓰러진 그를 끌고 가 걸상에 두 팔과 다리를 묶었다. 얼굴을 젖히더니 수건을 덮은 후 주전자로 물을 들이부었다. 허벅지며 등을 몽둥이로 난타했다. 며칠째 잠을 재우지 않았고, 그의 눈꺼풀이 감기는 순간엔 또다시 따귀를 때리며 발길질을 했다.

그는 의식을 놓치지 않기 위해 사력을 다했다. 일본에 남은 가족을 생각했고, 평생 정을 나눠온 이순천 회장의 얼굴을 떠올렸다. 단 한 명의 혈육으로 남은 동생네를, 선량한 지인들을 기억했다. 요원들은 그의 집에서 현금 250만 원과 여권 외에도 지인들의 연락처와 약속 메모 등이 적힌 수첩도 다 가져왔다. 건너편에서 비명 소리가 계속 들려왔다. 그를 아는 이들도 끌려와 있는 것 같았다. 요원들의 강요대로 간첩 혐의를 인정하는 순간, 주변 사람과 회사 모두 큰 고초를 겪게 될 것이다. 그는 스스로 결백을 증명해야 한다고 생각했다. 여섯 평 내외의 밀폐된 조사실에서 두세 명씩 교대로 감시하는 요원들을 두고, 그는 모든 수단을 강구해 차라리 죽음으로써 항거하고자 했다.

그는 요원들이 재떨이에 버린 담배꽁초를 몰래 주웠다. 병원에서 일했던 경험으로 담뱃가루나 치약을 일정량 이상 먹으면 치사 상태에 이른다는 걸 알고 있었다. 수 일째 단식하여 기진한 상태에서 그는 세면대에 놓인 치약을 몰래 짜서 삼켰다. 정신을 잃고 쓰러진 그를 응급조치하던 요원들은 그의 주머니 안에서 감추어둔 담뱃가루를 발견했고, 인원을 늘려 그의 일거수일투족을 감시했다. 그러나 또 얼마 후 요원들의 교대로 잠시 감시가 소홀한 틈을 타, 그는 의족 위에 덧신는 긴 양말로 목을 졸랐다. 이상한 낌새를 느낀 후임 요원이 다가와 그에게서 양말을 빼앗고는 눈을 붙이던 선임을 깨웠다. 선임은 성마른 얼굴로 강도를 높이며 거푸 그의 뺨을 때리더니 후임에게 눈짓을 보냈다. 후임은 다른 요원을 데리고 와서 그를 침상에 묶고는 다시 물고문을 시작했다.

"이 새끼야, 수작 부리지 말고 바른대로 말해! 북에 간 건 언제야!"

"… 74년 … 여름입니다."

정신을 잃기를 수차례, 마침내 그가 입북을 시인하자 요원들이 고문을 잠시 멈추었다. 그러고는 그에게 성장 과정, 경력, 국내 출입 경위, 입북한 과정 등을 진술서에 쓰게 했다. 그는 단지 관광 목적으로 방북했던 것이라고 했지만, 요원들은 열을 내며 그를 몰아붙였다. 그는 김일성을 만나 충성을 맹세한 뒤 A-3 통신교육을 받고 암호문을 은닉하며 암약하는 고정간첩이어야 했다. 심문은 오직 시인을 위한 것이었다. 그는 요원들이 쓰라는 내용을 조금씩 받아쓰고, 내미는 음식을 받아먹었다. 허나 그대로 협조할 수만은 없었기에 여전히 적당한 기회를 보고 있었다.

화장실에 갔다가 그는 마침 거기 놓여 있던 유리컵을 떨어뜨렸다. 요원들은 실수로 그런 줄 알고 유리 조각들을 쓸어 담았지만 그의 손에는 이미 몇 조각의 유리가 감추어져 있었다. 그는 식사 후 나온 귤 사이에 유리 조각을 넣어 삼켰다. 그리고 남은 유리 조각으로 왼 손목과 발목을 그었다. 핏물을 뚝뚝 흘리며, 그는 바닥에 쓰러졌다.

눈을 떠 보니 의무관이 와 있었다.

"여기가 맘대로 죽을 수 있는 덴 줄 알아? 어차피 당신이 죽음을 선택했는지, 죽음을 당했는지는 중요하지 않아. 당신은 그저 사라져버리는 거구, 우리한테 책임을 묻는 일은 없을 테니 허튼짓 하지 말라구. 우리가 왜 이런 수고를 하겠어? 여긴 대한민국이니까. 사실대로 말하고 참회하면 당신 같은 빨갱이들에게도 기회를 주는 자유민주주의 국가! 협조만 잘하면 목숨을 부지할 수 있고, 재판을 받더라도 중형은 면할 수 있어. 자, 말해 보라구, 조총련 조직원 누굴 만났지?"

그렇게 말하는 요원의 눈빛도 실상은 조금 흔들리고 있었다. 그는 마음 한쪽에서 묘한 연민이 이는 것을 느꼈다. 일본에서 들어본 적이 있는 조총련 간부 아무 이름이나 댔다. 요원은 고개를 끄덕이며 그 사람을 만난 날짜와 장소를 특정하더니 그 사람이 한 말까지 불러주었다.

"그러니까 그를 통해 당신은 상부선을 갖게 된 거고, 그 상부선을 통해 입북하게 된 거지."

장문의 진술을 완성한 후 그는 또 요원이 안내해주는 대로 '참회록'을 썼으며, 마침내 재일 북괴공작원에게 포섭된 '간첩'이 되었다.

심문은 며칠이고 이어져 국내에서의 '간첩 활동' 혐의도 계속 추가되었다. 그들이 내미는 종이 위에는 김기오, 고재원, 김추백, 김성기가 진술한 내용이라며, 그가 수년 전 행했다는 거창한 북 찬양 발언들이 생생한 대사로 꿰어져 있었다. 원망인들 어찌 그들을 향할 수 있으랴. 교유(交遊)는 삭제되고 음모와 범죄로 재편집된 영상 안에서 지인들은 꼼짝없이 동조자, 공모자, 방조자가 되었다.

조국을 찾은 대가는 혹독했다. 조국은 그에게서 모든 것을 앗아갔다. 평생을 바라왔던 조국은 언제까지나 그에게는 이역이었다. 환갑을 막 지나 조국 땅의 좁은 감옥에 갇힌 그는 어쩌면 다시는 가족에게 돌아갈 수 없을지도 모른다.

그는 한참 만에 이용국을 떠올렸다. 이용국은 당황한 기색도 없이, 요원들에게 끌려가며 버둥치던 그를 외면했다. 그는 마음이 한없이 복잡해졌다.

1977년 1월. 중앙정보부 수사 5국은 뜻밖의 제보에 고취되었다. 그들은 강우규 씨와 관련된 80여 명의 조사 대상자 명단을 작성했다. 정계, 학계, 재계 인물들에 ○표를 하고, 1차 조사에서 거론된 강우규 씨의 지인들과 대영플라스틱 임원들에 대해서는 특별히 조사를 추가하며 적절한 조직표를 구상했다.

이윽고 2차 검거 대상자가 추려졌다. 수사 5국 직원들은 기대에 부풀었다. 새로운 중앙정보부장이 취임한 것이 1976년 12월이었다. 부장에게 확실한 신임을 얻을 수 있는 작품을 만들기 위해 그들은 최고의 팀워크를 발휘했다.

수상한 봄이 오고 있었다.

2장 :

2차 검거
(1977. 2. 22 ~ 3. 8)

#2

아빠가 집을 떠난 후에도 우리는 매번 방위성금을 빠뜨리지 않았고, 연말이면 국군 아저씨에게 보내는 위문편지를 성실히 써냈다. 반공이 편재된 학교 교육 속에서 우리는 표어를 짓고 포스터를 그렸으며 '힘차게 외치는' 연사의 웅변에 박수로 화답했다. 음악 시간에는 "원수의 하나까지 쳐서 무찔러", "시월의 찬란한 유신의 새아침"과 같은 가사의 노래를 따라 불렀고, 명령과 복종에 익숙한 '신체-되기'를 위해 체육 시간에는 제식훈련도 했다.

나는 제식훈련에서 영 젬병이었다. 다리를 90도로, 반대편의 팔을 어깨 높이까지 들어 올리며 "좌향 앞으로- 갓!", "뒤로 돌아- 갓!" 하는 구령에 맞춰 걷다가 "제자리에- 섯!" 하면 "하나, 둘!" 연호하고 멈추어야 하는데, 번번이 같은 쪽 팔다리가 들려서 엉거주춤 교정하다 보면 반 박자 늦어지기 일쑤였다.

그 시절 무엇보다 학생들을 곤혹스럽게 하는 의례가 있었으니, '반공성사(聖事)'를 받은 자의 '신앙고백'으로 '국민교육헌장'[8]을 암송하는 일이었다. 애국가 4절이야 그럭저럭 소화를 한다 해도, 교과서 맨 앞 장을 가득 채운 장문일뿐더러 '민족중흥', '인류공영' 같은 심오한 말들이 이어지는 그 복문들을 초등학생들이 다 외운다는 건 정말이지 난감한 일이었다. 선생님은 저학년인 우리에게 그 헌장을 한두 개의 문단으로 쪼개어 암송시키며, 그날의 분량을 다 외우지 못하면 집에 갈 수 없다고 했다. 그저 놀이와 장난에 익숙했던 우리에게 '역사적 사명'을 지운 민족이며 '공익과 질서, 책임과 의무'를 다그치는 국가는 얼마나 무겁고 버거운 것이었나. 암송은 시험으로 이어졌다. 거개의 아이들은 몇 군데씩 씹히는 구절이 있었지만 버성기게나마 외우며 시험을 통과했는데, 전날 해거름까지 남아 암기를 반복하던 아이는 긴장된 나머지 앞부분부터 더듬거리다 영 더 나아가지 못했다. 선생님은 회초리를 들어 그 애의 손바닥을 때렸다. 그 애 아픔이 어찌나 생생했던지 나는 내 손이 부풀어 오르는 통증을 느꼈다.

8 국민교육헌장은 1968년 12월 5일 공포되었다. '반공'과 '민족중흥'이라는 집권세력의 통치 이데올로기를 사회적 이상으로 삼고 그 실현을 국민교육의 지표로 삼은 까닭에 선포 당시부터 정치적 논란을 빚었다. 국민교육헌장은 곧바로 한국교육의 이념과 동일시되어, 1960년대 말 ~ 1990년 초에 초·중등교육을 받은 한국인들은 헌장 내용을 통째로 외워야 했다. 국민교육헌장은 선포된 지 25년 만인 1993년 초등학교 교과서와 정부 공식행사에서 사라졌다. -『Daum 백과사전』

무고한 풀들이 꼼짝없이
스러져갈 뿐이었다

::: **제6 피고인 강용규 씨 이야기** :::

비행기 안에서 강용규(사건 당시 나이 52세) 씨는 계속 오한에 몸을 떨었다. 왼쪽 옆 좌석의 요원은 조간신문을 펴고 있었고, 오른쪽의 요원은 설핏 잠이 든 모양이었다. 평범한 탑승객들과 다름없는 모습이었지만, 이마 위에 불거진 핏줄이며 담뱃진이 배인 검붉은 입술은 어떤 흡혈성의 냉혹함을 내비치고 있었다. 그는 요원들과 함께 지내온 며칠 동안 몸에 깊숙이 배인 지하의 축축한 한기를 떨쳐내려 했으나 그럴수록 신열은 가라앉지 않았다.

그나마 다행이라면 이번에는 아들이 동행하지 않았다는 것이었다. 일주일 전, 새벽부터 요원들이 그의 집으로 들이닥치더니 그와 아들을 지프차에 태우고 검은 안대로 눈을 가렸다. 부자는 모든 방향을 소실당한 채 지하세계에 억류되어 잔인한 신역을 치렀다. 벌거벗은 폭력이 비틀린 사지 위로 간단없이 쏟아지던 나락의 밤들이었다.

스물한 살 아들에게 아비는 대체 무슨 일을 겪게 한 것인가. 대학 입시 준비를 위해 상경했던 아들은 제주로 돌아온 지 보름 만에 이 세계의 가장 어두운 방에 내몰려 영혼의 깃을 뽑혀버렸다. 혈육이 무엇이라고⋯. 굳이 형을 찾으려던 헛된 이기심이 아들에게 혹독한 내상을 입게 한 것이라고, 그는 자신을 질책하고 또 질책했다.

서울 공항의 일상적인 한낮이 그에게는 초현실적으로 느껴졌다. 오가는 길손들에게도 바스라지는 햇빛에게도 알싸한 바람에게도 어떤 전언을 남기지 못한 채 그는 요원들에게 끌려 공항을 나왔다. 그러고는 남산의 또 다른 지하로 구인되었다. 그곳의 요원들은 한층 가혹했다. 알몸으로 무릎 꿇려 매질하기, 욕조에 밀어 넣고 물고문하기, 침상에서 전기고문하기 등으로 강도를 바꾸며 담금질했고 그는 수차례 실신했다.

근현대사의 굽이굽이마다 그의 가계에는 깊은 상흔이 남겨졌다. 천주교에 귀의했던 외할아버지는 조선 말, '이재수의 난' 당시 다른 형제들과 함께 죽임을 당했다. 어머니와 이모는 용케 살아남아 목숨을 부지하다가 의탁할 곳을 찾아 재취로 들어갔다. 아버지는 형편은 넉넉지 않았지만 인후한 분이었다. 어머니는 시집와서 누이와 형, 그를 낳았고, 남매들은 아버지의 자애를 입으며 어린 시절을 보냈다.

그보다 열다섯 살 위로 이복형이 있었다. 나이 차가 많아 막역하기는 어려웠지만, 현량한 성품으로 마을 사람들의 칭찬을 받는 큰형이 그는 자랑스러웠다. 그가 만주로 떠났다 해방 후 고향으로 돌아왔을 때 큰형은 마을의 건국준비위원회 부위원장을 맡고 있었다. 그는 형의 그을린 이마 아래 한결 더 깊어진 시원스런 눈길에서, 함부로 좌절하지 않고 견인해 온 이의 낙관과 새 세상에 대한 뚜렷한 염원을 읽을 수 있었다. 건국준비위원회는 인민위원회로 이어져 일본인들의 재산을 귀속시키고, 치안과 행정을 담당하며 압제에 시달렸던 농민들에게 자치 교육을 실시했다. 토지 분배와 노동 문제 해결에도 힘썼다. 농민들은 이에 열렬히 호응했고, 그런 분위기 속에서 제주에서도 남로당 조직이 확대되어, 1947년 즈음에는 마을 청년들 대부분이 당원으로 가입하게 되었다. 그 또한 특별한 예외는 아니었다.

1948년 4.3 당시, 그는 갓 해산한 아내가 보는 앞에서 신발도 신지 못한 채 끌려갔다. 마을 청년들과 함께 갇혀 있던 창고 안으로 총탄이 난사되고 많은 이가 희생되었다. 그는 쓰러진 이들 위에 몸을 눕혀 악몽의 밤을 겪고 난 후에 구사일생으로 귀가할 수 있었다. 몸을 피한 채 이른바 '반란군'이 되어 저항했던 큰형은 그해 12월, 체포되어 처형당했다. 그도 한동안 숨어 지내다가 1949년 말께 지서에 찾아가 자수를 했다. 특별히 앞장선 일도 없고, 이념적인 선택이라기보다는 당시 분위기에 따라 남로당 가입원서를 냈던 것이 참조되어 큰 변고는 당하지 않았다. 그러나 1950년 전쟁이 발발하자 그는 다시 육군 상병으로 참전해야 했다. 설악산 향로봉 전투, 간성 전투 등지에서 혈전을 거듭하며 그는 몇 번의 부상을 입고 전우들을 잃었다.

20대 중반에서 서른에 이르는 청년기의 주요 시절 내내 그는 학살과 전쟁을 겪으며 숱한 죽음의 표정을 목도했다. 그 죽음들에 대해서는 대부분 인과도 책임도 분명히 따져지지 않았다. 바람이 불고 불씨가 번져오면 무고한 풀들이 꼼짝없이 스러져갈 뿐이었다. 그는 역사의 부침 속에 무상한 인간사를 생각하며 무엇에도 휩쓸리지 않으려 가족과 일에만 몰두해왔다.

가족. 그토록 애틋한 정이 다시 자신의 집안을 쑥대밭으로 만들 줄은 그는 예상치 못했다. 잃었던 형을 다시 찾고, 흥성스런 시간을 보낸 몇 해 만에 시대의 화마는 이번에도 그의 집안을 덮쳤다. 다시 만난 형제는 '간첩'이라는 죄명으로 포박당했다. 그의 아내와 며느리를 비롯하여 남은 가족도 중정 제주분실로 끌려갔다. 고등학교 1학년이었던 막내딸은 '총미(聰美)하다'는 이유로 요원들에게 '큰아버지의 방문 일정, 큰아버지의 일과, 큰아버지에게 깔아드린 이부자리 색깔과 재질' 등을 콜콜히 답하며 각 방의 구조도까지 그려보여야 했다. 그렇게 가족이 겪은 일들에 대해 그가 듣게 되었던 것도 그 후 오랜 세월이 지난 뒤였다.

　1963년 무렵부터 고향을 종종 방문했던 이순천 회장을 통해 그는 형의 소식을 들었다. 그러나 형에게서 직접적인 연락은 없었다. 1970년, 오사카에 사는 사촌이 그곳에서 열리는 농업 EXPO 참관도 하고 관광도 하라며 그를 초청했다. 마침 그 이야기를 들은 이 회장은 동경에도 들러 형도 만나고 다 함께 구경도 하면 더욱 좋지 않겠느냐며 그에게 일본에 오면 연락을 달라고 했다. 그는 부푼 마음으로 여행길에 나섰다. 27년 만에 형을 만난다는 설렘에 오사카에서의 며칠 동안 밤잠을 설쳤다.

　마침내 동경에서 형과 부둥키며, 그는 형의 어깨 위에 기쁨과 서운함, 안쓰러움이 뒤얽힌 눈물을 한참이나 부볐다.

　"부모님은 형님을 기다리다 돌아가셨고, 누이마저 죽었으니 이제 혈육이라곤 천지에 형님뿐이우다. 그간 얼마나 고생했수과. 앞으로 형님도 고향에 들렁 괸당들도 찾아보고 소식도 자주 나누고 합서."

　"무사 경 하젠 안했을까 봐. 형편이 맘처럼 잘 풀리지 않아 몇 번이나 미루멍 가지 못했져. 나도 생활이 안정되는 대로 들러보젠 함져. 오래 걸리진 않을 거라. 니도 가족들이영 다 편안해시냐?"

　형은 고향 사투리를 기억하고 있었다.

　밤낮으로 다방 일을 보면서 형은 다소 바듯이 생활하고 있는 듯했다. 그는 가게에 딸린 형의 집 거실에서 하룻밤을 동숙하며 묻어왔던 이야기를 밤새 나누었다.

　이듬해 형은 집을 팔아 부채를 청산하고 귀국을 준비한다며 호적 등본을 보내달라고 전언해왔다. 그리고 1년 후인 1972년, 40년 만에 귀향했다. 희끗한 머리에 주름진 이마, 서늘한 눈매와 다부진 콧날, 절뚝이는 오른쪽 다리. 공항 대합실에서, 역전의 노병처럼 귀환하는 형을 보며 그는 가슴이 시큰했다.

가족들과 세배 후 덕담을 나누고 차례와 성묘를 함께 다니는 동안 형은 아이들의 이름을 외워 부르며 친근히 곁을 주었고, 아이들도 처음 만난 큰아버지를 곧 익숙해했다. 오랜만에 고향을 찾은 다른 동포들처럼 형도 마을의 지서, 면사무소, 학교 들을 찾아가 희사했다. 친지들 외에도 형의 고향 동무들, 일본에서 고락을 나누었던 벗들에게 형을 안내하며 그의 마음 또한 얼마나 흐뭇했던가.

그 후 형은 1년에 한두 번씩 그의 집에 찾아와 머물다 가곤 했다. 함께 명절을 지내고, 때로 정방폭포며 천지연 근처의 찻집에 나가 옛 친구들과 담소를 나누거나 그의 딸들과 시내 관광을 다녀오기도 했다. 대정향교 석전제(釋奠祭)에서 이순천 회장의 추대로 형이 훈장이 되었을 때는 돼지를 잡고 마을 친지들에게 떡과 술을 돌리며 잔치도 벌였다.

형은 운영하던 다방을 정리하고 새로 레스토랑을 연 뒤 수입이 전에 비해 나아졌다고 했다. 예전에 이순천 회장의 세계 여행 이야기를 듣고 그도 조금 선망했었는데, 그즈음 유럽 여행을 다녀왔다는 형의 말에 괜스레 가슴이 뿌듯해졌다. 형이 서울에 전세 아파트를 얻은 덕분에 그도 한결 마음 놓고 아들을 서울에 올려 보낼 수 있었다.

숙식을 제공한 것만으로는 혐의가 부족하다고 보았는지, 요원들은 그가 직접 형에게 평양 방문 이야기를 들었다고 진술하기를 강요했다. 가족이 형에게 받은 선물이나 돈의 내역을 몇 번씩 캐물었고, 그가 형을 지역의 여러 기관에 안내하고 형의 손님을 접대한 의도가 무엇이냐고 추궁했다. 처조카를 보고 싶다기에 형을 그 아이 학교로 안내했던 것까지 간첩 활동을 도운 것으로 몰아세웠다. 요컨대, 사사로운 골육의 정에 눈이 어두워 대역의 죄를 알고도 신고하지 않았으니 그도 동조자로서 마땅히 형벌을 감내해야 한다는 것이었다. 인륜도 천륜도, 모진 법 앞에서는 속수무책이었다. 간첩이 된 형은 대한민국 국민이 아닐뿐더러 누구의 가족도, 한 인간도 아니어야 했다.

그는 듬직하고 존경스럽던 큰형을 비명에 보내고, 수십 년 만에 찾은 작은형을 또 잃어야 했다. 어릴 적부터 쾌활하고 잔정이 많아 동무들과의 놀이에도 그를 데리고 다니며 챙겨주던 형이었다. 그는 언덕 아래로 발걸음을 재촉해 떠나던 형의 애잔한 등을 떠올렸다. 어린 갈매기처럼 동네 바닷가를 쏘다니면서 먼 수평선 너머로 가뭇없이 사라지는 배들을 바라보며 형을 그리던 가을 저녁을 생각했다.

땅에서 풀지 못하면
하늘에서도 풀지 못한다

::: **제7 피고인 고원용 씨 이야기** :::

죽음은 과연 누구에게나 공평합니까? 여기, 죽어서도 죽지 못하는 사람들이 있습니다. 돈이 없어 제때 장례를 치르지 못하고 쓸쓸히 생을 마감하는 곤궁한 목숨들이 우리 곁에 있습니다. 생명이 언제나 소중하고 거룩한 것이라면, 죽음 또한 누구에게나 존엄한 과정이어야 하며, 누구에게나 애도와 추모는 마땅하고도 충분히 보장되어야 합니다.

1976년 6월, 영등포로터리에서 고원용(사건 당시 나이 41세) 씨는 가칭 '한국봉안복지협회(이하 '봉안복지협회')'에 관한 유인물을 돌리고 있었다. 추적추적 내리던 비도 그치고 한층 녹음이 짙어진 가로수들 아래, 유인물의 내용을 읽어보는 이들이 간간이 눈에 띄었다.

그가 '봉안복지협회'를 구상하게 된 것은 1974년 가을 무렵이었다. 아내가 전도사로 있는 교회의 한 집사가 교통사고로 사망하게 된 일이 있었다.

"어쩌면 좋아…. 비용이 없어서 신 집사님 장례도 못 치르고 있다나 봐. 혼자서 어린 애들을 돌보다 그렇게 갑작스레 돌아가셨으니…."

"교회에서 지원을 해드릴 수는 없나?"

"당신도 우리 사정 잘 알잖아. 이제 막 시작한 개척교회인데 그럴 여유 자금이 있어야지."

자신도 넉넉한 형편은 아니었지만 그는 신 집사의 장례에 쓸 수 있도록 허름한 관이나마 마련하여 보내주었다. 그 후 오래지 않아 그는 또 동창의 비참한 사정을 전해 들었다. 여섯 살 난 딸이 병사했으나 동창은 장례비를 마련할 수 없었다. 동창은 딸의 시신을 택시에 싣고 가서 공동묘지에 몰래 묻으려다 순찰 중이던 경찰에게 적발되었다. 결국 동창은 딸을 가매장해야 했고, 시신을 실어다 주었던 운전사는 영업 정지 처분을 받았다.

　1,000불 국민소득을 내세우는 시대에, 죽음에서도 간고함을 면치 못하는 이웃들이 있다는 소식을 듣고 그는 마음이 아렸다. 그들을 외면하지 않기 위한 방도를 고민하던 그는 D전기 김 사장을 찾아갔다. 김 사장은 제주도민회 행사 때 전기제품을 다량 희사했을 뿐만 아니라, 사욕에 매몰되지 않는 기업주로 그가 평소에 신뢰해왔던 동향인이었다. 그는 기왕이면 번 돈을 의롭게 쓰자며 빈궁한 이들의 장례를 지원하는 단체를 만들자고 제안했고, 김 사장도 공감을 표했다. 그는 며칠 동안 고민을 거듭한 끝에 단체의 이름을 '한국봉안복지협회'로 정하고, 취지문과 정관 안을 정성 들여 작성했다. 하지만 막상 정관 안을 들고 방문하자, 김 사장은 회사 본사 신축 공사로 당장 자금 여유가 없으며, 간단한 일이 아니니 단체 설립은 돈을 더 번 후에 차차 생각해보자고 말했다. 그는 큰 실망을 안고 돌아왔다. 아무래도 한 개인의 선의에 기대어 이 사업을 이룰 수는 없겠다는 판단이 들었다. 그는 다시 ○○전선, ○○전자, ○○레이온, ○○석회, ○○표 화장지, ○○정유, ○○유리 등 규모 있는 회사들을 찾아가 경영진에게 취지문을 전달하고 협조 의사를 타진했다. 허나 대부분 '좋은 말씀이나, 다른 회사나 각계각층에서 호응하면 같이 하겠으되, 먼저 나설 처지는 아니다.'라는 답변이 돌아왔다. 이윤 앞에서는 순서를 다투면서도 이웃의 고통 앞에서는 한없이 미적거리는 것이 이 사회 기업들의 생리였다. 그는 한동안 의기소침했다.

그가 다시 이 사업을 추진하게 된 것은 강우규(이하 강) 씨와의 만남 덕분이었다. 1976년 2월 초, 그는 '한국마라톤부흥후원회' 일로 '육상연맹' 사무실에 들렀다 오는 길에 우연히 군 정훈학교 동기인 김성기를 만났다. 김성기는 두 달 동안 내무반 생활을 같이하며 형제처럼 지낸 사이였다. 김성기는 무척 반가워하며 언제 한번 자기 가게에 들르라고 명함을 건네주었다. 며칠 후 그가 방산시장에 있는 가게로 찾아갔을 때 김성기는 직원 둘과 바쁘게 일을 보고 있었다.

"가게 규모가 꽤 크네. 사업은 어때, 할 만해?"

"9년 전 이곳에 가게를 내고 처음엔 고생도 많이 했지. 이젠 꽤 자리가 잡힌 편이야. 자식, 마라톤 후원회 일까지 하고 다니는 걸 보니 여전히 다망한 모양이구나. 지금 점심 약속이 있어 나가려던 참인데…. 야, 그러고 보니 너도 같이 가면 좋겠다. 내가 제주 사람들과 인연이 깊은지, 거래하며 알게 된 재일동포 영감님이 계시거든. 그분도 제주 출신인데 한학에 조예도 깊으시고 성품도 인자하시더라구. 가끔 만나 식사도 하고 차를 나누곤 하는데 같이 가서 인사하지 않을래?"

그는 일이든 사람이든 새로움에 주저함이 없는 성격인 데다 동향인을 만난다는 말에 흔쾌히 따라나섰다.

강은 그에게 깊은 인상을 주는 사람이었다. 한참 손위 연배였는데 젊은 후배들의 말을 귀여겨들을 줄 알았다. 그가 '봉안복지협회' 얘기를 꺼냈을 때, 강은 "우리 동포 중에 그런 불쌍한 사람들이 있는 줄 몰랐다, 정부도 못하는 일을 한 개인이 나서서 추진하다니 정말 훌륭하다."라며 적극 경청해주었다. 그가 찾아가 만났던 누구에게서도 그런 공감과 격려는 받지 못했다.

"아직 시작도 제대로 못한 일입니다만, 어르신, 기회가 되면 취지문을 직접 보여드리고 더 자세히 말씀 나누고 싶습니다."

그는 자신이 무망한 사업을 벌였던 것은 아니라는 확신을 얻었다.

식사 후 강은 자신이 감사로 있는 회사에 들렀다 가라며 그를 안내했다. 동향인들이 세우고 경영하는 회사라고 했다. 그곳에서 그는 뜻하지 않게 대학 후배인 이오생을 만났다. 예전에 H국회의원 비서로 일했던 이오생은 회사 창업 때부터 전무로 일하고 있다고 했다. 그는 동향인인 이근만 상무와도 소개 인사를 나누고 차를 마신 뒤 귀가했다.

그날 그는 집에 돌아와서 서랍 구석에 넣어두었던 '봉안복지협회' 취지문을 다시 꺼내보았다.

'계획안을 가다듬고 마음을 더 기울여 이 일에 매진해보리라.'

그는 다시 용기를 내었다.

이틀 뒤, 그는 강에게 전화를 걸어 지난번에 식사 대접을 받았으니 답례 차 저녁을 사고 싶다고 말했다.

"고 선생, 말씀만 들어도 고맙습니다. 그런데 오늘 회사 직원들이 집들이 인사를 와 있어서요. 아, 마침 여기 이오생 전무도 와 있으니 고 선생도 합석하면 어떻겠습니까?"

여의도 S병원 앞으로 마중 나온 젊은 직원과 함께 강의 아파트에 도착해 보니, 이오생과 이근만이 강과 콜라며 맥주를 마시고 있었다. 집안은 살림이랄 게 별로 없이 단출했다. 방 두 개 중 작은방에는 재수하러 상경한 강의 조카가 거주한다고 했다.

그는 응접의자 한쪽에 자리 잡고 앉았다. 애주가인 그는 강이 따라주는 대로 술잔을 거푸 기울이며 금세 거나해졌다.

"우리 이 상무가 오늘 술친구가 없었는데, 고 선생이 오니 술맛 나지요?"

"그러게요."

강의 말에 답하며 이근만이 그의 빈 잔을 채워 주었다.

"선배님은 한의원 사무장 일을 보신다고 해신디, 어떵 일은 할만 하우꽈?"

"일은 수월한 편인데, 뭐 수입은 변변치 못하우다. 전에 상공회의소에 있을 땐 월급이 좀 나았주만 상사랑 마음이 영 맞지 않으난 나완 마씀. 게난 지금은 처가 교회 전도사 하면서 벌어오는 돈이영 해서 그냥저냥 빠듯하게 생활해 감수다. 예전에 야채 도매업에 식당, 학원, 청소 대행업도 해보고, 직장 생활도 해봤주만, 살림 펴질 날이 어수다."

"경 해도 고생하다 보면 좋은 날이 올 거우다."

이근만은 화제를 돌렸다.

"그나저나 감사님 조카도 서울까지 올라왔으니, 올해는 꼭 좋은 소식 있어야 할 텐데 말입니다."

"그래야지요. 그런데 일본이든 한국이든 너도나도 좋은 대학에 목을 매며 경쟁하는 것이 사회적으로는 너무 낭비가 아닌가 그런 생각이 듭니다. 전문 기술 교육을 강화해서 대학 대신 사회에 곧바로 나가 일할 수 있는 노동력을 확보하면 경제 발전에도 더 보탬이 될 텐데요."

"감사님, 지당한 말씀이지만, 우리 사회는 예로부터 글공부만 강조했지 기술자는 상놈 취급해오지 않았습니까? 기술로 돈이라도 확실히 벌 수 있다면 좋겠지만 공장에서 뼈 빠지게 일해도 가족 건사하기 쉽지 않은 게 현실입니다."

"이 상무님 말씀에 공감합니다. 저도 형편은 어렵지만 어떻게든 아이들 대학까지는 졸업시킬 작정입니다."

그가 남은 잔을 들이켜며 이근만의 말을 거들었다.

한쪽에서는 이오생과 젊은 직원이 콜라를 마시며 TV를 보고 있었다. 뉴스를 보자는 이오생의 말에 젊은 직원이 채널을 돌렸는데 수신상태가 영 좋지 않았다. 젊은 직원은 안테나를 이리저리 조정해보았다.

"그만두고 이리 와 앉게. 아까 보던 〈쇼쇼쇼〉나 마저 보자구."

이오생은 젊은 직원의 잔에 남은 콜라를 마저 따랐다. 쇼 프로그램에는 조용필이 나와 〈돌아와요 부산항에〉를 부르고 있었다. 마침 조총련계 모국 방문단 환영 분위기를 타고 대히트 중인 노래였다. 화제는 다시 모국 방문단으로 흘러갔다.

"며칠 전 남북적십자회담에서 남쪽이 북쪽에게 재일 조총련 모국 방문을 방해하지 말라고 항의했다는 뉴스가 나오던데, 북에서도 조총련 모국 방문 사업을 꽤 신경 쓰나 봅니다. 일본 동포 중에는 조총련계도 많다고 들었는데 이번 사업을 통해 남한의 발전을 목도하고 나면 북의 선전이 얼마나 허구인지 깨닫게 되지 않겠습니까. 조총련계 모국 방문 사업은 한마디로 우리 정부에서 홈런을 친 겁니다. 홈런!"

그가 불쾌해진 얼굴로 말하자 강은 조심스럽게 답했다.

"글쎄요. 아직 그 파급 효과는 더 지켜봐야 알 것 같습니다. 작년부터 꽤 많은 조총련 동포들이 방문했지만 대다수 사람들은 아직 그 내용을 잘 모르고 있고, 간부급들이 와서 보고 전해야 하는데 그들은 별 움직임이 없으니까요. 그래도 이념으로 인한 입국의 장벽이 무너진 것은 일보 전진이라고 생각합니다."

"저도 일본에 갔을 때 고향에 오고 싶어도 못 온다며 안타까워하는 동포들을 보았습니다. 동포들의 모국 방문은 이념을 떠나서 인도적인 일이기도 합니다. 모쪼록 좋은 성과가 있어야지요."

이오생이 강에 이어 말했다.

얼큰히 취했던 그는 대영플라스틱 직원들이 먼저 일어선 뒤에도 혼자 남아서 강과 하룻밤을 동숙했다.

"강 선생님, 뵌 지 얼마 안 되어 이런 신세까지 지게 되었습니다. 기왕에 잠자리에 누웠으니, 선생님 살아오신 얘기를 좀 들려주시겠습니까?"

"살아온 이야기라…. 젊은 시절에 도일해서 고생 정말 많이 했습니다. 군수공장에 끌려가 일하며 한쪽 다리를 잃고 잠시 귀국해 절에서 지내다가 다시 일본으로 건너갔습니다. 공장 일도 하고, 음식점도 차려 보고, 몇 차례 사업 실패도 겪었습니다. 늘 바쁘고 어려운 생활이었지만 그런 중에도 눌리고 가난한 동포들을 위해 대서 대행도 하고, 비참한 친구들을 힘 닿는 데까지 살피고, 때로 있는 사람들에게 청하여 없는 사람들을 도왔던 것이 제 인생의 작은 보람이었습니다. 그렇게 30여 년 지내오다 보니 대단치 않은 레스토랑이나마 운영하게 되더군요. 고생고생하며 지냈던 날들이 가뭇하지만, 나는 지금 고 선생의 젊음이 한없이 부럽습니다. 고 선생 같은 청년의 열정, 시도할 수 있는 용기, 강건한 체력이 이젠 내겐 남아 있지 못합니다."

강은 그를 청년으로 호칭했다. 청년. 약동했던 그 심박은 얼마나 대견스러웠던가. 불혹이 지났지만 그의 삶은 여전히 단단해지지 못했다. 기대는 쉬 바스라졌고 이상은 번번이 좌절을 겪었다. 세기 시작한 머리칼이며 예전만큼 간단히 떨쳐내지 못하는 피로, 움츠러드는 어깨… 이대로 인생이 꺾이는 게 아닌지 두려워질 때도 많았다. 강의 말을 듣고 그는 자신에게 남은 젊음이 일순 부끄러워졌다.

그해 가을, 그는 귀국하여 서울에 머물고 있는 강과 자주 만나며 강이 보고 싶다던 김기오를 연결해주고, 장봉일을 비롯하여 후배들과 친구 몇몇, 그 외 예비역 육군 준장 김동준(가명)을 소개해주기도 했다.

강이 일본으로 돌아갈 때, 그는 수정한 '봉안복지협회'의 정관과 취지문을 가지고 장봉일과 공항까지 전송하러 나갔다.

"강 선생님, 선생님의 격려가 제게 얼마나 힘이 되었는지 모릅니다. 여기 '봉안복지협회' 자료를 가지고 왔는데, 일본에 돌아가셔서 검토해보시고, 혹시 좋은 독지가를 물색해주신다면 정말 감사하겠습니다."

"아, 네…. 잘 읽어보겠습니다. 고 선생, 이 사업은 워낙 많은 돈이 드는 일이라 독지가를 구하기도 간단치 않을 듯합니다. 어떻든 한번 노력해봅시다."

그와 악수를 나누고 강은 탑승구로 향했다.

돌아오는 길에 그는 장봉일과 함께 〈제주신문사〉에 들렀다. 사업을 해보려는 요량인지 강이 한국 경제 통계 관련 책자를 구해 달라고 했던 터였다. 문의한 결과 관련 책자가 없다기에 차만 한 잔 얻어 마시고 신문사를 나왔다. 그 뒤, 그가 강과 연락을 주고받은 적은 없었다.

1977년 2월 22일 늦은 오후, 그는 장봉일의 전화를 받고 A호텔 커피숍으로 향했다. 무슨 일인지, 누가 두 사람을 급히 만나자고 연락이 왔다고 했다. 그의 집은 고양시 외곽에 있었는데 시내로 가는 버스를 놓쳐서 그는 10분쯤 늦게 커피숍에 도착했다. 장봉일은 웬 낯선 사내들과 구석진 자리에 마주 앉아 있었다. 장봉일의 눈빛은 몹시 흔들리고 있었다.

"조금 늦으셨군요. 친구분하고 아까부터 기다렸습니다. 중정에서 나왔습니다."

"아… 예. 그런데 무슨 일로?"

"고원용 씨한테 수사에 협조받을 일이 생겨서요."

"저… 혹시 사람 잘못 찾으신 거 아닙니까? 우리 동네에 저와 동명인 친구가 있는데…."

"뻔뻔한 새끼! 어디서 발뺌이야! 우리가 뭐 그리 호락호락한 줄 알아?"

대머리 요원이 반말로 지껄였다. 그와 장봉일은 요원들에게 팔목이 비틀린 채 커피숍 밖으로 나왔다.

"여보시오. 아무리 그래도 대한민국에 최소한의 인권은 있어야 할 것 아니오! 사람을 데리고 가면서 이유도 말해주지 않는 법이 어디 있습니까!"

그가 행인들을 의식하여 부러 큰소리로 말하자, 대머리 요원이 피식거리며 답했다.

"빨갱이와 사건 주제에 얼어 죽을 인권은 무슨. 당신, 강우규 그 영감 알지? 여기서 이러지 말구, 우리가 가자는 데로 가서 수사에 순순히 협조하라구. 그 영감이 다 불었거든. 시키는 대로 안 하면 어떻게 되는지 알고 싶어?"

중앙정보부에 도착했을 때만 해도 그는 설사 강에게 문제가 있다 하더라도 자신이 그 사람의 특별한 언행을 접한 건 아니어서, 사실대로 말하면 곧 풀려나리라 생각했다. 그러나 그들이 말하는 '협조'란 강요에 굴복하고 공작에 가담하는 행위에 다름 아니었다. 시키는 대로 일단 그가 강과 만난 경위를 써내자, 요원들은 눈에 불을 켜고 꼬투리가 될 만한 일을 찾기 위해 황당한 질문을 계속했다.

"당신, 이북 갔다 왔지? 언제 갔어?"

"강우규랑 74년부터 이미 알고 있었던 거 아니야? 봉안협회인지 뭔지 그거 강우규 지령에 따라 만든 거지?"

"강우규한테 받은 돈은 얼마야? 그 영감한테 이력서 갖다 준 적 있지?"

질문들이 가당치 않음을 주장했으나 요원들은 그를 지하 조사실로 끌고 갔다. 알몸이 된 그는 이쪽 벽에서 저쪽 벽으로 수차례 굴려졌다. 온몸에 멍이 들고, 상한 발톱 위로 피고름이 흘렀다. 그는 인간의 몸이 영혼을 감당하기에 너무나 나약하다는 것을 절감했다. 아내가 다니는 교회에 따라 나가며 자신은 건달 신자라고 말하곤 했지만, 이 무간지옥에서 그는 애타게 신에게 간원하고 싶었다. 그러나 따귀를 맞고 허리띠로 매질당하며 그는 오히려 그 저주스러운 자들 앞에 무릎 꿇고 빌고 있었다.

불러주는 대로 몇 가지 내용을 써 내자, 요원들이 진술 초안을 작성해 왔다. 그리고 그에게 내밀며 베끼라고 했다. 그중 몇 군데 내용을 빠뜨렸더니 요원들은 다시 그를 침상에 묶어 물고문을 가하고 몽둥이로 팔다리를 짓이겼다. 허나 그는 '봉안복지협회'가 강의 지령이라는 데에는 결코 동의할 수가 없었다.

"차라리 작두를 가져오시오. 내 손을 잘라줄 테니 당신들 마음대로 하시오."

그가 완강히 저항하자, 요원들은 '봉안복지협회'에 관해서는 한발 물러선 채 나머지는 모두 빼놓지 말고 다시 베껴 쓰라고 했다. 그러고는 베껴쓴 내용을 빌미로 비아냥대며 추궁했다.

"이게 다 공산당, 빨갱이 간첩 얘기가 아니면 뭐야? 이런 말을 듣고도 간첩인 줄 몰랐다는 게 말이 돼, 이 새끼야! 기왕 시인한 거 깨끗이 시인해! '신고 못한 거 죄송합니다.' 해야 동정이라도 받지."

버텨서 더 얻을 게 무엇인가 싶었다. 어차피 강이 자백을 했다고 요원들이 말했다. 그는 강이 간첩임을 알았고, 강이 북에 갔다 온 사실을 들었다고 썼다. 집들이 자리에서 만난 젊은 직원의 이름이 '김추백'이라는 요원들의 설명에 따라 그대로 그 이름을 적어 넣었으며, 강을 만나지 않은 날에도 만났고, 듣지도 못한 말을 들었다고 진술했다. 그는 배교자, 거짓 증언자가 되었다.

구치소로 이송되는 그의 눈은 눈물로 자욱해졌다. 포승을 한 등 뒤로 햇빛은 여전히 한결같이 내리고 있었다. 그는 자신을 고문하고 가두는 이들이야말로 어쩌면 이 세계에서 가장 약한 사람들인지도 모른다고 생각했다. 공포에 기생하다 아예 공포의 숙주가 된 사람들. 자기 기반의 불완전함을 완전함으로 속이기 위해 무고한 사람들에게 죄의 굴레를 씌우는 사람들. 그들에게도 한결같이 내리는 햇빛이며 빗줄기들은 어떤 의미가 있는 것일까.

반공투사라 자처했던 지난날을 그는 허망하게 돌아보았다. 그의 당숙과 당숙의 아버지는 4.3 당시 공산 계열 쪽의 죽창에 찔려 목숨을 잃었고, 당숙을 찾으러 갔던 숙모도 붙들려 학살당했다. 그의 처가 또한 가족의 학살을 겪고 월남한 기독교 집안이었다. '공산주의자'란 그에게는 불구대천의 원수나 다름없었다. 아내의 교회에서는 김일성 회개를 기구하며 1976년 6월부터 100일간 구국기도회를 열기도 했다. 언젠가는 그가 아이들을 동원하여 삐라를 주워오게 한 적도 있었다. 그러나 이제 그는 공산주의자의 동조자가 되어 구속되었다. 강을 함께 만났던 그의 친구 장봉일도 구속을 피하지 못했다.

그는 "땅에서 풀지 못하면 하늘에서도 풀지 못한다"는 성경 구절을 떠올렸다.

'언젠가는 반드시 진실을 드러내야 한다. 이 억울함을 땅에서 먼저 풀어야 한다. 설령 이 땅에서 다 풀지 못할지라도 진실의 흔적이라도 새겨놓고 가야 한다.'

마음을 다잡으며 그는 성경 구절을 다시 새겼다. 지금 여기 족쇄 채워질지언정 하늘의 형벌이야 두려울 것이 없었다. 그는 시린 눈을 감으며 오랜만에 기도를 올렸다.

그 누구도 평화로운 저녁을
보장받을 수 없었다

::: **제11 피고인 장봉일 씨 이야기** :::

　장봉일(사건 당시 나이 41세) 씨와 고원용 씨는 초등학교, 중학교 동창으로 30년 넘게 사귀어온 친구지간이었다. 다소 내성적이고 소극적인 그와 달리 쾌활하고 다혈질인 고원용은 주변에 사람이 많았고, 늘 새로운 아이디어에 꽂혀 있었다. 무슨 일에든 먼저 앞장을 서고, 어디에도 잘 끼며, 누구와도 잘 어울리는 고원용에게 친구들은 '고삿갓'이라는 별명을 붙여주었다.

　실례로 고원용이 근년에 관여한 단체만 해도 전자과학기술진흥센터, 한국마라톤부흥후원회, 경기북부상공회의소 등이 있었다. 제주도민회에서는 고원용을 통하여 D전기의 제품을 희사받았고, '접는 상다리' 특허를 내고도 실용화하지 못하던 한 후배는 고원용의 소개로 자본주를 구할 수 있었다. 최근에도 흑탄보다 비용을 절감할 수 있다며 백탄광 개발을 시도하던 다른 후배가 고원용에게 자금 마련과 인재 영입 방법에 대해 의논해온 적이 있었다. 고원용은 지인들과 친목회를 결성하여 사업을 추진해보자는 제안을 했고, 가칭 '동심회(同心會)'라는 모임의 이름까지 만들었다.

　몇 년 전 고원용에게 '봉안복지협회' 얘기를 들었을 때 그는, 사람들의 선의를 모아낸다 해도 자금과 행정력을 갖추는 것이 녹록치 않을 거라며 고개를 저었다. 그러나 며칠 밤을 새우며 취지문을 만들고 거리에서 유인물을 돌리며 곳곳의 기업들을 방문하는 고원용을 보면서, 어쩌면 사업이 진척될 수도 있겠다는 생각이 들었다. 고원용의 열정에는 감염력이 있었다. 어떤 친구들은 지나치게 여기저기 발을 걸치고 허황한 데 마음을 둔다며 고원용을 타박하기도 했지만, 함께 성장하며 지켜본 그는 주변을 두루 헤아릴 줄 아는 도량과 폭이 깊은 감성, 몸 사리지 않는 적극성을 장점으로 이해하며 고원용과 마음을 나눠왔다. 최근에 그는 작은 인조대리석 공장을 함께 운영해볼 요량으로 고원용과 거의 매일 만나고 있었다.

1976년 9월, 고원용은 재일동포 동향인을 알게 되었는데 식견도 풍부하고 '봉안복지협회'에 대해서도 적극 경청해주더라며 그에게 같이 만나보자고 했다. 유수의 기업들을 방문하고도 별다른 성과가 없던 터라 그로서는 '봉안복지협회' 사업의 현실성이 없다고 판단했었다. 다만 좋은 고향 선배를 만나는 자리라는 말에 S호텔 커피숍으로 나갔다. 그곳에는 전영현(가명)도 나와 있었다.

"강 선생님, 이쪽은 제 죽마고우 장봉일인데 저와 같이 일하는 친구입니다. 여기 전 군은 H공업주식회사 영업소장으로 있구요. 영업계의 베테랑입니다."

"반갑습니다. 젊은 친구들을 만나니 내 마음도 젊어지는 것 같군요. 이렇게 만났는데 어디 가서 식사라도 같이 하지요."

"강 선생님, 전 군이나 저나 봉사도 할 겸 노인대학에서 어르신들 모시고 간단한 강의를 하고 있습니다. 시간되시면 오늘 전 군의 강의를 함께 듣고 식사하는 것이 어떻겠습니까?"

고원용의 말에 강우규(이하 강) 씨는 그러자고 응수했고, 일행은 택시를 타고 마장동 적십자사에서 운영하는 노인대학으로 향했다.

"장 선생님은 애들이 몇이나 됩니까?"

택시 안에서 옆자리의 강이 그에게 서글하게 물었다.

"중학생인 큰애와 초등학생 둘, 그 아래로 막내가 있습니다."

"내 조카도 지금 재수하러 올라와 있는데 학원비니 뭐니 비용이 꽤 들더군요. 아직까지 한국은 의무교육이 완전하지 않던데 네 명의 아이를 교육시키려면 학비도 만만치 않겠네요."

앞자리에 타고 있던 고원용이 고개를 돌리며 말했다.

"강 선생님, 우리나라는 아직까지 초등학교에서도 육성회비를 받고 있는 상황입니다. 경제기획원에서 발표한 통계에 의하면 한 사람이 대학까지 졸업하는 데 800만 원이 든다더군요. 없는 사람들은 애들 중고등학교 졸업시키기도 쉽지 않지요. 그래도 국민소득이 부쩍 오르고 있으니 앞으로 점차 의무교육이 정착되고 학비 문제도 어느 정도 해결이 될 겁니다. 저기 삼일빌딩이니 롯데호텔이니 고층 빌딩들이 쑥쑥 올라가는 것 좀 보십시오. 그만큼 우리 경제가 성장하고 있는 것 아니겠습니까?"

"물론 그래야지요. 그런데 고 선생, 한국의 고층빌딩이나 큰 공장들을 짓느라고 일본이나 외국에서 차관을 많이 들여온다던데, 나중에 그 빚 갚는 일도 만만치 않을 거 아닙니까?"

"우리가 '한강의 기적'을 일궈낸 민족 아닙니까? 지금이야 빚이지만, 전체적인 경제 규모를 키워내면 그리 문제되지는 않을 겁니다."

고원용의 말에 그가 고개를 끄덕여주었다. 노인대학에서 전영현의 강의를 함께 들은 후 일행은 뚝섬유원지로 향했다. 장어구이에 술잔을 기울이며 그는 거나히 취했다.

그날 이후 그는 고원용과 함께 강을 몇 차례 더 만났다. 고원용은 자신의 지인들을 강에게 소개해주었고, 강은 그런 만남을 퍽 즐겁게 받아들이는 듯했다.

고원용이 김동준 장군을 강에게 소개해주기로 했다며 같이 가자고 해서 그도 고원용의 후배 김수남(가명)과 함께 자리한 일이 있었다.

"강 선생님, 김동준 장군이십니다. 장군님은 전에 농협 이사를 지내기도 하셨지요."

"뵙게 되어 영광입니다. 강우규라고 합니다. 저는 대영플라스틱 감사로 있는데, 1년에 두어 번 고국에 와서 회사 일도 보고 친지들도 만나고 관광도 다니면서 소일하고 있습니다. 고 선생 덕분에 훌륭한 분들을 많이 만나게 되네요."

"예, 반갑습니다. 고 군에게 말씀 많이 들었습니다."

첫 만남의 어색함을 덜어내려고 그는 모국 방문단과 관련된 화제를 꺼냈다.

"작년 추석에 시작된 재일교포 모국 방문단이 올 가을에 1만 명을 돌파했다네요. 조총련 모국 방문 사업에 대해 민단이나 조총련 쪽에서는 무어라고 하던가요? 일본 교포 사회가 민단과 조총련으로 갈라져 있는데 큰 갈등은 없습니까?"

"일본에서 민단이나 조총련은 한국에서의 정당과 같이 여겨진다고 할까요? 간부급들 말고 보통 사람들은 서로 별다른 구별 없이 지내곤 합니다. 만나서 식사도 하고 사돈까지 맺는 경우도 있구요. 이번 사업에 대해서는 조총련 측에서도 상당히 신경을 쓰는 것 같더군요. 반면 민단계 교포 사이에서는 일편단심 조국을 위해 충성했는데 조총련 교포에게 관광까지 시키며 혜택을 주니 고르지 않다고 불평하는 경우도 봤습니다."

강의 말을 듣고 김동준 장군이 자신의 견해를 피력했다.

"무슨 일이든 전부를 만족시킬 수는 없는 법이지요. 다소간의 불평이야 언제든 있을 수 있고, 대를 위해서는 소를 희생할 수밖에 없는 것입니다. 5.16 이후 우리나라는 자타가 공인할 정도로 눈부신 발전을 거듭하고 있으니 누구라도 일단 와서 보면 그 발전상을 실감하게 될 것입니다. 현실에 다소 불합리가 있더라도 이것을 메꾸고 감싸고, 국민들이 이런 정신으로 뭉칠 때 먼 훗날 우리도 일본과 같은 선진국이 될 수 있습니다."

"좋은 말씀입니다. 다만 제 개인적인 바람을 덧붙이자면, 무엇보다 이 편저편 갈라져서 경계하는 이들이 허심탄회하게 만날 수 있는 날이 빨리 오는 것이지요. 자, 인생살이에 식사 때가 가장 즐거운 시간인데, 어서 다 같이 식사합시다."

강이 일행에게 쾌연히 술을 따랐다.

식당을 나온 뒤 강과 김수남은 먼저 귀가하고, 그와 고원용, 김 장군은 인근 다방으로 가 차를 마셨다. 그는 강이 쾌활하고 인정이 많은 사람 같았지만, 가끔씩 툭툭 던지는 말이 정부 시책과 거리가 있는 게 조금 마음에 걸렸다.

"그 사람 혹시 빨갱이는 아니겠지?"

농담처럼 던진 것이었으나 그는 자신의 말끝에 잠시 흠칫했다. 9촌 아저씨가 '빨갱이'로 몰려 3년이나 복역한 적이 있기 때문이었다. 9촌 아저씨는 오사카 한국학교에서 국어교사로 재직하다가 조총련과 관련된 혐의로 피검되었다.

"강 선생님은 그런 분 아니야. 일본에서 어려운 교포들을 보면 관청에 다니며 문제를 해결해주기도 하고, 의로운 일을 많이 하셨던 분이라구."

"사람은 나쁘지 않아 보이는데…. 그래도 재일교포들은 함부로 만나지 않는 게 좋아. 최근 들어 그쪽 관련된 사건이 많이 터지지 않던가. 혹시 모르는 거야. 괜히 사돈의 팔촌까지 엮여서 문제될 수도 있으니까."

"장군님, 강 선생님은 제 정훈학교 동기에게 소개받은 분입니다. 그리고 그분의 회사 전무가 제 후배인데 중정에서 근무한 경력이 있는 친구이구요. 사상적으로도 확실한 분이니 그럴 일은 없을 겁니다."

고원용의 말을 들으며, 그는 자신의 입 속에 '빨갱이'란 단어가 도사리고 있었고, 그런 단어가 강을 두고 쉽사리 뱉어졌다는 것에 기분이 몹시 씁쓸했다.

고원용은 강이 일본으로 돌아간 뒤에도 '봉안복지협회' 독지가를 기대하며 소식을 기다렸으나, 그는 모처럼 시작하는 공장 일을 진척시키는 데 마음을 쏟고 있었다.

A호텔 커피숍으로 나오라는 사내의 목소리가 영 꺼림칙했다. 이쪽은 상대방을 전혀 모르는데도 상대방은 그의 폐부까지 뚫어보고 있다는 듯한 불쾌하고 불손한 음성이었다. 연행되면서부터 그는 사내들이 별러놓은 덫에서 쉬 빠져나올 수 없으리라는 느낌이 들었다. 수년 전 9촌 아저씨도 특별히 문제될 만한 일을 하지 않았다고 했었다. 요원들의 심문에 그는 최대한 소략히 답하려 애썼다. 고문을 견디면서도 요원들의 수작에 걸려들지 않기 위해 건조하고 중립적인 진술들을 고민했다. 피폐해진 몸과 마음으로 그는 이 모든 절차가 속히 지나가기만을 바랐다. 설령 강이 간첩 혐의를 받고 있다 하더라도, 그 사람과 몇 번 식사하고 술을 마셨다는 이유만으로 이렇게 거꾸러지고 내동댕이쳐져야 한다면, 그 누구도 평화로운 저녁을 보장받을 수 없을 것이다. 자신이 갇힌 악몽 같은 세계에 그는 진저리가 났다.

그는 부농인 아버지 밑에서 장남으로 자라며 많은 기대를 받았었다. 공부도 꽤 잘했던 그는 서울의 유명 사립대학 사학과를 졸업한 후 공군기지 문관으로 다년간 종사했다. 일본으로 건너가 사업을 배울 목적으로 사직하지 않았다면 평범한 공무원으로 지금쯤 안정된 생활을 하고 있었을는지 모른다. 일본행은 생각대로 이뤄지지 않았고, 건축 공사장 감독, 귤 위탁 판매업, 야채 장사 등을 전전하며 기반을 잡아보려 했지만 쉽지 않았다. 어린 아이들을 집에 남겨두고 아내가 식당일을 하러 나간 지 오래였고, 고향의 아버지에게도 가끔 손을 벌려야 했다.

그때 일본으로 건너갔다면 자신의 삶은 어떻게 달라졌을까. 누구를 만나고 어떤 이야기를 들으며 돌아와선 무슨 말을 전했을까. 그는 생각을 가다듬어보려 애썼다. 9촌 아저씨처럼 강도 요원들이 말하는 '거물 간첩'과는 거리가 있었다. 허나 두 사람의 공통점은 이곳 남한에서 통용되는 것과 균질한 언어나 의식을 표방하지 않았다는 것. 남한 사회의 국외자인 그들은 일본에서 공기처럼 조총련이나 북한, 사회당이나 공산당 같은 어휘를 만나고 그런 어휘를 쓰는 사람들을 스쳐왔을 터이다. 그러나 남한에 다시 들어오려는 이는 검역을 거치지 않으면 안 된다. 동포니, 복지니, 민주니 하는 말들은 모두 오염된 것. 보균자로 격리되지 않기 위해서는 차라리 옴짝달싹 말고 2등 시민으로 억류된 삶을 사는 편이 낫다. 영원히 귀화해서 핏줄 따위는 잊어버리는 게 낫다. 그는 한숨을 내쉬었다.

그는 대학에서 사학을 전공하면서 오히려 역사, 민족 같은 말들이 자신에게는 너무 멀다고 느꼈고, 이념이나 사상, 주의며 정치에는 더더욱 거리를 두었다. 그는 네 아이를 보듬으며 아비로서 견실한 가정을 꾸려가길 원했고, 어느 술자리에서나 마지막까지 남아 등을 쓸어주는 친구가 되고 싶었으며, 어떤 정부의 위인들에게도 눈에 띄지 않는 소시민으로 살고 싶었다. 그러나 그의 살갗을 파고들어 온 이념이며 역사며 정치의 사금파리들에 그의 인생 전체는 균열이 가고 있었다.

이곳을 나간 뒤에 고원용을 다시 만날 수 있을까. 고원용의 적극성과 사교성을 여전히 부러워하며, 고원용이 벌이는 일들을 거들 수 있을까. 이번 일은 그저 고원용이 쌓으려던 인간관계 안에서 벌어진 하나의 변고라고, 고원용 또한 피해자이고, 스스로 강과 자리했던 만큼 원망할 바 없다고 되뇌었지만, 자신이 없었다. 보름 넘게 이곳에서 지내며 소스라치던 밤들을, 그 밤들이 새겨진 몸의 기억을 그는 결코 떨쳐낼 수 없을 것 같았다. 창밖의 새소리를 오랜만에 들으며 그는 더없이 울적한 마음이 들었다. 곧 구치소로 송치된다고 했다. 부디 고원용과 마주치지 않기를, 서글피 그는 바랐다.

나라라는 가혹한 이름을
지우고 싶었다

::: 제8 피고인 이근만 씨 이야기 :::

이근만(사건 당시 나이 39세) 씨는 대영플라스틱 공업주식회사에 대한 애착이 남달랐다. 그는 이석현 사장이 서울 지사를 설립 준비를 하던 1969년에 발탁되어, 일본 본사에서 PP, PVC 배합 등 생산 공정과 영업 관계에 대한 연수를 받고 돌아왔다. 국내 플라스틱 생산업계의 실정을 익히고 나서 회사가 본격적인 생산 공장을 설립한 1973년 10월부터 상무이사로 지금까지 근무해왔다. 주로 일본에서 머물며 가끔씩 국내를 내왕하던 이석현 사장은 이곳 실정을 충분히 알지 못하는 상황이어서, 그가 회사 설립 준비, 공장 부지 선정, 인력 구성 등 대영플라스틱의 밑그림과 얼개를 만드는 과정에 많은 공을 들이며 헌신했다. 부천 공장 부지에서 첫 삽을 뜨며 그는 남다른 보람과 감회에 흐뭇했다. 그는 공장 사택에서 2년여를 지내며 생산 공정을 책임졌고, 회사가 어느 정도 안정된 뒤로는 서울 주재 영업부서를 관장해왔다. 원유파동으로 고비도 겪었지만 대영플라스틱은 일본 본사의 운영 경험을 바탕으로 꾸준히 매출을 유지해온 편이었다. 대영플라스틱은 직원 100명이 안 되는 중소기업으로, 임금이나 처우 면에서 내세울 만큼은 아니었으나, 동향인들의 협심으로 일구어낸 만큼 직원 간에 단합이 잘될 뿐더러 나름 정부가 주창하는 중화학공업 발전에도 일익을 담당하는 회사라고 그는 자부하고 있었다.

그가 강우규(이하 강) 씨를 알게 된 때는 일본 본사에서 기술 연수를 하던 시기였다. 강은 이순천 회장을 자주 찾아오곤 해서 그와도 인사를 나누었었다. 일본에서의 강에 대한 인상은 그리 좋지 않았다. 강의 동생 강용규 씨가 동경으로 수십 년 만에 형을 찾아온 적이 있었다. 그때 강용규 씨는 형네 집에서 하루를 묵고 대영플라스틱 회사 숙소에서 이틀 더 머물렀다. 그런데 동생이 떠나는 날 강이 전송 길에 나오지 않은 것이었다.

"아니, 오래간만에 친동생이 여기까지 왔는데, 역까지 나가보지도 않다니 너무하시는 거 아닙니까?"

이석현 사장이 전화를 걸자 강은 뒤늦게 전송하러 가는 차에 동승했다.

"아…, 아까 동생이 혼자 갈 수 있다고 해서 제가 곧이곧대로 듣고 집 앞에서 작별 인사를 나눴습니다."

이 사장과 그의 표정이 여전히 싸늘해 보였는지 강이 이내 덧붙여 말했다.

"우리나라에서는 예로부터 누가 식사를 권해도 일단은 괜찮다고 말하는 관습이 있었지요. 이남에서는 아직 그런 예의와 체면을 많이 따지는 것 같습니다. 시대가 달라지면 예의나 풍속도 달라져야 하는데 말입니다. 이북에서는 생활면에서 허례허식을 줄이고 조상들 제사도 간소화했다던데요."

고향에서 강용규 씨를 잘 알고 지내온 그로서는 배려심 깊은 동생의 사양을 허례나 체면으로 일축하는 강의 태도가 영 마뜩잖았다.

"허례허식이 없는 곳이 좋다면 그런 곳에 가서 살지, 36년간 압박받은 것도 억울한데 왜 일본에서 사십니까? 풍속이나 예나, 한 사회의 문화란 도도한 강처럼 흘러가기 마련인데 물길을 급히 막으면 오히려 그 둑이 무너지게 되는 법입니다."

그가 그예 핀잔을 놓자 강은 무안한지 너털웃음을 지었었다.

"하하. 이 선생 말씀이 옳습니다. 이거 제가 동생 마음을 헤아리지 못하고, 민망하게 되었습니다."

1973년 무렵, 대영플라스틱의 감사를 맡게 된 강은 1년에 두어 차례씩 국내를 내왕하며 회사에 들르곤 했다. 공장을 열 즈음에는 회사 근처의 여관에 머물며 운영 상황을 둘러보기도 했다. 회사 일을 하면서 겪어보니 강은 그리 매정한 사람 같지는 않았다. 인부들과도 스스럼없이 어울리고 직원들 누구나 편히 대하며 술자리에서는 유쾌한 농담으로 적절히 분위기를 띄웠다.

그 이듬해 그와 이오생 전무가 본사 창립 15주년 기념식 참석 및 기술 연수 목적으로 일본에 갔을 때, 강은 그들과 함께 다니며 일본 국회의사당, 영빈관, 도쿄 타워 들을 친절히 안내해주었다. 연수를 마치고 서울로 돌아오기 얼마 전에 강은 부인과 함께 나와 인사하며 그와 이오생 전무에게 각기 진주반지를 선물하기도 했다. 얼마 후 강이 귀국했을 때는 그도 한결 친숙해져서 강의 단골 '명림집'에서 식사도 같이하고 때로 강의 숙소에 들러 껄렁한 여자 이야기며 여행 이야기를 하면서 소일하기도 했다.

"이 상무, 바쁘지 않으면 우리 드라이브나 같이 갑시다. 인천에 가 보고 싶은데 시간 낼 수 있겠소?"

어느 일요일 오후, 그는 강의 전화를 받고 택시를 대절, 인천으로 강을 안내했다. 갑문식 항구, 해안 매립 지역을 돌아보고 오는 차 안에서 강이 그에게 말했다.

"서해 바다의 석양도 퍽 아름답군요. 저기 보이는 저 산은 어딥니까?"

"저기가 월미도 아닙니까? 젊은이들이 자주 놀러 다니는 곳이지요."

"저기쯤에 다방을 하나 차려서 경영하면 참 좋겠네요."

강의 말은 꽤 구체적인 바람으로 들렸다. 강은 국내에서 기반을 잡을 수 있는 일들을 하나둘씩 찾아보고 있는 듯했다.

1976년 1월, 그가 서울영업소로 발령이 나고 주거지도 서울로 옮긴 뒤로는 회사 밖에서 강과 마주칠 일은 별로 없었다. 강이 여의도에 있는 아파트에 입주했다기에 선물로 괘종시계를 사서 직원들과 그 집을 방문했던 게 그해 2월이었고, 그 시계가 고장이 잦다기에 교체해주러 다시 들른 것이 석 달 뒤였다. 그 후로는 회사에 들른 강과 서너 차례 잠깐씩 만났을 뿐이었다.

1977년 2월 22일 오후, 그는 회사에서 연행되었다. 열흘 전쯤 김추백이 찾아와 강과 김성기 씨가 연락이 안 된다고 했었다. 2월 21일엔 김추백의 처남인 영업부 허병선 과장을 중앙정보부에서 데리고 가고, 다시 그를 연행하면서 이오생 전무와 성춘경 영업부장도 찾는 걸 보니 심상치 않았다. 1월 말에도 세무 사찰이니 뭐니 해서 긴장감이 돌았었는데 회사가 타격을 입는 것은 아닌지 몹시 걱정되었다.

눈이 가려진 채 차로 이동한 지 15분이나 지났을까. 그는 자신이 '남산'에 와 있다는 걸 알았다. 가까운 곳에 이토록 버젓이 밀실의 요원들이 활동하고 있던 것이다. 세상으로부터 완전히 차폐된 채 그는 두절되었다.

"지금 심정이 어떤가요?"

"… 담담합니다."

요원들이 내준 의자에 앉아서 그는 최대한 어깨를 펴며 말했다. 담배를 태우던 요원이 그에게 강이 회사에서 하는 일을 물었다.

"아, 그분은 저희 회사 감사님인데 회사에 자금 일부를 투자하셨던 걸로 알고 있습니다만, 가끔 회사에 들러 근황을 묻는 정도이지 구체적인 업무를 하시는 건 아닙니다."

요원은 정작 그의 대답은 흘려듣더니 담뱃불을 눌러 끄고 목소리를 돋

우어 말했다.

"그 영감 간첩인 줄 알면서 왜 신고 안했습니까?"

"무슨 말씀입니까? 그런 말은 금시초문입니다. 게다가 제가 알고도 신고를 안했다니요?"

"이봐요, 당신도 76년 2월에 강우규 집들이에 가지 않았습니까!"

1년이 지난 일이었다. 그날 저녁의 모임이 무엇이 문제였다는 것일까.

"그때 그 영감이 사람들 모아 놓고 이북을 찬양하고 공산주의를 선전했지 않소. 더구나 그 영감은 자기가 북에 다녀왔다고도 했소."

"아닙니다. 그날 저와 전무님은 입주 선물을 전하러 운전사와 회사 차로 잠시 들렀던 것이고, 그저 평범한 얘기들을 나누다 돌아왔을 뿐입니다. 그런 말을 들었다면 제가 왜 신고를 안했겠습니까?"

옆에 있던 다른 요원이 갑자기 몽둥이로 그의 어깨를 내리쳤다.

"똑바로 말해, 새끼야! 그 자리에 있던 고원용이 이미 불은 게 있는데, 아니라고 잡아떼면 될 줄 알아!"

'그 자리에 고원용 씨가 있었나? 그래, 근데 그 사람이 대체 무슨 말을 했다는 것인가.'

지하 조사실로 옮겨진 그는 몇 차례나 치도곤을 당했다. 요원은 쓰러져 누운 그의 멱살을 쥐고 빈정거렸다.

"당신 아버지도 4.3 때 처형당했다구? 빨갱이 아들 아닐까 봐 간첩에게 협조하고 끝까지 모른 척할 작정인가?"

피가 거꾸로 솟는 느낌이었다. 열두 살이던 때, 그는 눈앞에서 쓰러지는 아버지를 보았다. 아버지의 몸을 뚫은 총탄은 그대로 어린 그의 영혼에 날아와 박혔다. 폭도로 몰려 한 마디 변명할 틈도 없이 총살당한 아버지였지만, 그 죽음을 두고 실컷 목메어 울 수도 없는 세월을 그는 견뎌야 했다. 원망으로도 분노로도 영혼 깊이 새겨진 탄환의 흔적을 다 지울 수 없었다.

청년기에 들어서며 그는 '확실한 신원 검증'을 받을 수 있는 '재건국민운동본부'와 '민주공화당'에 몸을 담았다. "승공을 위하여 경제 건설을 해야 하고, 멸공을 위하여 국방력이 강화되어야 하며, 방공을 위하여 사회 질서가 확립되어야 한다."라는 말을, 그는 기꺼이 모토로 삼았다. "어느 시대, 어느 사회를 막론하고 양심은 행동의 준칙이 된다."라는 박정희 대통령의 진심을 믿고, 작은 단심이나마 나라 사랑에 바치려는 국민임을 자처했다.

어린 날의 상흔을 헤집으며 핏줄마저 능욕하는 요원들을 보고, 그는 사람이 살의를 갖는 것이 불가능한 일이 아님을 처음으로 느꼈다. 그러나 알몸으로 맨바닥에 무릎 꿇린 채 그는 아무것도 할 수 없었다.

"살아 나가고 싶으면 시키는 대로 해. 여기, 이오생이도 고원용이 말한 내용대로 다 인정했다구!"

요원들이 내미는 용지를 보니, 정갈한 글씨체가 이 전무의 것이 맞았다. 집들이 자리에서 "조총련 조직은 더욱 강화되고 있다.", "미군은 철수되어야 한다.", "이북에 가본 사실이 있다.", "우리들로부터 하나가 되고 동지가 되어야 한다.", "이남에는 부모 형제를 잡는 전화가 있다는데 돈을 타먹기 위해 형제까지도 팔아먹는 짓을 해서는 안 된다."라고 강이 말하는 것을 들었으며, 그와 택시로 귀가하면서 강이 수상하니 신고하자는 대화를 주고받았다는 내용이 쓰여 있었다. 어떤 참혹함과 무력함이, 강건한 이 전무를 무너뜨린 것인가. 그는 울면서 그 내용을 베껴 썼다.

거기서 끝나지 않았다. 요원들은 집들이 이후 강과 만났던 일을 더 써 내라고 다그쳤다. 시계를 교체해주러 강의 집에 들렀던 날, 강으로부터 '사상'과 '체제'—주체사상과 유신체제를 염두에 둔 듯했다—에 대한 교양을 받았다고 진술해야 했고, 회사에서 강이 신문 기사를 보며 모국 방문단의 경비는 어떻게 충당하는 것이냐고 물었던 것을 "조총련 모국 방문단 사업을 비난했다."라는 말로 진술해야 했다. "서울로 이사할 때 못 가봐 미안하다."라며 강이 그에게 건네주었던 중고 옷걸이 가방은 포섭 공작을 위한 금품이 되었다.

그가 낯선 타국에서의 고생을 감수하며 함께 세우고 힘을 보탰던 대영 플라스틱은 창립 3년 반 만에 뿌리째 흔들리게 되었다. 산업 현장의 역군 으로, 건전한 시민으로, 모나지 않게 살고자 했던 그는 요시찰 인물이 되 었고, 그 오명은 후세에까지 물려질 터였다.

사이렌 소리가 들리고 애국가가 울려 퍼졌다. 3.1절이었다. 그는 일주 일 넘게 좁은 밀실에 갇혀 있었다. 언제 나간다는 보장도 없었다. 독립이 란 무엇이고 해방이란 무엇인가. 만세를 외치던 긍지 높은 이들은 모두 어디로 갔을까. 그는 가슴 깊은 곳에서 나라라는 가혹한 이름을 지우고 싶었다.

누구를 위한
조국인가

::: 제9 피고인 이오생 씨 이야기 :::

이오생(사건 당시 나이 42세) 씨는 성춘경 부장과 외근을 하고 돌아오는 길이었다. 자리에 돌아와 숨 돌릴 새도 없이 그는 곧바로 성춘경 부장과 함께 연행되었다.

조사실에 도착했을 때, 처음에는 요원들이 과거 중앙정보부에서 근무한 그의 경력을 듣고 차를 내오며 나름 예우를 해주는가 싶었다.

"언제까지 정보부에 계셨던 것입니까?"

"군 복무할 때 군사정보요원으로 육군 정보참모부장 차장실에 파견 근무했었지요. 제대하면서, 그러니까 5.16 직후였는데, 입사해서 인사국에서 3년 조금 넘게 근무하다가 H국회의원 비서관으로 가게 되었습니다."

"아, 예…. 선배님이 근무하실 때랑 지금은 상황이 많이 달라졌습니다. 우리 부 일이라는 게 누가 알아주는 것도 아니고 돈이나 명예가 보장되는 것도 아니지만 오직 조국을 위해 음지에서 헌신한다는 마음 하나로 이렇게 밤낮 고생하고 있습니다. 선배님이시니 잘 협조해주시리라 믿습니다."

요원들은 대영플라스틱의 근황을 묻더니 설립 경위, 임원진, 투자 규모, 수출 품목, 매출 정도 등을 낱낱이 쓰게 했다. 그가 써낸 내용을 잠시 들여다본 요원은 다시 진술 용지를 건넸다.

"왜 하필 그런 인물을 회사 감사에 앉힌 겁니까. 감사라는 그 영감, 수사 결과 새빨간 간첩으로 판명되었습니다. 선배님도 여기, 그 사람을 만난 경위와 그 사람에게 들었던 말들을 빠짐없이 써 주셔야 합니다."

강우규(이하 강) 감사의 소재가 파악되지 않는다는 말을 들었을 때 무슨 문제가 생겼나 했었지만, 강이 '간첩'으로 판명되었다는 말에 그는 아연해졌다. 그의 눈에 강이 수상히 보인 적이 없을뿐더러 강과 일본에서부터 오랜 시절 같이 지내온 이순천 회장과 이석현 사장 또한 강을 조금도 의심한 바 없었기 때문이었다. 혹시 일본에서 강이 다른 누구와 얽혔던 것인가. 여하간 그는 강과 알고 지낸 기간의 일들을 기억할 수 있는 대로 자세히 적어 요원에게 건넸다.

"이게 다입니까? 저희가 수사한 바로는 선배님도 분명히 그 영감이 허튼소리하는 걸 다 들었다던데요!"

집들이에서 강이 북에 다녀왔다고 말하지 않았느냐, 중정에 있었다는 사람이 그런 말을 듣고도 가만히 있었다는 게 말이 되느냐, 회사의 이익을 위해서 간첩을 은닉하려던 게 아니냐며 요원들은 그를 '조국의 배신자, 변절자'로 몰았다. 당혹감을 넘어 화가 치솟았지만 그는 이성을 잃지 않으려 애썼다. 법학을 전공했었기에, '간첩임을 알았다.'라는 전제를 인정하는 순간 자신 또한 범법의 덫에 갇히게 된다는 것을 상기했다.

"이보시오, 후배님들. 제가 공화당 원내 총무까지 맡았던 H의원 비서로 12년간 근무했던 사람입니다. 정부 시책을 착실히 따르며 고향 농어민들의 소득 증대와 새마을운동 성공을 위해 열심히 뛰어다녔고, 매월 반상회도 저희 집에서 열었습니다. 강 감사가 간첩인 줄 알았다면, 회사를 위해서라도 제가 먼저 회장님과 사장님에게 의논드리고 조치를 취하면 취했지 왜 숨겨주겠습니까?"

"사실대로 말씀 안 하실 겁니까? 저희도 할 만큼 했는데, 이렇게 나오시면 곤란합니다."

요원은 조사실 밖으로 나가더니 다른 요원 두 명을 더 데리고 들어왔다. 그들은 완력으로 그를 지하 조사실에 끌고 갔다. 과거 중앙정보부에 있을 때, 수사부서에서는 '간첩'의 자백을 받기 위해 심한 고문을 가한다고, 넌지시 시사하는 말을 그도 들은 적이 있다. 그러나 지금 그 자신이 직접 수사 대상자가 되어 '후배'들로부터 고문을 받게 된 것이다.

지하 조사실에서 요원들은 무엇보다 먼저 옷을 벗겼다. 실오라기 하나 남겨지지 않은 맨몸. 보호와 방어, 치레와 위신을 빼앗긴 알몸이 되어 그는 포획당한 짐승처럼 내동댕이쳐졌다. 요원들은 번쩍이는 버클, 단단한 구두 뒤축으로 위용을 뽐내며 인가된 폭력을 그의 알몸 위로 휘둘렀다. 그는 무릎 사이에 각목이 끼워진 채 쏟아지는 매질을 견뎠고, 차가운 바닥을 구르며 이를 악물었다. 건장한 체격에 운동으로 다져진 그의 몸이었지만 표정도 맥락도 읽을 수 없이 날아드는 주먹이며 발길질에는 어떤 방어도 취할 수 없었다.

"특수교육을 받은 후뱁니다. 골로 보내더라도 상처는 남지 않게 때리는 기술자라구요."

취조를 하던 요원이 후임을 가리키며 말하곤 이내 빙글거렸다.

"야, 그래도 선배라는데 살살 해라."

방과 방으로 이어진 남산 지하의 폐쇄 회로 안에서 상무, 부장, 과장의 비명 소리가 반향되고 있었다.

등을 오그린 채 떨고 있는데 의무관이 들어왔다. 아침이 온 모양이었다. 좀비처럼 창백한 얼굴의 의무관은 혈압을 체크하고는 "이상 없구면." 하고 짧게 한 마디 말을 남기고 나갔다. 한숨도 자지 못한 채 그렇게 수일을 보내며 그는 부딪히고, 꺾이고, 허물어졌다.

요원들은 자신들이 적어온 내용을 그에게 열 번이고 스무 번이고 되읽게 했다. 내용을 암기할 정도로 읽다 보니 정말이지 어느새 듣지도 못했던 말이 생생한 대사로 바뀌어, 구체적인 행위를 갖춘 한 편의 드라마가 완성되었다. 그는 시키는 대로 드라마의 장면들을 진술서에 옮겨 적었다. 극의 완성도는 중요하지 않았다.

주인공 강이 초면이나 다름없는 고원용에게 방북 사실을 떠들어대며 자랑한다. 유신체제와 남한 자본주의를 비판하고 미군 철수를 주장하는 강의 장광설이 이어지는데, 그를 포함한 조연들은 모두 별 논박 없이 듣고만 있다. 귀가하는 택시 안에서 이근만과 그가 강을 신고할까 의논한다. 그러고는 1년이 지나도록 아무 확인도 하지 않는다. 검거되고 나서 비로소 반성하는 그의 말. "강을 매일 보는 게 아니라서 신고하기를 잊었다, 회장과 절친한 사이에다 회사의 감사이고 장애인이어서 인정상 신고하지 못했다, 뼈아프게 후회한다." 상식 밖의 이런 장면들을 통해 그가 강이 간첩임을 알았었다는 '불고지죄'의 전제는 성립된다.

다음 장면은 그가 회사를 찾은 강을 만나 '북을 찬양하고 남을 비판하는' 선전 교양을 받는 것이다. 강이 영동고속도로, 현대조선소를 돌아보고 우리나라의 발전상에 감탄하며 몇 가지 아쉬움을 표한 부분이 침소봉대되어 억지스러운 '교양'으로 삽입된다. 또한, 그가 서류 결재하는 중 볼펜이 다 된 것을 보고 강이 주었던 만년필은 '공작 금품'으로 활용된다. 그렇게 이른바 '지정(知情)'에 이어 '회합, 금품수수 행위'가 갖춰짐으로써 그의 '범죄자' 역은 온전해졌다.

"어차피 다 인정할 것을 왜 쓸데없이 시간 끌면서 우릴 괴롭혀!"

그에게 따귀가 날아왔다. 요원은 그의 고개를 젖히며 말을 이었다.

"여기서 있었던 일, 어디 가서 발설하면 어떻게 되는 줄 알지요? 검찰에서든 공판정에서든 여기서 진술한 대로만 말하면 되는 거요. 앞으로도 계속 형씨의 목줄을 우리가 쥐고 있게 될 테니까, 조심하시오."

어디서부터 뒤틀린 것인가. 3여 년 전 그가 대영플라스틱으로 직장을 옮기게 된 것은 H의원의 천거 때문이었다. 대영플라스틱에서는 원료 수급이며 시장 개척을 위해 H의원의 협조를 얻고자 했고, H의원도 평소 이순천 회장에게 지역 개발 사업 등에서 여러 도움을 얻었던 터라 기꺼이 화답했다. 어느 날 그는 H의원의 집에서 대영플라스틱 이순천 회장과 이석현 사장, 강을 함께 만났다. 대영플라스틱 측에서 그를 회사의 전무로 발탁하게 해 달라고 요청하는 자리였다.

"10년이 넘도록 자네가 나를 보좌하며 애써 준 것에 대해 더할 나위 없이 고마워하고 있네. 그런데 이제 자네도 마흔이 넘었는데 경륜이나 능력으로 보아 계속 비서실에 머무르는 것보다는 경영자로서 경력을 쌓는 것이 장차 더 도움이 되지 않겠나?"

H의원의 말을 들은 그는 고민 끝에 전무직을 수락하기로 결정했다. 큰아이도 곧 대학에 진학하게 될 텐데, 생활적인 면에서도 조금은 윤택해질 수 있으리라 보았다.

곧바로 그는 실무에 들어갔다. 사실상 사장이 하는 일을 맡아 하는 셈이었다. 플라스틱 생산이며 회사 경영은 그에게도 낯선 일이었지만 직원들과 원만히 소통하고 일의 본말과 세부를 꼼꼼히 확인하며 회사의 기반을 다졌다. 회사는 원유파동으로 인해 어려움도 많이 겪고 아직 적자 운영을 면하진 못했으나 자기 자본 비율도 저조한 편은 아니었으며 국내외 판로도 꾸준히 늘려가고 있었다. 그러나 이제 회사의 앞날은 보장할 수 없었다. 뿐만 아니라 찬찬히 쌓아올렸던 그의 공적이나 신망 또한 수포로 돌아가게 될 것이다.

머리도 비상하고 훤칠한 용모에 사람들을 아우르는 품도 넓어서 그는 어떤 자리에서도 책임 있는 일을 먼저 맡게 되곤 했다. 책임을 완수해내는 남다른 성실함과 세심함이 그에게는 있었다. 국회의원 비서직에 있을 때에는 비서 모임의 부회장을 지내기도 했다. 그 모임의 구성원 중에는 의원으로 출마해 당선되는 사람들도 있었다. 그도 현역의원을 보좌하며 다져 놓은 기본이 탄탄했으니 장차 출마할 수 있는 여지도 충분했다. 그러나 이제 그는 남은 인생을 위리안치(圍籬安置)되어 살아가야 할 터였다.

그는 회한에 잠겼다. 인생을 다시 돌릴 수 있다면, 어디쯤까지 되감아 멈추어야 할 것인가. 대영플라스틱에 오지 않았다면 달라졌을까. H국회의원을 만나지 않았더라면, 만났더라도 더 빨리 다른 직장을 찾았더라면 달라졌을까. 중정에서 모범직원으로 표창까지 받았었는데 거기서 계속 녹을 받았더라면 어떻게 되었을까.

허나 그의 성정은 밀실에는 맞지 않았다. 그는 광장을 택했고, 무소속으로 출마했던 H의원의 선거운동을 도운 것을 계기로 정치계에 몸을 담았다. 그는 H국회의원을 가장 가까이에서 보좌하면서 우리 정치사의 꽤 많은 파란을 목격했다. 그러다 정작 정치에서 한발 비켜 있던 지금 난데없이 휘말려 희생양이 되었다. 3.1 명동 사건[9] 이후 한층 돋우어진 재야운동의 목소리며 대학생들의 시위를 성가셔하는 저들에게 이런 일들은 언제나 쓸모가 있을 터였다.

그는 지금껏 민주공화당 당원이었고, 반공과 총화단결의 기치를 적극 따라왔으나 조국은 그를 배신했다. '민주'와 '공화'는 기망이 되었다. 이념을 빌미로 힘없는 삶들이 소거되고 무고한 이들에게 화형이 집행되어야 한다면 조국은 누구를 위한 것일까. 선량한 국민들이 정박할 수 있는 인의와 후생의 땅. 그는 허물어진 몸을 일으켜 그곳에 가닿는 꿈을 꾸었다.

---

9 1976년 3월 1일 일부 재야 정치인들과 가톨릭 신부, 개신교 목사, 대학 교수 등이 〈민주구국선언문〉을 발표함으로써 빚어진 유신체제하 최대의 반정부선언 사건이다. -『한국민족문화대백과사전』 발췌

삶은 파괴당했고,
보루는 없었다

::: 제10 피고인 김문규 씨 이야기 :::

물이 오른 백매화 나뭇가지 사이로 까치 한 마리가 날개를 접고 앉아 있었다. 김문규(사건 당시 나이 59세) 학장은 창밖을 바라보며 차를 음미했다. 모자람도 넘침도 없는 적막과 평온 가운데 그는 천천히 소파에 몸을 묻었다.

무에 그리 번다히 살아왔던가. 퇴직 후 넉 달을 보내며, 멈추고 내려놓는 삶에 그는 차츰 익숙해졌다. 마당을 쓸고 난(蘭)잎을 닦으며 빨래를 걸어내는 소소한 일상에는 또 다른 충만함이 있었다. 불현듯 낚시 도구를 챙겨 종일 물가에서 파적하다가 어른거리는 별빛을 바라보며 무념하게 밤을 보내는, 허허로운 자유도 좋았다. 먼지 쌓인 서책들을 한 권 한 권 다시 꺼내보며, 그는 자신을 설레게 했던 주제와 구절들을 새삼 발견했고, 이제 찬찬히 하고 싶었던 연구를 제대로 시작할 때라고 생각했다.

그는 35년을 교육계에서 헌신해왔다. 경성사범대를 졸업하고 고향의 초등학교에서부터 시작해 여러 중고등학교에서 학생들을 가르쳤고 제주대학 병설 교육과 교수를 거쳐 제주교육대학 1, 2대 학장을 맡았다. 그는 삿됨 없는 아이들의 눈망울을 사랑했고, 어설프고 혼란스런 성장기 학생들을 도닥이며 그들의 다양한 가능성을 신뢰해주었다. 청년들의 빛나는 질문들을 받아안으며 그들의 고뇌를 깊이 헤아렸다. 존경받는 학자였고,

지역사회에서도 신망이 두터웠던 그를 어떤 이들은 제주의 3재(才)중 한 명으로 꼽기도 했다.

그는 가정적으로도 다복한 편이었다. 세심하고 다감한 아내, 무던한 성품에 공부도 곧잘 했던 육 남매와 화목하고 단란한 삶을 꾸려왔다. 위로 두 딸과 두 아들은 이미 대학을 졸업하여 자리를 잡았고, 밑으로 대학생, 고등학생 아들 둘 다 영민한 편이어서 제 분야의 성취를 기대할 만했다. 며칠 전 큰아들의 결혼 상견례를 하고 왔으니, 이제 하나둘 자녀들의 분가를 지켜보면서 흐뭇한 황혼을 보내게 되리라. 그는 천천히 찻물을 따랐다.

그때, 전화벨이 성마르게 울렸다.

"안녕하십니까? 김문규 학장님, 제주 경찰서입니다."

"아, 예. 안녕하십니까."

낯익은 목소리에 그는 허리를 세우고 앉았다.

"학장님, 잠깐 시간 좀 내주셔야 되겠습니다. 자세한 것은 나오시면 말씀 드리겠습니다."

그는 간단한 채비를 하고 그들이 나오라는 O다방으로 향했다. 얼마 전 그들을 만났을 때 분명 그의 시찰 등급을 다시 낮춘다고 말하지 않았던가. 주말 오후에 또다시 자신을 호출하는 이유가 무엇일까. 그는 조금 불안했다.

그가 '시찰 대상'이 된 것은 순천에서의 일 때문이었다. 그는 1947년 여수 Y중학교를 거쳐 1949년 9월에는 순천 N학교로 발령을 받았다. 전쟁이 발발하고 인민군이 순천까지 내려왔지만 당시 그의 아내는 복막염을 심하게 앓고 있어서 피란을 할 수 없었다. 집에서 아내를 간호하며 어린 아이들을 돌보던 중 그는 인민군에게 끌려가 순천농림학교 직장동맹원으로 지명되었다. 방공호 구축 등의 작업을 하며 20여 일 '부역'을 하던 그는 공습이 심한 틈을 타서 밤에 몰래 도주했다. 아내와 아이들을 남겨둔 채였지만, 이미 제주에서 4.3을 겪었던 그로서는 전쟁의 혼란기에 '부역'에 가담하는 일이 어떤 위험을 초래할지 직감했기 때문이었다. 무작정 피해 제자들 집을 전전하다가 전북 김제의 숙부 집에 숨어 지냈다. 수복 후 그는 순천으로 돌아가려 했으나, 그를 찾아 올라온 아내로부터 '부역'한 교직원은 이미 제명·퇴직되었다는 말을 듣고 그대로 김제에 남았다.

그곳 학교에서 다시 학생들을 가르치다가 대학원에서 박사 과정을 수료한 뒤 모 대학 전임 강사로 있을 때였다. 순천 경찰서에서 두 명의 경찰이 그를 찾아왔다. 그가 '도피자' 명단에 올라 있다는 것이었다. 그는 그들의 조서 작성에 응해야 했고, 그때부터 정기적으로 '동향'을 보고해야 했다.

피치 못할 사정으로 비자발적인 '부역'에 '가담'하게 되었던 것이기에, 또한 그런 일은 드문 것이 아니었기에, 그는 경찰서를 찾아가 '자수'할 생각을 해보지 않았다. 그러나 '부역'의 낙인은 당시 그를 직장에서 쫓아낸 것으로 모자라 그 후 8년이 지나서도 경찰이 눈에 불을 켜고 그를 색출케 했고, 다시 20년 가까운 세월 동안 지긋하게 따라 붙었다.

O다방에서 그는 낯선 이들에게 인계되어 중앙정보부로 구인되었다. 그곳에서 그는 뜻밖에도 강우규(이하 강) 씨의 이름을 들었다. 강이 간첩으로 체포됐다는 것이었다. 요원들은 그에게 강과 언제부터 알았는지, 만나서 무슨 말을 들었는지, 강이 내비쳤던 사상이나 이념은 어떤 것이었는지 거푸 물었다. 그는 강과 어린 시절 동무처럼 지냈었는데 강이 일본으로 건너간 후 한참 동안 소식을 듣지 못했으며, 근년에 두어 번 강과 만났지만 그저 일상적인 친교의 대화를 나누었을 뿐이라고 진술했다. 그러나

그런 그의 진술이 충분히 활용할 만한 가치가 있다고 판단된 모양이었다. 진술의 내용보다 진술의 주체, 그러니까 그의 명망이 중요했다.

어두운 지하 조사실에 격리되어, 그는 자신을 지지해주었던 기반들이 얼마나 허약한 것이었는가, 자신이 얼마나 초라한 지식인이었는가 뼈저리게 확인해야 했다. 요원들은 자신이 인간을 마주하고 있다는 것을, 아니 그들 스스로가 인간이라는 것을 잊고 있음이 분명했다. 어느 교실 한편에서 마주쳤으면 순박한 제자들로 기억될 만한 젊은이들이었다. 스스로의 나약함을 인정하기에 상대방의 나약함을 도구로 삼지 않는 마음, 그는 그것을 인간의 체온이라 불렀다. 그러나 공감의 뉴런이 적출된 요원들에겐 냉혹하고 광포한 물성만 남아 있었다. 요원들이 자아내는 공포는 그들에게 향했던 그의 마음 속 깊은 연민을 이내 산산이 부수어버렸다. 원망과 증오로 인간을 탈각한 자신의 육체가 그는 끔찍이 치욕스러웠다. 잠과 꿈과 영혼을 앗긴 채 그는 구타와 회유와 협박에 무릎을 꿇었다.

그의 조부는 강의 부친과 친구였고, 그의 어머니도 강의 어머니와 원척(遠戚)이었다. 강의 집안은 형편이 넉넉하진 않았으나 양친 모두 인정이 두터운 분들이었다. 그분들은 일찍 부모를 잃은 그를 살뜰히 귀애하며 친부모처럼 아껴주었다. 보통학교 1년 선배인 강은 침착하고 내성적인 편이었던 그에게 먼저 다가와 형처럼 챙겨주곤 했다.

보통학교 졸업 후 돈 벌러 일본으로 떠난 강을 다시 만난 건 그가 사범학교 재학 중이던 방학 때였다. 그즈음 강은 한쪽 다리를 잃고 귀국해 있었다. 전과 달리 우울한 얼굴의 강을 바라보며 마음이 짠했던 그는 더는 다른 말도 건네지 못한 채 그대로 귀경했다.

1965년, 도 교육위원들과 일본 교육을 시찰하러 갔을 때였다. 그는 고모부의 동생인 이순천 회장 집에 잠시 머물렀는데 그곳에서 반갑게도 강을 만났다. 음식점 일을 하며 바삐 지내고 있다던 강은 예전의 활기를 되찾은 듯 보였다.

그리고 1972년 12월 말, 그는 제주공항에서 수십 년 만에 귀국하는 강을 만났다.

"이게 누구야? 우규 형 아닙니까?"

동생네 가족과 함께 택시 승강장으로 향하던 강을 보고 그가 반갑게 다가갔다.

"자네, 이거 얼마 만인가? 무슨 일로 나왔나?"

"학교를 방문한 손님을 전송하러 나왔다가 형님을 다 만나게 되네요."

"정말 반가우이. 요즘은 어느 학교에 있나?"

"제주교육대학을 설립하고 제가 초대학장으로 있게 되었습니다."

"자네가 또 큰일을 맡아 했구먼. 이렇게 만나기도 어려운데 잠깐 자네 학교에 들러 얘기라도 나누고 가세."

강은 그의 전용차로, 가족은 택시로 학교에 도착했고, 그는 강과 짧은 환담을 나누었다.

"나도 머지않아 환갑인데 앞으로는 종종 고향에 와서 성묘도 하고 친구들도 만나며 아쉬움 없이 지내고 싶네."

"이제라도 망향의 한을 풀었으니 얼마나 다행하고 고마운 일입니까. 모쪼록 잘 지내다 가시고, 다음에도 고향에 오시면 연락 주십시오. 건강하시구요."

그리고 3년쯤 후, 강이 지나가던 길에 들렀다며 학교로 찾아왔다.

"지난번엔 시간이 없어서 둘러보지 못했는데, 오늘 학교 구경 한번 시켜주겠나?"

그는 강과 학교 곳곳을 거닐었다. 새로 지어진 교사(校舍)의 도서관과 체육관 등 산뜻한 건물이며, 소담한 교정, 교실마다 수업에 열중해 있는 학생들을 돌아보며 강은 퍽 흐뭇해했다.

"우리 고향에도 이렇게 훌륭한 학교가 설립되어 어린 학생들을 전문적으로 교육하는 인재들을 양성하게 되었으니 얼마나 좋은가. 일본에서 간혹 이남이 무척 낙후되었다는 말을 들었었거든. 그런데 대도시마다 고층 빌딩이며 큰 공장들이 들어섰을 뿐 아니라, 조그마한 마을에까지 전기, 수도, 전화가 들어온 걸 보면서 이곳의 발전상을 실감하게 되더군. 무엇보다 국민들의 교육열이 상당히 높고 정부에서 이렇게 학생들을 지원하는 데 힘쓰고 있으니 미래가 한층 밝지 않겠나. 나도 조국을 위해 조금이나마 기여할 수 있는 길을 찾아보고 싶네."

"저도 인생 후반기에 고향에서 미력이나마 제 소명을 다할 수 있게 되어 참 기쁘고 고맙게 여기고 있습니다."

학장실로 돌아와 커피를 한 잔 나누고 강은 일어섰다. 그는 학장 전용 차로 강을 택시 승강장이 있는 곳까지 태워다 주게 했다.

그가 강을 마지막으로 본 것은 1977년 2월 초였다. 강이 제주에 일을 보러 왔다가 귀경하는 길이라면서 그에게 안부 전화를 걸어왔다. 시간이 되면 잠깐 얼굴이라도 보자고 하여, 그는 공항 부근 K호텔 커피숍으로 나갔다. 그 자리에서 그는 강의 친구라는 고재원 씨와 처음으로 인사를 했다. 동년배인 세 사람은 퇴직이며 노후 생활을 화제로 30분가량 이야기를 나누었다.

"오랜 공직 생활에서 떠나게 되었으니 자네도 퍽 섭섭하겠군. 한편으로 생각하면, 그간은 가족이니 사회니 남을 위해 살아왔는데 이제부터 자네 스스로를 위한 인생을 시작할 수 있는 것 아니겠나. 무엇보다 중요한 건 건강이니 틈틈이 운동도 하고 수양하면서 몸 관리 잘하게. 한국도 고령화 사회에 진입하게 될 텐데 노인 문제에 대한 관심은 아직 많지 않은 것 같더군. 일본에서는 노인복지법이 만들어져서 노인들에게 의료비가 지원되고 있다네. 북유럽 국가들에서는 사회보장제도가 잘 되어서 노인들이 여러 가지 혜택을 받는다지. 그래도 핵가족으로 인한 노인들의 소외와 고독감은 여전한가 봐."

"우리나라에서도 차차 노인 문제가 공론화될 겁니다. 사회복지에 대한 관심도 확대되어 올해부터 저소득층에 대한 의료 보장과 학비 지원이 시작되었습니다. 조금씩 더 나아지겠지요."

"그래야지. 시간은 흐르고 흘러가는데 이 세상이 변화하지 못한다면, 우리 같은 노인들이 얼마나 쓸쓸하겠나."

공항으로 출발하면서 강은 전세 아파트를 얻었으니 서울에 올라오면 꼭 연락하라고 그에게 말했었다.

요원들의 조서에 의하면, 강은 조총련에 속했다 민단으로 위장하여 남한에 잠입, 사람들을 포섭하려던 중 그를 찾아와 방북 사실을 말하며 북한을 찬양했다는 것이었다. 요원들은 강을 신고하지 않고 학장차를 태워 편의를 봐주었다며 그에게 국가보안법 위반의 혐의를 씌웠다.

교육자로서의 양심, 인간에 대한 믿음, 미래에 대한 낙관과 희망. 그것들이 모두 뽑혀나가는 것을 남산에서 그는 고통스레 겪어야 했다. 거악은 언제나 작은 데서부터 시작되기에 진실을 외면하지 않는 용기와 소신이 중요한 것이라고 그는 후진들에게 말해왔다. 폭력과 위협에 굴종하고 악과 타협한 자신을 용서할 수 있을까. 끈덕지게 목을 죄어오는 저들의 감시와 사찰 하에서 의연할 수 있을까. 그의 삶은 파괴당했고 그가 몸을 숨길 수 있는 보루는 없었다. 그는 다시 추적당할 것이다. 유구한 이 낙인들로부터 언제쯤 벗어날 수 있을까. 절망이 희망을 무섭게 잠식하는 깊은 밤이었다.

버려지고 잊히는
어느 쓸쓸한 인류를 생각했다

::: 다시, 김추백 씨 이야기 :::

희망이라면 하루가 또 저물었다는 것이고 절망이라면 하루를 또 견뎌내야 한다는 것이었다. 그러나 높이 둘러쳐진 담장 안으로도 해는 그 길이를 조금씩 더해왔고, 좁은 감방의 싸늘했던 냉기도 차츰 덜어지며, 구치소에도 봄은 오고 있었다. 불가항력적으로 흐르는 시간은 그 누구의 편도 아니었으나 김추백 씨는 그 시간을 표식으로 희망을 일으켜 세우고자 안간힘을 썼다. 곧 검찰 소환과 재판 절차를 치러야겠지만, 다음 해 봄에는 가족에게 돌아갈 수 있을 것이다. 큰딸과 둘째 딸은 새 학년에 올라가 잘 적응하고 있을까. 부쩍 공놀이에 재미를 붙이던 아들은 지금쯤 마당에서 무얼 하고 있을까. 읽어준 그림책의 내용들을 그대로 외워 읊으며 마치 낭독하듯 책장을 넘기던 막내에겐 누가 또 새로운 이야기들을 들려줄까.

중앙정보부 요원들은 자백한 내용을 검사나 판사 앞에서도 그대로 시인해야 한다고 협박했다. 구치소에서도 변호사는 물론 가족의 접견까지 여전히 금지되고 있었다. 그는 자기 자신이 스스로를 위한 최후의 변호인이 되어야 한다고 마음을 다잡으며, 공포와 혼란 속에 뒤죽박죽 엉켰던 '자백'의 내용들을 찬찬히 되짚어보았다.

"2748! 나와!"

중앙정보부 요원들이 그를 기다리고 있었다. 한 명은 앞서 그를 수사했던 요원이었으나 다른 한 명은 처음 보는 얼굴이었다. 재조사할 부분이 있다며 요원들은 그를 다시 남산으로 데리고 갔다.

요원들과 다시 책상을 마주하고 앉자, 그의 호흡은 균형을 잃었다. 왼쪽 머리 한쪽이 발작적으로 시큰거려왔다. 신문을 주로 진행한 것은 김 모라는 낯선 요원이었다. 콧날 위의 강렬한 주름이며 쏘아보는 눈초리가 꽤 신경질적이고 사납게 보였다.

"피의자가 김추백인가요?"

"예, 제가 김추백입니다."

"피의자가 전 회에 진술한 것이 사실과 틀림없는 게 맞습니까?"

"… 예."

"1976년 2월 초에 강우규의 아파트에 갔었다고 했지요? 거기 누가 있었나요?"

"그날 오전에 강우규 씨가 이사했다고 아파트 동 호수를 알려주며 놀러 오라기에 찾아 갔었는데, 강우규 씨와 그 조카만 있었습니다."

"그래요? 혹시 2월 중순에 다른 사람들과 갔던 게 아니구요?"

"아닙니다. 언제인지는 정확하지 않지만 저 혼자 다녀온 게 맞습니다."

"흐음, 그래요? 피의자는 고원용을 알고 있나요?"

"직접 만난 일은 없고, 김성기가 밀감밭 매매 소개를 받았다며 제게 고원용을 아느냐고 물었던 적이 있어서 이름은 들어보았습니다."

"고원용 말에 의하면 그 아파트에서 강우규, 이오생, 이근만과 피의자가 자신과 동석한 사실이 있었다는데요?"

여럿이 있다 보니 동석한 사람이 헷갈렸을 수도 있겠지만, 그래도 납득이 되지 않았다. 서로 얼굴도 모르는 사이인데 왜 자신의 이름이 나오게 된 것인가.

"아닙니다. 저는 그 자리에 가지 않았습니다. 그 사람이 착각을 하고 있는 게 아닌가 합니다."

요원은 이내 조서를 작성하던 다른 요원을 내보내 고원용이라는 이를 데려오게 했다. 고원용은 그를 보고 당혹해하더니, 곧 시선을 떨구었다.

"고원용 씨, 김추백 씨를 알고 있나요?"

"예…. 제가 강우규 씨 집에 갔을 때… 이오생, 이근만 씨랑 같이 있기에 인사한 적이 있습니다."

"당시 김추백 씨는 무슨 옷을 입고 있었나요?"

"짙은 밤색 점퍼가 아니었나 합니다."

밤색 점퍼라면, 그가 연행될 때 입었던 옷이었다. 요원은 당연하다는 표정이었고 연달아 고원용에게 그때 좌석 배치에 대해 물었다.

"그때, 제가 이름을 모르는 젊은 사람의 안내로… 그러니까…."

고원용은 한참 머뭇거렸다.

"뭐하는 겁니까, 고원용 씨! 그러니까 뭐요? 그때 사람들이 어떻게 앉아 있었는지 말해보라고 하지 않았습니까!"

"… 그 아파트에 들어서니, 강우규 씨와 이오생, 이근만, 그리고… 김추백 씨가 있었습니다. 김추백 씨와 소개 인사를 나눈 뒤, 제가 그곳의 모든 사람이 제주 출신이니 고향에 온 것 같다고 말하며 자리에 앉았는데, 제 오른쪽에 이근만, 김추백 씨, 맞은편에 이오생, 제 정면 쪽에 강우규 씨가 있었습니다."

"그때 술을 마셨나요?"

"저는 이근만 씨와 맥주를 마셨고, 이오생, 김추백 씨는 콜라를 마셨습니다."

"그 자리에서 강우규가 고원용 씨랑 대화하던 중에 북괴의 우월성을 선전했다고 진술했지요? 그럼 거기 있던 사람들이 다 같이 그 선전을 들었다는 거네요. 고원용 씨가 취기 중에도 그 말을 들었는데, 술을 마시지 않았던 김추백 씨는 더 똑똑히 들었겠지요?"

"… 예."

"그럼, 그때 강우규가 말한 내용을 다시 진술해보세요."

요원이 빤히 지켜보는 가운데, 고원용은 길고 장황한 내용을 비교적 또박또박 말하고 있었다.

"공장은 종업원에게, 농토는 농민에게 돌려주어야 하고…"

그도 수사를 받을 때 귀에 못이 박히도록 들은 내용이었다. 차관경제 · 자본주의 · 유신체제 비판, 미군철수 주장, 북한의 제도 찬양, 통일의 당위성 강조, 조총련 모국 방문이 실패라는 말까지, 그러니까 고원용 씨가 말하는 내용은 강이 했다는 '선전'들의 결정판이었다.

"그날 그 얘기들을 듣고 각자 언제 어떻게 헤어지게 되었나요?"

"밤 11시쯤엔가 이오생이 먼저 가자고 해서 이근만, 김추백 씨가 같이 일어섰고, 저는 강우규 씨와 그곳에서 잤습니다."

"김추백 씨, 들었지요? 고원용 씨가 한 말이 사실 아닌가요?"

"저는, 고원용 씨를 만난 일이 없습니다."

"그럼 이 사람이 거짓말을 한다는 건데, 거짓말을 할 이유라도 있다는 겁니까?"

"이분과 저는 면식이 있던 것도 아니고, 이분이 저를 두고 거짓을 말할 이유는 없었으리라고 생각합니다."

"그런데 왜 그런 말을 들은 적이 없다는 거예요!"

신문하던 요원이 언성을 높였다. 고원용은 고개를 숙인 채 다른 요원에게 이끌려 조사실 밖으로 나갔다. 고원용은 왜 그 자리에 가지도 않은 자신을 그곳에서 소개받았다고 말하게 된 것일까. 고원용이 이곳에서 자신을 무고하기까지 또 무슨 일이 어떻게 벌어졌던 것일까. 자신에게는 또 무슨 일이 기다리고 있는 것일까. 그는 두려웠다.

요원은 다시 한쪽 입술을 삐뚜름히 올리며 그에게 물었다.

"피의자, 이오생과 이근만을 알고 있나요?"

"예, 저와 동향인으로, 잘 아는 사이입니다."

"그들과 구체적으로 어떤 관계입니까?"

"이근만은 저와 초등학교·중학교 동창이고, 이오생과는 H의원 비서실에서 넉 달 정도 같이 일한 적이 있습니다. 대영플라스틱이 세워지면서 이오생은 전무로, 이근만은 상무로, 저는 총무부장으로 함께 근무했고 지금도 서로 친하게 지내고 있습니다."

"이오생과 이근만의 진술에 의하면, 아까 고원용의 말대로 피의자가 강우규의 집들이 때 같이 있었다던데요?"

"저는 그런 일이 전혀 기억나지 않습니다만….."

"그 사람들에 따르면 강우규가 맥주와 콜라를 제공했고, 피의자는 그 자리에서 콜라를 마셨다는데, 왜 자꾸 거짓말을 합니까?"

무언가 잘못 돌아가고 있었다. 아니면 설마 자신의 기억이 잘못된 것인가. 그는 혼란스러움에 다시 빠졌다. 이런 혼란스러움은 그를 옭아매는 기망(欺罔)의 전조였다. 그는 지끈거리는 이마를 짚으며, 숨을 깊이 내쉬었다. 그러고는 정말이지 고원용이 말한 내용을 들은 기억이 없다고 다시 대답했다.

"김추백 씨, 한번 해보자는 거지요? 좋습니다. 이봐, 가서 데려 와."

다른 요원이 이번에는 이오생을 데려 왔다. 이오생은 얼굴이 몹시 상해 있었다. 당당하던 어깨도 모든 힘이 다 빠진 듯했다. 시선이 부딪혔을 때 이오생의 눈에 스미는 눈물을 그는 보았다.

"이 사람이 피의자가 앞에서 말했던 이오생이 맞나요?"

"예."

"이오생 씨, 76년 2월 중순 강우규 집들이 당시에 누가 동석했는지 다시 말해 보세요."

"… 입주 인사 차 강우규 씨 아파트에 가 보니 김성기 씨와 김추백이 먼저 와 있었고, 조금 뒤 고원용한테 전화가 와서 제가 운전사를 내보내어 고원용을 데려오게 했었습니다. 조금 뒤 김성기 씨는 집에 일이 있다며 먼저 갔고, 다른 사람들은 맥주와 콜라를 마시며 얘기를 더 나누다가 고원용만 남고 밤 11시쯤 그 집을 나왔습니다."

"당시 고원용과 대화 중에 강우규가 어떤 말을 했다고 했었지요?"

이오생도 고원용이 말한 그대로, 강에게 들었다는 장황한 '선전'의 내용을 반복했다.

"그러니까 그런 북괴 선전을 김추백 씨도 같이 들었다는 것이지요?"

"… 그때 저와 김추백은 TV를 보고 있었습니다."

"그래요? 당시 TV 프로그램이 뭐였는데요?"

"TV 화면이 고르지 않아서 계속 채널을 돌렸었는데, 연속극도 보고 쇼 프로그램도 보고 했던 것 같습니다."

"어쨌든, 그 자리에서 강우규가 북의 정치가 좋고 남한 정치 속에서는 살 수 없다고 말하는 것을 같이 들을 수 있었던 것 아닙니까!"

"… 예."

이오생은 총명하고 활달한 사람이었다. 비교적 명료한 어투로 답하고 있었으나 초조하게 쥔 주먹이며 미세히 떨리는 목소리는 분명 이오생답지 않았다. 그러니까, 고원용, 이오생, 이근만은 이미 이곳에서 호되게 당하고 이 신문 자리에 끌려나왔을 터였다. 앞서 그를 포함해 강우규, 김기오, 고재원, 김성기를 구속하고도, 요원들은 또 누구를 연행하며 무슨 '자백'들을 생산해낸 것인가. 자신들의 설계대로 조립되지 않으면, 아귀를 맞추기 위해 사람들을 더욱 닦달해낼 거라고 그는 생각했다.

"피의자, 이오생 씨의 말을 들었지요?"

"예, 들었습니다."

"이오생 씨 말이 그대로 틀림없는 사실이지요?"

"… 예, 듣고 보니 어렴풋이 기억이 나는 듯도 합니다…."

그는 마지못해 대답을 했다.

"이오생 씨, 김추백 씨를 위해 당시 사람들이 배석했던 위치를 여기에 한번 그려보세요."

이오생은 볼펜을 받아들고 종이에 도면을 그리기 시작했다. 잠시 뒤 요원은 그에게 도면을 내밀며 물었다.

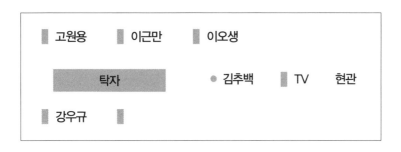

"어때요, 피의자는 이렇게 둘러앉았던 기억이 나는가요?"

"예…. 그렇게 앉았던 것 같습니다."

"보세요. 그럼, 피의자가 대면했던 고원용과 이오생의 말이 분명한 사실이라는 건데 왜 아까는 계속 부인했습니까?"

"… 제가 강우규 씨와 여러 차례 만나다 보니, 그날 일을 따로 기억하지 못했던 것 같습니다…."

원하는 답을 내주자, 요원들은 앞서 사람들이 써낸 진술서를 그에게 보여주며 베껴 쓰도록 했다.

여러 사람 앞에서 강이 대놓고 그런 선전들을 했다는 것도 어불성설이고, 그 자리에 있던 사람들이 1년 전의 대화 내용을 낱낱이 기억하기도 어려운 일이었다. 그러나 그는 베껴 쓴 그대로 진술서 말미에 무인을 찍었다. 김 모가 다른 요원에게 그의 무인 위에 이오생과 고원용의 무인을 받아두라고 말했다.

'대면 조사'를 마치고 돌아온 뒤 그는 의무실에서 치료를 받아야 했다. 시간 속에 마모되지 않기 위해 스스로를 다잡았었지만 광막한 고독 속에서 결국 온통 망가지고 마는 건 아닌지 두려워졌다. 누구의 손도 잡을 수 없고, 단 한 걸음도 나아갈 수 없는 우주의 무중력 공간. 그는 거기 버려지고 잊히는 어느 쓸쓸한 인류를 생각했다.

남산 중앙정보부에서 자행된 열흘 동안의 고문 속에서도 목숨을 걸고 저항하던 강우규 씨는 극도의 고통 가운데 첫 번째 진술서에 무인을 찍게 되었다. 최초의 시인을 단초로, 그는 수차례 거짓 진술을 강요당하며 터무니없이 부풀려진 범죄사실을 인정해야 했다. 서대문 구치소에서 한 달여를 갇혀 지내는 동안에도 강우규 씨는 시시때때로 요원들에게 불려갔다. 다섯 번의 진술과 다섯 번의 진술 조서를 작성하고 참회의 고백을 거치며, 그는 완연한 거물 간첩이 되었다.

이어진 검찰 조사도 검찰청이 아닌 구치소 안에서였다. 검사 역시 그를 간첩으로 규정하고 다그치기는 매한가지였다. 세 번의 조서가 작성되는 동안 그는, 김일성을 만났다느니, '자유통일협의회'에 가입원서를 쓰게 했다느니, 북의 공작원에게 통신교육을 받았다느니 하는 혐의들을 완강히 부인했다. 그러나 검사는 중앙정보부의 「수사 결과 보고」를 대부분 그대로 인용하여 조서 작성을 마무리했다.

강우규 씨는 마지막으로 검사장에게 보내는 「소견서」를 썼다. 그가 썼던 '자백'과 '참회'는 이내 범증이 되어 그를 한층 더 진창으로 내몰아왔지만, 어떻게든 살아 나가서 잃어버린 목소리들을 되찾아야 했다. 절박한 심정으로, 그는 부디 지인들과 자신에게 관용을 베풀어 달라고 간청했다.

[2부]

신은

진실을 알지만

끝까지

기다리신다

- 1977년 3월 24일, 각종 신문과 방송에는 '모국 투자 실업가로 위장한 간첩 등 북괴 간첩단 11명 검거'라는 기사가 대문짝만하게 실린다. 2부 1장에서는 당시 사건의 배경을 설명하며 사건에 대한 보도 기사를 발췌했다. 이어 당시 수사 기록을 바탕으로 참고인 조사를 받았던 이들의 목소리를 재구성하여 실었다.

- 1977년 6월 24일 1심, 11월 3일 2심, 1978년 2월 확정판결을 거치며, 열한 명의 시민은 '반공법·국가보안법 위반 사범'이 된다. 2부 2장에서는 당시 공판기록을 바탕으로 공판 상황을 재구성하였다. 피고인이 된 열한 명의 시민에게 '법'이 저질렀던 죄의 실상을 비추어 본다.

- 2부의 제목은 톨스토이의 동화 제목에서 인용했다.

1장:

보도
(1977. 3. 24)

#3

이 땅에 태어난 우리에게 애국과 반공은 숙명이었다. 누구나 애국자가, 그것도 '반공 민주정신에 투철한 애국자'가 되어야 했다.

잊을 만하면 여지없이 출몰하는 간첩은 TV뉴스 말고도 각종 반공 드라마에서, 때로 난폭한 무장공비로 만행을 자행하고, 이념을 위해 형제와 친척에게까지 공작의 마수를 뻗어오며, 독침과 극약을 품고 다니다 검거되면 극렬한 저항 끝에 혀를 깨물고 자결하는 등 다양한 모습으로 끊임없이 현신했다. 남녀노소를 불문하고 국민이라면 일구월심(日久月深) 애국의 마음으로 기꺼이 국가의 망원이 되어야 했다.

전봇대며 담벼락마다 붙어 있는 간첩 신고 안내문에는 꽤 많은 포상금이 걸려 있었다. 아이들은 금액을 비겨 보며 주택복권 당첨과 간첩 신고 중 어느 편이 더 가능한 행운인지 설왕설래하기도 했다. 간첩을 발견할 확률이란 복권 당첨 확률보다도 예측이 불가능한 것이었지만 어쨌든 간첩이 실재한다는 명분이 중요했다. 0.5%든 90%든 소금이 들어 있으면 그건 그대로 짠물이니까, 순도를 망치는 불순한 그 누군가를 경계하고 색출하며 처벌하는 건 지당한 시스템이었다.

"수상하면 다시 보고 의심나면 신고하자." 따위의 구호를 밤낮으로 들으며, 나와 내 동생들도 한번은 우리 아파트 작은 방에 세 들었던 아저씨를 두고 간첩이 아닌지 엄마한테 물은 적이 있었다. '새벽 또는 야간에 산에서 내려오거나 바닷가를 배회하는 자, 구김살이 많은 옷을 입었으며 사람을 보고 당황하는 자, 자주 이사하거나 자주 변장하는 자, 야간에 밥이나 식료품을 훔쳐 먹거나 훔치는 자, 밤중에 이불 속에서 라디오를 듣는 자…' 등 당시 간첩 식별 요령에 대어 보면, 그 아저씨는 밤늦게 들어와 부스럭거리다가 새벽같이 나가는 것 같고, 옷차림도 왠지 허름하고 허술한 데다 어쩌다 우리랑 마주쳐도 별다른 말을 건네지 않으며, 세 든 지 두 달도 안 되어 이사를 가겠다는 것이 이상하지 않느냐고. 엄마는 착실한 아저씨한테 그런 말 함부로 하는 거 아니라며 화를 냈었다.

초등학교 4학년에 이어 5학년 때에도 나와 한 반이 되었던 황신호라는 아이가 있었다. 아빠가 돌아가신 후 나는 전보다 쓸쓸함이나 슬픔의 공기에 조금 더 예민해져 있었다고 할까. 한편으로는 명랑한 친구들 곁에서 그런대로 웃고 떠들었지만, 조용하거나 위축되어 있는 친구들이 자주 눈에 걸렸다. 신호는 선병질의, 살짝 곱슬진 머리에 얼굴이 하얗고 손가락이 긴 아이였다. 말수도 적었고 걸핏하면 학교를 빠지곤 했다. 여름쯤엔가 나는 신호와 짝이 되어 공책 필기한 것도 보여주고 숙제와 준비물을 확인해주며 조금씩 말을 섞었다. 신호는 점심시간에도 운동장에 나가 노는 대신 책상 위에 비스듬히 엎드려 만화 캐릭터들을 그리곤 했다.
어느 날 나는 신호 공책의 낙서 속에 점과 선으로 이어진 부호들을 보았다.
"이거, 모스 부호 아니야?"
"응, 탐정들이 많이 다루는 부호지."
나도 『소년중앙』에서 모스 부호에 대한 글을 읽었다고 하니까, 신호는 모스 부호의 연원이며 해독법과 범례까지 한참 설명을 이어갔다. 모처럼 길게 쏟아내는 신호의 말을 나는 고개를 주억거리며 들었고, 며칠 뒤 신호는 소장했던 탐정 만화들을 내게 빌려주기도 했다.

그리고 자리가 바뀐 지 일주일쯤 됐을 무렵, 신호는 내 옆에 와 앉더니 흰 종이 쪽지를 가만히 내밀었다.

"이게 뭔데?"

신호는 그 쪽지가 아무래도 간첩의 암호문이나 삐라 같다고 했다. 인쇄된 것 같진 않은 그 종이 위에는 촘촘히 모스 부호가 찍혀 있고 간혹 해골이나 흉기도 그려져 있었다. 옆에 있던 유희가 도리질을 했다.

"아냐, 내가 저번에 삐라 주워서 선생님께 갖다 드렸는데, 이거랑 전혀 다르던 걸. 이 점들이랑 그림은 다 뭐니?"

신호는 짐짓 진지한 표정으로 말했다.

"네가 모든 삐라를 다 본 것도 아니잖아. 이건 특수한 암호문일지도 모른다구."

신호가 모스 부호를 한 줄씩 풀어보이자, 과연 '암살'이니 '폭파' 같은 말들이 들어 있었다. 마지막 줄에는 모월 모일 모시에 우리 동네 ○○극장 앞이라는 내용도 있다고 했다.

"못 믿겠음 한번 가보면 될 거 아냐? 니들도 여기 적힌 시간에 ○○극장 앞으로 나와 봐. 진짜 간첩이면 같이 신고하자."

○○극장 앞에서 만난 신호는 검은색 점퍼에 모자까지 깊숙이 눌러 쓰고 있었다. 공포인지 설렘인지 잘 분간이 안 되는 긴장감 속에 우리는 그곳에서 한 시간 넘게 수상한 사람의 출현을 기대했다. 그러나 아무도 수상할 리 없었다. 나는 보

도에 주저앉았다.

"야, 그냥 이거 파출소에 갖다 주자. 진짜 의심스런 종이라면 상이라도 줄지 모르잖아."

유희의 제안으로 가까운 파출소를 찾아갔을 때 신호는 막상 주뼛거렸다. 나는 경찰 아저씨에게 상황을 설명했다.

"얘가 이걸 주웠는데 여기 이 부호가 아무래도 간첩들이 쓴 것 같다고 해서요. 무서운 말들도 막 나오구요."

경찰 아저씨는 우리가 내민 쪽지를 살펴보더니, 신호의 모자를 툭 건드리며 물었다.

"이거 네가 주웠냐? 어디에서 주웠어?"

자기 동네 공터에서 주웠다고 답하는 신호의 얼굴을 빤히 쳐다보던 아저씨는, 이내 우리들의 머리를 쓸곤 캐비닛 속에서 볼펜을 꺼내 한 자루씩 나누어주었다. '정직·질서·창조'[10]라는 문구가 찍힌 모나미 볼펜이었다. 나와 유희는 조금 허탈한 기분이 되어 터벅터벅 돌아왔지만, 신호는 볼펜을 모자 위에 꽂은 채 겸연해하지 않았다.

'반공돌'이었던 우리들의 추적담은 그렇게 마무리되었다. 맹물처럼 싱거이 저문 저녁이었다.

---

10 박정희가 '새마을운동'을 내걸고 '근면 · 자주 · 협동'을 내세웠던 것처럼, 전두환은 '정의사회 구현'을 내걸고 '정직 · 질서 · 창조'를 내세웠다.

어둠 속에서도
말의 심지는 꺼지지 않았다

::: **사건의 배경** :::[11]

민주주의에 깊은 자상을 입히며 권력을 강탈했던 세력에게 '정권의 민간 이양' 같은 약속의 이행은 애당초 불가능했다. 박정희 군부는 군복을 벗고 민간을 자처하며 이 나라 전체를 자신의 병영으로 삼았다.

스스로도 자신을 '불행한 군인'이라 명명했던 대통령이었다. 민주주의의 적통을 자임할 수 없던 박정희는 무력(無力)을 경계하며 무력(武力)에 기대어 정권을 유지했다. 평화로운 정권 교체란 총과 칼을 내려놓는 백기 항복이요, 명예로운 퇴진은 일정 부분이나마 자신의 과오를 인정하지 않고서는 불가한 일이었다. 퇴로가 없는 종신독재의 길, 그것만이 자신의 강녕을 보장받을 수 있는 방법이었다.

1970년대에 들어서며 군부독재는 한층 더 노골적이 되었다. 삼선개헌[12]에 기대어 재출마한 박정희는 고전 끝에 51%의 득표율로 당선되었지만 부정, 관권 선거 논란에 한참 시달려야 했다. 번거롭고 성가신 '대통령 직선제'를 '간선제'로 바꿀 필요가 있었다. 1972년, 박정희는 '남북대화의 적극적인 전개와 주변 정세의 급변하는 사태에 대비하기 위한 정치개혁'의 필요성을 역설하며 10월 유신을 행했다. 헌법 조항의 효력을 중지시킨 채 국회를 해산하고 정치활동을 금지하며 계엄령을 선포했다. 국회의사당과 야당 당사에는 탱크가 주둔했다. '한국적 민주주의의 토착화'를 내세

위 '유신헌법'을 통과시킨 후, 박정희는 '통일주체국민회의'[13]의 간접 선거에서 의원 2,359명 중 2,357명의 찬성(2표는 무효)을 얻어 세 번째 재취임에 성공했다.

그 이듬해, 야당 후보로 대통령 선거에 나섰던 김대중 씨가 납치되었다. 유신을 반대하며 학내 시위에 나섰던 학생들이 경찰에 진압당하며 끌려가는 것을 보고, "부당한 공권력의 최고 수장인 대통령에게 총장을 보내 항의하고 사과를 받아야 한다."라는 발언을 한 최종길 교수는 연행된 지 사흘 만에 중앙정보부에서 사망했다. 대학생들의 시위가 연일 이어지고 재야 민주운동 세력이 '개헌 청원 백만인 서명운동'을 벌이며 반유신 투쟁에 나섰다. 박정희는 다시 '긴급조치'를 선포하며, 유신헌법을 부정·반대·비방하는 일체의 행위를 금하고 위반 시에는 영장 없이 구속, 비상군사재판에 넘겨 최고 사형까지 처하도록 했다. 성직자들은 성전에서 내쳐지고, 양심을 옹호한 변호사들은 감옥에 갇혔으며, 문인과 기자들은 펜을 빼앗겼다. 정권은 호시탐탐 공안 조작에 공을 들이며, 독재의 위기마다 각종 조직 사건들을 발표, 탄압에 대한 비난 여론들을 호도했다. 1974년, '민청학련 사건'으로 1,204명을 검거, 180명을 긴급조치 위반으로

---

11 이 부분에 실린 역사적 사실은 『한국사』, 『뿌리 깊은 한국사 샘이 깊은 이야기』, 『진실, 광장에 서다』를 참조했다.

12 1969년 제3공화국 당시 박정희(朴正熙) 대통령의 삼선문호를 열어 주기 위해 단행된 개헌을 말한다. - 『한국민족문화대백과사전』 발췌

13 조국통일의 정책에 관한 국민의 주권적 수임기관으로서 1972년에 개정된 이른바 유신헌법에서 새로 설치하였다. 국민의 직접선거에 의하여 선출된 대의원으로 구성되었으며, 통일정책의 최종결정기관이었다. 또한 토론 없이 무기명투표로 대통령을 선거하고, 정수의 3분의 1에 해당하는 국회의원을 선거하였으며, 그밖에 국회의원이 제안한 헌법개정안을 국회의결 후 최종적으로 확정하는 권한을 가졌다. 이 통일주체국민회의는 본래의 설치 목적과는 달리 사실상 대통령을 선출하는 데 이용되었다. 이러한 정치적 이유 때문에 박정희(朴正熙) 대통령의 사망과 더불어 1980년 10월 개정된 「헌법」으로 이 기구는 폐지되었다. - 『한국민족문화대백과사전』 발췌

구속했고, 다시 1975년, '민청학련'을 배후조종하며 공산정권 수립을 획책했다는 죄목을 씌워 '인민혁명당' 관련자들을 처형했다.

그러나 어둠 속에서도 말들의 심지는 꺼지지 않았다. 대학생 김상진은 온몸으로 유신의 한복판을 찢었다.

> … 우리를 대변한 동지들은 차가운 시멘트 바닥 위에 신음하고 있고, 무고한 백성은 형장의 이슬로 사라져가고 있다. 민주주의란 나무는 피를 먹고 살아간다고 한다. … 학우여! 아는가! 민주주의는 지식의 산물이 아니라 투쟁의 결과라는 것을! … 우리는 이제 자유와 평등의 민주사회를 향한 결단의 깃발을 내걸어 일체의 정치적 자유를 질식시키는 공포의 병영국가가 도래했음을 민족과 역사 앞에 고발코자 한다. … [14]

할복하며 외친 그의 절규는 온 교정을 울렸다. 숨죽여 흐느끼던 학생들은 나약한 책장을 덮고 광장으로 다시 모였다. 연행되고, 구속되고, 재판에 넘겨지면서도 말들은 쓰러지지 않았다.

1976년 3월 1일, 명동성당에 2,000여 명의 신자가 모였다. 3.1절 기념 미사를 마치면서 재야인사들은 긴급조치 철폐, 민주인사 석방, 의회 정치 회복, 사법권의 독립 등을 요구로 담은 「3.1민주구국선언」을 낭독했다. 이른바 '명동 사건'으로 불린 이 일에 대하여, 정권은 '종교 행사를 빙자하여 정부 전복을 꾀한 선동'으로 규정하면서 종교계와 민주화운동 세력을 한꺼번에 옭아맸다. 선언문을 소지했다는 이유만으로 고등학생 두 명을 구속하기도 했다.

---

14 김상진 열사의 유서 「양심선언문」 중 일부이다. 김상진 열사는 1975년 4월 11일 유신체제 반대 집회에서 「양심선언문」을 낭독 후 할복, 목숨을 잃었다. 김상진 열사는 「양심선언문」과 「대통령에게 드리는 공개장」을 유서로 남겼다.

그러나 말들을 가둘 수는 없었다. '명동 사건'의 1심과 항소심 내내 주 1회 꼴로 열린 공판에서 피고인들은 오히려 진실과 정의, 양심과 신앙에 대한 근본적인 질문들을 되돌려주었다. 흩어졌던 말들은 서로 어깨를 부비며 암흑을 비추는 불꽃을 지펴 올렸다. 국내는 물론 일본, 독일, 미국의 교회들도 구명 운동에 나섰다. 미국 국무부가 한국의 인권 문제를 강하게 우려하는가 하면 상·하원 의원들이 민주인사에 대한 탄압에 유감을 표하는 서한을 한국 정부에 보내오기도 했다.

대법원 선고가 내려진 1977년 3월 22일, 재야인사들은 또다시 시국성명을 발표했다. '명동 사건'의 재판은 끝났지만 민주화를 위한 여정을 멈추지 않겠다는 결의를 담아 「민주구국헌장」을 선포한 것이다. 주요 내용은 유신헌법과 긴급조치의 철폐 및 무효 선언, 모든 정치범의 완전한 인권 회복과 비민주적 제도와 법의 폐지, 고문 사찰 등 폭압과 정보 정치의 종식, 언론·학원·종교의 자유 및 사법권 독립의 보장, 노동자·농민 등 모든 민중의 생존권 보장, 국내외적으로 부정부패 척결과 정당하고도 공개적인 선린 외교의 자세 확립을 지체 없이 실천할 것 등이었다.

국내만이 아니라 대외 정세도 심상치 않은 시절이었다. 남베트남이 패망하고 베트남 사회주의공화국이 수립되었으며, 미국의 카터 대통령은 인권 외교며 '주한미군 철수'를 공언하고 있었다.

여기
간첩이 있다

「민주구국헌장」이 선포되고 바로 이틀 뒤인 3월 24일, 중앙정보부는 모국 투자 실업가로 위장한 재일동포 등 북괴 간첩단 11명을 검거했다고 발표했다.

'통일전선을 형성하며 정부를 전복하려는 대규모 간첩단.' 중앙정보부의 보도자료에는 '간첩단 계보'와 함께, 수의(囚衣)를 입히고 그럴듯한 음영을 넣어 촬영한 피의자들의 사진이 실려 있었다.

보도되는 내용이 이후 재판에서 어떻게 수정되고 삭제되든, '여기 간첩이 있다.'라는 언표만으로도 '민주'니 '구국'을 말하는 인사들에게 수갑을 채울 당위를 충분히 시사할 수 있었다. '자유'며 '실천'을 외치던 기자들도 한바탕 숨아내진 뒤였다. 각 방송사는 물론이고, 조선·동아·경향 등 주요 일간지도 경쟁적으로 원색적인 기사를 쏟아냈다.

중앙정보부는 24일 북괴 김일성으로부터 직접 간첩지령을 받고 재일동포 투자기업체의 임원을 가장, 국내에 잠입, 암약해오던 북괴 거물급 간첩 강우규(60)와 국내관련 고정간첩 김기오 등 일당 11명을 검거, 서울지검에 구속 송치했다. 정보부는 이들이 갖고 있던 간첩활동기록부, 공작금 1,500만 원, 북괴노동당 입당이력서 및 여권 등 38점을 압수했다. 강우규 등 일당은 재일동포 실업가의 국내 진출에 편승, 국내 투자기업체의 임원이란 합법적 신분을 취득, 안전보호 토대를 구축한 다음 정계·재계·학계·언론계 및 저소득층 인사를 대상으로 반유신, 민주화라는 구실 하에 동조자를 규합, 이른바 자유통일협의회라는 지하통일전선형 비밀조직을 만들어 장기 매복했다가 유사시 봉기할 것을 획책했었다.

이들 간첩단의 일망타진으로 북괴는 대남 기본전략에 입각하여 '남조선의 현정부를 전복, 민주화를 쟁취'해야 한다는 공작 지령에 따라 제2의 4.19와 같은 혼란사태를 조성한 후 '남조선인민의 요청에 따라' 남침을 감행하려고 획책한 새로운 흉계가 드러났다.

– 1977. 3. 24 〈경향신문〉 기사 일부 [15]

중앙정보부는 24일, 남북적십자회담의 추진 등으로 끊어진 겨레의 핏줄을 다시 이으려는 우리의 인도적 노력을 역이용하여 북괴는 재일교포 실업인들의 국내 진출에 편승, 간첩을 남파시키는 등 대남 도발을 계속하고 있다고 지적, 무모한 도발을 즉각 중지하라고 경고했다.

중앙정보부는 간첩 강우규 일당을 구속 송치하고 이같이 경고하면서 '대한민국에는 어디에도 간첩이 발붙일 곳이 없다는 사실을 북괴는 분명히 깨닫고 민족적 양심으로 돌아오라'고 촉구, '우리 국민들은 북괴의 위장된 평화 선전과 기만 술책에 현혹되지 않을 것'이라고 못 박았다.

– 1977. 3. 24 〈서울신문〉 기사 일부

---

15 1977년 3월 24~25일 중앙일간지에 보도된 내용과 신문 사설 등의 전문은 「부록」에 첨부하였다.

〈간첩단 계보〉 – 1977. 3. 24 〈서울신문〉 기사

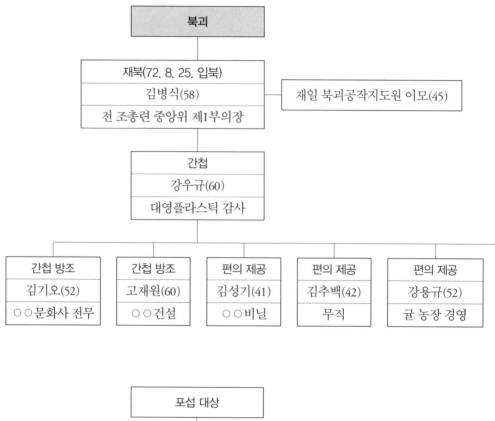

북괴

재북(72. 8. 25. 입북)
김병식(58)
전 조총련 중앙위 제1부의장

재일 북괴공작지도원 이모(45)

간첩
강우규(60)
대영플라스틱 감사

간첩 방조	간첩 방조	편의 제공	편의 제공	편의 제공
김기오(52)	고재원(60)	김성기(41)	김추백(42)	강용규(52)
○○문화사 전무	○○건설	○○비닐	무직	귤 농장 경영

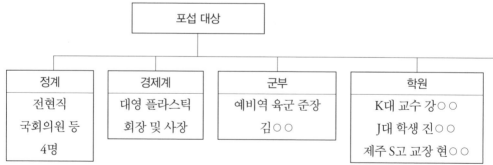

포섭 대상

정계	경제계	군부	학원
전현직 국회의원 등 4명	대영 플라스틱 회장 및 사장	예비역 육군 준장 김○○	K대 교수 강○○ J대 학생 진○○ 제주 S고 교장 현○○

금품 수수	금품 수수	금품 수수	편의 제공	회합 통신
고원용(41)	이오생(42)	이근만(39)	김문규(59)	장봉일(41)
무직	대영플라스틱 전무	대영플라스틱 상무	전 제주교대 학장	무직

언론계	지식인	기타
제주신문 서울지사 지사장	전직 교육감 김○○	음식점 주인, 다방 종업원
전○○	서예가 등 20명	노동자 등 50여 명

'간첩단 사건'이 대대적으로 보도된 뒤, 김성기 씨의 아내는 강릉에 계신 시부모님이 앓아 누우셨다는 연락을 받았다. 간첩이 지척에 있었다며 안이한 방첩 태세를 나무라는 확성기 방송이 마을 곳곳에 울려대는 통에 강용규 씨 가족은 집 밖으로 나다닐 수가 없었다. 김추백 씨의 집에는 어느 날 검찰청 직원을 사칭하여 사기꾼이 찾아온 적도 있었다.

일순이었다. '간첩의 일가'로 내동댕이쳐져, 피해자들의 가족들은 '자기 땅에서 유배된 이들'이 되어 구획되고, 배제되고, 활용되었다.

가족들만이 아니었다. 강우규 씨가 감사로 있던 대영플라스틱 관계자들, 강우규 씨의 서울 거주지에서 살림을 거들어준 가사 도우미는 물론 그야말로 강우규 씨와 옷깃만 스쳤을 뿐인 이들까지도 중앙정보부에 끌려가 진술을 강요당했다.

'간첩에 포섭된 자'라고 불린 사람들

::: 참고인들의 이야기 :::

허옥자(김추백 씨의 아내) **씨의 증언**

뒤늦게 꽃샘추위가 다시 찾아와 때아닌 함박눈이 내리던 날이었습니다. 3월 24일자 신문을 주워오다 저는 아연실색했지요. 1면 머리기사로 '교포투자가 위장 간첩 검거, 국내 고정간첩 10명도 송치'라는 내용이 실려 있었어요. 남편을 비롯해 열한 명의 얼굴과 직업, 주소가 모두 공개되고 조직도까지 그려져 있었지요. 놀란 가슴을 다 진정시키지도 못한 채 신문을 서둘러 치워야 했어요. TV도 켜지 못하게 했어요. 허튼 세상으로부터 아이들을 격리시켜야 했으니까요.

남편을 끌고 간 열하루 만에 그들이 다시 집으로 찾아왔습니다. 한 달 전쯤이었어요. 남편을 빨리 나오게 하려면 협조하라고, 그들이 제게 말하더군요. 그리고는 강우규 씨가 간첩이라면서, 남편한테 이상한 얘기 들은 거 없느냐는 거예요.

무슨 얘기를 어떻게 했어야 할까요. 강우규 씨가 간첩이라는 생각은 꿈에도 해보지 않았는데 말예요. 하도 이것저것 묻기에, 그분이 북한의 의무교육을 언급한 적이 있는데 그냥 재일동포들이 흔히 하는 얘기겠거니 하고 흘려들었던 남편의 말을 전했습니다. 남편에겐 아무 잘못이 없으니 빨리 보내달라고 그들을 붙잡고 사정했습니다.

남편이 2월 18일자로 구속되었다는 중앙정보부의 통지가 온 것이 3월 4일 금요일이었어요. 3월 7일 월요일에 구치소로 찾아갔는데 그때부터 내내 접견은 금지였어요. 도대체 무슨 큰 죄를 지었다고 구속을 시키고 면회조차 할 수 없게 하는지 원통하기 짝이 없었습니다. 길 가는 사람들 누구에게라도, 아니 땅에 굴러다니는 돌멩이에게라도 하소연하고 싶은 심정이었지만 막상 호소할 데도 마땅치 않았지요. 구치소에 영치물을 넣고 나오는 길에 무작정 검사를 찾아갔다가, "남편이 갇혀 있다는 걸 누구에게도 알리지 말아라.", "걱정 말고 돌아가라."라는 말을 듣고 온 것이 일주일 전이었습니다. 그때만 해도 남편이 이렇게 어마어마한 사건에 연루된 줄은 몰랐어요. 신문뿐 아니라 방송에서도 종일 대대적으로 보도가 된 모양이에요. 친척들은 물론 동네 사람들도 어찌된 일인지 물어왔지만 답할 수가 없었지요.

하늘이 무너진다는 것이 이런 느낌일까요? 남편의 결백을 밝히려면 무엇부터 해야 할지, 제게 좀 알려주세요.

강미선(가명, 강우규 씨의 조카) 씨의 증언

고모부를 마지막으로 뵌 것은 지난 2월 초였습니다. 늦겨울 칼바람이 매섭던 밤, 저는 좁은 방에 드러누워 있었습니다. 의사는 제게 술을 끊어야 한다고 했지만 그럴 수 없었습니다. 조금이라도 기운이 회복되면 다시 '소라집'에 나가 손님들을 응대하며 술잔을 기울여야 했으니까요. 더러 사양하기도 했지만 그보다 더 많은 술을 다시 혼자서 들이켜지 않고서는 생활의 무게를 견딜 수가 없었습니다. 고모부는 밤중에 제 전화를 받고 찾아와 주셨습니다. 쇳덩이처럼 가라앉은 몸을 겨우 가누고 앉아서, 고모부 앞에서 오래 울었습니다.

어렸을 때는 유복한 환경에서 성장했습니다. 도립병원 외과의사였던 아버지가 급작스레 돌아가시면서 제 삶의 균형은 무너졌습니다. 공부도 잘하고 칭찬만 받는 오빠들과 여동생 사이에서 저는 그리 고분하지도 착실하지도 않고 겉멋만 부리는, 집안의 말썽꾸러기였습니다. 그래도 아버지는 제가 제일 예쁘다며 귀여워해 주셨지요. 아버지가 돌아가시고 어머니와 남은 가족의 삶은 다들 팍팍해졌습니다. 누구도 제게 관심 두고 돌아볼 여력이 없었습니다. 거친 아이들과 어울려 다녔습니다. 바닥을 드러내며, 젠체하지 않는 그애들의 훤한 태도가 저는 좋았습니다. 그 친구들과 '일탈'이란 것을 두루 거치다 보니, 저는 내로라하는 문제아가 되어 결국 중2 때 학교를 자퇴하게 되었습니다.

한동안 집에 갇혀서 지내다 친척의 소개로 마을 부녀회랑 군청에서 차 심부름을 하기도 했습니다. 하지만 그런 건 어디까지나 말 잘 듣는 애들의 일이었습니다. 스무 살이 되면서 저는 집을 나왔고, 제주, 목포, 군산을 거쳐 서울까지 올라와 다방이나 주점에서 일했습니다. 어렸을 때 멋모르고 손님 지갑에 손을 댔다가 경찰서를 들락거린 적도 있지만, 가족한테 손 벌리지 않고 제 힘으로 이날 입때까지 지내왔습니다. 살짝 취한 얼굴로 콧소리를 섞어 아양 부리는 일쯤은—평소에 저는 꽤 과묵한 편입니다—기왕지사 어려워할 바 아니었습니다. 술잔을 기울이는 이들의 사연에 끄덕여주고 이따금씩 웃음을 날리는 일은 꼭 그리 부끄러운 일도 아니었습니다.

사촌 동생의 전화를 받고 고모부를 찾아갔던 것이 1972년 12월이니, 제가 고모부를 알고 지낸 게 한 4년쯤 되네요. 그때 저는 미국으로 이민 갈 준비를 하던 숙부네와 함께 고모부가 묵고 계신 호텔로 가서 처음으로 인사를 드렸습니다. 전에 일본에 계신 둘째 고모가 재가했다는 말을 들었는데, 자주 연락이 오진 않는 것 같았습니다. 그날 고모부는 우리를 환대하며 일본에 계신 할머니와도 전화를 연결해주셨고, 다른 가족들 소식도 서로 전하며 화기애애한 시간을 나누었습니다. 고모부는 앞으로 우리나라에서 사업을 해볼 생각이라며, 제게 서울에서 혼자 지내려면 어려움도 많을 테니 종종 연락하라고 말씀하셨습니다.

제가 다방에 나간다는 말을 들은 고모부는 다른 어른들처럼 딱해 하거나, 어쩌다… 하는 그런 표정은 아니었습니다. 일본에서 당신도 고모와 다방을 했었다고도 들었지만, 고모부는 충고나 조언 따위가 무력하게 자존심만 할퀼 뿐이라는 걸 이해해주는 분 같았습니다. 저는 힘들 땐 고모부에게 연락을 드려 금전적인 도움을 청하기도 했고, 자금을 얻어 조그마한 식당을 차려 보려고도 했습니다. 그때마다 고모부는 어떻게든 도와주기 위해 애쓰셨습니다. 식당은 권리금 문제 때문에 포기하게 되었지만, 고모부는 제가 다니던 주점에 잡혀 있던 빚도 청산해주고, 전세방이라도 구하라고 봉투를 건네주기도 했습니다. 또 제 이웃이나 제가 일하는 주점 주인에게도 들러 저를 잘 부탁한다고 인사하기도 했습니다.

서른이 넘도록 객지를 떠돌았습니다. 마음 주었던 사람들도 번번이 떠나버리고, 천지간에 정처 없이 저는 지치고 병들었습니다. 고모부는 그러지 말고 일본으로 건너가서 어디든 일자리를 알아보자고 말씀하셨지만 그것도 기력이 있어야지요. 방 안에 쌓인 술병들을 보며, 이대로 영 가라앉는가, 서럽고 두려운 밤들을 보내고 있었습니다.

그날, 고모부는 울음을 그친 저에게 입원을 하든지 치료를 하든지 당장 병원부터 가라며 또 얼마간의 돈을 건네주셨습니다.

그 후 20여 일 만에 그 사람들이 저를 중앙정보부로 데려갔습니다. 무슨 일이 있었는지 다는 말하지 않겠습니다. 그들은 특히 제가 고모부에게 받은 돈의 합계를 따지며 몇 번이나 같은 얘기를 반복하게 했습니다. 또 제가 있었던 다방과 주점 외에도 이웃집 언니 이름이랑 전화번호며 서울의 먼 친척 연락처까지 시시콜콜히 추궁했습니다. 그러면서 제게 고마운 줄 알라고 했습니다. 고모부를 만난 횟수나 받은 돈으로 보면 징역감인데 불쌍한 인생이라 풀어준다고 했습니다. 능글맞고 철면피한 얼굴들이었습니다. 돌아와 보니 제 주변 사람들도 무슨 일을 겪었는지 한동안 저를 경계하는 눈빛이었습니다.

1977년 3월 24일 저녁 뉴스에서 고모부를 보았습니다. 간첩도 아주 큰 간첩이라며 무슨 조직의 맨 위에 고모부가 있다고 했습니다. 절뚝거리는 걸음으로 언 골목을 나서던 그 밤, 고모부의 뒷모습이 떠올랐습니다. 언젠가 제가 고모부에게 일본에 있는 막내 고모 안부를 물었을 때도 그 고모네가 북송되었다면서 고모네를 걱정하고 염려했지, 고모부가 이북을 찬양한다든가 하는 느낌은 전혀 없었습니다.

고모부가 '간첩'인지 어떤지는 잘 모르겠습니다. 그러나 그분이 지난 4년 동안 제게 가장 큰 힘과 위로가 되어주었을 뿐 아니라, 살 에는 겨울바람을 헤치고 서울의 가장 후미지고 허름한 방으로 찾아와 제가 울 수 있도록 귀를 기울여준 분이라는 것, 그것은 제겐 분명한 사실입니다.

구선희(가명, 강우규 씨 집 가사 도우미) 씨의 증언

영감님이 조카랑 제주도에 다녀올 테니 일주일 뒤에나 오라고 하셨어요. 근데 다시 그 집에 갔을 때에는 방 안 여기저기 물건들이 흩어져 있고 아무도 없는 거예요. 며칠째 전화를 해도 받지 않더군요. 저를 그 집에 소개해주었던 김 사장님 사모님께 여쭤보았더니, 당분간 영감님이 오시지 못할 것 같다고 하셨어요. 무슨 일인지 사모님 얼굴이 퍽 상해 있었지요.

2년 반쯤 전인가, 친한 이웃의 권유로 저는 여의도에 있는 그 아파트에 시간제 파출일을 다니게 되었어요. 아이들도 어느 정도 컸고, 생계에 보탬이 될 뭐라도 해야 하는 처지였으니까요. 시간을 쪼개며 네 집의 일을 했어요. 신식 아파트라 살림을 거들기도 수월했고, 네 집이 같은 단지여서 오가는 시간도 아낄 수 있었어요. 김 사장님 댁은 제가 일하는 집의 윗집이었어요. 1976년 2월 초에 김 사장님 사모님이 저를 찾아와서, 앞동에 잘 아는 재일교포 어르신이 입주하셨는데 그 어르신은 일본에 살면서 가끔 귀국하고 재수하러 상경한 조카가 그 집에 머문다며, 매일 저녁쯤 그 집에 가서 식사 준비랑 청소, 빨래를 해줄 수 있겠느냐는 거예요. 시간도 얼추 맞았고, 살림이 번잡하지도 않을 것 같아 그러겠다고 했지요. 그 집에 갔더니 조카라는 학생도 수더분하고 영감님도 인상이 퍽 좋아 보이더군요. 그날부로 그 집에서 일하게 되었지요. 영감님은 일본에 계실 때가 많아서 김추백이라는 분이 종종 들러 제 월급도 챙겨주고 생활비랑 세금 내는 걸 관리해주었어요. 그러다 가을이 지나면서부터는 제가 직접 영감님을 통해 월급이나 생활비를 정산했어요.

그 집에서 1년쯤 일했는데, 저는 영감님을 그저 마음씨 좋고 너그러운 교포 노인으로만 생각했어요. 추석에는 저한테 부츠라도 사 신으라고 가욋돈을 주셨고, 구정을 앞두고서도 떡값을 챙겨주셨어요. 요번에 귀국하셨을 때도 일제 면도기랑 하모니카를 제 남편과 애들 선물로 사 오셨더라고요. 이 집 저 집 일을 하다 보면 때를 놓치기 쉽다고, 저녁을 챙겨주실 때도 여러 번이었지요.

집안 살림 거드는 것밖에 할 줄 모르는 제가 중앙정보부라는 어마어마한 데 끌려가게 될 줄은 몰랐어요. 수사관들은 제게 그 영감님이 간첩인 줄 알지 않았냐는데 정말 기가 찰 노릇이더군요. 제가 어이없어하며 아니라고 하니까 수상한 사람들이 다녀가지 않았느냐, 몰래 라디오를 듣지 않더냐, 여행을 핑계로 오랫동안 어디 다녀오지 않더냐, 살림살이는 뭐가 있더냐, 계속 질문을 퍼붓더라고요. 아니, 저녁에 가서 두 시간 동안 청소하고 밥하고 빨래하면서 영감님 일을 들여다볼 여유가 어디 있겠느냐고 해도 막무가내예요. 하여간 제가 그 집에서 만난 사람들을, 그러니까 이웃의 김 사장님, 가끔씩 아파트에 들러보던 김추백 씨, 영감님 친구라는 돈암동의 고 사장님, 종로에서 쌀가게 한다던 이 씨 성의 키 작은 남자, 그리고 영감님 조카랑 그 학생의 친구들 한 명 한 명까지 빠짐없이 다 말해야 했습니다. 영감님과 가까운 분들이 찾아왔다 한들 거실에서 고향 얘기나 일본에서 고생한 얘기들을 나누는 걸 본 게 전부였죠. 제주도에 내려가셨다는 말을 영감님 조카한테서 들은 적은 있지만 그분이 어디를 다니시든, 밤에 라디오를 듣든 TV를 보든 제가 신경 쓸 게 뭐랍니까. 수상한 행동이요? 글쎄요. 제 앞에서 수상한 일을 할 리도 없겠지만, 영감님은 술도 별로 자시지 않았고, 집안도 비교적 깔끔히 정리하셨어요. 혼자 계실 땐 신문을 보거나 붓글씨를 쓰곤 했고, 사람들이 놀러 오면 주로 바둑을 두셨지요.

학교도 제대로 다니지 못해서 저는 글 쓰는 일도 익숙하지 않아요. 중앙정보부 사람들은 제 말을 듣고 종이 몇 장에 뭐라고 이어 쓰더니 저더러 마지막 끝에 직접 이름을 적고 지장을 찍으라더군요. 그리고 한 달 만에 영감님의 얼굴을 뉴스에서 보았어요. 세상에, 김 사장님과 김추백 씨, 고 사장님이 다 한꺼번에 고정간첩이었다는 거예요. 화면에 비추인 얼굴들이 하나같이 낯설었지요. 정말 뭐가 뭔지 하나도 모르겠어요. 그 사람들 누구도 무슨 일을 꾸미는 숭악스런 사람들 같지 않았는데 말이에요. 마귀에 홀린 것이 아니고서야, 간첩들의 소굴이 어찌 그리 평온하고 평범한 이웃집 같을 수 있겠어요. 저도 간첩을 보면 신고해야 한다는 말을 수도 없이 들었지요. 그런데 간첩이, 이렇게 가까이서, 우리와 다를 게 없이 지내고 있었다고 하니, 대체 신고하는 사람들은 무슨 신통력으로 간첩인 줄 알아보는 건지 의문이 들기도 하더군요. 영감님은, 그리고 그 집에서 제가 만났던 사람들은 이제 어떻게 되는 걸까요?

저기, 제가 이런 말 했다는 거, 정말 아무한테도 말하면 안 돼요. 그 사람들이 제게, 그곳에 갔었다는 말을 죽어서도 하면 안 된다고 했거든요. 그런데 말이에요. 저 같은 사람까지 그런 곳에 가게 되는 것을 보니, 솔찬하게 간첩 체포 소식이 들리는 이 나라엔 저와 같은 비밀을 지니고 있는 사람은 또 얼마나 되는 걸까요.

이남길(가명, 이오생 씨의 지인) 씨의 증언

제가 가출옥하고 6개월쯤 되었을 때 일입니다. 처음으로 수확기를 맞은 밀감 농사가 흉년이 들어, 출하를 하고도 여전히 적자를 면치 못한 채 겨울을 보내고 있었습니다. 남은 밀감을 팔아 보려고 직판장에 들렀다 돌아와 보니, 경찰에서 나왔다며 낯선 남자들이 저와 제 아내를 지프차에 태우더군요. 일본에서 피검될 때야 예고된 위험이 닥친 것이려니 했지만, 대체 제주에서 농사짓던 저희 부부를 왜 연행해 가는지 알 수 없는 노릇이었습니다.

지난 가을의 상경이 화근이었습니다. 출소한 뒤로, 밀감 거래처도 알아보고, 옥바라지 하느라 고생한 아내 위로도 할 겸, 아내와 3~4일간 서울에 올라가 머무른 적이 있습니다. 서울에 따로 친척을 두고 있지 않아, 저는 고향에서 안면이 있던 이오생 씨에게 전화를 걸었습니다. 과거 이오생 씨가 H국회의원 선거운동을 할 때 저도 거든 적이 있는데, 최근에는 그가 대영플라스틱 일을 맡아보고 있다고 들었습니다. 그를 통해 판매 경로를 물색하는 데 도움을 얻을 수 있으리라 생각했습니다. 회사로 찾아가니 마침 제 중학교 동창인 이근만도 그곳에 있었습니다. 밀감 거래 외에 서울에 어디 일자리가 있으면 알아보려 한다는 말도 했더니, 이근만은 서울에서 보수가 괜찮은 일자리를 구하기란 여간 힘든 게 아니라고 하더군요. 그들과 함께 저녁을 먹고 이근만의 안내로 근처 여관에서 하룻밤 묵었습니다.

다음 날엔 경기도 고양에 계신 누님 댁에 인사 갔다가 부천의 대영플라스틱 공장에 한번 들러보았습니다. 그때 서울사무소에서 출장 나온 이근만과 대화하다가 그날 아침 회사에 강우규 씨가 나왔다는 말을 들었습니다. 서울에 올라오면 당신 집에 찾아오라고 한 적도 있고 해서 이근만을 통해 강우규 씨에게 연락해보았습니다. 강우규 씨는 제 전화를 반가이 받으시면서, 비싼 돈 들이며 여관 신세 지지 말고 당신 집에 유숙하라고 하셨습니다. 저 혼자 있는 것도 아니라 사양을 했지만 그분은 다음 날 차를 보낼 테니 회사에서 보자고 하셨습니다. 그렇게 해서 그분 댁에 머무르게 되었습니다. 그분은 아침에 일을 보러 나가시면서, 저희 부부를 위해 종일 차를 빌려 두었다며 시내 관광을 다녀오라고 말씀하셨습니다. 아무래도 폐 끼치는 게 죄송해서 그냥 집에서 쉬고 있는데 중학교 동창인 김추백이 찾아왔더군요. 뜻하지 않은 오랜만의 만남이었습니다. 김추백은 대영플라스틱을 다니다 신병으로 사직하게 되었는데 종종 강우규 씨 댁을 찾아온다더군요. 제 사정을 듣고는 자신도 밀감 거래처를 한번 알아봐 주겠다고 했습니다. 그 다음 날 김추백의 소개로 대영농장 직매장을 하는 분을 만나 판매를 부탁하고, 아내와 남산 일대를 둘러본 뒤 강우규 씨 댁으로 돌아왔습니다. 그 집에서 이틀을 묵는 동안, 저희 부부가 극구 사양했음에도 강우규 씨는 안방을 내주었습니다.

저희 부부가 끌려간 곳은 중앙정보부 제주분실이었습니다. 요원들은 강우규 씨가 일본을 통해 남파된 '간첩'이었고, 이오생, 이근만, 김추백 등이 모두 강우규 씨에게 포섭된 '일당'이라고 했습니다. 제게 강우규 씨와의 관계를 집중적으로 묻더군요. 제 수감 이력을 계속 들먹이면서 말입니다.

제가 밀항을 결심하게 된 것은 1971년 봄이었습니다. 저와 아내를 비롯하여 제 또래 많은 제주도민들은 일본에서 태어나거나 자란 경험이 있었기에 종종 도일을 생각하곤 했습니다. 제주의 생활은 여전히 척박한 때였으니까요. 대학 영문과에 입학했지만 한가로이 교정에서 셰익스피어를 읽기에는 삶이 퍽퍽하고 고되기만 했습니다. 군대 다녀온 뒤 학교를 그만 두고 가족의 생계를 위해 닥치는 대로 농사일을 했습니다. 결혼을 하고 네 아이를 키우면서 부모님과 동생들까지 좁은 집에서 복닥거리다 보니 아내에게도 무척 미안했던지라 집 신축공사를 했는데, 공사할 때 진 40만 원의 빚을 수년째 갚지 못하고 있었습니다. 조성했던 밀감밭에서 수확을 보려면 한참 기다려야 했고요. 저는 일본에서 공장을 운영하시는 고모부에게 일자리를 알아봐 달라고 부탁하고, 밀항비 30만 원 중 절반을 마련했습니다. 그리고 동리 사람의 알선으로 어선의 갑판에 숨어 일본에 건너 갔습니다.

고모부 공장에서 악착같이 일하며 고향에 돈을 송금했습니다. 강우규 씨를 처음 뵌 건 그 무렵이었습니다. 머물던 동네에 아버지 친구가 계셔서 저는 가끔 그분을 찾아뵙곤 했습니다. 그 댁 주소와 이름을 빌어 가족에게 편지도 하고 또 그 댁에서 고향에 편지 쓰는 것을 거들어 드리기도 했지요. 그분과 친지이고 제 아버지와도 잘 아는 사이였던 강우규 씨가 그 댁에 들렀다가 제 얘기를 들으셨나 봅니다. 어느 날 저를 불러서 곧 고향에 갈 예정이라며 아버지에게 전할 말을 물으시더군요. 몸 성히 부지런히 일하고 있으니 염려치 말라, 그리 전해주십사 청했습니다. 그리고 1년쯤 뒤인 1973년 말, 그 댁을 방문하던 길에 저는 일경의 검문을 받고 외국인등록법 위반으로 입건, 수감되었다가 송환되었습니다.

돌아와 보니 그런대로 공사 빚은 갚았으나, 아이들은 커 가는데 밀감밭 관리비는 계속 늘어만 가고 있었습니다. 식구들이 뼈 빠지게 농사를 짓고, 아내가 고사리를 꺾어다 팔며 남의 집 밭일까지 맡아 해도 형편은 좀체 나아질 기미가 보이지 않았습니다. 아내는 울면서 말렸지만 저는 다시 밀항을 택했습니다. 어렵게 마련한 밀항비 60만 원을 가지고 무작정 부산항으로 갔습니다. 적당한 배를 찾아 비용을 치른 뒤 선박 밑창에서 사흘을 숨어 지내며 일본에 도착했습니다.

고모부 댁에서 매우 난감해하시기에, 먼 친척인 이석현 씨에게 전화를 걸어 일자리를 좀 보아 달라 사정했습니다. 이석현 씨의 배려로 저는 동경 대영플라스틱 공장의 공원으로 일할 수 있었습니다. 월급은 15만 원쯤 되었습니다. 이석현 사장 댁에서 저축액을 맡아주기도 하고, 귀국하실 때 제 가족에게 송금이나 편지도 전달해주시며 여러 가지 편의를 봐주셨습니다. 그 공장에 있을 때 거기 가끔 들르던 강우규 씨를 잠깐씩 뵈었습니다. 지나가다 고향 소식을 주고받곤 했는데 강우규 씨는 제 아버지가 돌아가셨다는 말을 들으시고는 퍽 애석해하셨지요.

1975년 10월 중순, 새벽부터 동경 출입국관리소 직원들이 회사를 급습했습니다. 저와 동향 출신 밀항자들이 다 같이 피검되어 오무라(大村) 수용소로 이송되었고, 강제 송환을 거쳐 부산경찰서에서 구속되었습니다. 1차 밀항 때에는 집행유예를 받았지만 2차 때에는 꼼짝없이 징역을 살아야 했습니다. 출소하고 고향에 돌아와서 강우규 씨를 만났었는데, 그분은 그간 얼마나 고생이 많았냐며 제 손을 잡아 주시더군요. 글쎄요. 강우규 씨가 제게 친절을 베풀었던 것이 무슨 계산이나 의도였다는 생각이 들지는 않습니다만.

요원들은 저의 밀항 동기며, 일본에서의 생활을 두고, 무어라도 더 털 것은 없는지 몇 번씩 되물었습니다. 조총련 관계자들을 만나지 않았는지 이래저래 떠보기도 하더군요. 강우규 씨의 '일당'이라는 제 지인들이 애초에 사상이 불순한 자들 아니었냐고 다그치기에, 이근만은 저와 '재건청년회' 일을 같이 했던 친구이며, 김추백은 그 형들이 6.25때 전사한 데다 중학교 때 교회 학생회장을 거쳐 대학도 신학과를 다녔던 독실한 기독교 신자이고, 이오생은 공화당 활동을 하는 사람이라고 했지만, 오히려 편든다고 저를 더 나무라더군요.

앞서도 경찰에 체포되었던 일이 있지만, 이번에 연행되어 저는 길고 고된 '진술서'를 작성해야 했습니다. 요원들에게 '진심'이란 걸 입증받기 위해서 저는 정말 있는 힘을 다해 사실들을 기억하려 애썼고, 기억들을 최대한 자세히 종이 위에 옮기기 위해 고심했습니다. 밀항선 어창고의 비릿한 공기, 어둠을 숙주 삼아 버팅겨내던 파도 위의 사흘, 부산항을 초조히 떠돌며 밀항을 도모하던 이들과 주고받던 술잔들, 항구에서 역까지 이슬을 맞으며 걸어가던 이국의 새벽녘…. 저를 찾아 밀항을 감행했던 아내가 적발되어 수용소에 갇혔다는 소식을 듣고도 제가 직접 가볼 수 없어 이석현 씨 사모님에게 돈을 전하며 눈물을 삼켰던 일들…. 잠도 못 자고 꼬박 진술서를 썼습니다.

누구를 해코지한다거나 양심을 버리는 일은 하지 않았으나 이 나라에서 저는 기왕에 범법자였습니다. 출옥 이후 더 조심스레 지내왔지만 또 다른 일에 연루되었습니다. 비난 속에 취조를 받으며 범법의 그물에 딸려 들어가지 않으려 안간힘을 써야 했습니다.

집으로 돌려보내진 지 20일 만에 신문에 대문짝만하게 실린 기사를 보았습니다. 생경한 활자들 속에 갇혀 있는 벗들과 지인들을 오래도록 바라보며 제 마음은 더할 나위 없이 남루해졌습니다.

살기 위해 배 바닥에 매달려 숨죽여야 했던 저로서는 '법'이니 '이념'이니 '체제'니 하는 휘황한 말들에 멀미가 납니다. 정말이지 어느 밑창을 기어서라도 캄캄한 이 세상을 뚫고 나아갈 출구만 있다면, 저는 그런 '밀항길'을 어쩌면 다시 감행할지 모르겠습니다.

황지석(가명, 서예가) 씨의 증언

벌써 3년도 더 지난 일인데, 어떻게 그 사람과 내가 연관이 되었는지

참, 알다가도 모를 일이오만, 정보부 사람들이 내미는 사진을 보니까 그 얼굴이 맞는 것도 같았소. 그 가을 나는 명동의 C백화점 화랑을 빌려 엿새 동안 개인 서예전을 열었소.

손님이 북적이지는 않았지만 드문드문 조예 깊은 사람들도 찾아오고 작품을 사 가는 사람들도 더러 있었소. 소동파의 〈적벽부〉 옆에 전시된 도연명의 〈귀거래사〉 표구 앞에 남자 둘이 한참 서서 얘기를 나누더이다. 전시장을 돌아보고 작품을 사려는 손님을 상대한 후 휴게실에 들어가 보니 그 두 남자가 앉아 있었소. 40대 남자가 조금 몸피가 있는 초로의 남자를 내게 재일교포라며 소개했소. 글씨가 좋다며 국전에 입선한 작품은 없는지 묻기에, 나는 그런 건 없고 그저 오랫동안 단독 연마한 내 고유의 글씨체라고 답했더니 그 교포가 대단히 감탄하며 한참 칭찬을 했소. 나는 감사를 표하고 새로 온 손님들을 맞으려 일어섰는데 그 교포도 따라 일어서면서 전시회 비용에 보태 쓰라고 만 원을 탁자 위에 올려놓는 것이었소. 일언지하에 거절하며 돈을 희사할 바에는 작품을 가격 지어 가져가라고 했소. 그러나 그는 작품을 당장 사 가지고 가기는 어렵고 그저 감상한 것만으로도 충분하다며 돈을 돌려받지 않고 전시장을 나서더이다. 간혹 일본이나 국내의 다른 전시회에서는 관람료를 받는 곳도 있어 그도 아마 그런 형식을 취한 것 같았소. 여하간 퍽 고마운 생각이 들었소. 이후에라도 오면 작품을 선사하고 싶었지만 그 사람과 다시 만나지는 못했소.

서예에 몰입한 지 25년이 되었소. 내게도 격동의 한때가 있었소. 20대에는 '서울키노'에 들어가 영화를 만든다고 꼬박 밤을 새우곤 했지. 〈火輪(화륜)〉이라는 영화가 내가 함께 만들었던 첫 작품이오. 신문사 기자로도 일했었소. 여운형 씨가 창간한 〈조선중앙일보사〉에 입사해서 부산과 고향 충무에서 일하며 일제에 의해 신문이 폐간될 때까지 기사를 썼소. 해방이 되고 충무 건국준비위원회 문화부장으로 있다가 문화협회를 조직했었는데 오래지 않아 6.25를 당했소. 선무 공작원으로 채용되어 지리산 전투지역에서 복무하다가 1952년경 제대했소.

영상을 통해서나 지면을 통해서, 그리고 허망히 울려퍼지는 산골짜기의 선무 방송들 속에서, 내가 쏟아냈던 말들은 다 무엇이었던가. 동지들이, 동포들이 속절없이 스러져가는 포연 자욱한 전장에서 나는 그야말로 살아남은 내가 미웠소. 내가 품었던 말들을 더 이상 함부로 뱉을 수 없었소. 한 획 한 획, 솟구치는 번뇌들을 갈앉히며 먹빛 글자들의 적요함에 내 삶을 묻어왔소.

일흔이 되는 이 노인을, 수사관이라던 사람은 '간첩에게 포섭된 자'라고 부릅디다. 내가 받은 만 원이 공작금일 거라고도 했소. 나중에 보니 당시 전시회 팸플릿에 추천사를 써 준 내 친구 김 모 시조 시인까지 정보부가 데려갔던 모양이오. 노경의 은일에조차 성가시게 구는 걸 보니, 세상이 한결 더 분분(紛紛)한가 보오.

신문을 읽어보니 그 사람이 평양에도 갔다 오고 김일성에게 직접 지령을 받았다고 하더이다. 열 명이 넘는 간첩단으로 일을 도모했다던데, 허, 그 가을의 화랑에서 '귀거래'를 읽던 그 사람의 허심한 눈빛은, 그래, 영 꿈결이었단 말이오.

최희남(가명, 민예품 가게 주인) 씨의 증언

평안북도가 고향인 저는 월남해서 한동안 군수품 장사를 하며 생계를 꾸렸습니다. 한때 조그만 분식집도 해보고, 건축업에 손도 댔다가 실패한 이후 다방 수금 사원을 전전하기도 했습니다. 풍전호텔 입구에서 민예품 가게를 운영해 온 지는 3년이 좀 넘었습니다.

20대에 평안북도 도청 토목과에서 일하다가 신의주 제일공업학교 조교원으로 근무하던 무렵 신의주 학생사건이 났습니다. 저는 정치적인 일에 휩말리고 싶지 않아 직장을 옮겼다가 남대문에서 통조림 장사를 하던 형을 찾아오게 되었습니다. 곧 6.25가 터졌습니다. 피란 중에 인민군이 시키는 대로 방공호 파는 일을 거들기도 했는데, 제가 월남한 사람이라는 소문이 퍼지면서 하마터면 동네 일부 적색분자들에게 총살당할 뻔한 일도 겪었습니다. 지금까지 그저 밥벌이에 연연하며 살아왔을 뿐인데, 이번엔 또 중앙정보부에서 저를 연행하더니 '간첩'과 '회합'했다고 다그치더군요.

그러니까 2년 전, 그 영감님이 저희 가게에 오신 적이 있었습니다. 진열대에 놓인 입마(立馬) 목각 인형이 꽤 마음에 들었나 보더군요. 지금 막 앞발을 구른 듯 상체를 추어올린 위용이 그럴싸한 인형이었습니다. 서투른 우리말로 가격을 묻는데 제가 원래 만오천 원이지만 만이천 원까지 드리겠다고 하니, 영감님은 만 원에 줄 수 없겠느냐며 흥정하더군요. 저는 앞으로도 자주 찾아 달라며 만 원에 인형을 팔았습니다. 가게를 나가는 영감님은 한쪽 다리를 조금 절고 있었습니다. 그 이듬해 영감님이 다시 목각인형 두 개를 사시면서, 당신은 일본에 거주하는데 서울에 회사가 있고 머무를 집을 여의도에 구했다고 하시더군요. 제주에서 상경한 조카가 거기서 생활하게 되어 파출부를 구한다고도 했습니다. 그 후 올 2월 초에 영감님이 저희 가게에 다시 들르셔서 붓 두 자루와 염주를 사 가셨습니다. 제가 차라도 드시고 가라고 하니, 당신이 차를 내시겠다며 인근 다방에서 커피 넉 잔을 시켜주셔서 점원들과 다 함께 마셨지요. 점원들도 고마운 마음에 그분이 가실 때 택시를 잡아드리며 배웅했습니다. 그뿐입니다. 영감님이 저희 가게 명함을 갖고 있었는지 어떤지는 잘 모르겠습니다.

제가 중정에 끌려갔다 온 지 한 달쯤 되던 날, 점원들이 놀라서 제게 신문을 들이밀더군요. 그 교포 영감님이 간첩단의 두목이었다면서요. 아무 말도 답하지 않았지만, 저는 온몸을 휘감던 중앙정보부 밀실의 차갑고 끈적한 기운이 떠올라 소스라쳤습니다.

가게 문에 달린 풍경이 울릴 때마다 제 몸은 여전히 움찔거려집니다. 가지런한 인형들처럼, 고즈넉한 붓처럼, 손때 묻은 염주처럼, 어디에도 쏠리지 않고 조용히 늙어가는 일만 남았으면 했습니다. 그러나 삶은 참 수상스런 것인가 봅니다.

이재순(가명, 동경 에도가와구 민단 상임고문) 씨의 증언

나는 1899년생입니다. 동경 에도가와구에서 '라인'이라는 음식점 겸 바를 운영하고 있습니다. 고향은 경기도 개풍이며 개성에서 학교를 졸업하고 수학 차 단신 상경했습니다. 당시 Y전문학교 교수인 피셔라는 외국인에게 한국어 교습을 하던 중에 3.1 운동이 일어났고, 나도 가담했다가 일경에 피검되어 옥고를 치렀습니다. 그 후 도일해서, 일본 대학에서 정치경제과를 수료한 뒤 건축업, 화공업 등의 사업을 하다가 15년 전부터 현재의 바를 운영해왔습니다.

1년 전쯤엔가, 한 동네에 살면서 친하게 지내는 박봉현(가명)이라는 친구가 우리 동네에 교포가 운영하는 좋은 레스토랑이 있으니 놀러 가보자고 했습니다. 그 레스토랑은 동네에서도 꽤 규모가 큰 편이었고 분위기도 좋았습니다. 그 후 친구들과 가끔 그곳에서 차를 나누곤 했습니다. 박봉현이 그 레스토랑 주인인 강우규 씨를 같은 민단 에도가와구 지부 단원이라고 소개해주었는데 성격이 꽤 시원스러워 보였습니다. 그 사람은 우리가 찾아가면 잠시 자리에 인사하러 왔다 가는 정도였기 때문에 서로 긴 얘기는 나눠보지 못했습니다. 토막토막 지나가는 얘기로 제주에서 보통학교 다닐 때 일본 선생들의 미움을 샀다든가, 일본에서 동포들이 받는 차별, 예컨대 다방 허가를 얻으려 해도 일본인이면 한번 관청에 가서 수속하면 될 것을 한국인들은 서너 차례 찾아가야 하는 그런 일들을 거론하며, 동포들은 언젠가는 한국에 가서 살아야 한다는 말을 그에게 들은 적은 있습니다만, 그 사람이 조총련이나 이북을 지지하는 말을 한 적은 없었습니다.

내가 종종 한국에 간다니까, 그 사람이 최근 서울에 집을 얻었다고, 한국에 오면 연락하라며 명함을 주었습니다. 나도 내가 다니는 삼청동 요릿집을 그에게 소개해주었습니다. 나중에 그가 그 집에 찾아왔었다는 얘기를 들었지만, 서울에서는 서로 엇갈려 따로 만나진 못했습니다.

나는 일본에 사는 50여 년 동안 민단에 헌신해왔습니다. 에도가와지부 초대 단장이었고, 지금도 상임 고문을 맡고 있습니다. 지난 2월 서울에 머물러 있는데, 경찰이라며 여든이 다 된 이 노인을 찾아와 강 씨에 대해 이것저것 질문을 하더군요. 기억을 더듬어 사실대로 얘기하려 했습니다만, 영 불쾌한 기분에 서둘러 귀국했습니다. 이곳 민단에도 누가 찾아와 그 사람에 대해 한참 묻고 갔다고 합니다. 그 사람을 알던 이들은 고개를 갸웃합니다. 그 사람이 우리 민단 사무실에 복사기를 희사한 일도 있던데…. 그 사람이 스파이였다고 KCIA에서 발표했다는 것을 이곳에서 들었습니다. 당분간 서울에는 발을 들이지 않아야 할 것 같습니다.

강세현(가명, K대 불문학과 교수) 씨의 증언

아버지가 해방 전에 오사카에서 가내 공업을 하셨습니다. 그곳에서 태어나고 성장한 저는 우연한 기회에 규슈(九州)대학 불문학과 교수의 책을 읽고 깊이 감명받아 그 대학 불문과에 진학하게 되었습니다. 그 후 동경 대학원에서 불문학 과정을 마치고 서울의 몇 개 대학에서 강사를 하다가 10년 전쯤 K대 교수로 부임했습니다.

동경대학원을 다닐 때 아버지와 강우규 씨의 다방에 간 적이 있었는데, 그때 아버지가 먼 친척 되신다는 그분에게 저를 인사시켰습니다. 그러고는 제가 따로 그분을 찾아가거나 한 일은 없었습니다. 1972년 12월 말, 그분이 오랜만에 귀국을 하셨다면서 제게도 연락을 해오셨습니다. 제가 그분 숙소를 찾아가 인사를 드렸더니, 그분이 제 가족과 인사라도 나누고 싶다고 하셔서서 잠시 저희 집에 모셔 차를 대접했습니다.

정보부에서는 어떻게든 제게 꼬투리를 잡아 보려고 애쓰더군요. 오사카에 살면서 규슈까지 가서 대학을 다닌 이유는 무엇이냐, 그 대학의 좌경 교수들한테 교육받지 않았느냐, 거기서 알고 지낸 다른 한국 학생들은 없었느냐, 또 제가 2년 전 파리에 교환 교수로 가 있었을 때 북괴 공작원이나 불순분자를 만난 일은 없었느냐, 강우규 씨에게 물품이나 금전을 받은 건 없느냐…. 조사를 받으며 몹시 떨렸던 게 사실입니다. 유럽 간첩단 사건이니, 동백림 사건이니 해서 무고하게 연루되어 고초를 겪었던 이들의 얘기가 생생하게 떠올랐습니다.

저는 프랑스 상징주의 시를 전공한 사람이고, 정치며 경제에는 문외한일 뿐이라고 말했지만 번연한 사실마저 무슨 알리바이나 되듯 따로 적으면서 의미 아닌 의미를 캐려 하더군요.

대서특필된 강우규 씨의 기사 속에 '포섭 대상자'로, 'K대 불문학과 교수 강○○'라고 제가 그대로 특정되어 있었습니다. 지령이니 선전교양이니 포섭이니 하는 말들이 버성기기만 한 기사들을 대하면서도 강우규 씨와의 인연을 원망하고 일신과 앞날에 대한 조바심과 걱정을 앞세우는 제 자신이 몹시 부끄러웠습니다. 그리고 저의 그런 부끄러움은, 어느 시인이라면 충분히 비웃을 만한 것이었습니다. "참회의 값을 톡톡히 받고 희희낙락 진창길로 되돌아온"[16] 일상 속에서 저는 학생들과 여전히 시구의 함의들을 날카롭게 따지곤 했지만, 정보부 요원들이 던진 질문에 대해서는 아무것도 따져 묻지도 못했으니까 말입니다.

---

16 보들레르의 시집 『악의 꽃』 중 시 「독자에게」에서 인용했다.

하루아침에 느닷없이 '간첩단'의 일원이 된 피해자들이었으나 이들에게 손을 내미는 곳은 흔치 않았다. 당시 민주화운동으로 구속된 학생들이나 노동자들을 지원하는 활동들이 일부 있었지만, 정당이나 사회단체 등과 무관하게 평범한 일상을 살고 있던 피해자들이 낙인을 거둘 길은 무망하기만 했다. 변호인을 구하기도 쉽지 않았다.

국내의 이런 상황과 달리 일본에서는 '강우규 씨를 구하는 모임'이 결성되어 구명 활동이 줄기차게 진행되었다. '재일한국인 정치범을 지원하는 모임 전국회의'에서 강우규 씨의 억울한 사연을 듣고 '구원회' 결성을 도왔다. '구원회'에는 강우규 씨가 살던 에도가와구의 교회와 지역의 노동조합연합단체, 지역 주민이 함께했다. 강우규 씨의 가족과 '구원회'는 강우규 씨의 무죄를 주장하며 석방을 요구하는 서명운동과 집회를 이어갔다. '구원회'에서는 체포의 위험 때문에 한국에 가지 못하는 가족을 대신해 재판 방청과 면회를 왔고, 한국의 재판부에 시민들과 국회의원들의 서명이 담긴 탄원서를 보냈다. 이러한 노력 가운데 국제 엠네스티가 강우규 씨를 위한 구명 결의를 발표하고, 국제사면위원회도 한국의 법무부장관 앞으로 서한을 발송했다.[17]

그러나 1, 2, 3심 내내 재판부는 강우규 씨에게 사형을 선고한다. 그 밖의 모든 피해자들도 대법원 확정판결에서 징역 12년부터 집행 유예 1년 6월에 해당하는 유죄를 선고받는다.

---

17 〈서귀포 신문(2016. 8. 4)〉 「간첩단 무죄사건, 일본 내 구원운동 이끈 사람들(이령경)」, 『강우규 씨를 구하는 모임 소식지』 참조

2장 :

재판
(1977. 4 ~ 1978. 2)

#4

　내가 중학생일 때에는 방학에도 반별 '소집일'이 있어서, 학교로 모인 아이들이 교내 곳곳을 청소하곤 했었다. 우리 반 소집일, 친구들 얼굴도 볼 겸 늦잠을 포기하고 모인 아이들은 스무 명 남짓 되었다. 무더운 여름날, 청소를 마치고 남은 아이들은 교실에 둘러앉아 선생님이 내어주신 수박을 베어 물며 난만히 수다를 피워 올렸다. 여중 2학년. 우리는 명랑한 입술로 어디에서든 변죽을 울리며 파안할 수 있었다. 또한 우리들은 예민한 귀를 각자의 슬픔과 비밀들에 기울이며, 인생의 비의와 세계의 부조리에 눈을 떠가고 있었다.

　아이들은 저마다 응원하는 프로야구팀들의 전력을 견주며 한참 열을 올리다가 이내 조용필의 가창력 대 전영록의 미소로 편이 갈렸다. 팬심을 겨루던 게 한풀 꺾이자, 방학 동안 다녀온 곳에 대한 얘기들을 주고받았다. 얼굴이 온통 그을린 채 코끝에 허물을 단 아이는 파도를 타고 넘실거리다 모래찜질을 누가 더 오래 하나 동생과 겨루던 피서지의 추억에 신나 했고, 산촌이 고향인 다른 아이는 너른 마당에 자리를 펴고 누워 쏟아져 내리는 은하수를 바라보다 까무룩 잠이 들었던 여름밤을 들려주었다. 그리고 한 아이가 그 얘기를 조심스레 우리들 앞에 꺼내놓았다. 그 아이의 외가는 광주였다.

　"우리 할머니가 그러는데, 광주사태 때 억울하게 죽은 사람들이 엄청 많대. 사촌 오빠 말이, 폭도가 아니라 죄 없는 시민들이 군인들의 총에 맞아 쓰러지고 끌려가고 한 거래. 김대중 그 사람도 간첩이 아니라더라."

　대검에 찔린 임산부, 가슴이 도려내진 여고생…. 우리는 먹먹히 그 애의 말을 들었다.

조금 뒤 자리를 정리하고 돌아가라며 교실로 올라오신 선생님에게 어떤 애가 물었다.

"선생님, 김대중이라는 사람, 간첩 아니어요?"

쏠리는 시선들에 잠시 긴장하던 선생님은 이내 당혹감을 거두어들이며 말씀하셨다.

"그런 건 묻는 게 아니다."

광주 외가에 다녀온 아이가 입술을 깨물었다.

소문은 갈수록 무성해졌다.

고등학교에 입학한 나는 교지 편집부에 들었는데, 편집 일도 싫지 않았지만 그보다 날마다 얘기가 풍성해지는 선후배와 동기들이 좋았다. 우리는 방과 후면 편집실에 모여 고3 선배들 교실에 불이 꺼질 때까지 이야기를 잇다가 나오곤 했다. 그러면서도 내 친구 혜경이는 편집실에 과자를 잔뜩 쌓아놓고 날밤을 새우며 실컷 수다를 떨어보는 게 소원이라고 했다.

한번은 동기들끼리, 대학에 가면 무얼 제일 먼저 하고 싶은지 물었던 적이 있다. 높은 구두를 신고 예쁜 원피스를 입어보는 일, 혼자 마음껏 여행을 다니는 일, 아무것도 안 하고 처박혀 보는 일, 맘껏 영화 보고 실컷 책 읽는 일…. 다양한 얘기 중에 효서가, 우리 이대로 팀 만들어서 대학 가요제에 나가볼까, 하는 통에 우리는 풋, 웃음을 터뜨렸다. 한쪽에서 선배들이 원고들을 검토하고 있었는데 기숙 언니가 우리를 갸웃 바라보더니 말했다.

"얘들아, 대학은 그렇게 낭만적인 공간이 아니야."

팔에 난 큰 화상 자국을, 기숙 언니는 가리지 않고 반팔 옷으로 다녔다.

"대학은 현실을 인식하는 곳이야. 대학에 가면 이제 진짜 고민이 시작되는 거지."

언니네 오빠는 지난밤에도 집에 들어오지 못했다고 했다. 오빠의 친구는 지명 수배를 받고 쫓기는 중이라고도 했다.

"쫓겨 다녀요? 그러다 잡히면 어떡해요."

"잡혀 갔다 온몸이 만신창이가 되어 다시 학교로 돌아오지 못한 학생들도 있대."

은경 언니도 대학생인 두 언니에게 들었다며 말했다. 이어진 기숙 언니의 얘기에 의하면, 그렇게 잡아간 학생들을 취조하고 고문하는 곳이 바로 우리 학교 근처에도 있다는 것이었다. 그냥 주택가에 있는 건물인데 가끔 그쪽을 지나다 비명 소리를 들은 사람들이 있다더라고 했다(한참이 지난 뒤 나는 언니가 말했던 그곳이 실제로 'ㅇㅇ 상사'라는 간판을 걸고 활동했던 '치안본부 특수수사대'였다는 기사를 본 적이 있다).

4층 교실에서 내다보는 학교 주변은 변함없이 소박한 동네였지만, 일상을 엄습하는 어느 지점이 음습한 색조로 그 가운데 있었다. 세상의 풍경들은 의심스러운 것이었다.

그 이듬해, 부천 경찰서에 끌려갔던 여대생이 '성고문'을 당했다고 폭로한 일을 나는 신문에서 읽었다. 성당 마당에 게시된 유인물에는 사건의 전말을 밝히고 고문을 추방하라는 신부님들의 성명이 담겨 있었다. 그 마당에는 80년 광주의 상황을 알리는 사진들이 전시되기도 했었다. 엄마가 보던 월간 『생활성서』에는 '고문'이 기획 기사로 다루어져 있었다. 우리나라 외에 남미 독재 정권 하에서 자행된 고문의 사례들도 실렸는데 송연한 장면이 많았다. 기관원들은 스무 살이 갓 넘은 여인의 손발을 묶어 놓은 채 무릎 위에 독을 품은 뱀을 얹기도 했다. 그나마 살아 돌아온 이들의 증언이었다. 수만 명이 사라졌고, 학살을 당했다. 어머니들의 눈물은 마를 날이 없었다.

몇 달 뒤, 남영동 분실에서 물고문을 받던 대학생 오빠가 죽음을 당했다는 보도가 났다. '하늘이여, 땅이여, 사람들이여!' 호곡하는 신문 칼럼을 보며 나도 숙연한 마음이 들었고, '잘 가그래이. 이 아빈 아무 할 말이 없대이.' 오빠 아버지의 말을 대하며 눈물이 났다. 그 해 여름의 심상치 않은 공기는 고3이었던 우리들의 교실까지도 번져왔다. 매캐히 날아오는 최루탄 연기 때문에 수업도 일찍 파해졌다. 나는 텅 빈 교실에 남아 뒤쪽 칠판에 「풀잎」[18]의 시구를 거꾸로 천천히 새겼다.

18 강은교 시인의 시 「풀잎」

악법의 시대

::: 1심 공판 - 서울형사지법(1977. 4. 15 ~ 6. 24) :::

1977년 3월 초중순경 피고인들의 가족이 받은 구속통지서에는 변호인을 선임할 수 있다고 쓰여 있었으나, 어렵게 선임한 변호인이 실제로 피고인을 접견할 수 있었던 건 1차 공판 기일인 4월 15일이 일주일도 남지 않은 4월 10일 이후였다. 그나마 1차 공판 때는 1차 검거된 5인과 2차 검거된 6인의 재판을 병합 심리한다는 결정만 내려지고, 본격적인 심리는 4월 29일부터 진행하게 되었는데 관련 수사기록만 해도 5,200쪽이 넘었다. 촉박한 일정과 제한된 접견 속에서 변호인들은 무고함을 밝힐 수 있는 근거들을 최대한 찾아내야 했다. 가족들은 검사에게 찾아가 편지를 건네며 읍소하고, 재판장에게 탄원을 올리고 지인들의 진정서를 제출했다. 허나 법복을 입은 이들은 악법의 충복으로서 역할을 다할 뿐. 그들이 행하는 법에는 인간의 얼굴을 직면하는 윤리를 찾아볼 수 없었다.

인과나 사실 관계는 따져지지 않았다. 법의 집행관들은 양형을 가늠하는 요식 후, 누군가를 사형에 처하고 누군가를 감옥에 가두고 또 누군가는 요시찰의 낙인 속에 감시를 받게 할 따름이었다. 악법한 시대를 대하는 불쾌함이야 분명 그들에게도 있었을 것이다. 그러나 그들은 부끄러움을 털어내는 데 익숙했다. 불가피한 악의 집행은 점차 신념이 되고 그런 신념들의 옹호를 받으며 악은 더욱 공고해졌다.

1977년 4월 29일, 포승에 묶여 호송된 열한 명의 피고인이 법정으로 들어왔다. 거칠게 자란 수염이며 머리칼은 그들이 고립된 반사회적 분자임을 확인시켜 주었다. 당당하고 형형하던 눈빛이 거두어진 채 그들은 머리를 조아리고 앉았다. 가슴에 달린 붉은 수인번호는 그들이 이미 굴절된 인생임을 기표하고 있었다. 법정 안에는 그들을 감금하고 고문했던 요원들의 얼굴이 보였다.

경황없는 봄을 보내며 시름해온 피고인들의 가족들은 하소연과 분노, 위로와 한숨을 서로 주고받으며 방청석을 지켰다. 어떤 변호인은 무조건 잘못을 인정하고 선처를 구해야 한다고 했고, 다른 변호인은 최대한 사실을 밝혀 억울함을 호소해야 한다고 했다. 어떻든 이 법정에서 단 한 줌의 희망이라도 건져 올릴 수 있기를 가족들은 절실히 바랐다.

도수 높은 안경을 쓴 재판장이나 배석 판사 모두 표정을 덮는 일이 익숙해 보였다. 권위의식과 오도된 사명감이 피로감과 무력감에 뒤섞여 대체로 그들은 나이보다 이르게 생기를 잃은 얼굴이었다.

검사는 법정을 휘돌아보더니 기소 요지를 읽어 내려갔다. 강우규 씨에게 간첩 · 국보법 위반 · 반공법 위반의 죄를, 김기오 · 고재원 씨에게 간첩 방조 · 국보법 위반 · 반공법 위반의 죄를, 그 외 8인의 피고인들에게 국보법 위반 · 반공법 위반의 죄를 적용했다.

강우규 씨는 검사의 신문에서 노동당에 직접 가입하지도 누구에게 가입을 권하지도 않았고, 김일성을 만난 일이 없을 뿐더러 자신이 평양에 다녀왔다는 말을 누구에게도 한 적이 없으며, 누구를 포섭하거나 관광을 가장해 기밀을 탐지한 일도 없다고 답했다.

다른 대부분의 피고인도, 강우규 씨와의 대화 중 공소장에 나오는 내용과 비슷한 말이 간혹 있었지만 그렇게 극단적인 말들은 아니었으며, 일부 공소장에 기재된 내용은 사실과는 다르다고 말했다. 더구나 강우규 씨와 여행을 다녀온 적은 있어도 그가 '간첩' 하는 것을 알고 방조한 적은 전혀 없다고 진술했다. 그러나 검사는 피고인들의 죄에 대한 진정성립을 확신하며 엄중한 훈수를 아끼지 않았다.

"우리 시민들 중에는 이북 말투를 쓴다든지 담배 가게에서 '모란봉'을 찾는다든지, 신발 밑바닥의 가죽이 수상하다든지, 헌 고무 튜브를 시세보다 많은 3만 원을 주고 사려 한다든지 하는 것을 보고 수상히 생각하여 당국에 신고함으로써 남파 간첩을 검거하도록 한 일도 있는데, 강우규가 북괴를 찬양하고 김일성 얘기를 마구 하는 남파 간첩으로서 피고인을 포섭하려는 것을 뻔히 알면서 왜 당국에 신고를 하지 않았나요?"

검사 신문에 이어 변호인들은 피고인들이 이 법정에서 어떻게 피해자가 되고 있는지 증명해 보이고자 끈질기게 질문들을 던졌다. 그럼에도 피고인들이 쏘아 올린 답변은 어떤 소명도 되지 못했는데, 그것은 결국 법정의 구조적인 낙차를 반증하는 것이었다.

그러나 진실은 촛불의 심지와 같은 것이어서, 잠시 꺼져 있는 듯 보여도 누군가 꺼뜨리지 않은 불을 나눈다면 다시 타오르며 번져간다. 공판을 거듭하며, 처음엔 절망으로 위축된 나머지 공소사실을 일부 시인했던 피고인들도 하나둘씩 있었던 사실 그대로를 말하기 시작했다. 진실은 진실을 부르며, 조금씩 더 뚜렷이 제 윤곽을 형성했다.

아래는 피고인들의 주요 진술이다.[19]

피고인 강우규와 변호인의 주요 문답

문 피고인은 민단에 속해 있었나요, 아니면 조총련에 가입했었나요?

---

19 이하 피고인들의 주요 문답은 실제 공판 과정의 진술을 바탕으로 주요 부분을 발췌, 문맥을 다듬은 것이다.

답 예전에는 민단도 조총련도 아니었고 중립이었습니다.

문 1969년 조총련 아라가와구 분회 간부 김 모가 조총련 궐기대회에 가
보자고 권유를 해서 피고인이 갔다고 되어 있는데, 그것은 피고인이
그쪽 사람들과 가깝게 지내기 때문이 아닌가요?

답 그런 것이 아닙니다. 당시 저는 아라가와구 역 앞에서 '詩園(시엔)'이라
는 다방을 경영하고 있었는데 민단과 조총련 아라가와지부 사무실이
다 가까이 있어서 양쪽 사람들 모두 제 다방에 자주 왔습니다. 연말연
시에도 양쪽에서 모두 제게 기부금을 받아가곤 했지, 제가 특별히 조
총련 사람들과 친하게 지낸 것이 아닙니다.

문 피고인에 대한 이 사건 신문 수사는, 다른 피고인에 대한 조사가 끝나
고 그 조사된 내용을 피고인에게 확인시키는 방법으로 한 것이라고
본 변호인에게 말했는데, 그것이 사실인가요?

답 예, 그렇습니다.

문 그렇기 때문에 날짜라든지 세부적인 몇 가지가 조금 잘못된 것이 있
지만 다른 피고인들의 진술에 맞춘 것이라 피고인으로서는 어쩔 수
없었다고도 말했는데, 그것도 사실인가요?

답 예. 일본 안에서의 일은 제가 말한 것이지만 한국에 와서의 일은 오래
된 것들도 있어서 일일이 기억하지도 못하고, 그래서 관련된 피고인들
의 얘기와 맞춰서 대답했습니다.

문 그러면 피고인으로서는 수긍하지 못하는 점도 있다는 것인가요?

답 예. 제 기억과 상치되는 점이 있습니다. 그렇지만 조사받을 때 다른 사
람들이 그렇게 말했다고 해서 저로서는 어쩔 수 없었습니다.

문 피고인은 이 모 재일 북괴공작지도원에게 교양을 받고 그 사람의 지시
로 자서전을 쓰고 입당 원서와 사진 3매를 냈다고 했는데 사실인가요?

답 그 사람을 만나 사진과 자서전을 건넸던 것은 사실입니다. 나중에 안

일이지만 일본에서 건넸던 자서전과 사진은 후일에 평양 들어가는 수
속 절차에 필요했던 서류였습니다.

문 노동당 입당 수속에 필요해서가 아니라 북에 가는 여권을 발급받는
절차 상 그 서류를 냈다는 것인가요?

답 예. 그 당시는 잘 몰랐지만 나중에 알고 보니 그런 것 같습니다.

문 그러면 일본에서는 입당 원서를 쓰지 않았다는 것인가요?

답 예. 일본에서 쓴 일이 없습니다.

문 그렇다면 북에 가서 강 모, 최 모 지도원의 권유로 노동당 입당 선서를
하고 당증번호를 부여받은 것은 사실인가요?

답 입당 권유를 받은 바도 없고 당증번호를 부여받은 사실도 없습니다.

문 그러면 피고인은 일본에서는 물론이고 평양에 가서도 노동당에 입당
한 사실이 없다는 것인가요?

답 예. 그런 일은 없습니다.

문 피고인이 맨 처음 입국해 M호텔에 머무르면서, 피고인이 노동당 중앙
위원으로 있다고 하며 상피고인 고재원에게 노동당 중앙위원이 될 의
사가 없느냐는 취지로 말한 사실이 있나요?

답 그런 말을 한 사실이 없습니다. 또 일본에 있는 사람이 당 중앙위원이
될 수도 없는 것입니다.

문 피고인은 이북에 가서, 이 건 공소장에 기재된 대로의 정치 · 사상 교
양 및 통신 교육을 받은 것이 사실인가요?

답 그런 것은 없었고, 약 열흘 동안 자동차로 관광만 시켜주어 구경만 하
고 돌아왔습니다.

문 피고인은 김일성을 만났나요?

답 김일성을 만난 사실이 없습니다.

문 그러면 김일성을 만나고 왔다는 말을 누구에게 한 사실이 있나요?

답 그런 말을 한 사실이 없습니다.

문 피고인은 우리나라의 군사 시설 등을 탐지하여 저네들에게 보고한 사실이 있나요?

답 저에 대한 공소사실에 제가 간첩했다는 부분이 여러 번 나오는데 저는 절대로 그런 일이 없고, 제가 대한민국에 나와서 대한민국에 폐를 끼친 것이 하나도 없다고 생각합니다.

피고인 김추백과 변호인의 주요 문답

문 피고인이 상피고인 강우규가 북에 대한 말을 하는 것을 들었으면서도 신고하지 않은 이유가 있다고 했는데, 그 이유가 무엇인가요?

답 김성기 씨가 정보부에 있는 후배를 통해 강우규 씨에 대해 알아본 적이 있는데, 그 정보부 사람이 강우규 씨는 조총련 계통도 아니고 의심할 만한 사람이 아니라고 했다기에 신고할 필요를 느끼지 못했던 것입니다.

문 1976년 2월 중순, 강우규의 아파트에 상피고인 이오생, 이근만 등이 이사 선물로 벽시계를 가져갔을 때 피고인도 그 자리에 있었나요?

답 그 자리에 없었습니다. 강우규 씨가 이사하고 난 뒤 제게 전화로 "조카가 제주에서 올라왔는데 서울 구경이나 하게 해 달라."라고 요청했습니다. 그래서 그때 처음 그 아파트에 찾아가 보니 거기에 이근만, 이오생이 가져왔다는 벽시계가 걸려 있었습니다.

피고인 강용규와 변호인의 주요 문답

문 피고인은 형 강우규가 민단에 가입했다는 말을 들은 사실이 있나요?

답 형이 민단 등록증을 보여주었었고, 민단에서 형에게 연락해준 일도 있어서 민단인 줄 알았습니다.

문 강우규로부터 "이번에 유럽을 다녀왔는데 영국·불란서·이태리 같은 나라를 여행하면서 평양까지 가서 좋은 구경을 많이 하고 돌아왔다."라는 말, 즉 평양에 갔다 왔다는 말을 들은 사실이 있나요?

답 평양에 갔다 왔다는 말을 들은 사실이 없습니다.

문 그렇다면 피고인은 수사기관, 검찰 등에서 왜 그런 일이 있었던 것처럼 진술했나요?

답 수사기관의 추궁에 당황한 나머지 사실과 다르게 진술하게 된 것입니다.

문 유럽 여행 얘기를 들을 때 "중공이나 소련도 공산주의 사회이기 때문에 노동자 농민이 집단으로 일을 하여 모두 평등하게 잘살고 있고 중공업이 발달하여 취업 못하는 노동자가 없다."라는 말도 들었나요?

답 그런 말을 들은 바 없는 것이 사실이지만, 수사기관에서 추궁받을 때 할 수 없이 허위로 그런 말을 들었다고 했으니 결국 자기 도끼 가지고 자기 발등을 찍은 결과가 되고…. 그래서 검사님 앞에서도 그런 말을 들은 것처럼 진술하게 된 것입니다.

문 이 건 공소장에 피고인은 강우규가 간첩이라는 정(情)을 충분히 인지했다고 되어 있는데, 강우규가 간첩이라는 것을 알고 있었나요?

답 간첩이라는 것을 어떻게 알았겠나요? 이순천 회장이 과거에 독립군이었기 때문에 서울에다 회사를 차렸고, 몸도 불편하고 회갑이 다 되어가는 형에게 고향에 돌아가 죽을 때까지라도 고국에 봉사하라고 하여 형이 서울에 온 것으로만 알았습니다.

피고인 고원용과 변호인의 주요 문답

문 검사의 신문에 의하면, 1976년 2월 중순, 강우규의 집들이 자리에서 강우규로부터 조총련이니 민단이 어떻고 교육제도가 어떻고 하는 얘기를 들었다고 했는데, 그런 얘기를 듣기 위해서 거기에 간 것은 아니었지요?

답 예, 그저 단순히 놀러 갔던 것입니다.

문 그러면 그런 얘기가 어떻게 나오게 되었나요?

답 그때 TV도 보면서 옛날에 고무신 신던 얘기, 요즘 호강스럽게 지내는 얘기, 제주도 발전한 얘기들을 나누었고, 제가 근무하던 한의원에 좋은 폐병약이 있으니 일본에 가서 팔아 달라는 얘기도 했습니다. 강우규 씨와 평범히 주고받은 대화 중에 조총련, 민단, 교육제도 얘기들도 섞여 나왔지만, 저는 맥주를 마시면서 무심결에 듣고 지나쳤습니다.

문 그 자리에서 강우규가 무료로 교육을 받을 수 있는 곳이 있다고 해서 피고인이 "그런 곳에 가본 일이 있습니까?"라고 묻자, 강우규가 "가본 사실이 있다."라고 답했나요?

답 그런 말을 묻지도 않았고, 강우규 씨가 "가본 사실이 있다."라는 말을 하는 것을 들은 바도 없습니다.

문 이 건 공소장에는 그런 대화를 나눈 것으로 기재되어 있는데 어째서 그렇게 된 것인가요?

답 수사관들이 그와 같은 이야기가 있었을 거라고 다그치는 통에 잘못 진술하게 되었던 것입니다.

피고인 장봉일과 변호인의 주요 문답

문 피고인은 1976년 9월 28일 Y다방에서 김동준 장군에게 "강우규가 빨갱이 같지 않느냐?"라고 한 사실이 있다지요?

답 예. 그런 말을 했습니다.

문 왜 그런 말을 하게 되었나요?

답 그날 식사 자리에서 당시 대대적으로 환영하고 있던 조총련 모국 방문단에 대해 대화를 나눴는데, 강우규 씨가 별다른 감흥을 보이지 않고 조총련에는 아직 큰 영향이 없다는 말을 하기에 조금 이상하다고 여겼고, 반 농담으로 김동준 장군에게 그런 말을 하게 되었습니다.

문 그러니까 김동준 장군이 뭐라고 하던가요?

답 김 장군이 같이 앉아 있던 고원용에게 강우규 씨가 어떤 사람이냐고 물었고, 고원용이 강우규 씨는 대영플라스틱의 감사이고 일본에서도 민단으로서 교포들을 위해 의로운 일을 많이 하는 사람이라고 답하기에, 불온한 사람이 아닌가 하는 일말의 의심을 깨끗이 씻어버렸습니다.

피고인 김문규와 변호인의 주요 문답

문 피고인은 검사 신문 시, 1975년 11월 중순에 학교로 찾아온 강우규로부터 공소사실 기재의 북 찬양 발언들을 들었다고 진술했는데, 그런 말을 듣고 이상하게 생각하지 않았나요?

답 북에 대한 얘기는 과거에 강우규 씨가 보고 들었던 것으로 이해했습니다. 그날 같이 학교를 돌아볼 때 강우규 씨가 "이렇게 좋은 학교를 세우는 것만 보아도 대한민국 정부가 정말 훌륭한 일들을 많이 하고 있는 것을 알 수 있다."라며 정부를 극구 찬양했고, 대한민국을 지원하겠다는 말도 했기 때문에 이상하게 생각하지 않았던 것입니다.

피고인 고재원과 변호인의 주요 문답

문 피고인이 1972년 12월 28일 M호텔에서 강우규와 동숙한 그 다음날 오전 10시경 강우규가 "나는 북조선 노동당 중앙위원이다."라든가 "북조선은 김일성의 영도 하에 잘살고 있다."라는 등의 말을 하던가요? 기억을 더듬어 사실대로 말해보십시오.

답 서로 사업 관계 얘기를 하다 강우규가 무슨 협회 회원이라는 말을 했던 것 같고, '중앙'이라는 말도 한 것 같지만 '위원'이란 말은 나오지 않았던 것 같습니다. 북괴를 찬양한 말은 없었던 것으로 기억합니다.

문 피고인은 이 점에 대해 중정에서 조사받을 때 어떻게 진술했나요?

답 '중앙'이란 말이 나왔다고 하니까 수사관이 "중앙위원이라고 했을 것이다. 중앙위원이라면 노동당에 그런 것이 있으니 필경 노동당 중앙위원이라고 했을 것이다."라고 말했습니다. 저는 그것은 아니라고 했습니다. 검찰에서도 같은 취지로 진술했습니다.

문 본 변호인이 알기로는 북괴 공산집단은 북조선 노동당이 아니고 그냥 노동당이고, 노동당 중앙위원이라는 자리는 장관급 이상의 높은 지위인데, 피고인은 알고 있나요?

답 저는 그런 것은 모릅니다.

문 1973년 1월 14일, 강우규가 서울 시내 관광 안내를 해달라고 해서 피고인이 북악스카이웨이 등을 안내했다는데, 강우규가 소위 간첩으로 입국했고 정보를 탐지·수집할 목적으로 안내해 달라고 하는 점을 알았나요?

답 그런 것은 전혀 몰랐습니다. 강우규가 서울 시내 관광을 하고 싶다고 해서 서울을 찾아온 손님에게 제가 안내하던 코스대로, 제 마음대로 관광 안내를 했을 뿐입니다.

문 피고인이 일본에서 강우규의 아들 집에 갔을 때 50세가량의 남자가 북쪽의 사회보장제도, 의무교육제도에 대해서 몇 마디 했다는데, 결국 그 사람이 북괴의 우월성을 얘기하더라는 것인가요?

답 제가 과거에 일본에서 오랫동안 살았기 때문에 일본 교포사회를 대충은 아는데, 교포사회에서는 왕왕 그런 얘기들을 듣는 수가 있습니다. 그런데 그날은 도를 넘어 김일성 얘기를 하려 하기에 제가 왜 이북은 김일성을 신격화하느냐고 반박을 했더니 얘기가 중단되었고, 그 사람이 무안해하며 식사 분위기가 깨져버렸습니다.

문 그 사람은 어떤 사람인가요? 우연히 그 사람이 찾아온 것인가요?

답 제가 그런 말을 듣기 위해 거기 갔던 것도 아니고, 그 집에 강우규를 따라가서 식사를 마칠 때쯤 그 사람이 찾아와서 합석하게 되었던 것입니다. 저는 그 사람을 이웃에 사는 아주 가까운 사람으로만 생각했습니다.

피고인 김성기와 변호인의 주요 문답

문 강우규를 처음 보았을 때 인상이 어땠나요?

답 강우규 씨는 대영플라스틱 이순천 회장의 죽마지우라고 들었는데, 저는 그분을 점잖은 인텔리 노인으로 보았습니다.

문 피고인이 이 건 공소장 기재의 말들을 강우규에게 들은 것이 사실인 가요?

답 공소장에 기재된 것은 강우규 씨와 바둑을 두거나 커피를 마시다 토막토막 했던 말들을 모두 뽑아 합친 얘기들입니다. 표현에 있어 사실과는 좀 다른 것이 있습니다.

문 피고인이 강우규를 춘천 소양호에 데리고 갔다지요? 왜 그곳에 데리고 갔나요?

답 강우규 씨가 구두닦이 소년, 껌팔이 노인 등 우리 사회의 어두운 면을 보고 안타까워하는 것을 보았습니다. 마침 시간도 되고 차도 있었던 저는 우리나라의 발전된 면을 보여주어서 그분에게 조국에 대한 인식을 새롭게 심어주고 싶다는 생각을 하게 됐습니다. 소양호를 보고 강우규 씨도 그곳을 칭찬하는 말을 했고, 대영플라스틱의 어느 직원도 나중에 저에게 강우규 씨를 그곳으로 안내했던 것은 잘한 일이라며 고마워했습니다.

문 여기 이 종이가, 강우규가 자신의 레스토랑에 걸 그림을 그려 달라며 주었던 도면인가요?

답 예, 그렇습니다.

문 그래서 1975년 12월경 그림을 받아가지고 간 강우규가 1976년 1월 하순에 입국하면서 로렉스 시계 한 개를 가지고 와서 선물하던가요?

답 예. 그 시계를 주면서, 제 처가 그림을 그려주느라 수고가 많았다고 했습니다. 제 처가 처음에 그림을 세 점 드리고 나중에 다시 세 점을 더 그려 드렸던 것으로 기억합니다.

문 1976년 2월 하순경 피고인이 고향 후배인 중정 직원에게 강우규의 신원 확인을 부탁했다는데 사실인가요?

답 예. 그런 부탁을 했더니 후배가 알아보고 연락해준다고 했습니다.

문 그 후 중정 직원이 연락을 주었던가요?

답 예. 약 1주일 후 연락을 받았는데, 강우규 씨가 상공인으로 등록되어 있고 별다른 하자가 없는 사람이니 접촉해도 좋다는 취지로 말하기에 의심을 하지 않았습니다. 강우규 씨의 얘기 중에 간혹 우리가 통상적으로 하지 않는 말들도 있었지만, 그것은 공산당도 합법적인 활동을 하고 있는 일본에서 오래 살았기 때문인가 보다 그렇게 생각했던 것입니다.

피고인 김성기의 변호인과 피고인 강우규의 보충 문답

문 피고인이 김성기에게 신분을 의심받을 만한 노골적인 표현이나 행동을 한 일이 있나요?

답 그런 얘기나 행동을 한 것이 전혀 없습니다.

문 그러니까 피고인의 활동과 결부시켜서 김성기를 포섭한다든가 이용한다든가 하는 생각은 없었다는 것인가요?

답 예. 그런 생각은 추호도 없었습니다. 저한테 포섭당한 대한민국 국민은 한 사람도 없을 겁니다.

문 피고인이 김성기에게 로렉스 시계를 선물한 이유가 무엇인가요?

답 전에 그 댁 사모님이 그린 동양화 세 폭을 선물받았습니다. 뭔가 보답을 해야 되는데 그 댁은 생활도 풍족하게 하고 있어 돈을 줄 수도 없고 해서 생각 끝에 시계를 선물하게 된 것입니다.

피고인 이근만과 변호인의 주요 문답

문 1976년 2월 중순 강우규의 아파트에 간 목적이 무엇인가요?

답 강우규 씨가 새로 아파트에 입주했기 때문에 회사에서 벽시계 한 개를 선물하기로 했고, 그래서 이오생 전무와 그 시계를 갖다드리러 간 것입니다.

문 아파트에 도착해보니 상피고인 김추백도 있었나요?

답 기억이 없습니다.

문 피고인은 이 법정에서 검사 신문과 본 변호인 신문 시, 그날 강우규가 했다는 공소장 기재의 발언에 대해 모두 기억이 없다고 진술했었는데, 정보부나 검찰에서 조사받을 때는 공소장에 기재된 것과 같은 내용을 모두 들었다고 진술한 까닭이 무엇인가요?

답 저는 그 자리의 대화에 대한 기억이 없었는데 고원용이 쓴 진술서가 있어서 그것을 보고 진술서를 썼습니다.

문 정보부나 검찰에서 작성한 조서에는 그날 돌아오는 차 안에서 상피고인 이오생과 피고인이, 강우규가 좀 수상하니 신고해야 하지 않겠느냐는 대화를 주고받은 것으로 되어 있는데, 그런 말을 했나요?

답 그런 대화를 한 기억이 없습니다. 그 조서 내용 자체도, 어떻게 된 것인지 모르겠습니다만 이오생의 진술서대로 쓰라고 해서 저도 그렇게 쓴 것입니다.

피고인 이오생과 변호인의 주요 문답

문 1976년 2월 중순 상피고인 이근만과 함께 회사에서 사준 벽시계를 들고 강우규가 입주한 아파트로 찾아간 일이 있나요?

답 예. 그런 일이 있습니다.

문 그 자리에 상피고인 김추백도 있었나요?

답 김추백은 없었습니다. 수사기관에서 조사받을 때 수사관이 보여준 고원용의 진술에, 그날 거기서 김추백과 처음 인사했다는 말이 나와서 제가 착각하게 되었던 것입니다. 하지만 실제로 김추백은 없었고 저희 회사 운전사가 있었습니다.

문 그날 그 자리에서 강우규가 "조총련 모국 방문단 사업이 실패했다, 조총련계 교포가 아니고 민단 교포가 끼어 온다."라는 등의 얘기를 했나요?

답 그 무렵 한참 조총련 모국방문 사업이 펼쳐질 때라 자연스럽게 그와 관련된 얘기가 나왔지만 공소장에 기재된 그런 말은 없었습니다. 심지어 고원용은 이 사업을 두고, 정부가 홈런을 때린 것이다, 그렇게 말했던 것으로 기억합니다.

문 그러면 중정이나 검찰에서 왜 이 건 공소장에 기재된 내용을 들었다고 진술했나요?

답 그때도 저는 그런 말을 듣지 않았다고 했지만, 수사관이 고원용의 자술서를 복사해주면서, "그 자리에 함께 있었던 고원용이 이렇게 들었다는데 당신은 어째서 못 들었다고 하느냐." 하고 심하게 엄문을 하기에 할 수 없이 그렇게 들었다고 진술하게 된 것입니다. 검찰 조서 작성 때에도 검사가 제게 "고원용이 들었다고 하는데, 과거에 정보부에도 있었고 군사정보국에서도 근무한 당신이 그런 내용을 못 들었을 리가 없다."라고 했습니다. 그때 저는 끝까지 못 들었다고 했지만, 정보부에서 작성한 조서 내용이 그대로 베껴 쓰인 것으로 알고 있습니다.

문 검찰이나 수사기관의 조서에는 그날 택시를 타고 돌아오면서 피고인과 상피고인 이근만이 강우규를 신고해야 하지 않겠느냐 하는 얘기를 주고받은 것으로 되어 있는데, 사실인가요?

답 저희들이 지난 3월 8일자로 구속되었는데, 3월 17일 오후 1시경 구치소로 담당 수사관이 찾아왔습니다. 수사관은 "1976년 2월 중순 강우규의 아파트를 방문했을 때의 일이 불분명하다, 강우규 씨가 그때 이북의 의무교육제도 등의 얘기를 하니까, 고원용이 '그런 곳에 가본 일이 있습니까?'라고 물었고 강우규 씨가 '남북통일을 위해 북한에 갔다 왔다.'라고 대답했었다."라며, 그 부분을 다시 넣으라고 했습니다. 할 수 없이 시키는 대로 썼습니다. 그랬더니 수사관이 "그런 말들이 있었다면 강우규가 간첩이라는 것을 알았던 게 아니냐?"라고 했습니다. 저는 그런 것을 몰랐을 뿐더러 실제로 '그런 곳' 운운하는 말을 듣지 않았다고 했는데, 수사관이 무슨 소리냐며 그런 말을 들은 게 틀림없고, 그러니까 당연히 돌아오는 차 안에서 저희가 신고에 대한 의논을 했을 것이라고 했습니다. 그때부터 신고 운운하는 얘기가 나온 것입니다.

문 그러면 왜 검사 앞에서까지 그런 얘기가 있었다고 했나요? 더욱이 정보부에서 근무까지 했던 사람이 사실 아닌 것을 사실이라고 얘기할 수가 있나요?

답 수사관이 "검사님 앞에서도 무조건 잘못했다고 하는 것이 여러 가지로 좋을 것이다."라고 말한 바가 있었고, 제 자신이 중정에 근무했던 경험상 설사 제가 허위 자술서를 썼다 하더라도 그것을 쓴 이상 할 수 없이 책임을 져야 하는 것이 아닌가 하는 생각이 들어 검사님 앞에서

"잘못했습니다."라고만 되풀이했던 결과가 그렇게 되었습니다.

피고인 이오생의 변호인과 피고인 고원용의 보충 문답

문 피고인은 1976년 2월 중순, 강우규의 아파트에 간 일이 있나요?

답 예, 있습니다.

문 그곳에 상피고인 김추백도 있었나요?

답 제가 이름을 모르는 사람이 한 명 있었는데, 중정에서 조사받을 때 그 사람이 김추백이라고 해서 그렇게 진술하게 되었지만 나중에 알고 보니 그 사람은 운전사였습니다. 그러니 김추백은 그곳에서 보지 못했던 것입니다.

문 이근만·이오생 피고인의 말을 들어보니 자신들은 그런 대화를 듣지 못했지만 조사받을 때 피고인의 진술서 등을 내놓고 "고원용이 모두 들었다고 하는데 같은 자리에 있었으면서 못 들었다니 말이 되느냐?"라고 해서 시인하게 되었다고 합니다. 그 점을 어떻게 생각하나요?

답 저는 그 당시 수사관이 "강우규가 이러이러한 얘기를 했다는데 당신은 왜 못 들었느냐?"라고 해서 시인하게 된 것입니다.

문 결국 피고인도 강우규의 진술에 맞추어 썼다는 것인가요?

답 예, 그렇습니다.

문 강우규는 이 법정에서 오히려 "다른 사람이 모두 들었다고 하는데 왜 그런 말을 하지 않았다고 말하느냐?"라고 해서 시인하게 된 것이라고 진술했는데요?

답 어떻게 된 까닭인지 저도 잘 모르겠습니다.

피고인 이오생의 변호인과 피고인 강우규의 보충 문답

문 피고인은 그런 사실이 없는데 "다른 사람들이 전부 그렇게 들었다고 한다. 그러니 당신이 그런 말을 안 했을 리가 없지 않느냐?"라고 해서 그대로 시인하게 되었다고 했지요?

답 예, 그렇습니다.

문 그런데 지금 순서가, 피고인의 조서가 먼저 작성되었고, 고원용이 그것에 맞추고, 고원용의 조서에 이근만·이오생 등이 사실이 아니지만 거기에 맞추어 시인하게 되었다, 이렇게 되는 것 같은데, 어찌된 일인가요?

답 순서 그런 건 모르겠고, 수사관이 메모 같은 것을 가지고 와서 고원용 등 다른 피고인들이 얘기한 것을 제게 재확인하는 방법으로 신문했던 것이 사실입니다.

문 피고인은 이북에 갔다 왔다고 하게 되면 간첩으로 기소된다는 사실을 알고 있었나요?

답 이북에 갔다 왔다는 사실로 간첩의 낙인이 찍히는 것인지 아닌지 그런 것은 몰랐습니다.

문 일본에서는 북괴에 공식 루트를 통하여 들어가는 방법이 있나요?

답 일본에서는 산업인이 매월 50~60명씩 북에 갔다 오는 것으로 알고 있습니다.

피고인 김기오와 변호인의 주요 문답

문 피고인은 1977년 1월 30일, 강우규와 자유의 다리에 다녀왔다고 했는데 그때 강우규가 군사기밀을 탐지하려 하는 것을 알았나요?

답 그런 생각을 하지 않았고 단순히 소풍 가듯 다녀오자는 것으로 가볍게 생각했습니다.

문 피고인은 공소장 기재 내용에 대해 위 부분 이외에는 검사의 신문 시 대부분 시인했는데, 공소장에 나와 있는 내용이 모두 사실이라는 것인가요?

답 예.

문 또 피고인은 검사의 신문 시에, 강우규에게 포섭된 것처럼 했다가 동인을 자수시키려 했다고 말했는데, 그런 사실이 있었나요?

답 예. 나중에 자수시키려고 했습니다.

문 그러면 그 후 강우규에게 자수 권고를 한 바 있나요?

답 자수 권고를 직접 하지는 못했고, 먼저 제가 잘 아는 변호사 사무실을 찾아가 의논해보려고 했으나 변호사님을 만나지 못했습니다. 그러다 결국 시간이 지나 검거되고 말았습니다.

이어진 증인 신문에는 강우규 씨의 처조카 강필환(고등학교 2학년)과 대영플라스틱 회사 운전사 김재기 씨가 출석했다.

아버지를 일찍 여의었던 강필환은 일본에 있는 고모의 얼굴도 모르고 지내다가 중3 때 학교로 찾아온 고모부를 처음으로 만났다. 강필환이 고모부에게 용돈을 받았던 일을 사실대로 말하자 검사는 돈을 강우규 씨에게 직접 받았는지 아니면 그 동생 강용규 씨를 통해 받았는지 따져 물었다. 강필환은 잠시 혼란스러워 했다. '위증 시 처벌받겠다.'라는 선서까지 한 뒤였다. 그래서 "고모부가 그 돈을 준 것은 확실하나 직접 주었는지 어떤지는 정확히 생각나지 않는다."라고 솔직히 답했다. 검사는 한껏 득의양양해 했다.

김재기 씨는 강우규 씨의 집들이에 갔을 때 김추백 씨는 보지 못했고, 강우규 씨가 했다는 북 찬양 발언 등에 대한 기억이 없으며, 이오생 · 이근만 씨를 회사 차로 태워 돌아오는 길에도 신고 운운한 얘기를 듣지 못했다고 증언했다. 검사는 운전사가 어떻게 회사 간부들과 한 자리에 앉아 있었겠냐면서 증언의 신빙성에 흠집을 내려 했다. 운전사든 간부든 같은 회사원으로서 함께 식사하며 인간적인 회포를 나누는 것조차 상명하복에 몸이 닳은 검사에게는 낯선 장면으로 여겨지는 모양이었다.

증인 출석 전, 김재기 씨는 중앙정보부 요원들에게 협박을 받았다. 이오생 전무의 부인이 그저 사실만을 그대로 말해 달라 그에게 호소해온 즈음이었다. 사정을 들은 그의 아내는, 그동안 이오생 전무와의 정리뿐 아니라 회사 사람들의 억울함을 헤아려 재판정에서 진실을 말해야 한다고 격려해주었다.

증인 신문의 자리에는 요원들도 지켜보고 있었다. 그러나 그는 인간으로서의 유대를 놓지 않았고 부끄럽지 않게 증인석을 내려왔다.

재판장은 보충신문을 하면서 주로 강우규 씨에게 이 모 재일 북괴공작원과의 만남, 입북 경위 등을 중점적으로 물었다.

재판장과 피고인 강우규의 주요 문답

문 북괴공작원 '이 모'의 이름이 무엇인가요?

답 이름은 모르고 일본에서는 '이 상'이라고 부릅니다.

문 어디 사는 사람인가요?

답 어디 사는 사람인지도 모릅니다.

문 그 '이 모'라는 사람은 북괴에서 온 사람인가요?

답 그것도 모르고 하여튼 정체불명인 사람입니다.

문 피고인이 북괴에 도착했을 때 그곳에서 공식적으로 무엇을 했나요?

답 공식적인 일을 한 바는 없습니다. 구경만 다녔습니다.

문 피고인이 평양에 간 목적은 무엇인가요?

답 별다른 목적 없이 호기심으로 갔습니다.

문 피고인은 한국에 어떤 사명을 띠고 입국한 것인가요?

답 특별한 사명을 띠고 입국한 것이 아닙니다.

심리가 끝나고 검사는 다음과 같이 구형했다.

제1 피고인 강우규 : 사형(회합, 특수 잠입, 탈출, 금품 수수, 탐지, 반국가
단체 가입 · 권유, 찬양 · 고무죄)
제2 피고인 김기오 : 무기징역(회합, 편의제공, 금품수수, 간첩 방조, 반국
가단체 가입 예비죄)
제3 피고인 고재원 : 무기징역(회합, 편의제공, 금품수수, 간첩 방조죄)
제4, 5, 6, 7 피고인 김추백 · 김성기 · 강용규 · 고원용 : 징역 7년과 자격
정지 7년(회합, 금품수수, 편의제공죄)
제8 피고인 이근만 : 징역 5년과 자격정지 5년(회합, 금품수수, 편의제공죄)
제9 피고인 이오생 : 징역 5년과 자격정지 5년(회합, 금품수수죄)
제10, 11 피고인 김문규 · 장봉일 : 징역 3년과 자격정지 3년(회합, 편의
제공죄)

법정은 온통 술렁였고 피고인들의 가족은 곳곳에서 흐느꼈다. 피고인
들과 변호인들은 최후 진술을 통해 최대한 관대히 처분해줄 것을 호소했
다. 고재원, 이근만, 이오생 씨의 변호인들은 무죄 판결을 바란다는 취지
의 변론을 하기도 했다.
1977년 6월 24일, 1심은 8차 공판으로 두 달 만에 마무리되었다.
재판부가 주문을 읽었다.

제1 피고인 강우규를 사형, 제2 피고인 김기오를 무기징역, 제3 피고인
고재원을 징역 15년에 자격정지 15년, 제4 피고인 김추백을 징역 5년에

자격정지 5년, 제5 피고인 김성기 · 제6 피고인 강용규 · 제7 피고인 고
원용을 징역 4년에 자격정지 4년, 제8 피고인 이근만 · 제9 피고인 이오
생을 징역 3년에 자격정지 3년, 제10 피고인 김문규 · 제11 피고인 장봉
일을 징역 1년 6월에 자격정지 1년 6월(집행유예 3년)에 처한다.

그러나 검사는 양형이 가볍다는 이유로 즉시 항소했다.

'피고인'이 된 열한 명의 시민은 1심 재판을 거치며, 법정이란 약자들을
위한 보루가 아니라 약자들이 내몰리는 망루라는 것을 실감했다.

지독한 절망 속에 모든 기대를 거두고 1심 법정에서까지 공소사실의
'범죄'를 시인했던 김기오 씨는 무기징역의 중형을 선고받은 후 마침내
자살을 결행하려 했다. 구치소 건넌방에 있는 소년수에게 대꼬챙이를 얻
어 손가락에 피를 낸 뒤 휴지 위에 유서를 썼다. 아내와 자식들에게 보내
는 편지 외에도 대통령에게 "제발 관제 공산당을 만들지 말아 달라."라고
편지를 써서 바지 밑에 넣었다. 옷을 찢어 목을 맬 끈도 만들었다. 그러나
수검 과정에서 발각되어 그는 특별 감시를 받게 되었다.

죽음마저 차단된 독방의 벽 한쪽에 웅크려 있던 오후, 어느 교도관이
그를 찾아와 조심스레 말을 건넸다. 본인으로서는 자결이 최선일지 모르
지만 남아 있는 부인과 자식들에게는 더 가혹한 아픔만 남겨질 뿐이라고,
끝까지 싸우고 살아서 결백을 주장해야 하지 않겠느냐고. 질긴 목숨 탓일
까, 육친에 대한 연민과 책임 때문일까, 혹은 사심 없이 그의 결백을 믿어
준 교도관의 휴머니티 때문일까. 그는 허약했던 자신을 미워하지 않기로
했다. 적어도 법정에서 최선의 자기 언어를 찾는 것을 목표로 스스로를
일으켜 세웠다.

정의를 비켜선 애원들로는 불의만 더 온존케 할 뿐이었다. 항소의 과정

은 이제 강제 자백에 대한 고발이자 남용된 처벌에 대한 소추였고, 죄의 결박에 굴하지 않는 양심의 싸움이었다. 열한 명의 시민은 말의 문을 다시 열어젖혔다.

절망에서 희망을
갖게 해달라

검사의 불출석으로 1차 공판에서 심리는 진행되지 못했다. 2차 공판의
심리, 3차 공판의 증인 신문을 거쳐 4차 공판의 선고까지 항소심은 2주 만
에 마무리되었다.

변호인들은 사건의 맥락을 밝혀 왜곡과 날조를 드러내기 위한 물음을
이어갔으나 피고인들의 답은 끝까지 도외시되었다.

피고인 강우규와 변호인의 주요 문답

문 이북에 가서 김일성을 만났다, 이렇게 진술되어 있는데, 김일성을 만
　난 사실이 있나요?

답 없습니다.

문 이북의 우월성을 이야기했다는데 그런 사실이 있나요?

답 여기 여러 피고인들이 있으니까 잘 알겠지만 그런 이야기 안 했습니다.

문 1심 때 평화통일에 관한 이야기는 했었다고 진술했는데, 평화통일이
　란 말은 어떻게 해서 하게 된 것인가요?

답 제가 열여섯 살 때 일본에 건너가서 나라 없는 백성으로서 개, 돼지만
　도 못한 천대를 받고 살았습니다. 그러다 해방이 되어 혼란한 시기에
　귀국사업을 벌였습니다. 그때 오사카역 역장에게 찾아가 교섭을 해서

귀국하려는 동포들을 위해 무료로 차를 내놓게 하기도 했었습니다. 그리고 얼마 안 있다 남북이 갈라지게 되어 그것을 가장 가슴 아픈 일로 생각했습니다. 그래서 그때부터 통일을 하자는 사람과 뜻을 같이한 것입니다.

문 그 평화통일이라는 것이, 이북에 갔을 때 그쪽에서 이러이러하게 하는 것이 좋겠다 하는 말을 듣고 나서 생각한 것입니까, 아니면 피고인 자신이 그냥 남북이 갈라져 있으니까 평화통일을 해야 되겠다, 이렇게 생각한 것입니까?

답 이북에 갔다 와서 평화통일 하겠다고 생각한 일은 없고, 일본에는 통일을 위한 무수한 단체가 있어서 평소 그러한 생각을 해온 것입니다.

문 그러니까 피고인은 우리 조국이 갈라져 있으니까 평화적으로 통일해야겠다, 이런 이야기는 했지만 그건 이북의 김일성이 말하는 평화통일과는 다르다 그 말인가요?

답 예, 그렇습니다. 7.4 공동성명을 지지한 것입니다.

문 공소장에 의하면 피고인이 관광을 빙자하여 군사기밀을 탐지한 것으로 나와 있는데, 자동차를 타고 오가는 그 길에 군사기밀이 눈에 보이던가요? 본 변호인도 설악산을 다녀왔지만 그 길에 군사기밀이라곤 하나도 안 보이던데, 피고인은 길바닥에 군사기밀이 흩어져 있는 것을 보았나요?

답 모르겠습니다. 설악산 갈 때는 버스를 타고 갔는데 나중에는 피곤해서 잠이 들었습니다.

문 피고인은 어렸을 때 도일해서 수십 년 만에 우리나라에 왔지요?

답 예, 그렇습니다.

문 그래서 지형이나 동서남북 구별도 잘 안 되지요?

답 예, 그렇습니다. 안내해주는 대로 따라다녔습니다.

문 공소장에 나온 내용 중 피고인이 구라파를 거쳐서 이북에 간 것은 사실인가요?

답 예. 북에 갔던 것은 사실입니다.

문 이북에 가게 된 동기에 대해 이야기해보세요.

답 구라파에 가기 전에 조국 대한민국을 먼저 들렀습니다. 자기 고향 제주도도 못 보고, 자기 수도 서울도 못 보고 어떻게 외국을 볼 수 있느냐 해서 파리, 런던보다 먼저 우리 조국에 왔습니다. 그 다음에는 될 수 있으면 많은 나라를 보자 해서 16개국 대사관의 비자를 받았습니다. 그래서 16개국을 거쳐서 갔다 온 것입니다. 한번 보고도 싶었습니다.

문 간첩이라고 이렇게 나와 있는데 어땠습니까?

답 놀랐습니다.

문 여기에 와서 적극적으로 무엇을 탐지하려고 한 일이 있었나요, 없었나요?

답 없었습니다.

문 그런 생각을 한 일조차 없나요?

답 없습니다.

피고인 김기오와 변호인의 주요 문답

문 강우규에게 이력서를 써다 준 적이 있나요?

답 예, 있습니다.

문 왜 이력서를 써다 주었나요?

답 강우규 씨가 "일본에는 교포가 투자한 회사가 많으니까 일자리를 주선해보겠다."라고 했고, "제주 출신 국회의원들이 일본에서 1억 몇 천의 모금을 해 갔다. 너도 과거에 독립운동도 하고 했는데, 교포 중에는 번 돈을 유효적절하게 쓰려는 사람들이 있으니 그런 분들한테 소개해보겠다. 그러니 간단한 이력서라도 써 달라."라고 해서 써 주었습니다.

문 1977년 1월 26일 강우규가 "북한에 갔다 왔다.", "평화통일하자.", "남한이 주체성이 없다." 이런 얘기를 했다는 게 사실인가요?

답 1월 26일은 강 피고인이 일본에서 귀국한 날이라 그저 안부를 주고받았고, 1월 29일은 대화 중 "민주화되어야 한다.", "평화통일 되어야 한다." 그런 이야기가 있었습니다.

문 북한에 갔다 왔다는 이야기는 없었나요?

답 예, 없었습니다.

문 자유통일협의회 가입 원서를 내라는 이야기도 없었나요?

답 기억에 없는 이야기입니다.

피고인 김성기와 변호인의 주요 문답

문 지난 번 공판에서, 중정 직원에게 강우규가 재일교포 상공인으로서 접촉을 해도 관계가 없는 사람이라는 연락을 받았다고 했는데, 강우규의 신분 확인을 의뢰하게 된 동기는 무엇인가요?

답 과거 일상생활에서 교포에게 무슨 물건을 받을 때 주의해야 한다고 교육 받았었는데, 교포인 강우규 씨에게 시계를 선물받고 보니 혹시나 해서 알아본 것입니다.

문 그런 연락을 받고 의심을 하지 않고 더 믿게 되었나요?

답 예.

피고인 이근만과 변호인의 주요 문답

문 공소장에 의하면 1976년 2월 14일, 강우규가 여러 가지 이야기를 한 것처럼 되어 있지만, 피고인은 들은 일이 없다 그것인가요?

답 예. 없습니다. 그런 말이 있었다고 하면 제가 기억이 안 날 수가 없습니다.

문 "이북에 갔다 온 사실이 있다."라든가 이북을 찬양하는 내용이 있었으면 무심코 넘어갈 수 없는 것이 아닙니까?

답 예. 그렇습니다.

문 그런데 피고인은 그런 얘기를 들었다고, 중앙정보부뿐 아니라 검찰 앞에서도 시인한 것으로 나와 있습니다. 왜 그랬나요?

답 자포자기한 심정이었습니다. 검사실은 가본 일이 없고 구치소에서 검사 조서를 받았습니다. 송치되기 전입니다.

문 강우규의 집들이에 갔을 때 김재기라는 회사 운전사가 있었나요?

답 예.

문 그런데 정보부나 검찰에서는 운전사가 있었다는 말을 왜 안했나요?

답 마구 다그쳐서 무엇을 통 기억할 수가 없었습니다.

문 피고인은 구치소에 있는 동안에 피부병을 앓았나요?

답 예, 약 1개월간 앓았습니다. 포도당을 열 몇 병 맞았습니다.

피고인 이오생과 변호인의 주요 문답

문 앞서 이근만이 구치소에서 검사에게 조사를 받았다고 하는데, 피고인은 검사실에 가서 조사받은 사실이 있나요?

답 없습니다.

문 검사가 조서 작성 후 읽어주던가요?

답 읽어주지 않았습니다.

문 보여주지도 않았나요?

답 그냥 도장 찍으라고 해서 찍었습니다.

피고인 김추백과 변호인의 주요 문답

문 피고인은 항소이유서에서 강우규가 간첩이라는 사실을 전혀 몰랐고, 강우규로부터 이북을 찬양하는 말을 들은 적이 없다고 했는데, 그것이 사실인가요?

답 예, 사실입니다.

문 그런데 원심 기록에는 어째서 시인한 것처럼 되어 있나요?

답 제가 고혈압 환자인데, 중앙정보부에 연행되어 있을 때도 혈압이 많이 올랐었고, "강우규가 다 이렇게 얘기했는데 너만 모른다면 말이 되느냐, 시인해라."라고 해서 몹시 괴롭고… 그래서 부르는 대로 썼습니다. 1심 공판 때 검찰 신문 후에 다시 반대 신문을 통해 사실을 바로잡으려 했으나 신문 기회가 주어지지 않았습니다.

문 강우규에게 평화통일 등에 대한 이야기를 들은 일이 없나요?

답 평화통일에 대하여 들은 이야기는 있습니다. 평화통일 되어서 우리가 하루 속히 잘살아야 되겠다, 그렇게 얘기하는 것을 들었습니다. 그러나 평화통일은 모든 사람이 원하고 있는 것이어서 김일성이가 말하는 그런 평화통일로 듣지 않았습니다.

피고인 김추백의 변호인과 피고인 강우규의 보충 문답

문 이 사람들을 만나서 교양을 한 일이 있나요?

답 그런 일 없습니다.

문 공소장에 의하면, 북송당한 교포들의 불평을 나무라는 투로 이야기했다고 되어 있는데, 그런 이야기도 없었나요?

답 북송당한 교포들이 휴지가 없다며 편지로 휴지를 보내 달란다는 얘기를 들었었는데, 제주 출신은 알겠지만 어렸을 때 휴지 없이 변을 본 기억도 있습니다. 그래서 일본에까지 휴지를 보내 달라는 것은 지나치지 않느냐, 우리가 없는 나라에서 건설 도상에 있는 나라가 되어가고 있는데 휴지 정도의 불평은 곤란하다, 그런 상식적인 이야기였습니다.

문 그런 이야기 정도로도 남한 사람이 볼 때는 북괴를 동정하는 것처럼 느껴지는데 어떤가요?

답 여기에 와서 살아보니까 북쪽에 대해 나쁜 이야기를 해야 애국자로 생각하는 것 같습니다.

피고인 김추백과 변호인의 주요 문답

문 위와 같은 이야기를 듣고 이상하다고 생각 안 했나요?

답 이상하다고 생각하지 않았습니다. 일본에서 왔기 때문에 저런 이야기를 하는구나 했지, 간첩이라는 생각은 안했습니다.

재판장과 피고인 강우규의 주요 문답

문 1948년에 조총련 동경도 무슨 지부의 부위원장으로 취임한 일이 있나요? 당시 조총련에 관여하게 된 동기는 무엇인가요?

답 조총련이 아니고 조선인연맹[20]입니다. 조련이라고도 불렀습니다. 제가 부위원장으로 있을 당시에는 행사 때에도 태극기를 걸고 애국가를 그대로 불렀습니다.

문 그럼 조련은 북괴를 지지하는 단체가 아닌가요?

답 예, 아닙니다. 그때는 민단도 조직이 안 되었을 때입니다.

---

20 1945년 해방의 물결 속에서 재일동포는 8월 20일 재일조선인대책위원회를 비롯하여 300여 개의 민족운동단체들을 일본 전역에서 조직했다. 같은 해 9월 10일에는 도쿄[東京]의 7개 단체와 일본 각지에서 온 60명의 대표자들이 모여 재일조선인연맹 중앙위원회를 결성했다. 그리고 10월 15일 재일조선인의 전국대회를 통해 각지의 대표 5,000명이 참석한 가운데 재일본조선인연맹(在日本朝鮮人聯盟, 약칭 조련)이 결성되었다. -『한국민족문화대백과사전』 발췌

문 그럼 조련은 민단의 전신인가요?

답 조련이 분열되어서 민단이 생겨난 것입니다.

문 부위원장으로 얼마나 있었나요?

답 한 2년 동안 있었습니다.

문 그 후 1967년에 민단에 들어갔는데, 어떻게 해서 들어가게 되었나요?

답 민단 의장단이 제가 조련 부위원장으로 있을 때 저하고 책상을 같이했던 친구들입니다. 그래서 같이 조직을 하고 거기에 들어간 것입니다.

문 그 후 탈퇴한 일은 없나요?

답 예, 없습니다.

문 1심 공판 때 검사가 "… 지령을 받았나요?" 하고 물으니까, "그런 사실이 있습니다." 이렇게 답한 것으로 되어 있는데, 어떤가요?

답 본의하고 반대되는 것입니다.

문 본의에 반대되는 진술을 왜 했나요? 그때 자포자기 상태였나요?

답 오랫동안 고민을 하다가 "거짓이라도 시인해서 반성하고 전향하고 그러면 형 집행정지 혜택을 볼 수가 있다." 그런 말도 듣고…. 그래서 그렇게 진술했던 것입니다.

다른 피고인들에 대한 재판장의 몇 가지 질문 뒤 증인신문이 이어졌다. 변호인들은 강우규 씨의 신원에 이상이 없다고 김성기 씨에게 전언했던 중앙정보부 직원을 증인으로 신청했으나 채택되지 않았다. 강용규의 막내아들 강상철 씨는 아버지와 함께 중앙정보부 제주분실로 끌려가 고문을 당했던 데 이어 이번엔 다시 증인석에 서게 되었다. 그는 강우규 씨와 생활한 1년 동안 방북이니 하는 말을 들은 적이 없고, 김추백 씨가 가끔 찾아와 아파트 관리며 생활을 돌아봐주었다고 사실대로 진술했다. 강용규 씨의 큰딸 강상열 씨도 큰아버지에게 직접 결혼 축의금으로 10만 원을 받았다고 증언했다. 강우규, 고재원 씨와 전등사에 함께 갔던 김 마담도 증인으로 출석하여, 다리가 불편한 강우규 씨를 자신이 부축하여 함께 다녔는데 어떤 수상한 언행도 없었다고 진술했다. 보도를 본 소회를 묻는 질문에 김 마담은 "이런 분이 그렇게 큰 범죄를 저지를 수 있을까, 무어라 표현하기 곤란한 놀라움을 가졌었다."라고 답했다.

신문이 끝나자 검사는 원심을 파기하고 최초 구형량대로 처벌해 달라는 의견을 냈다.

강우규 씨의 큰딸 강경자 씨는 아버지의 최후 진술을 들으며 눈시울을 붉혔다. 남도 북도 자신에게는 모두 조국이었다고, 북쪽 땅을 밟았던 것은 사실이지만 자신은 간첩이 아니라고, 부디 진실을 가려 절망에서 희망을 갖게 해주기 바란다고, 끝까지 차분하게 말하던 아버지.

어머니를 여의고 일찍 분가해 소식도 자주 나누지 못하던 강경자 씨는 한국의 구치소와 공판정에서 아버지와 오랜만에 상봉 아닌 상봉을 한 것이었다. 일본인과 결혼하여 이미 일본인으로 귀화했기에 그나마 검열을 통과해 공판정에 올 수 있었다. 강경자 씨에게 아버지는 인정에 약하고 이웃을 돌보느라 오히려 가족에게 소홀하기도 했던 분이었다. 거창한 명분하에 은밀히 무엇인가를 기도하며 실행해낼 위인이 아니었던 것이다. 물론 아버지는 동포와 민족에 대한 애정이 깊은 이였다. 결혼하며 아버지와 갈등을 겪었던 것도 '조국'이니 '민족 정체성'이니 하는 것들 때문이었다. 그런 아버지가 조국의 재판정에서 '사형'을 언도받았다. 그런데도 아버지는 그곳에서 다시 '진실'과 '희망'을 구하고 있었다. 조국에 대한 분노와 설움 때문이었을까, 아버지에 대한 원망과 연민 때문이었을까. 강경자 씨는 끝내 울음을 터뜨렸다.

1977년 11월 3일, 서울고등법원은 "고원용·장봉일이 강우규의 부탁을 받고 〈제주신문사〉에 가서 『경제통감』을 구할 수 있을지 알아봤던 것에 대해서는, 현실적으로 편리가 주어진 것이 아니기에 편의제공죄를 물을 수 없다."라며 관련 공소사실에 대해 무죄를 인정하고, 그 외 피고인들의 항소 내용을 전부 기각, 다음과 같이 선고했다.

제1 피고인 강우규의 항소를 기각(사형)하고, 제2 피고인 김기오를 징역 12년과 자격정지 12년, 제3 피고인 고재원을 징역 7년과 자격정지 7년, 제4 피고인 김추백을 징역 3년 6월에 자격정지 3년 6월, 제6 피고인 강용규·제7 피고인 고원용을 징역 3년에 자격정지 3년(집행유예 4년), 제5 피고인 김성기·제8 피고인 이근만·제9 피고인 이오생을 징역 2년에 자격정지 2년(집행유예 3년), 제10 피고인 김문규·제11 피고인 장봉일을 징역 1년과 자격정지 1년(집행유예 2년)에 처한다.

김추백 씨의 아내는 판결을 마치고 나가는 재판장에게 달려가, 왜 3년 6개월을 선고했냐고, 억울한 남편에게 징역까지 살게 한 이유가 무엇이냐고 옷자락을 부여잡으며 물었다. 재판장은 울먹이는 김추백 씨의 아내를 잠시 쳐다보고는, "국가 정책적인 일이라 어쩔 수 없으니 그만 돌아가라."라는 말을 남긴 채 자리를 떴다.

끝내 진실은
기각되었다

::: **상고심 – 대법원(1978. 2. 28)** :::

1978년 2월 28일. 대법원이 상고를 기각하여 위의 형은 그대로 확정되었다. 열한 명의 시민은 가혹히 단죄되고 수감되었다. 그러나 법정의 동토에서 그들이 세워놓은 말들은 언젠가 일어나 소리치는 돌이 될 것이다. 말들은 언제나 제 앞에 놓인 스스로의 역사를 안다.

1977. 6. 24. 1심(서울형사지법) 선고 후 김문규, 장봉일 씨가 집행유예로 석방되었고, 1977. 11. 3. 항소심(서울고법) 선고 후 김성기, 강용규, 고원용, 이근만, 이오생 씨가 집행유예로 석방이 되었으나 '반공법, 국가보안법 위반'의 굴레는 그들의 일상을 계속해서 옥죄었다. 피해자들은 요시찰 인물로 분류되어 87년경까지 사찰을 받으며 동향을 보고당했다. 붉은 낙인이 찍힌 채 아무 것도 하지 못하고 엄폐되는 생활을 견디다 못해 가족들과 헤어져 긴 세월을 보낸 이도 있다. 김문규 씨는 고문 후유증을 심하게 겪다가 자살에 이르렀다.

사형 확정판결을 받았던 강우규 씨는 '구원회'의 꾸준한 구명 운동에 힘입어 82년에 무기징역으로 감형되었다가 1988년에 다시 20년으로 감형되고, 그해 12월에 가석방되어 출소한다.

김기오 씨는 1988년 10월에 만기 5개월을 앞두고 가석방되었다. 기자 출신이었던 그는 이후 자신의 수형 생활을 돌아보고, 자신의 억울함을 알리는 수기를 출간하기도 했다.

고재원 씨는 1984년 2월, 7년 만에 만기 출소하였다. 그는 자신의 '범죄 사실'을 인정할 수 없으니 '전향' 의사를 밝힐 어떤 이유도 없다며, 복역 중에 요구받았던 '전향 요구서'를 끝까지 거부하였다.

김추백 씨는 1979년 5월에 만기 1년 3개월을 앞두고 교도소에서 노역하다 쓰러져 형집행정지로 출소, 열흘 만에 사망하였다.

이웃들이나 친척들에게 외면 받고, 경제적인 궁핍을 겪으며, 심리적으로 가정의 해체를 겪는 등 피해자들과 가족들은 회복되기 힘든 내상 속에서 긴 세월을 견뎌야 했다.

[3부]

기소되지 않은

범죄는

익명 속에서

잊혀진다

- 2005년 12월, '진실과 화해를 위한 과거사정리위원회'가 세워진다. 2006년, 피해자들은 과거 사건에 대한 진실규명 신청을 했고, 진화위의 진실규명 결정과 재심의 과정을 거쳐 2016년에 무죄확정판결을 받는다. 3부에서는 2006년부터 시작한 진실규명과 재심의 과정 등 기록자의 경험을 직접 서술하였다.

- 3부 제목은 JTBC 뉴스룸 '내일'에서 인용하였다.

1장 :

진실규명
(2005. 12 ~ 2010. 5)

#5

내가 중1이던 여름방학, 제주에서 언니가 올라왔다. 엄마는 아동 도서 외판 일을 하러 가고 초등학생이던 두 동생이, 그것도 재미있는 놀이라고, 한여름에 한겨울 옷가지를 꺼내 입고 밖에서 누가 더 오래 버티는지 시합을 하러 나간 오후였다. 옷가지들이 헤집어진 캐비닛 안쪽에는 아빠의 넥타이들이 그대로 걸려 있었다. 나는 캐비닛에 보관된 앨범들을 꺼내 언니와 펼쳐 보았다. 함께 쌓은 추억들과 새로 겪어온 사연들에 대한 얘기를 주고받으며 나는 모처럼 수다스러워졌다.

앨범 옆에는 엄마가 우리들의 소소한 상장들을 모아 놓은 상자들도 있었다. 이 상자 저 상자 뒤적여보다가 우리는 뜻밖에도 한 다발의 주택복권을 발견했다 (나중에 엄마한테 물어보니 아빠가 재미로 모은 것이라고 했다. 당첨된 것은 그나마 대부분 500원짜리였고 딱 한 번 5,000원짜리에 당첨됐었다고). 송해 아저씨가 나와서 "준비하시고- 쏘세요!" 하면 숫자판에 화살이 날아가 꽂히던 복권 추첨 프로그램을 우리도 몇 번 같이 보았었다. 쉬 떨어져 바스라지던 범부(凡夫)의 소망들…. 복권은 빛바랜 낙엽 갈피처럼 애잔했다.

캐비닛 맨 밑 깊숙이 놓인 상자엔 봉함엽서가 가득 담겨 있었다. 한때 꼬박 기다렸던, 그러나 1979년 5월 이후 영영 끊겨버린 아빠의 편지들이었다. 예전엔 눈여겨보지 않았던 무궁화 '검필' 도장이 이물감을 자아냈다. 발신지는 모두 '광주시 문흥동 88-1번지'로 되어 있었다. 편지들을 훑어보며 눈시울이 붉어진 언니에게 내가 물었다.

"아빠는 J대 병원에서 돌아가셨는데, 왜 발신 주소가 여기로 되어 있지? 여기가 병원인가?"

언니는 상자 안에 엽서들을 다시 담더니 눈가를 훔치고 한참 만에 내게 말했다.

"… 엄마한테 내가 말했다고 하면 안 돼. 아빠, 교도소에 계시다 쓰러지신 거야."

나는 비로소 무언가 아귀가 맞는다는 느낌이 들었지만, 이해가 되지 않았다. 막연히 아빠에게 억울한 사정이 있었을 거라고만 생각했다.

"아빠가 왜?"

"… 국보법 위반으로."

"국보법? 그게 뭐야? 국보를 훔치기라도 했다는 거야, 아빠가?"

"그런 게 아니라…."

언니는 더 자세히 말해주지 않았다. 나는 국보법이 대체 어떤 법인지 알고 싶었지만, 어쩐지 함부로 물으면 안 될 것 같아 한동안 함구했다.

1987년 6월 항쟁 이후, 사회 곳곳에서는 그동안 억눌렸던 요구들이 봇물처럼 터져 나왔다. 방방곡곡의 일터에서 수천 개의 노동조합이 결성되었고, '노동자, 권리, 평등…' 이런 말들이 복권되었다. 언론·출판·교육·문화 등 각 부문마다 다양한 조직이 꾸려져 분주히 제 목소리를 내었다. 통일에 대한 염원도 다시 분출되었다.

내가 대학에 들어갔을 때의 학내 분위기도 예외는 아니어서, 학생회와 동아리

활동이 매우 활발했고 학생운동이 폭넓게 지지를 받고 있었다. 독재 타도! 그리고 그 이후엔 어떻게 좋은 세상을 만들 것인가. 학내엔 수많은 대자보가 붙고 유인물이 뿌려졌으며, 진지하고 열띤 토론들이 오갔다.

1989년 봄, 평생을 민주화운동에 헌신해왔던 문익환 목사가 당국의 허가를 받지 않고 북한을 방문한 일이 있었다. 가뜩이나 민주화의 열기를 마뜩찮아 하던 노태우 정권은 문 목사가 국가보안법을 위반했다며 이를 빌미삼아 이른바 '공안 정국'을 조성했다. 여러 민주화운동 단체 관련자들이 줄줄이 구속되고 야당 당수들도 조사를 받았다. 한 신문사 논설 주간은 방북 취재를 계획한 것만으로 체포되었다. '단체협약 체결, 해고자 복직' 등을 걸고 노동자들이 파업 중이던 현대중공업에는 최루탄과 헬리콥터, 불도저와 지게차를 앞세운 1만 4,500여 명의 경찰이 투입되었다.

대학의 총학생회마다 '공안 탄압 분쇄'를 내걸고 동맹휴업을 제안했다. 우리 학교에서도 각 과별로, 학년별로 총회가 열렸다. 과 선배들은 민주주의의 후퇴를 막아내자며 혈서를 쓰기도 했다. 새내기였던 우리들도 동맹휴업에 동참하며 강의실 대신 광장에 모였다. 과별로, 단과대별로 올린 형형색색의 깃발이 광장의 하늘을 가득 메웠다. 광장엔 다양한 주장이 있었다. 그 주장들을 다 이해했던 것은 아니었지만, 그날 나는 '국보법 철폐'라는 구호만큼은 목청껏 따라 외쳤다.

이상한 일이 이상스레 여겨지지 않는 것이 참 이상한 일이었다. 한 사람이 허가 받지 않고 — 허가를 신청하면 받아들여졌을지 여부는 차치하고 — 분단선을 넘었다는 이유로, 수많은 사람들에게 수갑이 채워지고 재갈이 물려졌다. '5공 청산'에 합의하고 광주 학살에 대한 책임을 밝히기로 했던 일도, 노동자들의 권리 보장을 위해 노동법을 개정하기로 했던 일도 한꺼번에 뒷전으로 밀렸다. 고문의 악명이 높아 존폐까지 거론되던 안기부, 보안사가 다시 '공안합동수사본부'의 중심이 되었다. 어떤 온당한 주장도, 그 주장에 끄덕이며 함께하던 이들도 '국보법'으로 겨누어지고 나면 스르르 힘이 풀리고 흩어져 갔다.

게다가 국보법이 처벌하는 '이적행위'의 범위는 도무지 가늠하기 어려웠다. 그 봄 우리 과 선배가 구속됐던 일도 그런 사례였다. 복학생인 그는 훗날 농활에서 우리가 사용한 '푸세식 변소' 청소를 우직하게 도맡은 선배였다. 자취방에 꽂혀 있던 책들 때문에, 선배는 '이적표현물'을 소지한 국보법 위반 사범이 되었다. 기실 그 책들은 학교 열람실이나 학교 앞 사회과학 서점에서 흔히 볼 수 있는 것들이었다고 선배들은 말했다.

당시 정권은 이념과 체제를 달리하는 공산권 국가와도 국제 협력을 통해 새로운 관계를 구축한다는 목적을 내세워 '북방정책'을 추진하고 있었다. 문 목사보다 조금 앞서 방북한 재벌 회사의 회장은 한껏 치하를 받았다. 그러니 북한이나 그 외 사회주의권 국가를 방문하거나 교류, 연구하는 일 자체가 문제는 아니었다. 의도가 어떻든 검열과 순치를 통과하지 않는 행위들은 이적으로 몰렸다.

국보법은, 그러니까 '국가보안법'은, 어떻게든 적을 세워 자신의 정당성을 입증하려는 이들이 휘둘러 온 전가의 보도였으며, 모든 경계 넘기에 대한 금기의 주문(呪文)이었고, 자유롭지 못한 자유민주주의의 충직한 파수꾼이었다.

진실과 화해를 위한
과거사정리위원회

::: **진실규명 신청(2005. 12 ~ 2006. 3. 2)** :::

이번에는 무언가를 할 수 있을까.

2005년 연말, 나는 시청에서 발행한 지역신문을 넘기다가 '진실과 화해를 위한 과거사정리위원회(이하 '진화위')'의 활동 개시에 대한 안내문을 보았다. 국회에서 진통 끝에 '진실·화해를위한과거사정리기본법'이 통과된 것은 알고 있었지만, 항일운동·민간인 학살 외에 각종 의문사 사건이라든지 인혁당 사건처럼 널리 알려진 사건에 대한 규명이 초점이겠거니 생각했었다. 안내문을 자세히 읽어보니 '권위주의 통치 시 부당한 공권력의 행사로 인하여 발생한 사망·상해·실종 사건, 그밖의 중대한 인권 침해 사건과 조작 의혹 사건'들에 대하여 진실규명 신청을 받는다는 것이었다. 우리 가족은 그 기사를 돌려보며 아버지 사건에 대하여 가능한 한 빨리 진실규명 신청을 하기로 했다.

아버지가 돌아가시게 된 경위에 대해 내가 알게 된 것은 대학을 졸업하고 나서였다. 남동생은 이른바 '강경대의 친구들'[21] 세대였는데, 대학교

---

21 1991년 4월 26일, 명지대에서 시위 중이던 강경대 학생이 전투경찰이 휘두른 쇠파이프에 맞아 숨졌다. 이 사건을 계기로 이후 한 달 여간 정권 타도를 외치는 시위가 이어졌고 11명의 학생, 시민의 분신이 이어졌다. 이 사건 즈음의 경험을 공유했던 91학번 전후 세대를 지칭하였다.

4학년이던 1994년, 술김에 '주사파는 빨갱이…' 운운하는 플래카드를 라이터로 훼손하다 구류된 적이 있었다. 1991년에도 "어둠을 부추기는 죽음의 세력이 있다."라고 했던 모 대학 총장이 그즈음 다시 "주사파가 학원에 깊이 침투해 있다.", "주사파 뒤에 사노맹이 있고, 사노맹 뒤에 북한 사노청, 그 뒤에는 김정일이 있다."라고 발언한 것이 회자되면서, '주사파 색출'이라는 명분으로 대학가에 대대적인 검거가 이뤄지던 시기였다. 동생은 사제인 그 총장이 자극적인 발언으로 사회적 증오를 부추기는 상황에 대해 신자로서 자괴감과 큰 반발감에 사로잡혔다고 한다. 사흘 만에 풀려나온 동생은 우리에게 뜻밖의 이야기를 들려주었다.

"저를 조사하던 형사가 신원조회를 하더니 어버지가 겪은 일을 거론하며, 사회에 나가 자리 잡으면 네가 꼭 명예회복 시켜드려야 하지 않겠느냐, 그러던데요."

"내가 경찰서에 찾아갔을 때, 착한 아드님 두셨다면서 살펴 가시라던 그 형사 말이지? 어쩌면 그런 형사가 다 있니? 고맙기도 해라."

그 일은 새삼 우리가 '간첩'의 가족으로 남아 있음을 확인하는 계기가 되었다. 나와 두 동생은 아버지가 연루되었던 '간첩단' 사건에 대해 처음으로 어머니에게 들을 수 있었다.

"너희 아버지가 연행되고도 한참 지나서야 구치소에서 면회가 되었어. 그때 아버지가, 뭐가 뭔지 제대로 기억할 수도 없고 억울해서 못 살겠다, 그러면서 탄원서라도 써 달라는 거야."

어머니는 검사니 대법원장이니 대통령에게 몇 번씩 고쳐 쓰며 보냈던 탄원서들을 장롱에서 꺼내와 보여주었다. 흰 편지지에 눌러쓴 애타는 탄원들이, 빛바랜 누런색 판결문과 함께 어느 구석에 포개어진 채 캄캄한 세월을 보내온 것이었다.

그러고 나서 몇 년 후 남동생이 친구 소개로, 조작간첩 사건의 진상규명을 위해 애써오던 천주교 인권위원회의 활동가를 찾아뵙고 온 적이 있었다.

"인권위원회에 계신 분 말이, 아버지에 관한 판결문 일부와 어머니의 탄원서, 기사 몇 개만으로는 전체 사건이 어떻게 조작되었는지 밝혀내기 어려울 것 같대요."

동생은 무척 안타까워했다. 당시 우리 가족은 따로 더 할 수 있는 일이 없었다.

그 후 또 몇 년이 지났다. 이제 관련법이 제정되고 국가의 공식 기구도 띄워졌으니 아버지의 신원이 가능해질까.

2006년 1월 초, 나는 안내문이 실린 지역신문 기사를 가지고 시청 민원실을 찾아갔다. 공무원들은 '진화위'에 대해 낯설어했다. 이 과 저 과를 거쳐 한참 만에 신청서를 뽑아주며 자세한 건 '진화위'에 직접 문의해보라고 했다. 집에 돌아와서 신청서를 작성하려고 하니 '사건의 내용', '진실규명이 필요한 이유'와 함께 '경험자 또는 목격자', '증거 자료' 등을 적게 되어 있었다. 그러나 아버지를 빼앗긴 우리 가족이 아버지가 집을 떠나 겪었던 일을 어떻게 증명할 수 있단 말인가. 아버지와 함께 사건에 연루되었던 이들도 모두 연락이 끊긴 지 오래였다. 어디에서부터, 무엇을, 어떻게 시작해야 할지 고민이 되었다. 나는 회원으로 가입해 있던 인권연대를 찾아가 의논을 해 보기로 했다.

내가 인권연대의 회원이 된 것은 '학생인권모임' 교사들과 그곳의 인권 강좌를 들으면서부터였다. 2005년 당시 학생들이 벌인 'No Cut!'[22] 운동을 계기로 나는 몇몇 교사들과 함께 '학생인권'에 대한 공부 모임을 하고 있었다.

7, 80년대처럼 스포츠머리나 귀밑 단발은 아니더라도, 2000년대의 학생들 또한 '학생다워야 한다'는 이유로 '남학생은 이마와 귀를 훤히 드러내고, 여학생들은 긴 머리의 경우 반드시 묶어야 한다.'라는 등의 두발 제한 규정을 적용받았다. 일부 학교의 학생부에서는 바리깡으로 학생들의 머리를 밀기도 했다. 우리 반에도 매일같이 두발 단속을 피해 다니다가 아예 학교를 나오지 않으려는 학생이 있었다. 개인적으로 학생들의 요구나 심정에 공감하는 것으로는 해묵은 갈등을 해결할 수 없었다.

'학생인권모임'에서는 두발·용의복장 규제, 체벌, 강제 자율학습 등 그간 어느 정도 인권 침해를 공모하거나 방조해왔던 교사들의 '지도 행위'들을 돌아봤고, '학생다움'이란 무엇인지, 왜 유독 중고등학생들에게만 '학생다움'이 강조되는지 물었다. 교육을 명분으로 학생들에게 무슨 권리들이 어떻게 유예되고 삭제되는지 짚어보며, 인권친화적인 문화를 만들기 위한 방안을 고민했다. '학생 인권'을 둘러싼 언어는 무척 빈곤했다. 우리는 인권 일반에 대한 이해가 필요하다는 데 공감하고, 인권단체와 인권교육 프로그램을 찾아다녔다.

그 여름, 나는 '학생인권모임' 교사들과 인권연대의 강좌를 듣고, 후속 프로그램이었던 과거 남영동 대공분실(현 경찰청 인권센터) 탐방에도 함께했다. 국내 유수의 건축가가 맡았다는 그 건물은 공포의 극치를 치밀히 측량해 설계한 것이었다. 뒷문에서 취조실까지 나선형으로 연결된 긴 계단은 피검자의 공간 감각을 마비시켰고, 어긋나게 배치된 각방의 철문은

---

22 두발자유를 요구한 청소년들의 운동. 청소년 관련 인터넷 사이트 '아이두'에서 개설한 '두발제한 폐지' 서명사이트(http://nocut.idoo.net) 게시판에는 2005년 3월에 1만 3,000명이 넘는 학생들이 두발자유 서명을 했고, 인터넷 포털 사이트 다음(daum)의 네티즌청원운동(아고라) 게시판에서도 '두발규제 폐지' 여론을 모았다. 온라인뿐 아니라 학교 내 서명운동과 거리 캠페인, 토론회로 이어지며 청소년들이 자신들의 인권에 대하여 집단적으로 목소리를 내는 계기가 되었다. – 『인권오름(50호)』 참조

복도 건너편의 시선을 차단했다. "40명의 이근안이 이곳에서 근무했었다."라고 사무국장은 말했다. 어둑한 취조실에서 또 얼마나 많은 박종철이 영혼이 으스러지는 고문을 받았던 것인가. 나는 어느 깊숙한 방, 절망에 내쳐졌을 아버지를 떠올리며 소스라쳤다.

바람은 꽤 차가웠지만 볕이 좋은 날이었다. 골목길에 얼어 있던 눈이 양지쪽부터 녹아내렸다. 나는 모퉁이에 있는 건물 3층 계단을 올라 인권연대의 문을 열었다. 사무국장은 취재를 온 기자들과 면담 중이었다. 젊은 간사가 내주는 차를 마시며 나는 갈무리해온 자료 파일들(당시 중앙일간지 기사와 판결문 일부, 어머니의 탄원서들과 일기, 아버지의 봉함엽서 등)을 다시 넘겨보았다.

"김 선생님, 많이 기다리셨지요? 죄송합니다."

기자들을 전송하고 온 사무국장이 테이블 건너편 의자를 당겨 앉았다.

"어제 선생님 전화를 받고, 저도 '강우규'라는 이름을 검색해보았는데, 관련된 사건 내용은 찾을 수 없더군요. 강우규 씨는 재일동포라고 하셨지요? 어떤 분이셨나요? 아버님이 혹시 혁신계와 관련된 일을 하신 적이 있나요?"

"저희 아버지는 그저 평범한 가장이셨어요. 잠시 공화당 국회의원 비서로 계셨던 적은 있지만 그 후 정치 쪽에 관련된 일은 하시지 않은 걸로 알고 있습니다. 강우규 씨는 저희 아버지가 다니던 회사—대영플라스틱이라고 재일동포가 출자한 회사였는데 거기 감사셨대요. 어머니 말씀이 강우규 씨가 일본에 오래 계셨던 분이라 북에 대한 얘기를 스스럼없이 했던 것 같다고, 하지만 그분이 '간첩 활동'을 했다는 건 그 당시에도 그렇고, 지금까지도 전혀 믿기지 않는다고 하세요."

자료들을 바탕으로 차분히 당시 일을 설명하려 했지만, 아버지가 옥에서 쓰러져 돌아가신 일을 말하는 대목에서 나는 그만 눈물이 글썽여졌다.

"어머니께서 정말 고생이 많으셨겠네요. 김 선생님, 아버지의 무고함을 밝히려면 가족들의 결단, 그리고 지난한 싸움과 노력이 있어야 합니다. 인혁당 사건 유족들은 30년을 넘게 싸우고 있어요. 알려지지 않았지만 비슷한 사건이 무척 많습니다. 증언이나 자료를 더 모아야 할 것 같습니다. 무엇보다 같이 피해를 겪으셨던 분들을 찾는 게 중요합니다. 만나다 보면 크고 작은 사실이 타래져 나오기 마련이거든요. 다른 피해자들과 최대한 함께 진실규명 신청을 하는 것이 더 좋겠지요."

사무국장은 자료를 차근히 살펴보고는 주요 부분을 복사해서 철해 두었다.

"진실을 찾아가는 과정은 아주 고단하고 힘든 반면 실익은 별로 없을 수도 있습니다. 아버지 산소에 명예회복의 꽃 한 송이 바치겠다는 마음으로 시작하세요. 저희들도 어떻게 도움이 될 수 있을지 고민해보겠습니다. 앞으로도 전화 자주 주세요."

막연한 당위와 소망은 먼 길을 가기 위한 깊은 발원으로 거듭나야 했다. 나는 마음을 다잡으며 사무실을 나왔다.

며칠 뒤 어머니와 나는 저녁을 먹다가 '국가폭력 피해자 모임'에서 진화위에 공동으로 진실규명 신청을 했다는 TV 뉴스를 보았다. '반민특위 사건', '민족일보 관련 사건', '4.19 교원노조 사건'처럼 어느 정도 알려진 사건들 외에 몇몇 조작 간첩 사건이 대상이었다.

"우리 사건도 77년 당시에는 온 세상이 떠들썩하게 보도했었는데, 지금은 아무도 관심을 가져주지 않으니….."

"엄마는, 저분들이 피해 사실을 알리기 위해 얼마나 애써왔는데요. 그동안 우리는 한 일이 없잖아요."

어머니는 당신도 금요기도회에 나가 보았었다며, 당시 이야기를 들려주었다.

"어느 날 구치소에서 너희 아버지 면회를 하고 나오는데, 내가 훌쩍이는 걸 보았는지 어떤 할머니가 다가와서 무슨 일로 다녀가냐는 거야. 당신이 김지하 시인의 어머니래. 내가 아버지 사연을 말하니까, 그까짓 일이 무슨 죄냐며 부르르 화를 내더라구. 그러고는 내 어깨를 감싸며 말했지. '억울한 사람들이 같이 위로를 나누어야지요. 죄 없는 가족들의 석방을 위해 기도하는 자리가 있으니 아주머니도 오세요.' 그 말에 용기를 내서 종로 5가 기독교회관으로 나갔어. 우리 같은 사람들 여럿이 모여 기도도 하고 석방을 요구하는 것을 보니 힘이 나더라. 그런데 그날 돌아오는 길에 누군가 따라붙는 느낌이 드는 거야. 아버지한테 피해가 갈까 겁도 나고… 어린 너희들을 돌보며 생계를 책임져야 하는 처지라 더는 그 기도회에 참여하지 못했어. 그래도 매일매일, 하루도 빠짐없이 기도했다. 너희 아버지의 억울함이 언젠가는 꼭 풀리게 해 달라고 말이야."

30년간 누구도 모르게 빚어온 기도였다. 그러나 우리 가족의 평온한 삶을 송두리째 박탈한 그 사건은 30년이 지나며 소실되어 있었다. 그 30년을 복원해야 했다. 나는 피해자들을 최대한 찾아 만나보고 자료들을 더 모으기로 했다.

허병선(외삼촌) 씨와의 면담 _ 2006년 1월 말, 어머니의 집

나는 사건 당시 대영플라스틱의 영업과장이었던 외삼촌에게 연락을 했다. 사건에 대한 내용이며 피해자들의 근황을 파악하는 데 도움을 받을 수 있지 않을까 생각해서였다.

우리 외삼촌이나 이모들은 다들 삶의 신산 속에서도 한 움큼의 낙천을 잃지 않는 이들이었다. 빚에 몰려 운영하던 가게 문을 닫게 되었을 때에도 외삼촌은 실의에 가라앉지 않고 여전히 딸들과 무익한 농담을 주고받곤 했다. 40대 초반에 풍을 맞아 계속 고생하면서도 외삼촌은 스스로 식이요법이며 운동으로 꾸준히 재활에 애쓰고 있었다.

제주에서 작은 이모가 보내온 자리돔으로 어머니가 물회를 내왔다. 식사를 마치고 외삼촌은 그동안 한 번도 꺼내지 않았던 이야기를 어머니와 나에게 해주었다.

"그때가 결혼하고 2주쯤 되었던가? 지방으로 출장 갔다 회사로 돌아오니 낯선 사람들이 기다리고 있었어. 전무님이 굳은 얼굴로 '허 과장, 이분들 따라가 보게.' 하시는 거야, 아무 설명도 없이. 그래 어리둥절 따라간 게 남산 지하실이야. 그놈들이 나한테 고개를 숙이라고 하더니 귀때기를 후려 까고 주먹으로 깡패들이 패듯이 패더라고. '이 새끼야 다 불어!' 하면서. 뭐가 어떻게 된 건지, 뭘 불라는 건지 처음엔 몰랐어. 나중에서야 그 사람들이, 강우규가 간첩인 거 다 알고 있지 않았느냐, 그래. 내가 무슨 소리냐고 했더니 계속 때리고 벌세우고…."

"무슨 벌을 어떻게 세우던가요?"

"벽 등지고 다리 구부리고 기마 자세로 서게 해. 그렇게 한 15분 있다가 몸이 내려가면 퍽, 배를 치고 뺨 때리고, 번쩍번쩍하는 거지 뭐. 하여간 계속 패는데, 밤잠을 안 재웠으니 얼마가 지났는지 모르겠지만, 옆방에선지 이오생 전무님 맞는 소리도 들리고, 이근만 상무님, 성춘경 부장님 맞는 소리도 들려. 한참을 정신없이 맞고 났더니 그놈들이 자기네가 써온 내용을 스무 번 크게 소리 내어 읽게 하더라고. 그렇게 읽다 보면 정말 뭐가 사실인지 도무지 가늠할 수가 없게 돼. 그래도 난 정신 바짝 세우고 거기 나온 내용 모른다고 버텼지. 강우규 씨는 오다가다 엘리베이터에서 만난 게 다고, 그 사람이 회사에 얼마를 댔는지도 모르고, 너희 아빠랑 무슨 얘기를 했는지도 나는 모른다고. 그랬더니 그놈들이 나를 다시 뚜드려 패고 내 사지를 곤봉에 묶어 가지고 책상과 책상 사이에 동동 매달리게 하는 거야. 얼굴엔 수건을 덮어씌우더니 큰 주전자에 담긴 물을 마구 퍼붓고….'

"세상에, 그런데 왜 그때 그런 얘길 안 했어?"

어머니가 놀라움과 미안함이 뒤섞인 얼굴로 물었다.

"거기서 나올 적에 각서를 쓰라고 하더라고. '여기 왔었다는 소리 앞으로 절대 하지 않겠다.'라고 말이야. 그놈들 앞에서 각서까지 썼는데 어떻게 얘기를 해. 신혼이었는데 엿새 만에 집에 들어가고도 색시한테 회사에 긴급한 일이 있었다고만 했지."

"아이들 어멍도 여태까지 전연 몰란…?"

"그럼. 그 얘길 하는 건 지금 여기서 처음이니까. 그래도 나는 끝까지 그 사람들이 말하는 걸 인정하지 않아서 나올 수 있었던 거 같아."

"우리 아빠는… 그 사람들이 말하는 걸 인정해버려서 못 나오게 된 걸까요?"

"그야 모르지. 그때 끌려간 회사 사람들 중에 나랑 성춘경 영업부장만 나왔으니까. 너희 아빠는 고혈압 환잔데 그렇게 고문당했으니…. 그때는 사람을 뚜드려 패든 죽이든 살리든 간첩을 만들어야 나라에 충성심을 확인받고 진급하던 시절이었으니까 피의자들을 배려해주거나 그런 게 없었지. 하여간 내 평생 그렇게 맞아본 적이 없어. 군대에서 철봉대로 맞은 적도 있지만 그렇게 아프지는 않았어. 그 후유증으로 젊어서 풍을 맞게 된 거 아닌지 모르겠다."

외삼촌의 삶 속에 그런 아픔이 똬리를 틀고 있는 줄은 몰랐다. 악명 높은 그 시절의 고문관들이 바로 우리 외삼촌까지 짓밟았다니, 오싹한 느낌이 들었다.

"거기 끌려갔다 오고는 말이다, 고문으로 간첩을 만들어낸다는 걸 내가 직접 보고 겪었기 때문에, 신문에서 간첩 사건이니 뭐니 발표가 돼도 영 믿을 수가 없더라."

"그러게요. 삼촌, 혹시 그때 고생하신 피해자들 중에 연락 닿을 만한 분은 없을까요?"

"글쎄, 회사 사람들 외에는 다 모르는 사람들인데…. 우선 회사 사람들부터 어떻게 한번 찾아봐야지. 사건의 내용도 이오생 전무나 이근만 상무를 만나면 좀 더 상세히 들을 수 있을지 모르니까."

30년 동안 외삼촌은 아무에게도 남산에서의 5박 6일에 대해 말한 적이 없다고 했다. 고통이 봉인된 삶은 얼마나 고통스러운 것일까. '보통사람의 시대'며 '문민정부'와 '국민의 정부'를 거쳐 '참여정부'에 이르기까지도 여전히 봉인을 풀 수 없도록, 괴악스런 2차 가해는 지속되고 있었다. 이제 함께 봉인을 풀어낼 또 다른 증인들과 만날 수 있기를 나는 바랐다.

큰 이모와의 면담 _ 2006년 2월 초, 사촌 오빠의 집

어머니가 외삼촌과 작은 이모를 통해 이곳저곳 알아본 결과, 제주에 살고 있는 이오생 씨, 강용규 씨와 연락이 닿았다. 두 분 모두 기꺼이 만나주시겠다기에 나는 제주로 향했다.

제주 공항으로 사촌 오빠가 마중 와 주었다. 마침 큰 이모가 설을 지낼 겸 일본에서 나와 사촌 오빠네에 머무르는 중이었다. 오래전에 남편과 헤어진 뒤 일본을 오가며 고생스레 자식들 뒷바라지를 했던 큰 이모는 몇 년 전 일본인과 재혼해서 일본에 생활 근거를 두고 있었다. 큰 이모는 모진 고생을 견뎌 온 여느 아낙들 못지않게 화를 낼 땐 우악스레 뭐라도 엎을 것 같다가도 매사에 뒤끝 없고 속정 깊은 분이었다. 일본에서 세차장 알바를 하며 지낼 때에도 귀국 길엔 우리에게 손수건이든 분첩이든 꼭 챙겨다 주곤 했다.

저녁 식사 후 나는 사촌 오빠, 큰 이모와 둘러앉아 당시 사건에 대한 이야기를 주고받았다.

"아니, 큰 이모도 끌려가났수과? 엄마도 엊그제 이모한테 처음으로 그런 얘기 들었잰 하멍 속상해합디다."

이모들한테 나는 부러 사투리로 말을 건네곤 한다.

"그래. 너네 엄마가 며칠 전에 전화해서, 삼촌이 고문받았던 얘기하더라. 나도 삼촌한테 말은 안했주마는, 그때 무슨 일이 있었지 싶더라구. 그놈들이 나까지 끌고 갔을 정도니까."

"무사 끌고 갑디까? 이모, 자세히 얘기해봅서."

"삼촌 결혼식 끝나고 너희 집에 머물렀는데 순경인지 도둑놈인지 모르는 놈들이 가택 수사 한다면서 온통 뒤집어 놓은 거라. 너네들은 왕왕 울고. 그놈들이 데려간 너네 아버지는 한참이 지나도 돌아오지 않지, 그 뒤에 출장 다녀온다던 너네 삼촌도 며칠을 기다려도 오지 않지. 답답해도 할 수 없이 그냥 제주로 내려왔는데, 공항에서 나와 차를 타려니까 기분이 이상하여. 어떤 남자 둘이 다가와 내 이름을 확인하더니 '김추백 씨 아십니까?' 그러는 거라. 내가 동생 남편이라고 하니까, '아주머니, 시내 가실 거죠? 우리 차로 갑시다.' 하면서 강제로 자기네 차에 태워. 눈을 검은 헝겊으로 가려서 내가 빼려고 하니까 '빼지 맙서.' 경 하더라구. 무슨 죄가 있다고 나한테 이러느냐니까, 김추백 씨랑 관련된 거래. 차가 동산 비슷한 데로 올라가더라구. 5일인가 내가 거기 갇혀 있었다."

"거기에서 그 사람들이 어떻합디까?"

사촌 오빠가 물었다.

"빛이 안 들어오는 깜깜한 방에 사람은 보이지 않고 천장으로 소리만 들리는 거라. 밥이랑 물이랑 조그만 문으로 갖다 주고, 술 먹을 줄 아느냐면서 술도 먹이구. 그러면서 '아주머니 죄야 없지마는 김추백 씨에 대해

바른대로만 얘기해주면 집에 갈 수 있다, 솔직하게 말해라.' 그 말만 하여. '동생은 동생대로 살고 나는 나대로 사는 사람인데, 추백 씨 내용을 내가 어떻게 압니까?' 하면서 막 울기도 하고, 왜 죄 없는 사람에게 이런 고문을 주느냐고 따졌더니 고문이 아니라는 거라. 고문이 아니면 왜 나가지도 못하게 하고 얼굴도 안 내다보면서 천장으로 여기서 소리 내고 저기서 소리 내고 하느냐, 내가 왁왁 외치고…. 그러다 나왔주. 그러고 나서 나 한 며칠 앓았져. 나중에 동네에서 어디 이사 집 잔치를 다녀오는데 픽 따라붙는 남자가 있더라구. 모르는 사람인데 나를 알아보고 빙긋하게 웃더라."

"대체 그 사람들은 이모를 언제 어디까지 감시하고 미행하멍 다닌 거우꽈?"

"거사 모르주. 참말로, 그때 너희들 걱정도 하영 되고…. 경 한디 강용규 씨도 만나보잰 햄시냐? 그 어른 참 좋은 분이여. 그분 만나 강우규 씨 일본 주소를 알아지컨 나한테 골으라. 그 영감 일본에 살암시멘 한번 가서 간첩한 거 맞냐고 내 물어보주."

이모는 우리 아버지가 조금 내성적이었지만 우리들 웃이며 어머니의 속옷까지도 꿰매어주는 자상한 사람이었다고 일러주었다.

이오생 씨와의 면담 _ 2006년 2월 초, 제주 K호텔 커피숍

토요일 늦은 오후의 커피숍은 한가한 편이었다. 출입문 쪽을 계속 지켜보던 내게 노신사가 다가와 인사를 건넸다.

"김추백 씨 따님인가요? 반갑습니다. 나, 이오생이에요."

"아, 어르신! 이렇게 나와 주셔서 감사합니다. 말씀 편히 하세요."

일흔이 넘었지만 이오생 씨는 강건해 보였다. 이오생 씨와 마주 앉아 차를 마시며 나는 문득 사진 속 젊은 아버지의 얼굴이 떠올랐다. 아버지도 살아계셨더라면…. 살아계셨다면 아버지는 또 어떤 얼굴과 걸음걸이를 가진 노년이 되셨을까.

"네가 자라면 팔짱을 끼고 같이 덕수궁 돌담길을 걷고 싶다고 그랬었는데."

어머니는 말했었다. 그러나 나는 아버지와 돌담길을 걷지도, 이렇게 마주 앉아 차를 마시지도 못한다. 아버지가 들려준 이야기들은 기억하지만 그 목소리는 오래전부터 기억하지 못한다.

이오생 씨는 당시 사건에 대해 세밀히 기억하고 있었으며, 당신의 의견도 명료히 밝혔다.

"… 강우규 씨가 간첩이라면 암호문이나 난수표라든지, 뭐 그런 증거들이 나와야 할 거 아니야? 그런데 그런 것이 없었단 말이야. 강우규 씨가 집들이할 때 여러 사람이 같이 갔거든. 그 자리에서 무슨 북한이 어떻고 그런 얘기를 할 수가 있겠어? 설령 그런 얘기를 들었대도, 나는 그래도 중앙정보부에 다녔던 사람인데 당장 이상하게 생각할 거 아니야. 근데 중정 수사관들은 그런 얘기 들었지 않았냐며 나를 계속 때리는 거야. 처음엔 나한테 선배라며 차도 내주고 하더니 나중엔 알 만한 사람이 신고도 안 했다며 더 모질게 굴었어. 하여튼 그 당시 말이야. 나는 더 살고 싶은 생각도 없었어. 너무 고통스럽고, 창피스럽고…. 정말 다시 생각하고 싶지도 않아. 오죽하면 제주에서 3재(才)로 신망받던 김문규 학장님이 자살하셨겠어."

나도 어머니를 통해 김문규 씨가 자살했다는 이야기를 들었다. 2005년에 방송된 〈KBS 스페셜〉에서도 4.3을 다루면서 당시 사건과 관련해 김문규 씨의 사연을 조명했다.

"그러게요. 얼마나 억울하셨으면…."

"내가 구치소에 있을 때, 꼬박꼬박 면회 오던 집사람이 한동안 안 오는 거야. 어느 날 집사람이 와서 울더라구. 장모님이 나 때문에 충격을 받아

병이 도지셨는데 아내가 나 바라지한다고 육지 왔다 갔다 하다가 임종도 못 지키고…. 아내는 무남독녀라 내가 상주를 해야 하는데 가지도 못했어. 불효막심하게 된 거지, 내가….”

이오생 씨가 긴 숨을 내쉬었다.

“집행유예 선고받고 나와서 어디서였더라? 잘 기억은 나지 않는데 『북한』이란 책을 봤어. 거기에 우리가 완전히 간첩으로 실린 거야, 고정간첩!”

“정부에서 발행한 책이었나 보지요? 그 책도 한번 알아봐야겠네요.”

나는 책자의 제목을 메모해 두었다.

“그 후엔 어떻게 지내셨어요?”

“처음 나와서는 사람과 말하고 싶은 생각이 없었어. 서울도 싫고, 제주도도 싫고…. 친구 몇 놈은 그래도 내가 학교 다닐 때부터 사상이 투철했는데 억울하게 되었다며 배려해주었지만, 가깝던 사람들 대부분이 날 멀리하더라구. 이 사건이 나기 몇 달 전, 부산에 사시던 숙부님이 돌아가셔서 부조를 했었어. 그런데 내가 사건에 연루된 후 사촌이 끌려가 곤욕을 치렀다는 거야. 간첩이 준 공작금을 받은 놈이라면서 때리더래. 그런 일을 겪다 보니까 결국 어머니네하고만 연락하게 되더라구. 삶이 완전히 정지됐었어. 시간이 한참 지나서야 조금씩 사람들이 내 억울한 걸 돌아봐주었지. 또 5공 말의 일인데, 내가 예전에 공화당 국회의원 비서였으니까 발이 넓은 편이어서 제주도 민정당[23] 대의원을 맡게 되었거든. 노태우 대통령 후보 지명대회 참석 차 도민들과 서울 올라와서 전세버스로 행사장에 가고 있었지. 헌데 올림픽대로 어디쯤에서 경찰차가 갑자기 우리 버스를 세우는 거야. 경찰인지 기관원인지 내 이름을 부르더니 나더러 요주의

___

23 1980년 8월 통일주체국민회의에서 전두환이 제11대 대통령으로 선출되자 군부세력은 국가를 효율적으로 통치하기 위하여 1981년 1월 민주정의당을 창당하였다. -『한국민족문화대백과사전』 발췌

인물이라면서 내리래. 결국 나중에 나 혼자 택시 타고 행사장 쪽으로 가서 대회가 끝날 때까지 기다리다 왔어. 얼마나 망신스럽던지…. 그때까지도 계속 사찰을 당했었지."

어디선가 누군가의 무슨 일이든, 낙인을 색출하는 데 혈안이 되어 출몰하던 그들. 그들의 맹목에 나는 역증이 치밀었다.

"강우규 씨는 어떻게 해서 간첩으로 지목이 되신 걸까요?"

"강우규 씨와 수시로 바둑을 두던 사람이, 강우규 씨가 이러저러한 얘기를 하는데 사상적으로 좀 이상한 것 같다, 그렇게 동향 출신의 중정 요원에게 말한 뒤 신고하고 해서 일이 그렇게 된 것으로 알고 있어."

"그때 신고하신 분은 어떻게 되었나요?"

"그 사람은 신고한 데 대한 포상이랄까, 그런 것으로 해서 아마 국가에서 운영하는 회사에 취직되었다지? 그 사람도 가까운 사람들에게 미안하다고 할까, 지나치다고 할까, 하여튼 우리 같은 사람들이 억울하게 당하는 걸 보고 가책을 받았는지, 제주도에 잘 안온다고 하더라구. 그 동향 출신 중정 요원은 승진했다가 퇴임 후엔 국립공원 관리소장을 지냈다는 소문을 들었어."

무슨 말이 어떤 이야기가 되었던 걸까. 가책을 받았던 사람이라면 혹시 고초를 겪은 동향인들을 위해 한 마디의 말이라도 해줄 수 있지 않을까. 타인에게 형틀을 채움으로써 자신은 월계관을 쓴 이들. 그들은 오래오래 행복하게 살았을까.

"어르신, 이렇게 긴 시간 내어 그 힘든 이야기들을 해주셔서 감사합니다."

"내가 겪은 일이니까. 중정에서는 다른 사람들에게 일절 말하지 못하게 했었지만, 내가 직접 당한 건데 얘기할 수 있잖아. 더욱이 우리처럼 간첩과 아무 관계없는 사람들의 억울함을 국가에서 풀어줘야지. 장본인인 내가 먼저 나서서 할 일인데, 김 양이 먼저 찾아와서 이렇게 얘기를 나누고, 나도 오늘 정말 감회가 깊어."

이오생 씨는 진실규명 신청서 위에 단정한 글씨체로 연서명을 해주었다.

강용규 씨와의 면담 _ 2006년 2월 초, 강용규 씨의 집

서귀포에 사는 언니와 함께 강용규 씨 댁을 방문했다. 쌀쌀한 날씨인데도 강용규 씨 부부는 문밖까지 나와 우리를 기다리고 있었다.

"아이고, 추백이 딸들이구나게. 혼저 이리 들어오라."

강용규 씨 부부가 우리를 안방으로 안내했다. 장롱이며 서랍장이며 오래도록 윤을 내온 가구들이 정갈히 놓여 있었다. 사모님이 따끈한 귤피차를 내주었다.

"너희들 볼 면목이 없져. 우리들 때문에 여러 사람이 그 일 겪고 경 피해 입어부난…."

"모두 같이 겪은 고통인데요. 다 함께 억울함을 풀어야지요. 과거 일을 말씀해주시는 게 쉽지 않은 일인데 이렇게 저희를 맞아주셔서 감사합니다."

강용규 씨는 당신이 83세, 사모님은 82세라서 옛날 일을 뚜렷이 기억할 수 있을지 모르겠다고 했다. 그럼에도 당시 신문 기사를 보여드리니, 기사에 실린 한 명 한 명의 얼굴을 짚으며 무척 안타까워했다.

"김성기 씨는 우리 아들 재수 학원도 안내해주고 참 친절한 양반인데, 제주 사람도 아닌 분이 왜 이런 일에 연루됐는지…. 구치소에 있을 때, 교회 제자라며 어떤 젊은이가 고원용 씨를 알아보더라구. 사제지간에 두 손을 잡고 한참 눈물을 흘려서. … 김문규 학장님도 아주 훌륭한 분인데, 이런 분까지 끌어들여 '거물 간첩단'을 만든 거라. … 아이고, 추백이 이 사람은 어쩌다 그렇게 돌아가서…."

"아저씨랑 우리 아버지랑 잘 아는 사이였수과?"

언니의 질문에 강용규 씨가 미소를 지으며 답했다.

"그럼. 내가 젊었을 때 너네 할아버지랑 면사무소에서 같이 근무했었주. 너네 할아버지가 힘들게 뒷바라지해신디, 추백이가 서울의 좋은 대학 들어갔다고 막 좋아해나서. 그리 얌전한 사람이 무사 경 억울한 일을 당하게 되신지…. 갠난 어멍이영 다들 그 세월을 어떵 살아와시니…."

이내 강용규 씨의 눈시울이 붉어졌다. 언니의 눈가도 젖었다. 나는 남은 차를 마저 삼켰다.

"어르신도 그때 고초를 많이 겪으셨지요?"

"너희 어머니 전화를 받고 그날 밤부터 잠을 제대로 자지 못했져. 그때 일이 자꾸 떠오르난…. 구치소에서 나오고 한참 뒤에도 말이여, 잠을 잘 때면 웅크리고 있는 거라, 내가."

"혹시 어떤 고문들이 있었는지 여쭤봐도 될까요?"

강용규 씨는 굳은 얼굴로 한동안 머뭇거리다 짧게 말했다.

"알몸으로 수색하고… 몽둥이로 때리고… 잠도 안 재우고… 물고문이랑 전기고문도…."

"가족들도 고생 하영 하셨지예?"

언니가 사모님에게 물었다.

"우리 아이들도 고생했주. 막내아들도 끌려갔다 완, 아무 것도 묻지 말라며 울기만 하여. 얼마나 시달리고 왔는지, 아랫니를 거의 다 새로 해 넣었주게. 작은딸도 장학생이었는데, 그 사건 나고 대학이고 뭐고 다 안 가겠다는 걸 내가 설득해서 겨우 입학을 시켜나서. 내가 농사일 하면서 서울까지 옥바라지하러 다니는 동안 이웃들도 아무도 만나주지 않는 거라. 근데 어느 아주머니가 '밥이나 먹고 다니느냐?' 하는데 무사 경 눈물이 나던지. 서울 어느 여관에서 머무를 때였주. 어떤 분이 우리 사연을 듣고 재판정에 따라오겠다는 거라. 참 좋은 분이었는데 몇 번 더 만났다가 연락이 끊어져부런."

"그 일로 인해 경제적인 피해도 크셨을 것 같아요."

"재판 비용도 만만치 않았주. 나중에 형님이 거주하던 아파트를 처분하라고 서울에서 몇 번이나 연락이 왔어도, 경황도 없었주만 너무 끔찍해서 올라가지 못해났져. 경 행 아파트에 대한 권리도 다 포기해 버려시네. 대영플라스틱 회장님네 농장 5만 평도 다 처분되었주."

"혹시 형님이 조총련계였나요?"

"당시는 조총련계는 여권 발급 자체가 안 될 때라. 형님의 여권을 직접 보고 나는 당연히 민단으로 알고 있었주. 그런데 수사관들은 그 여권도 위장용이라며 내가 형님을 신고하지 않았다고 혹독히 심문한 거라. 검사들은 친절을 가장하면서 계속 나를 회유하고 오늘내일 나갈 수 있지 않을까 기대하게 하더니 결국엔 국보법 위반으로 기소하더라구. 당시는 국보법 위반자에 대해서는 변호인들도 좀처럼 나서지 않던 시절이어신디, 김택현, 김무근 변호사님이라고 한참 만에 좋은 분들을 만난 거라. 변호를 참 잘해주셨었는데, 지금은 두 분 다 돌아가시고 안 계시주."

"형님은 당시 사형 선고를 받으셨다는데, 언제 어떻게 나오시게 된 건가요?"

"무기징역으로 감형되었다 다시 20년으로 감형되고, 88년에 가석방되어 곧바로 일본으로 보내지셨주. 실제 간첩이었다고 증명할 수 있는 아무런 자료도 없었고, 어디 데모에서 선두에 서는 활동을 했다든가, 그런 사실이 전혀 없었으니까."

"형님이 석방되시고 난 뒤에는 연락하고 지내시진 않으셨어요?"

"88년에 형님이 석방되고 한 번 오신 적이 있었주마는, 나도 형님도 요시찰 대상인 데다, 하여간 국가보안법이라는 것이 만나기만 해도 회합죄,

밥을 같이 먹기만 해도 금품수수죄, 길을 가르쳐주기만 해도 편의제공죄로 걸리는 법이다 보니, 서로 안부를 묻지 않기로 하고 일절 연락 없이 지내오는 거주. 꼭 필요한 일이 생기면 일본에 있는 교포들을 통해 형님을 찾을 수 있겠거니 하고."

기억이 예전같지 않다고 했지만, 강용규 씨는 사리 판단이 분명했고 세상 돌아가는 동향에도 밝은 편이었다.

"며칠 전 뉴스를 보니 최종길 교수 유족들이 제기한 소송에서 국가가 배상을 해야 한다는 판결이 났더라구. 군 제대 후 한 달 만에 사망한 일에 대해서도 배상이 거론되는 모양이라. 너희 아버지도 경 아픈 몸으로 갇혀 신디, 제대로 치료도 못 받고 쓰러졌다 방치되어부난 죽음에 이르게 된 거 아니."

강용규 씨는 죄의 유무를 가리는 것과는 별도로 국가가 우리 아버지의 죽음에 대한 책임을 져야 한다고 강조했다.

"형님은 어떵 참여할 방법이 어시카?"

진실규명 신청서에 서명하며 강용규 씨가 안타까워했다.

"그러게요. 십수 년간 감옥에서 고생하셨는데, 얼마나 억울하실까요."

"동포 중에 비슷한 피해자들이 꽤 이서. 게난, 그 사람들을 통해 형님도 국내의 이런 흐름을 알 수 있을지 모르주. 피해자들이 일본에서 함께 움직이거나 국제인권위원회 같은 데를 통해 호소해볼 수도 있지 않으카. 형님도 이런 일들을 판단하실 식견이 있는 분인데 말이여."

"형님이 일본에 아직 살아계시겠지요?"

"돌아가셨다면 형님 연배의 동포들을 통해서든지 부음이 올 텐데 그런 일은 없었주. 아마 살아계실 거라."

동포 사회를 통해 강우규 씨를 찾는 것이 불가능한 일은 아닐지 모른다. 나는 강우규 씨가 부디 건강하시기를, 그분과 꼭 연락이 닿을 수 있기를 바랐다.

계속 밥을 해주시겠다는 것을 사양하고 일어서려니까, 강용규 씨 부부는 몹시 서운해했다.

"경 행 그냥 가버리면 만나지 않음만 못하지 않느냐. 고만시라, 이거라도 가정 가게."

사모님이 서둘러 귤을 봉지 가득 담아오셨다. 언니가 양손에 봉지를 받아들며 말했다.

"고맙수다예. 아주머니 아저씨, 두 분 다 건강하십서."

"고맙져. 이제 가면 내가 죽기 전에 너희들 또 만나지카…."

"두 분 모두 무강하셔서, 좋은 소식 갖고 다시 만나야지요."

나는 사모님의 손을 잡고 힘주어 말했다.

강용규 씨는 그때 일을 말하고 나니 가슴 한쪽이 조금 누그러지는 것 같다면서도, 또 며칠은 악몽에 시달릴지도 모르겠다고 했다. 그 가위눌림들은 어떻게 치유될 수 있을까. 다만 내가 믿는 것은 피해자들을 만나면서 스스로 위로받고 있다는 느낌이었다. 자신들의 행위를 덮으려 하는 이들과는 달리, 기억을 나누며 서로를 위해 울 수 있는 이들은 결국 진실의 편에 함께 서 있는 것이다.

나는 언니네로 돌아와 오랜만에 긴 밤 내내 얘기를 나누며 제주의 마지막 밤을 보냈다.

사건 기록, 정보공개 청구 _ 2006년 2월

면담을 통해 당시 사건의 흐름을 어렴풋이 짚어볼 수 있었지만 사건 전체를 파악하는 데는 여전히 한계가 있었다. 나는 사건 관련 기록들을 더 찾아보기로 했다. 법원에 정보공개 청구를 하러 갔더니, 국보법 관련 사건의 기록은 검찰에서 관리하고 있을 거라 말했고, 검찰에서는 대전 국가기록원에 알아보라고 했다. 다시 대전 국가기록원에 알아보니 담당자가 광화문 분원에서도 기록을 복사할 수 있다고 안내해주었다. 나는 광화문 분원에서 당시 1, 2, 3심 판결문과 수용자 신분장 등의 기록을 복사해왔다. 수사기록과 공판기록은 여전히 열람할 수 없었다.

원심 판결문만 950쪽이었다. 판결문을 꼼꼼히 읽으며 피고인들에게 적용되었던 공소사실을 정리해보았다. 분량은 많았으나 공소 내용들은 아무래도 신빙성이 떨어져 보였다. 일본에서 강우규 씨가 받았다는 거창한 '학습·교양'에 비해 국내에서 했다는 활동은 '거물간첩'의 것이라기엔 함량 미달인 듯싶었다. 대부분이 북을 찬양하고 남을 비판하는 '선전 활동'이었는데, 대동소이한 내용이 이 피고인 저 피고인을 거치며 변용되고 있었다. 강우규 씨가 일부 관광지에서 '탐지·수집'하며 '간첩 활동'을 했다지만 사진이나 메모 같은 증거물도 없었다. 신문에서 '일제히 봉기를 획책하는' 조직으로 보도한 '자유통일협의회'도 언제 무엇을 어떻게 도모하자는 강령이나 지침도 전혀 없었을 뿐더러 공소사실에 의하더라도 대부분의 피고인들은 그런 조직의 이름조차 들어본 적이 없었다. 다만 강우규 씨가 법정에서도 인정했다는 방북에 대해서는 나도 궁금했다. 강우규 씨가 방북한 것은 사실일까, 사실이라면 왜 방북하게 되었을까. 그는 정말 북에 우호적이거나 혹은 북을 지지하는 사람이었을까.

처음 이 사건을 접했을 때, '강우규 씨가 정말 간첩이었을까?' 하는 질문을 내 스스로 가졌던 것이 사실이었다. 몇 차례 피해자들과의 면담을 통해 나는 그런 질문을 거의 지워가고 있었다. 그러나 '방북'이라는 말의 자장이 여전히 걸렸다. 나는 질문을 되짚어보았다. 내가 '간첩일까?' 하고 물었을 때의 그 '간첩'이란 어떤 존재일까.

북으로 송환된 비전향 장기수들이 떠올랐다. 남한에 남기를 택한 장기수들도 있었다. '학생인권모임'의 김 선생님은 그분들과 산행을 하고 식사도 했던 경험이 있다고 했었다. 대학동기 모임에서 뜻을 모아 양심수 후원활동을 하던 중, 그즈음 출소한 비전향 장기수들과도 몇 번 만났다는 것이었다.

어르신들 드시라고 백김치를 준비해 갔더니 너도 나도 맛있게 드시면서 좋아라 하시는데 이웃 할아버지들처럼 벅적한 모습이었어요. 긴 세월의 공백 후 사회에 적응하기가 힘들지 않으신가 여쭤보니, 내가 움직일 수 있고 이웃들 만날 수 있다는 게 얼마나 고마운 일이냐, 그러시며 환히 웃으셨지요. 그분들에게는 인생과 역사에 대한 지극한 낙관이 있었어요. 통일에 헌신했다는 신념과 자부심이 대단하시더라구요.

내가 예전에 근무하던 학교 근처에는 장기수 어르신들이 함께 사는 공간이 있었다. 그곳에는 탕약을 짓는 분도 있었다. 친한 선생님이 그분의 약을 먹고 몸이 많이 좋아졌다기에 나도 그곳에 가서 약을 받아온 적이 있다. 어렸을 때 TV에서 보았던 잔혹한 간첩과는 다르게 그곳에 있는 분들의 얼굴은 평온해 보였다.

누군가를 솎아내고 가두는 이 사회의 온당함은 결국 분단에 연유한다. 솎아낼 사람들을 상시적으로 경계하는 사회에서는 히스테릭한 긴장은 자연스러운 것이 되고, 무고한 희생을 감수해야 할 '부수적 피해'쯤으로 치부하게 마련이다. 분단이 현존하는 한, 일어나서는 안 되었던 아버지네 사건은 일어나고야 말 사건 중의 하나인 것. 비극은 누구라도 삼켜낼 수 있었다.

질문은 수정되어야 했다. '무엇이 그를 간첩으로 만들었을까?' 그 질문에 답하는 것은 한 개인의 삶과 아울러 그 삶을 둘러싼 세계를 총체적으로 이해하는 과정이 되어야 하리라고 나는 생각했다.

최영숙(김문규 씨 며느님) 씨와의 면담 _ 2006년 2월 중순, 어머니의 집

나는 김문규 씨의 사연이 방송되었던 〈KBS 스페셜〉을 다시 찾아서 보았다.

남자만 보면 무섭다고 달달 떨어서, 남자 손님들을 일절 못 오게 했어요. 방 안에서 잘 나오지도 않으셨구요. 아들조차 아버지 방 안에 들어가는 걸 조심스러워했어요. 자다가도 갑자기 뛰쳐나가고, 당신을 죽이러 온다고 소리를 지르기도 하구요. 하루 종일 혼자 다방에 앉아 있다 오기도 하고 하염없이 눈물만 흘릴 때도 있었어요. 제가 "말씀 좀 해보세요." 그래도, 그저 나는 죽어야 한다고, 내 일생에 그렇게 나쁜 마음 가졌던 게 없는데 너무 억울하다고, 살아서 뭐 하느냐고, 그런 말만 했어요. … 그날 너무 답답하다면서 숨 좀 쉬러 다녀오겠다고 나가신 게….

화면 속 김문규 씨의 사모님은 말을 잇지 못했다. 1982년 봄, 김문규 씨는 부모님 산소 근처에서 숨진 채 발견되었다. 방송은 4.3 당시 씌워졌던 누명들이 그 후 조작 간첩 사건들에서도 이어지는 등 제주도민들에게 아픔이 계속되어 온 것을 드러내고 있었다. 1977년 사건에 대해 자세히 다룬 건 아니었지만 김문규 씨 등이 무고하게 피해를 입었다는 점도 분명히 짚었다.

방송을 참고로 수소문하여 김문규 씨 큰아드님과 연락할 수 있었다. 지방에서 학생들을 가르치는 김문규 씨 큰아드님을 대신하여, 그 댁 큰며느님 최영숙 씨가 어머니의 집으로 와주었다. 나와 어머니, 남동생, 그리고 외삼촌이 함께 최영숙 씨를 맞았다.

"방송에서 학장님 얘기 듣고 참 마음이 아팠습니다. 가족들 충격이 얼마나 크셨을까요."

내가 최영숙 씨에게 말했다.

"저희 어머님이 정말 고생 많으셨지요. 방송사에서 한참 면담을 해 가기에 애들 아빠는 사건에 대해 자세히 보도해주길 기대했었거든요. 근데 사건에 대한 얘기들이 편집 과정에서 많이 잘려 서운했던 것 같더라구요."

"당사자가 생존해 있는 다른 사건과 달리, 우리 사건은 피해자들을 직접 취재할 수 없었던 탓인지 내용이 간략하게 언급되었더군요. 저도 아쉬웠어요."

나는 최영숙 씨에게 1977년 당시 기사, 다른 사건들 재심에 관한 기사들을 펴 보이며 제주도에 다녀온 소식을 전했다. 어머니가 말을 이었다.

"저도 제주도 출신이에요. 김문규 학장님이 저희 초등학교 때 선생님이셨어요. 저희들을 무척 예뻐해 주셨지요."

"아, 어머님도 저희 아버님께 배우셨어요? 아버님을 따르는 제자들이 무척 많으셨다더라구요. 국민훈장 목련장도 받으셨죠. 당시 정년이 65세였거든요. 아버님이 60세에 이 사건을 겪으셨으니, 한창 일하실 연세였는데…."

"제가 당시 재판정에서 들었던 기억으론 아버님이 강우규 씨 후배라고 하셨던 것 같은데, 두 분이 친한 사이였대요?"

"어렸을 때 같은 고향에서 자란 선후배 사이라고 들었어요. 강우규 씨가 일본에서 나오면서부터는 두어 번 만나셨던 것 같아요. 학교에 찾아온 선배를 관용차로 택시 타는 곳까지 모셔드렸는데, 그 일로 아버님이 고초를 겪으신 거죠. 아버님 학교가 외곽에 있어서 교통편이 마땅치 않고, 강우규 씨는 다리도 불편한 분이어서 동향 선배에게 당연히 예우해드린 것뿐인데요. 여기, 애들 아빠가 그 당시 있었던 일들을 메모한 걸 주었는데…."

최영숙 씨가 내민 메모에는 김문규 씨의 연행 시점부터 변호사 접견,

차입, 공판 방청 등에 대한 내용이 일정별로 발췌되어 있었다.

"저희 부부가 그해 3월 11일에 결혼식을 올렸거든요. 여기 보니, 2월 27일이 고모가 공항에서 낯선 남자들과 있던 아버님을 만났다는 날이네요. 돈 찾아 쓰라며 도장을 주셨는데 어디 가신다는 말씀이 전혀 없어서 고모가 이상하게 여겼었대요. 그 후 아버님은 소식이 두절되었고, 결혼식에도 오지 못하셨지요. 3월 8일자로 발송된 구속통지서를 가족들이 받아본 게 3월 12일이었구요. 가족 면회도 금지됐었고 차입만 가능했어요. 4월 11일이 되어서야 변호사가 처음 접견을 했네요. 그 당시 변호사는 아버님이 무조건 잘못했다고 빌면서 반성하는 모습을 보여야 한다고 했지요. 첫 공판 때 아버님이 포승에 묶여서 호송차에서 내리시는데…. 저희는 숨어서 지켜봤어요. 재판정에서도 맨 뒤에 앉았어요."

"마음고생이 많으셨겠습니다. 결혼하자마자 시댁의 그런 변고를 겪으시고…."

외삼촌이 위로의 말을 건넸다.

"해드릴 수 있는 게 없어서 안타까웠지요. 구치소에 계실 때 아버님이 치아 치료를 받았다고 들었어요. 아버님은 집행유예로 석방되신 뒤 저희 집에 잠시 머무르셨다가 제주도로 내려가셨어요."

"김 교수님께서는 혹시 아버님께 당시 사건에 대해 더 들으신 게 있었을까요?"

내가 다시 질문했다.

"애들 아빠가 혹시 고문받거나 한 일은 없는지 여쭤본 적이 있는데 자세한 얘기는 안하셨나 봐요. 나중에 들은 거지만 '강우규 씨는 간첩이 아니다.' 그런 말씀을 하셨었대요. 애들 아빠가 보기에도, 국보법 위반 사건으로 사형을 선고받으면 집행되는 경우가 꽤 있었는데 강우규 씨가 감형되고 가석방된 건 이례적이라는 거예요."

"학장님도 우리 애들 아빠도 억울하게 돌아가셨는데, 이번에 다 같이 무고함을 밝힐 수 있다면 얼마나 좋을까요?"

"그렇지요. 사실 당시에도 국보법 위반으로 집행유예를 받은 건 무죄를 받은 거나 다름없다고 했었고, 제주도에서 알 만한 사람들은 모두 저희 아버님이 억울하게 당했다고 여기시니까, 시간이 지나면서 주변 사람들한테서는 누명을 벗었다, 저희는 그렇게 생각하고 있었어요. 그래도 공식적으로 누명을 벗겨드릴 수 있다면 아버님께 덜 죄송하지요."

"그런데 말이다. 죄를 지었다고 기록에 남아 있는데, 공식적으로 누명을 벗으려면 다시 재판을 해 가지고 뒤집어야 하는 거 아니냐? 배상도 받아야 하고. 그런데 위원회에서 '과거사가 잘못되었다.' 이렇게 말하고 끝나버리면 소용이 있겠냐?"

우려 섞인 표정으로 외삼촌이 내게 물었다.

"삼촌, 며칠 전에 진화위가 주최한 세미나에 가봤는데, 진화위에서 접수된 사건들을 검토한 후 진실규명 결정을 하게 되면 재심도 같이 권고한대요. 재심 청구는 우리가 하는 거구요."

"재심 청구를 받아주겠냐. 이 법무부에서? 진화위 권고가 얼마나 구속력이 있느냐 말이야."

동생이 외삼촌에게 과거사법과 신문 보도들을 인용하며 말했다.

"과거사법에 의하면, 규명된 진실에 따라 정부가 피해와 명예를 회복시키기 위한 조치를 해야 한대요. 얼마 전 법무부에서도 고문·조작 사건들의 진실규명을 검토한다고 했으니, 재심 청구를 쉽게 외면하지는 못할 거라구 봐요."

"누님, 이근만 상무 연락해봤수과?"

"네가 얼마 전에 알려준 번호로 잠깐 통화했는데, 살기 바빠서 그런 데 신경을 못 썼다 하더라구. 다시 통화하기로 했어."

"강우규 씨는 살아있댄 합디까?"

"삼촌, 제가 강용규 씨한테 여쭤봤는데, 아마 일본에 살아계실 거래요."

"그러면 네가 일본에 그분 만나러 가서 간첩이었냐고, 우리 아버지 당신한테 포섭됐었냐고 직접 물어봐라."

외삼촌의 말에 이어 최영숙 씨가 제안했다.

"일본에 가는 것도 그렇고, 이게 혼자 뛰어서 될 일이 아닌 것 같아요. 힘을 모아야 되고, 형편 되는 대로 돈도 모으고, 역할 분담도 할 수 있으면 좋구요. 이오생 씨도 제주에서 만나주셨다는데, 서울 올라오실 일이 있으실 때 한번 같이 뵙자고 하면 어떨까요? 일단은 모이는 게 중요할 것 같아요."

아직 절반의 피해자와는 연락이 닿지 않는 상황이었다. 이날 자리에서 우리는 사건에 관련된 이들을 최대한 더 찾아보고 연락이 닿는 이들부터 모임을 가지기로 뜻을 모았다.

김기오 씨와의 전화통화 _ 2006년 2월 말

나는 다시 공소장을 살펴보았다. 나이, 직업, 당시 거주지 등 남은 피해자들을 찾을 단서를 얻을 수 있을까 싶어서였다. 인터넷을 검색해보고, 1977년 즈음의 사료들도 찾아보았다. 그러다 우연히 4.3 관련 MBC 프로그램 〈이제는 말할 수 있다〉에서 김기오 씨의 인터뷰를 발견했다. 당시 취재기자였던 김기오 씨가 4.3에 대해 증언하는 내용이었다. 1977년 당시의 공소장에 의하면 김기오 씨가 국회의원 선거에 입후보한 이력이 있다니 제주에서는 지명도가 있는 분일 듯싶었다. 나는 양 선생님을 떠올렸다. 양 선생님은 고향 제주에 대한 애정이 남다르고 4.3에 대해 논문도 썼던 선배 교사였다. 발이 넓은 분이니 혹시 김기오 씨의 소재를 찾아봐 줄 수 있지 않을까. 내 말을 듣고, 양 선생님은 당신의 4.3 논문에도 나오는 분이라며 김기오 씨에 대해 알아봐 주겠다고 했다. 며칠 후 나는 제주지역

신문사에 있는 양 선생님의 후배를 통해 김기오 씨의 연락처를 받았다.

긴장된 마음으로 전화번호를 눌렀다. 신호음이 난 지 얼마 되지 않아 수화기가 들렸다. 전화를 받은 분이 김기오 씨인 것 같았다. 내 이름을 밝히며 조심스레 물었다.

"혹시 김추백 씨 기억하시나요?"

"기억합니다. 고인이 되셨지요."

"저희 아버지이신데요…."

나는 당시 사건에 대해 진화위에 진실규명 신청을 하려 한다는 것과 연락처를 얻은 경위를 말했다. 김기오 씨는 진화위 활동에 큰 기대를 하지 않는 것 같았다.

"그때는 재판장도 중정의 끄나풀이나 다름없었어. '내가 공산당이면 최고형을 내리고 아니면 당장 집으로 보내라.' 재판정에서 내가 그렇게 진술했었거든. 근데 무기징역이 내려지더라구. 대학 총장이던 모 신부님이 두 번이나 탄원서도 써주었지만 다 소용이 없었지. 노동당 가입원서를 썼다는 터무니없는 모함에, 12년의 징역살이까지. 내 억울함이야 말로 다할 수가 없지만, 해서 될 일이라면 수십 년을 언론계에 있었던 내가 벌써 재심 등의 절차를 취했겠지 왜 안했겠냐."

김기오 씨는 진화위에 진실규명 신청하는 일도 고생만 되고 큰 도움은 못 얻을 거라며, 과거 일을 재론하고 싶지 않다는 의사를 밝혔다. 그러면서도 당신이 출소 뒤에 수기를 냈는데, 사건 관련 내용도 언급되어 있다면서 책 제목과 출판사를 일러주었다.

"추백이가 살아 있으면 형님, 형님하며 나를 따랐을 텐데…."

아버지에 대한 당신의 애석함이 전화기 너머에서도 짠하게 느껴졌다.

김기오 씨는 여든이 넘은 나이였지만 목소리에 기백이 여전했다. 우리 동네에서 멀지 않은 곳에 살고 있었다. 나중에 궁금한 것이 있으면 문의

해도 되겠느냐 물으니 그러라고 대답해주었다.

나는 그분이 지나온 수감의 길고 어두운 터널을, 그리고 그 암흑을 떠나보내기 위해 싸워왔을 오랜 날들을 헤아려보았다. 진실규명이 된다면 김기오 씨도 마음의 짐을 덜고 더 같이할 수 있는 부분이 생기리라. 나는 믿음을 놓지 않았다.

이근만 씨와의 면담 _ 2006년 2월 말, 어머니의 집

일요일 저녁, 어머니 집으로 이근만 씨가 찾아왔다. 이근만 씨는 우리 어머니, 아버지와 같은 동리 출신인 데다 어릴 적 어머니네와 이웃으로 지냈기에 한결 격의 없는 대화가 오갔다.

"가족들은 다 편안해수과? 어머니도 잘 계시지예?"

"예, 그럭저럭 편안히 지냄수다."

"아주버님네도 이 사건 나고 고생 좀 하영 해수과. 그 좋은 밭들도 몬딱 팔아버리고…. 이 사건 때문에 대영플라스틱도 망해버린 거 아니우꽈."

"고생한 거야 다 말로 해지카. 대영플라스틱은 그 사건 이후에 거래처가 다 끊어지고, 몇몇 직원들이 회사를 살려보자며 회사명도 바꾸고 돈도 모아보자고 애썼주만, 결국 문을 닫게 됐주게. 그 후에 내가 따로 사업이라도 해보잰 공장을 차려신디, 그것도 잘 안 되언마씀. 경 하명 빚이 계속 불어가다 보니 파산해서 나앉을 처지까지 가났주. 그땐 정말 자살까지 생각해봤수다. 생활이 어려워지니 연락해도 반겨주는 사람도 없고…. 이웃도 그렇고 친구도 그렇고, 사람들이영 거의 연락 어시 살아완마씀."

"지금은 어떵 지냄수과?"

"자식들한테 손 안 벌리잰 아파트 경비 일 하면서 하루하루 살아감수다. 그래도 일 하는 게 건강하게 빚 안 지며 사는 길이라. 월급이야 얼마 안 되주게. 파견업체에서 월 10만 원씩 떼어가면 50~70만 원 남는 거라.

하루 종일 갇혀 있는 게 경비실도 감옥이나 다름없주만, 경 해도 가끔 잔디밭의 꽃이영 나무도 보고, 계절 오가는 것도 보고 하멍 마음의 여유를 가져사."

"우리 동생도 중정에서 고문 하영 당했단 핸마씸. 아주버님도 고생 하영 하지 않았수과?"

이근만 씨는 어머니와 내게 연행되던 당시부터 수사받던 며칠 동안의 일을 소상히 말해주었다.

"…하여튼 정신없이 맞고 나니까 그냥 막 될 대로 되라는 심정입디다. 너무 억울하니까 정말 불이라도 지르고 싶은 마음이 들어마씸. 참, 사람이 원래 악인인 경우는 없댄 하는 말이 실감났수다."

"이용국 씨도 동향 사람이라는데 어르신이 아시는 분이었나요?"

"우리보단 연배가 아래인데, 법무사 사무실에서 사환을 한 적도 있고 해서 대영플라스틱 등기 업무나 그런 걸 도와주었었지."

"그 사람이 이기우(가명)한테 신고하고 해서 이 사건이 터지게 된 거랜 합디다."

"그때 결심핸마씸. 내가 100살까지, 그 사람들보다 오래오래 살아서 그 사람들 쓸데없는 뒷말 못하게 해야겠다, 자기네가 무슨 일을 한 건지, 내가 당한 일을 살아서 증언해야겠다, 그렇게 말이우다. 나중에 들은 거주만 이기우도 자식들을 일찍 여의었댄 합디다. 한편으론 딱한 생각도 들언게."

삶의 힘든 매듭들을 풀어온 이들이 갖는 쓸쓸한 달관, 그리고 그 끝에서 더 깊어지는 너그러움들. 나는 이근만 씨에게서 자신과 타인에 대한 그런 너그러움을 보았다.

저녁식사를 함께한 뒤에도 이근만 씨는 우리가 부천에 살 때 놀러왔던 일이며 고향 사람들 얘기를 어머니와 한참 나누었다. 내게는 아버지가 중학교 때 반에서 '아니오.'라고 말해야 할 때 '아니오.'라고 말하고, 여럿이 벌을 받아야 할 때 혼자 대신 받겠다고도 하는 용기 있는 친구였다고 말해주었다. 회사 생활 전 잠시 중학교에서 국어를 가르쳤었다는 이근만 씨는, 'ㆍ' 발음을 기억하는 곳이 제주뿐이라며 제주말은 '방언'이 아닌 '고어'라고 했다. 그러고는 용비어천가 1장을 제주 발음으로 외워보였다.

불휘 기픈 남ᄀᆞᆫ ᄇᆞᄅᆞ매 아니 뮐씨 곶 됴코 여름 하ᄂᆞ니
시미 기픈 므른 ᄀᆞᄆᆞ래 아니 그츨씨 내히 이러 바ᄅᆞ래 가ᄂᆞ니

나는 모진 바람과 가뭄이 할퀴고 간 자리에서도 흔들리지 않고 마르지 않은 어떤 삶의 깊이들을 가만히 헤아려보았다.

신청서 접수 _ 2006년 3월 2일

나는 국가기록원에서 복사해온 당시 사건 판결문, 도서관에서 찾은 5대 중앙일간지의 사건 보도 기사와 사설, 1970년대 역사 연표 등의 사료, 그 외 피해자 면담 기록물, 어머니의 탄원서와 일기 등을 정리해서 인권연대를 다시 방문했다. 인권연대에서는 자료를 같이 검토하며 사건에 대한 진실규명을 요청하는 공문을 첨부해주었다. 강용규 씨, 김문규 씨, 이오생 씨, 이근만 씨, 그리고 아버지와 우리 외삼촌. 이렇게 여섯 분이 신청인이 되었다. 2006년 3월 2일, 나는 진화위에 진실규명 신청서를 접수했다.

진화위는 2006년 1월부터 신청서 접수를 시작했는데, 우리 사건의 접수번호가 벌써 950번대를 넘어 있었다. 조사 개시 결정이 내려지는 데만도 최소 서너 달이 걸릴 거라고 했다. 어느 사건인들 원통함과 갈급함이 없으랴. 숨겨진 것이 드러나고 감추어진 것들이 훤히 알려지는 때는 언제일까. '화해'라는 말은 아직 버거웠다. 다만 이런 일들을 초래한 이들이 외면이 아닌 응시를 택하기를, 타인의 고통 앞에서 더는 자기 성찰을 늦추지 않기를 나는 바랐다.

조사 개시 결정

진화위 조사 과정은 예상보다 더디게 진행되었다. 열한 명의 피고인이 관련된 사건이라 기록도 방대한 데다 피고인들 다수가 고인이 되어 조사에 어려움이 크다고 담당 조사관은 말했다. 사전 조사 결정이 접수 1년 만에 내려졌고, 신청인들에 대한 면담 등이 진행되며 다시 1년이 지났다. 2008년 5월에서야 우리는 '조사 개시 결정' 통보를 받아볼 수 있었다.

2006년 1년간 진화위에 접수된 사건만 해도 1만 건이 넘었다. 2007년 초부터 진화위에서는 이미 진실규명 움직임이 있던 사건들부터 하나둘씩 '진실규명 결정'을 내렸다. 사법부에서도 재심 등에 참고하기 위해 6,500여 시국 사건 판결문을 분석하고, 반성의 뜻을 표할 방안을 모색하겠다고 했다.

나는 관련 기사들을 스크랩했다. 인혁당 사건, 조봉암 사건, 민족일보 사건, 유럽 간첩단 사건, 아람회 사건, 납북어부 간첩 사건, 보도연맹 등 민간인 학살 관련 사건…. 호곡조차 할 수 없었던 구천의 영령들, 아직도 망명할 하늘을 찾지 못한 채 두 눈 부릅뜨고 있을 원혼들, 스러지고 꺾이고 훼손된 삶들이, 지난 세기 자랑해온 시절 한복판에 못 박혀 핏물을 흘리고 있었다.

김영욱 씨 가족의 이야기는 우리의 과거사가 어떻게 굴절되어 왔는지를 단적으로 보여주는 사례였다. 그의 아버지는 3.1운동에 참여하여 옥고를 치른 독립운동가요, 지역의 신망받는 유지였으나 한국전쟁 당시 보도연맹 사건으로 처형되었다. 좌익 활동을 한 적이 없음에도 지역의 우익에 협조하지 않았다는 것이 빌미가 되었다. 아버지의 억울한 죽음에 대해 김영욱 씨가 공개적으로 말한 것은 4.19혁명 뒤였다. 김영욱 씨는 '○○지구 피학살양민 장의위원장'을 맡으며 개인 재산을 털어 270여 구의 유해를 발굴했다. 1년 뒤인 5.16 쿠테타 직후 김영욱 씨는 '특수반국가행위'를 이유로 검거되어 2년 7개월의 옥살이를 했다. 이른바 '혁명 재판부' 공판에서 김영욱 씨는 아버지 뼈를 가져다 묻는 게 무슨 죄냐고 물었지만 검사는 '빨갱이들을 묻어준 게 죄'라고 답했다. 일본에서 대학까지 다녔던 김영욱 씨는 석방 후 고문 후유증을 겪으면서도 배추장사 등을 전전하며 몰락한 집안을 일으키려 했다. 그러나 자식들에게 '다 같이 죽어버리자'고 할 만큼 간난신고한 삶을 이어가야 했다. 크고 작은 간첩 사건이 터지면 그는 또 어디론가 끌려가 초주검이 되어 돌아왔다. 노년에 그는 다시 '민간인 학살 진상규명 전국 유족협의회' 상임 대표를 맡아 '진실 · 화해를위한과거사정리기본법' 제정을 위해 동분서주하다 쓰러졌다. 그리고 그 법이 통과되던 2005년 12월 1일에 숨을 거두었다. 그리고 그의 아들이 아버지의 뒤를 이어 민간인 학살 진상규명을 위해 활동을 벌이고 있다.[24]

'진실을 밝혀야 한다.'라는 당위가 법이 되는 데에만 반세기가 걸린 것이다. 이상적인 사회라면 성별, 계급, 인종, 출신 지역으로 인해 소외되는 이가 없을 뿐더러 누구도 개인의 취향, 종교, 사상, 신념 등을 이유로 배척되지 않을 것이다. 적어도 정의로운 사회라면 배척당하고 소외당하고 파

---

24 〈오마이뉴스(2005. 12. 3)〉 기사, 〈한겨레신문(2011. 3. 14)〉 기사를 참고했다.

괴당한 개인이 스스로의 삶을 복원하고자 할 때 공공의 책임과 부조를 다해야 할 것이다. 그러나 여전한 편 가르기 속에, 공모된 침묵의 두터운 성벽을 쌓는 것이 이 사회 힘 있는 다수의 모습이었다. 비틀린 역사의 뒤안길에서 온몸으로 말들을 밀어 올리며 불의한 시대를 증거해온 이들, 그들이 오른 길이 없었더라면 내 아버지의 죽음도 그저 불문에 부쳐지는 한낱 불운으로 남게 되었을 것이다. 그들의 단단한 걸음을 배워야 했다.

진실규명 결정

조사 개시 결정 후 1년이 더 지난 2009년 8월, 나는 진화위 조사관의 연락을 받고 사무실을 방문했다. 검찰에서 파견 발령을 받은 지 한 달 정도 되었다는 신 조사관은 자신이 우리 사건의 여섯 번째 담당자라고 말했다.

"사건 기록이랑 현재까지 진척된 조사 내용을 훑어보는 데만도 시간이 꽤 걸렸습니다. 그런데 강우규 씨는 2007년 4월에 돌아가신 것으로 나와 있고, 전 조사관이 강우규 씨 부인과 통화한 기록에 의하면 부인께서 사건에 대해 말하고 싶지 않다고 했다는군요. 사건의 핵심 당사자인 강우규 씨의 직접적인 증언이 있었더라면 좋았을 텐데요. 그나마 가족들을 통한 증언도 얻을 수 없으니 조사가 미궁에 빠지는 게 아닐까 걱정이 됩니다."

"제가 2006년에 어떻게든 수소문해서 강우규 씨를 찾아뵈려고 여권도 만들었거든요. 그런데 그 당시 조사관이 그런 일은 공공기관에서 해야지 민간인이 하기에는 역부족이라며 만류하셨어요. 그때 갔더라면 강우규 씨를 혹시 만날 수도 있었을 텐데요…"

"남은 방법은 다른 피고인들이 고문에 의해 허위자백을 하게 됐었고, 그래서 사건이 조작되었다는 증거 자료를 확보하는 겁니다."

"이전에 이미 피해자들의 증언을 모아 제출했는데, 그것으로는 부족한 건가요?"

"피고인들의 진술을 객관적으로 증명할 수 있는 서류나 목격자의 진술, 그런 것들이 있어야지요."

밀실에서 수사되고 공모 속에 판결된 사건이었다. 어떻게 피해자들이 객관적인 증거를 더 찾아낼 수 있단 말인가. 직접 증거를 찾아오라는 말은 아니었지만, 답답했다. 위원회 사무실의 칸칸이 나뉜 공간 안에서 조사관들은 저마다 겨를 없이 업무에 열중하고 있었다. 조사관 100여 명이 아직도 수천 건의 사건을 가지고 씨름 중인 것이다. 이대로는 사건이 묻힐 지도 모르는 일이었다. 나는 자료를 찾는 일에 다시 나섰다.

'강우규 씨를 구하는 모임' 소식지 _ 2009년 9월

강우규 씨 쪽과 연락이 닿는다면 얼마나 좋을까. 틈나는 대로 가능한 연관검색어를 모두 동원하며 사건 관련 자료를 찾았다. 여러 날이 지나고 한참 만에 나는 '간첩 조작 사건'을 다룬 한 보고서에서 '강우규 씨를 구하는 모임'이라는 글귀를 발견했다. 꼭 한 줄. 다른 설명은 없었다. 일본에서 조작 간첩 사건 피해자들을 돕는 여러 구원회가 결성됐었는데 그 중의 하나에 강우규 씨 이름이 실려 있었던 것이다. 그 모임은 어떻게 꾸려졌고 무슨 일을 했던 것일까, 그 모임을 통해 강우규 씨 쪽에 닿을 수 있지 않을까. 보고서 작성에 관여한 한홍구 교수를 만나보고 싶었다. 언젠가 한 교수의 책에서 「세상에서 제일 슬픈 재일동포 간첩」이라는 글도 보았다. 마침 한 교수가 강의하는 대학원에 '학생인권모임'의 박 선배가 다니고 있었다. 박 선배를 통해 한 교수와 연락이 닿았다. 나는 한 교수에게 아버지 사건과 진화위 조사 상황을 전하며 구원회에 대해 더 자세히 알고 싶다는 편지를 넣었다.

얼마 후, 한 교수가 내게 전화를 주었다.

"김 선생님, 일본에서 공부하는 제자가 있는데 그 친구가 여러 구원회 활동에도 관심을 갖고 있었거든요. 혹시나 해서 강우규 선생 구원회에 대해 물어보았더니 그 친구가 구원회의 소식지를 갖고 있답니다. 내일 그 친구가 나온다기에 가져와 달라고 했습니다."

이튿날 나는 한 교수와 이령경 씨를 만나 이야기를 나눴다. 위안부 할머니들을 찾아갔던 것을 계기로 전쟁과 평화에 관한 연구를 하게 됐다는 이령경 씨는 한국전쟁 전후의 민간인 학살에 대해서도 관심이 깊었다. 최근에는 제주도민 가족의 이산사 연구를 하며 제주도 쪽 조작 간첩 사건 피해자들을 만나게 되었다고 했다. 이령경 씨가 가져온 소식지는 1977년부터 1989년 강우규 씨의 석방 후까지 꾸준히 발행된 것으로, 꽤 묵직한 분량이었다. 이령경 씨는 주요 부분을 포스트잇으로 표시해주었다.

"마침 제가 아는 연구자 분이 여러 구원회 자료들을 수집해 보관 중이셨거든요. 여기, 강우규 선생님의 출소 뒤 소회도 나와 있구요, 사건 관련해서 '동경변호사회'에서 낸 조사 보고서도 발췌되어 있어요. 진화위 조사에도 많은 참고가 될 거예요."

이 세계는 인드라망으로 이어져 있다던가. 제 조국의 정치범이 된 이방인을 위하여 꾸준히 집회를 열고 탄원에 나서고 가족들을 지원했던 일본의 구원회 사람들, 금단의 영역을 하나둘 공론의 장으로 끌어와 기록되지 않은 역사를 기록하고 해석하는 연구자들, 저마다 이어져 빛을 비춰주는 고마운 이들이 있었다. 캄캄한 바다 위에서 우리가 탄 진실의 구명정은 홀로 외롭지 않았다.

구원회 소식지의 주요 부분을 남동생이 번역했다. '동경변호사회'의 조사 보고서는 공소사실이 허구일 가능성을 지적하고 있었다. 판결문에는 1977년 1월 16일에 강우규 씨가 김성기 씨에게 '선전 교양'을 했다고 쓰여 있는데, 일본 측 출입국 기록을 확인해본 결과, 그날 강우규 씨는 일본에 머물렀다는 것이었다. 또 변호사회 입회 아래 지질학 전공 교수가 검증을 해 보았는데, 강우규 씨가 집 정원에 암호문을 묻은 흔적은 전혀 없었다고 했다.

강우규 씨도 출소 뒤의 면담에서, 1주일간 고문받다 자살 시도까지 했었으며 사건은 조작된 것이었다고 분명히 증언하고 있었다.

내 사건은 완전히 날조되었다. … 그 일은 어떤 인물이 나를 '북한의 간첩'이라고 중앙정보부에 밀고하면서 시작되었다. 그는 돈이 목적이었던 것 같다. … 나를 '거물 간첩'으로 만들어 열한 명이 기소되었지만, 모두 사실 무근으로 나 때문에 여러 사람이 고생하게 되어 너무 미안하다. 어떤 이는 자살해버렸다. 이 나라에서는 '간첩＝빨갱이'라는 딱지를 붙여 본인뿐만 아니라 가족, 친인척까지 고초를 당하게 한다. 정말 너무 가슴이 아프다. …

진실은 강우규 씨에게도 간절한 것이었다. 나는 강우규 씨의 육성을 가슴에 담았다.

주말에 나는 국회도서관에 가서 사건에 참조할 만한 책이나 기록이 있는지 다시 살펴보았다. 주요 간첩단 사건을 실었다는 『북한연감』이라는 책에는 아버지를 포함한 열한 명의 얼굴이 간첩으로 공표되어 있었다. 혹시나 해서 조총련 관련 기록도 찾아보았다. 1974년, 강우규 씨가 방북 시 만났다고 되어 있는 조총련 간부는 당시 숙청 중이었던 것 같다고 한 교수는 말했었다. 기록을 뒤적여보니 1972년 숙청 후 북송된 그 간부는 그 시기에는 교화소에 있던 것으로 나와 있었다. 조총련 간부들이 그 무렵 입북 시 만났다는 간부 명단에도 그 간부의 이름은 나오지 않았다. 이런저런 자료들을 찾던 중 나는 뜻밖에 김기오 씨의 책을 발견했다. 책의 내용은 김기오 씨가 출소 후 인생을 돌아보는 단상 위주였다. 몇 군데 간첩단 사건에 대한 언급이 있었지만 사건 개요를 파악하기에는 무리였다. 그럼에도 자신이 '관제 공산당'이 되어 12년간 복역하면서 고통받았던 것을 고발하고 있었다.

> 시대가 바뀌었으나 '빨갱이' 만들기에 앞장섰던 수사관, 검사, 판사 어느
> 누구도 양심선언을 통해 사죄하거나 부끄러움을 고백하는 이가 없다. …
> 나에게 무기징역을 내렸던 1심 판사는 승진을 거듭하여 고위직에 올라 있
> 었다. 그 판사를 찾아가 '당신 같은 법관이 이 나라 사법부 고위직에 있다
> 는 것은 국민을 농락하는 일이라고 생각하는데 양심에 가책을 받지 않느
> 냐?'라고 따져 물으니, 그 판사는 '미안하다.'는 말만 연발했다.[25]

그 책의 주요 부분을 복사해왔다. 김기오 씨와 통화했던 당시에는 구할
수 없던 책이었다. 혹시나 해서 다시 중고서점을 뒤져 보니 마침 한 권 나
와 있어서 곧장 그 책을 구입해 읽었다.

당시 변호인들을 통해 사건에 대해 더 알아볼 수 있지 않을까. 막연한
기대로 인물 검색도 해보았다. 이미 고인이 된 이들이 많았지만 몇 분은
현업 중이었다. 나는 인권 변호사로 신망이 높은 조준희 변호사의 사무실
로 찾아갔다.

"제가 그 사건을 변론했던 것은 기억이 납니다만, 자세한 내용은 기록
을 보아야 알 수 있을 것 같습니다. 헌데 수십 년 동안 보관해왔던 기록들
을 최근에 모두 정리했습니다. 도움을 드리지 못해 죄송합니다. 과거사
재심을 위해 후배들이 열심히 뛰고 있는데, 나중에라도 제가 도울 일 있
으면 연락 주십시오."

조준희 변호사는 우렁하면서도 편안한 산등성이 같은 분이었다. 공감

---

25 김기오 씨의 책, 『이삭을 주으며』에서 발췌했다.

어린 그분의 경청이 내게 힘을 주었다.

나는 구원회 소식지와 김기오 씨의 책 등 새로 찾은 자료들을 추슬러 다시 진화위를 방문했다. 조사관은 '구원회'나 '동경변호사회'의 자료에 대해서 객관적인 공신력을 담보할 수 있을지 모르겠다며 조심스러워 했다. 김기오 씨의 책에 대해서는 피해 당사자의 증언으로 간주할 수 있으니 잘 읽어보겠다고 했다.

"김기오 씨가 근년에 작고하셨더라구요. 출소 후 책을 썼던 분이니만큼 하실 말씀도 많았을 텐데 직접 이야기를 듣지 못한 것이 아쉽습니다."

조사관은 곧 제주도 출장 예정이라며, 신청인들에게 다시 자세한 진술을 듣고, 불법 연행되어 고문받았던 다른 참고인들의 증언을 얻으러 간다고 말했다.

며칠 뒤 나는 일본에서 이령경 씨가 보낸 메일을 받았다. 강우규 씨 사모님과 딸이 구원회 관계자와 함께 조사관이나 나를 기꺼이 만나겠다고 했다는 소식이었다. 진실규명이 갈급한 데다, 사모님이 연로하신 터라 가능한 빠른 시일 내 가는 편이 좋을 것 같았다. 조사관과 의논한 끝에 내가 일본에 먼저 다녀오고 나서 조사관에게 방문 결과를 알리기로 했다. 사모님이 동경에 산다기에 그곳에 있는 큰 이모에게 신세를 지기로 하고 일정을 잡았다.

강우규 씨 가족과의 만남 _ 2009년 11월, 일본

동경의 시월 하늘도 서울 하늘처럼 맑고 푸르렀다. 나는 이령경 씨가 공부하는 릿교대학으로 찾아갔다. 릿교대학은 윤동주 시인이 다녔던 곳이다. 윤동주는 아버지가 좋아한 시인이다. 얼마 안 되는 아버지의 유품 중에서 나는 정음사판 『하늘과 바람과 별과 시』를 소중히 간직하고 있다. 자라면서 나는 아버지가 붉은 색연필로 밑줄 그었던 시구들을 한참씩 새

김질했었다.

"괴로웠던 사나이 행복한 예수 그리스도에게처럼 십자가가 허락된다면", "너는 살지고 나는 야위어야지. 그러나 거북이야, 다시는 용궁의 유혹에 안 떨어진다.", "밤이 어두웠는데 눈 감고 가거라 … 발부리에 돌이 채이거든 감았던 눈을 와짝 떠라.", "등불을 밝혀 어둠을 조금 내몰고 시대처럼 올 아침을 기다리는 최후의 나"…. 이 교정 어디쯤에서 윤동주는 친구들을 그리며 "새로운 날 아침 다시 정답게 손목을 잡아보자"는 편지를 쓰고 있었을까.

북간도 출신인 윤동주 시인과 제주도 출신인 강우규 씨는 동갑이었다. 시인이 육첩방에 갇히어 남의 나라의 빗소리를 들으며 부끄러워하던 그 밤, 강우규 씨는 절름거리는 다리로 둔중한 기계들 사이를 헤집으며 고된 철야를 하고 있었을지도 모른다. 생존과 생활의 고통과 고뇌가 식민지 청년들의 몸과 영혼을 짓눌렀을 것이다. 조국이 채 해방되기 전에, 그리고 해방된 이후에도 돌아오지 못한 젊음들은 또 얼마나 많았던가.

대학은 축제 기간이었다. 교정에 피어오른 꽃 한 송이 앞에서도 맘껏 환해질 수 없었던 지식인 청년은 보이지 않았다. 이방인의 시선인 탓인지 그곳 학생들이 한국의 학생들보다 더 앳되어 보였다. 그러나 한국의 대학생들이 그러하듯이 그네들도 젊음을 건너는 각자의 번민과 시대적인 난관을 마주하고 있을 터였다.

전화를 받고 나온 이령경 씨와 함께 교정 구석 한갓진 의자에 앉았다. 오래된 나무들이 저마다 사연 깊은 단풍빛을 뽐다가 차례로 잎을 떨굴 채비 중이었다. 가을은 의연해서 아름다운 계절이다.

"7, 80년대에 일본에는 꽤 많은 구원회가 있었는데 지금 피해 당사자분들 중에서 한국의 진화위 활동에 대해 적극적인 관심을 갖는 분들이 그리 많지는 않아요. 떠올리는 것조차 너무 힘든 일을 겪으셨던 분들이니까요.

한국 정부가 스스로 잘못을 고백하고 뉘우치는 게 아니라, 당신네들 이렇게 했지 않느냐고 피해자가 나서야 하는 방식에 대해 회의적인 분들도 계시구요."

"진화위 조사관이 강우규 씨 사모님께 전화드렸을 때도, 과거 일은 잘 모른다면서 말씀하고 싶지 않다고 하셨대요."

"그분은 아직도 한국에서 전화가 오면 중앙정보부 아닌가 생각되신대요. 그러니까 더욱 진화위가 신뢰를 드려야지요. 강화옥 씨가 엊그제 연락을 주셨는데요, 아무래도 못 나오겠다고 그러셔요. 처음에는 기꺼이 김 선생님을 만나려 하셨는데, 30년 전 일들을 다시 떠올리니까 몸도 마음도 너무 무거워지시더래요. 강화옥 씨가 못 오신다니 구원회 관계자도 나오기 어렵다시구요. 그래도 강화옥 씨와 구원 활동을 열심히 하셨던 셋째 따님 강국희 씨 부부가 나와주시기로 했어요."

"령경 씨가 이러저런 마음들 살피느라 고생 많았겠네요. 좋은 자리를 마련해주셔서 고맙습니다."

우리는 학교 앞 작은 카페에 가서 함께 차를 나누었다. 이령경 씨는 학문에 대한 열정 외에도 사람에 대한 애정과 세심함이 각별한 이였다. 위안부 할머니들, 민간인 학살 피해자들, 조작 간첩 피해자들. 따듯하고 섬세한 귀 기울임으로 그들의 아픈 이야기들을 오랫동안 마주해왔다.

"사람들과 살아가기 위해서 공부하는 것이니까요."

논문을 쓰는 일은 미뤄지고 있지만 만날 사람들이 계속 늘어가는 게 한편으로 더 긴장과 보람을 느끼게 한다면서, 령경 씨는 안경 너머 눈을 반짝거렸다.

다음날 나는 이모네와 함께 조금 일찍 H호텔로 향했다. 우리가 로비에 도착하고 얼마 안 되어 이령경 씨가 강국희 씨 부부와 함께 들어왔다.

"이바라기현에서 고속철을 타고 올라오시는 길이랍니다."

이령경 씨의 소개로 서로 인사를 나눈 뒤 우리는 8층 식당으로 이동했다.

"이렇게 만나게 되어 정말 반갑습니다. 얼마나 고생 많았습니까? 아버님의 억울함을 풀기 위해 여기까지 오셨는데 식사라도 한번 대접하고 싶어서 남편과 같이 나왔습니다. 우리, 맛있는 것 먹으면서 천천히 얘기 나눕시다."

강국희 씨는 우리 이모와도 서글서글하게 대화하는 품이 워낙 활달하고 시원스런 분 같았다. 강국희 씨의 남편도 편안하고 너그러워 보였다. 재일동포 2세인 강국희 씨 부부는 두 사람 다 조선학교에서 우리말을 익혀서 어느 정도 한국어로 소통이 가능했으나 표현이나 해석에 어려움이 있는 부분은 이령경 씨가 통역을 해주었다. 이모도 가끔 내가 잘 알아듣지 못하는 내용에 대해 되물어주었다.

"어머님 건강은 어떠신가요?"

"우리 어머니가 올해 88세입니다. 건강하신 편이지만 신경통이 있으셔서 움직이는 게 조금 불편하세요."

"그 당시 한국에서는 가족들이 움직이지 못했는데, 일본에서 가족들이 구원 활동에 애쓰셨던 것 보고 무척 감동 받았습니다."

내 말을 듣고 이령경 씨가 설명을 덧붙였다.

"여러 구원회 중에서도 강우규 씨 구원회는 아주 열심히 활동했답니다. 어머님과 강국희 씨는 가게 일을 하시면서도 꾸준히 구원 활동을 벌이셨어요. 구원회는 시민들에게 거리 서명도 받고, 구의원·국회의원들의 탄원 서명을 모아 수차례 강우규 씨의 석방을 요구했지요. 당시 상고심에 앞서 국제사면기구가 한국 법무부장관에게 강우규 씨의 사형집행을 유예하고 공정한 재판을 보장해 달라며 서한도 보냈어요. 강국희 씨는 다른 사형수 가족들과 함께 UN인권위원회에 호소하러 다녀오기도 하셨지요. 그 당시 재심도 청구하셨구요. 물론, 기각되었지만요. 그 후로도 석방운동은 꾸준히 지속되었지요. 강우규 씨 가족의 사연은 당시 일본 민영방송 TBS에도 소개되었어요."

강국희 씨도 감회 어린 눈빛으로 말했다.

"…그땐 정말 아버지를 영 못 보게 될 수도 있다고 생각했으니까요. 할 수 있는 건 뭐든지 다했지요."

나는 스무 살, 치마저고리를 입고 연단에 오른 앳된 강국희 씨의 모습을 그려보았다. 지금은 남편과 자영업을 하며 평범한 일상을 살아간다지만 언뜻 비치는 단호함이나 담백함이 당시의 알뜰한 헌신을 충분히 짐작케 했다.

"재판할 때나 아버지가 석방되었을 때에도 저와 어머니는 구원회 활동 때문에 블랙리스트에 올라서 한국에 갈 수 없었습니다. 몇 해 전 우리 부부가 제주도 관광을 가려는데 영사관에서 반성하는 글을 쓰라고 했습니다. 과격하게 구원회 활동을 했다고요. 구원회에서 시위를 하다 보면 계란을 던진다든가 그런 일도 간혹 있었거든요. 하지만 우리는 못 쓰겠다고 했어요. 몇 달 후에야 한국에 들어가도 좋다는 허가를 받았습니다."

"제주에 가서 혹시 친지들은 만나셨어요?"

"저희가 그동안 친척들과는 연락하지 못하고 지내서요. 만나지 못했습니다. 아버지가 돌아가셨을 때에도 일본에서 가까운 친척들만 모여 간소하게 장례식을 치렀습니다."

"아버님이 석방되시고 나서는 어떻게 지내셨나요?"

"아버지는 워낙 사람들을 좋아하고 활달한 분이었는데, 석방되어 돌아오고 나서는 말도 잘 하지 않고 자주 우울해했습니다. 그 사건으로 압수 당했던 재산이 꽤 있었습니다. 우리가 한국 정부에 소송이라도 해야 되지 않느냐, 그런 말도 했었지만 아버지는 한국에 남아 있는 정치범들에게 불리해질지 모른다며 나서지 말라고 했습니다."

이령경 씨 말에 의하면 석방된 후에도 가족 관계나 삶을 정상적으로 꾸려가지 못한 피해자들이 많은데, 강우규 씨도 전만큼 가족과 원만히 지내지 못했던 모양이었다.

강우규 씨의 방북 여부에 대한 질문에 강국희 씨는 아버지로부터 그에 대한 직접적인 얘기를 들은 적은 없다고 답했다. 간혹 다른 동포들이 가족이나 친척을 만나고 온 경우가 있었다며, 아버지가 만에 하나 북에 다녀왔더라도 간첩 활동과는 아무 상관이 없었을 거라고 말했다.

"우리 아버지는 북한에 흥미는 있었지만 '빨갱이'는 아니었습니다. 아버지는 북의 사상에 찬성하는 분이 아니었어요. 제가 어려서 조선학교에 다닐 때 조총련 쪽에서 '어버이 김일성 초상화 걸기 운동'을 한 적이 있습니다. 저도 그 초상화를 받아와 집에 걸었더니 아버지가 무척 화를 내셨어요. 아버지는 나 한 사람뿐이라고, 당장 초상화를 치우라고 그랬습니다. 우리들에게 항상 조국을 얘기하고, 조국에 돌아가서 살자고 하셨지만, 북한을 남한보다 더 편든 적은 없었습니다."

"다른 피해자 분들도 다들 강우규 씨가 간첩 활동을 한 적이 없다고 하셔요. 아버님도 피해자이시니만큼 나중에 조사관에게 연락을 받으시면, 있었던 일 그대로 말씀해주셨으면 해요. 가족의 증언이 진실규명에 큰 힘이 될 것 같아요."

나는 진실규명 결정이 내려지면 이후 재심을 함께하자는 말도 덧붙였다. 이령경 씨가 강국희 씨에게 재심 절차를 자세히 설명해주고는 내게 제안했다.

"일본 내에서는 아무래도 진화위 활동을 체감하기 어렵고, 한국을 오가는 일도 쉽지만은 않아요. 나중에 재심을 하게 되면 강우규 씨 쪽의 번거로움을 덜 수 있는 방법이 있을지 같이 찾아봐요."

나는 적극 동의를 표했다.

강국희 씨에게 조국은 무엇일까. 끝내 확인할 수 없던 정체성, 펴보지 못한 그리움일까. 아니면 기억하고 싶지 않은 재앙이나 닿지 못하는 원망의 대상일까. 되돌아보아 작은 긍정이 된다면 누구에게나 그것으로 조국이란 이름은 충분하리라. 이번 만남을 계기로 강국희 씨에게 조국이 그런 이름으로 남을 수 있기를 나는 바랐다.

"좁은 데서 잠도 편히 못 자고 고생했겨."

공항으로 가는 차 안에서 이모가 말했다.

"이모부님이랑 이것저것 신경 쓰게 해 드려서 제가 죄송하지요. 이모 덕분에 사람들 잘 만나고 감수다."

내가 길을 설어할까 봐 이모부가 운전하는 택시로 약속 장소마다 직접 데려다 주었던 이모. 이모네 집 풍경이 떠올랐다. 내가 떠난 뒤에도 이모는 가끔씩 마작을 하고 돌아온 이모부에게 버럭 쿠사리를 놓다가도 매끼 이모부를 위해 슴슴한 식사를 따로 차릴 것이다. 볕 좋은 오후엔 정갈한 빨래를 개킬 것이다. 좁은 방에서 오롯이 담배를 태울 것이다.

"이모, 고맙수다. 서울 간 전화하쿠다. 건강하십서."

"하이."

이모가 손을 흔들었다.

나는 아직 삶을 그곳에 남겨둔 이들의 안녕을 기원하며 짧은 여정을 마쳤다. 돌아와서 조사관에게 일본 방문 소식을 자세히 전했다. 강국희 씨와 이령경 씨의 연락처도 알려주었다.

진실규명 _ 2010년 5월

해가 바뀌었다. 제주도에 이어 일본 출장까지 마무리하고 왔다는 조사관의 연락을 받고 나는 다시 진화위를 방문했다.

"작년 말에 제주도에 다녀오고 나서, 진실규명 신청인은 아니지만 피고인이었던 김성기 씨와 재판에서 증인으로 나오셨던 당시 회사 운전사 김재기 씨도 만나보았습니다. 여러 진술을 들어보니 좀 더 적극적인 조사를 해야겠다는 판단이 서더군요. 올 초에 일본에 가서 강우규 씨 부인과 셋째 딸 강국희 씨, 큰딸 강경자 씨, 그 외 대영플라스틱 임원 쪽과 김 선생님 이모님을 만났습니다. 강우규 씨가 암호문을 묻은 것으로 되어 있는 정원도 살펴보았습니다. 현재까지 조사해본 결과 전체적으로 이 사건은 조작되었을 가능성이 아주 높다고 생각합니다."

"저희 어머니 말씀이, 김성기 씨에게 강우규 씨의 신원에 이상이 없다고 확인해준 중정 직원이 있었다는데요, 혹시 그분은 만나지 못하셨나요?"

"그쪽과는 연락이 닿지 않았습니다. 전 중정 직원들 중에서도 사과라든가 무어라도 하고 싶은 이들도 있는 것 같은데, 퇴역 모임들도 있고… 개인적으로 의사를 표하는 것이 어려운가 보더라구요."

조사관은 보고서에 들어갈 참고 자료로 활용될 수 있으니, 지난번에 낸 자료들을 다시 간추리고 요목화해서 제출하면 좋겠다고 했다.

자료를 제출하고 두 달 뒤 내가 다시 찾아갔을 때, 조사관은 보고서를 완결했다며 한결 여유 있는 얼굴이었다.

"불법 연행·구금·가혹 행위가 모든 피고인들에게 가해졌던 것이 분명해 보입니다. 일부 피고인들의 경우 사건 조작에 대한 제3자의 증언 등을 확보하기 어려웠던 점은 있지만, 대부분의 공소사실이 잘못된 것이어서 전체적인 진실규명이 필요하다고 결론을 내렸습니다. 불법 연행·구금·가혹 행위만으로도 충분한 재심 사유가 됩니다. 진실규명 결정이 나는 대로 신청인들과 재심을 청구하십시오."

"이번에 진실규명 신청을 같이 하지 못한 분들도 재심 청구하는 것이 가능한가요?"

"물론입니다. 보고서를 근거로 재심이 진행된다면 피고인들의 무죄가 꼭 밝혀질 수 있을 겁니다."

나는 재심을 대비해 김성기 씨의 연락처를 받아두었다. 또한 고재원, 고원용, 장봉일 씨 등 그간 연락이 전혀 닿지 않았던 이들의 소재를 파악할 수 있을지 물었다. 조사관은 그분들 모두 사망했다는 것만 확인되었고, 소재에 대해서는 알 수 없었다고 답했다.

"이 사건을 비롯해 여러 사건을 조사하면서, 저도 막연하게만 알고 있던 과거사를 직접 경험하고 목격할 수 있었습니다. 보고서를 쓰며 과거 중정의 잘못을 지적하는 데는 별 부담이 없었지만, 제가 몸담고 있는 검찰의 잘못을 드러내는 것은 쉽지만은 않았습니다. 그래도 잘못은 밝혀야 하니까요. 구치소에서 조서를 작성했다든지 하는 불법 행위들을 적시했습니다. 관련 서류만도 세 질이 넘고 관련자 80여 명 중 저희가 만난 사람만도 30명이 넘는 방대한 사건이라 조사에 오랜 시간이 걸렸습니다. 신청인으로서는 당연히 억울한 사건이겠지만, 저희가 감정이입을 하고 나면 객관적인 조사가 어려워질 수도 있거든요. 저희 나름의 방향을 잡고 조사하다 보니 당장의 신청인 진술이나 자료에 대해서 거리를 둔 적도 있습니다. 고생하고 아픔을 겪었을 유족들의 마음을 충분히 헤아리지 못하고 서운하게 했던 점이 있더라도 이해해주십시오."

"쉽지 않은 사건인데 꼼꼼히 자료 검토하고 많은 분들 만나며 애써 주신 조사관님께 저희가 감사하지요."

"저야 파견된 공무원으로 임무를 다했을 뿐입니다."

조사관의 얼굴에 비친 긍지가 보기 좋았다.

아버지의 서른세 번째 기일에, 나는 진화위의 결정문을 받아볼 수 있었다. 2010년 5월 11일자로, 우리 사건에 대한 결정이 내려진 것이었다. 조사관이 작성한 보고서는 상임위원회 일부 위원들의 반대로 인해 '진실규명 결정' 대신 '일부 진실규명 결정'으로 수정되어 있었다. 이명박 정권 이후 그즈음에는 비슷한 결정이 내려지는 경우가 많았다. 결정문의 요지는 다음과 같았다.

- 신청인 6명(강용규, 김문규, 김추백, 이오생, 이근만, 허병선)을 각 불법 구금하고 가혹행위를 가한 사실이 인정된다.
- 신청인 김추백, 이오생, 이근만은 중앙정보부 수사관들로부터 가혹행 위를 당하여 허위자백을 함으로써 이들에 대한 범죄사실이 모두 조작되었고, 그로 인해 국가보안법 위반 등의 유죄 선고를 받게 되었음이 인정된다.
- 신청인 강용규, 김문규에 대한 범죄사실은 조작되었을 가능성이 있다. 그러나 강우규를 간첩으로 인식하지 않았다고 단정할 수 있는 직접적인 증거를 찾을 수 없어, 조작되었다고 단정할 수는 없다.
- 국가는 김추백, 이오생, 이근만에게 불법구금·가혹행위를 가하고 범죄사실을 조작한 점과, 강용규, 김문규를 불법구금하고 가혹행위를 가한 점에 대하여 신청인과 그 가족에게 사과하고 재심 등 이에 상응한 조치를 취할 필요가 있다.
- 국가는 허병선을 불법 구금하고 가혹행위를 가한 점에 대하여 신청인과 그 가족에게 사과하고 화해를 이루는 조치를 취할 필요가 있다.

우리 아버지와 이오생, 이근만 씨의 경우 1977년 2월 강우규 씨 집들이 때 들었다는 '선전 교양' 관련 공소사실을 반박할 제3자의 증언이 확보되었는데, 강용규, 김문규 씨의 공소사실 내용은 강우규 씨와 단독으로 이루어진 것이어서 증언을 확보하지 못했다는 점이 '일부 진실규명 결정'의 이유였다. 보고서는 강우규 씨의 범죄사실에 대해서도, 법정 진술과 구원회 소식지에 나온 그의 진술, 동경변호사회 조사 보고서를 자세히 인용하며 조작의 가능성을 시사했다. 그러나 "수사기관이 강우규를 간첩으로 조작했다는 신청인들의 주장을 뒷받침할 직접적인 증거가 없고, 강우규가 사망한 상황에서 이 점을 정확히 알 수가 없기 때문에 강우규가 간첩이 아니라고 단정할 수는 없다."라고 표현되어 있었다. 강용규 씨, 김문규 씨, 강우규 씨 가족들 입장에서는 무척 서운할 일이어서 걱정이 되었다.

진실에도 일부 진실이 있나. 흰색과 검은색으로 표상되는 색 사이에는 어느 정도 회색을 품고 있는 다양한 흰색 또는 검은색이 있을 뿐이다. 물론 진실인지 아닌지 확언할 수 없는 부분이 있을 것이다. 그러나 진실이라고 가늠할 수 있는 개연성이 더 클 때, 그 개연성에 근거하여 어떤 사건의 '진실'을 판독하는 것이 일반적이다. '일부 진실'이라는 말은 '진실 중에 일부는 진실이 아닐 수 있다'는 것인데, 이는 형용 모순이거나 진실에 대한 무지, 혹은 '진실임'에 찬성하지 않는다는 의사표시일 것이다. 끝내 검은 것이 섞여 있다고, 그래서 순수한 흰색이 아니라고 말하고 싶은 것이다. 진실이 처한 현재의 자리가 그만큼이었고, 그만큼의 진실이나마 우리는 그러쥐어야 했다.

나는 조사관에게 전화를 걸어 감사 인사를 했다. 조사관은 보고서 내용이 수정 통과됐지만 원래의 취지에서 벗어난 것은 아니라면서 이후 재심을 통해 꼭 무죄 판결을 받으라고 격려해주었다.

며칠 뒤 나는 먼저 김성기 씨에게 전화를 했다. 김성기 씨는 반가워하며 이후 재심 참여에 대해 긍정적인 답을 주었다. 이오생 씨와 이근만 씨도 그간 애썼다며 진화위 결정문을 잘 받아보았다고 했다. 강용규 씨와 김문규 학장 며느님에게도 연락했다. 비록 '간첩 조작' 부분에 대해서 인정되진 않았지만 큰 틀에서 '조작'을 인정하는 방향이라 재심에서는 무죄 판결을 받게 될 거라던 조사관의 말을 두 분에게 조심스레 전했다.

외삼촌은 결정문을 받고 한동안 너무 화가 나더라고 했다. 결정문에 인용된 수사관의 말에는 고문이 없었다는 것 외에도 외삼촌의 진술에 대해 "가족들을 유리하게 하려는 것일 수도 있지 않느냐?"라고 한 부분이 있었다. 자신들이 무슨 일을 저지르고 있는지 여전히 모르는 이들이었다. 십자가에 못 박혔던 예수도 그런 이들에 대한 용서는 신에게나 의탁할 뿐이었다. 나는 외삼촌의 온당한 분노를 두둔했다.

신 조사관이 원직에 복직한 뒤로, 마무리 작업을 맡은 김 조사관이 다시 내게 연락을 해왔다. 사무실로 찾아가니 김 조사관은 다른 사건들의 사례를 들며 재심 과정을 꼼꼼히 안내해주었다. 그 외에도 도움을 청할 일이 있으면 언제라도 연락을 달라며 우의 깊은 친절을 베풀어주었다.

나는 인권연대, 한홍구 교수와 이령경 씨, 조준희 변호사에게도 소식을 전했다. 같이 고민해주고 격려해주며 크고 작은 도움을 주었던 '학생인권 모임' 교사들과 선배들에게도 소식을 전했다. 길마다 등불이 되어준 고마운 이들이었다.

2005년 12월부터 2010년 12월까지 활동했던 진화위는 처리 대상 사건 총 11,175건 중 8,978건에 대하여 진실규명 결정을 내렸다(항일운동 20건, 해외동포사 2건, 적대세력 관련 1,445건, 민간인 집단 희생 6,742건, 인권 침해 238건).

진실·화해를위한과거사정리기본법은 "법원의 확정판결을 받은 사건은 진실규명의 범위에서 제외"하며 "다만, 진화위의 의결로 「민사소송법」 및 「형사소송법」에 의한 재심사유에 해당하여 진실규명이 필요하다고 인정하는 경우에는 예외로 한다."(진실·화해를위한과거사정리기본법 제2조 진실규명의 범위)라는 조항을 두고 있다. 이에 따라 피해자들은 진화위를 통해 '재심 사유(진실규명 결정)'를 얻고, 다시 개별적으로 청구한 '재심'이 마무리되기까지 긴 시간을 기다려야 했다. 우리 사건의 피해자들도 진화위 진실규명 결정까지 4년, 재심 무죄확정판결까지 6년을 기다려야 했다. 비슷한 사건으로 피해를 입고도 진실규명 결정을 얻지 못한 이들도 많고, 재심을 하지 못한 이들도 많다.

위 법에 의하면 "국가는 진실규명 사건 피해자의 피해 및 명예의 회복을 위하여 노력하여야 하고, 가해자에 대하여 적절한 법적·정치적 화해조치를 취하여야 하며, 국민 화해와 통합을 위하여 필요한 조치를 하여야 한다."(같은 법, 제34조 국가의 의무) 그러나 무죄 판결이 이루어진 뒤에도 가해자들은 전혀 사과하지 않았으며, 우리 사회 일각에서는 피해자들의 무죄에 대해 여전히 폄훼하고 있다. 대법원은 과거사 관련 피해자들의 손해배상 청구 시효를 단축하고, 손해배상 지연이자를 축소했으며, 국정원은 피해자들에게 지연이자로 받은 '부당 이득'을 반환하라며 소송을 냈다. 인혁당 사건의 피해자들은 반환금은 물론 그에 대한 이자까지 갚느라 가압류에 시달리고 있다.

정의는 지연되었으며, 화해는 못다 이루어졌고, 회복은 더디기만 했다.

2장 :

무죄
(2010. 6 ~ 2016. 6)

#6

어릴 적 나는 고향이라는 말의 살가움이 부러워 엄마에게 묻곤 했다.

"내 고향은 어디야?"

"엄마와 아빠의 고향이 모두 제주도고 네 본적도 제주도니 고향은 제주도지."

내가 태어난 곳은 서울 북아현동이었지만 워낙 어린 시절 잠깐 보냈던 곳이라 거기서 떠올릴 수 있는 추억이랄 게 없었다. 하지만 살아보지 않아 그리울 것도 애틋할 것도 없는데 제주가 고향이라니…. 퉁명스러운 듯 곰살맞은 듯 별스런 사투리, 불기운을 품었던 구멍들을 간직한 채 오랜 비바람에 곰삭아 온 검은 돌들, 바다를 끌어안고 살아가는 잠녀들의 대찬 물질…. 그런 것들로 나는 나름의 고향 정경을 그려 보곤 했다. 친구들 앞에서 혜은이의 〈감수광〉을 그럴듯하게 따라 부르며 '제주돗아이'로 인정받기도 했다.

내가 고향 사람들이 짊어져 온 그 커다란 트라우마에 대해 듣게 되었던 건 좀 더 자란 중고등학교 시절이었다.

"그때가 우리 아버지 소상(小喪) 날이라 어멍 심부름을 다녀오는데, 갑자기 타당타당 총소리가 들리는 거라. 친구영 나영 무서워 이웃집 부엌에 숨어들었주. 멍석 같은 게 있길래 또르르르 그 안에 들어가 한나절 내내 숨죽이고 있었던 거 아니. 그 집 할망이 우릴 보고 총 쏜 놈들 다 가부렀잰 하멍 집에 데려다 줜 겨우 돌아왔져."

"경 행 죄 어시 죽은 사람이 오죽 하영해시냐. 니도 알아지커냐. 숙자 아버지, 그 어른이 우리랑 먼 친척이여, 참말 어진 어른이라신디, 흰 두루마기를 입고 손은 영 포승에 묶인 채 끌려가는 거라. 무사 경 서글퍼신지 그 어른 얼굴이 아직도 잊혀지지 않음져. 나영 한 반이었던 아이도 가족이랑 한꺼번에 몰살당했주. 공부도 막 잘하는 아이여신디, 아버지가 남로당 쪽에 관계되어 있다는 혐의로 어멍이랑 동생들이랑 어린 아기까지 몬딱 총질을 당한 거라."

당시 엄마네 집은 경찰서 옆의 옆집이었다. 신음과 비명, 통곡 소리가 매일같이 집안으로 흘러들었다. 남자 어른이 없는 집안이라 때때로 학교 교사나 면사무소 직원 등 동네의 식자층이 피신하러 오기도 했다. 길목에는 효수당한 '폭도'들이 있었다. 죽창 위로 걸린 피투성이 눈 부릅뜬 얼굴. 밖으로 나와 그 광경을 보지 않으면 모두 빨갱이라며 경찰은 네다섯 살 어린 꼬마들에게까지 총으로 을러댔다. 엄마네 자매들이 천제연으로 물 길러 가는 아침마다 하늘은 참혹한 여명에 젖어 있었다.

"어멍이 바느질 솜씨가 좀 좋았수과. 한복도 짓고 양복도 짓고 해신디 그 즈음엔 수의도 하영 지은 모양이라."

"경 행 우리 어머니가 한 며칠은 폭도로 몰린 사람들 시신을 거두멍 창자영 비어져 나온 것들을 몬딱 수습해주고, 또 며칠은 경찰쪽 사람들 시신을 하나하나 염해주고 해나서."

이모들과 엄마에게 들었던 참상들은 드러나지 못한 채 옹성거리는 소문들로 내 가슴에 쌓였다.

그 후 대학에서 『순이 삼촌』이나 『한라산』을 같이 읽었다. 말해지지 않았던 역사를 마주하며 우리는 또 얼마나 참담했던가. 제주 출신의 벗들은 눈 지그시 감고 흔들리는 몸으로 〈잠들지 않는 남도〉를 불렀다. 못다 한 진혼을 마저 할 책임이 증언자들의 후대인 우리에게 있었다. 그 책임을 잊지 않는 것이 고향에 대한 유대감이라고 나는 느꼈다.

침묵을 뚫고 나온 증언들은 또 다른 증언을 낳고, 탄압과 검열 속에서도 쓰여진 기록들은 또 다른 기록들로 이어졌다. 엄마가 열서너 살 소녀 시절 목도했던 참상은, 60년 가까운 세월이 흐르고 엄마가 일흔이 다 되어서야 정부 차원의 진상규명이 되었다. 국가의 공식 사과, 희생자들에 대한 명예회복 조치도 이루어졌다. 어떤 외면, 어떤 회피들 앞에서도 지치지 않고 쓰러지지 않은 증언들이 있었기에 가능한 일이었다. 연구자나 기자, 소설가나 시인만이 아니라 이름 없는 수많은 생존자들이 증언을 이어갔다. 그렇게 모여진 사회적 기억들은 마침내 국가 폭력이 있었음을 인정하게 했고, 그 폭력이 자행되도록 한 당시 국가 권력의 비틀린 시선과 욕망을 조명해냈다. 못다 한 친일파 청산과 분단의 역사, 그 속에 불거졌던 비극을 되풀이하지 않기 위해서는 가해와 피해를 넘어 진실을 적실히 들여다보아야 한다는 공감을 끌어냈다.

2017년에 리모델링 되기 전까지 4.3 평화기념관 전시실 한 귀퉁이에는 1977년 당시 사건이 실려 있었다. 나는 우리의 진실규명 과정 또한 비극의 소문과 기록을 넘어선 동시대의 증언이 될 수 있기를 소망한다.

함께 가는 길

진실규명 과정에서 새로 연락이 된 김성기 씨를 포함해 사건 피해자들이 어머니 집에서 함께 모였다. 재심도 간단치 않은 과정일 것이었다. 피고인들 중에서 전혀 연락이 닿지 않은 이들도 있었고, 핵심 피고인인 강우규 씨의 유가족은 일본에 살고 있었다. 나는 함께 자리한 이들에게 이석태 변호사 사무실을 찾아갔던 이야기를 전했다.

이석태 변호사는 조작 간첩 사건 피해자의 증언을 들으러 갔다가 그 피해자를 통해 알게 된 분으로, 공익·인권 관련 사건들을 꾸준히 맡아오고 있었다. 이 변호사와 이야기를 나누며, 나는 그가 공명이 남다른 치유자라고 느꼈다. 그는 치밀한 논변에 앞서 먼저 어깨를 낮추고 시선을 깊이 공유하는 변호사였다.

나는 사건 피해자들에게 이 변호사를 직접 만나서 재심 청구에 대해 자세한 안내를 받아보자고 제안했다. 다 함께 이 변호사를 만나 의논한 결과, 현재까지 모인 이들이 우선 재심을 청구하되 사건의 전모를 밝히기 위해서나 후에라도 재심을 청구할 다른 이들을 위해서나 일본의 강우규 씨 가족과 적극 결합하는 편이 좋겠다는 데 뜻을 같이했다.

이령경 씨는 내게 일본에 와서 강화옥 씨를 같이 만났으면 하는 바람을 전해왔다. 강우규 씨 가족들에게 진실규명 결정을 알렸는데, 재심에 대한 구체적인 이야기는 내가 직접 하는 것이 좋겠다는 것이었다. 나는 강화옥 씨를 만나러 가기로 하고, 재심 절차 등에 대해 안내할 내용을 확인하기 위해 이 변호사를 찾아갔다.

"김 선생님이 일본까지 가서 그 가족들을 만난다고 하시니, 변호사로서 제가 동행하는 게 도리라고 생각됩니다. 제가 이 사건을 이해하는 데 필요한 일이기도 하구요."

이 변호사는 기꺼이 같이 가겠다며 비행기표 예매까지 손수 맡아주었다.

36도를 웃도는 무더위였으나 다시 찾은 동경의 하늘은 쾌청했다. 이 변호사가 일본 체류 경험도 있고, 일본어에도 능통한 분이어서 함께 에도가와구의 케이세이코이와역까지 수월히 찾아갈 수 있었다. 마중 나온 이령경 씨와 역 근처의 아담한 찻집으로 들어가니 강화옥 씨와 구원회 관계자가 반갑게 맞아주었다.

강화옥 씨는 우리 나이로 아흔이 되었다는데 마른 체구여도 여전히 강단진 모습이었다. 말도 분명하고 귀도 밝았다. 지금은 지팡이에 의지하지만 몇 년 전까지만 해도 자전거를 타고 시장에 다녔다고 했다. 뉴스를 꼼꼼히 챙겨본다며, 남북관계 악화 등 국내 동향에 대해 묻기도 했다. 나는 분도출판사의 이야기책 몇 권을 강화옥 씨에게 드렸다. 강화옥 씨가 한글에도 다시 관심을 가지며 기억을 또렷이 하려 애쓰고 있다는 이령경 씨의 말을 듣고, 읽을거리로 준비해 간 것이었다.

"고맙습니다. 그런데 내가 얼마 전부터는 글을 많이 읽지 못하게 되었습니다. 한국에 계신 분들이 재판을 같이 했으면 한다는 연락을 받고 생각을 많이 했지요. 30여 년 전에 그리 고생했는데… 이제 와서 또 그 힘든 일을 겪어야 하나, 공원 의자에 앉아 지난 일들에 대한 공상에 빠져 있다가 발을 헛디뎌 넘어졌어요. 그래서 눈을 다치게 되었습니다."

강화옥 씨는 출가한 딸들과 관계가 다소 소원한 데다 함께 지내는 아들도 최근 사업에 여유가 없어서 재심에 적극 나서기 쉽지 않은 상황이라고 했다. 그럼에도 결 바른 목소리로 말했다.

"한국에 있는 이들에게 꼭 필요한 일이라면 해야겠지요. 딸같이 여기고 일을 맡길 테니 많이 도와주세요."

나는 함께하기로 결심해준 강화옥 씨에게 깊은 감사를 표했다. 이석태 변호사도 강화옥 씨가 재심을 같이 한다면 사정을 최대한 배려하여 돕겠다는 뜻을 밝혔다.

"사모님께 단도직입적으로 여쭈어봐도 좋겠지요? 어떤가요, 남편은 간첩이었습니까? 북의 지령을 받은 사실이 있나요?"

이 변호사의 질문에 강화옥 씨는 한 치의 주저함도 없이 답했다.

"강우규 씨, 좋은 사람입니다. 강우규 씨는 간첩이 아니었어요. 북한과 관련된 일을 한 적이 없습니다."

"강우규 씨가 혹시 조총련에서 민단으로 전향하지는 않으셨나요?"

"조총련이었던 적은 없습니다. 민단에 속해 있었습니다. 다만 김대중 대통령이 납치되었을 때 구명운동에 참여는 했습니다. 혹시 그런 일로 누군가에게 꼬투리를 잡힌 게 아닌가, 그런 생각은 해보았더랬습니다."

십수 년의 옥바라지, 그 후에도 이어진 고단한 삶이었지만 강화옥 씨의 말 속에는 남편에 대한 일말의 원망도 없었다. 나는 아흔의 강화옥 씨가 강우규 씨에 대해 그토록 깊고 단단한 인간적 신뢰를 지녀오고 있다는 것이 사뭇 존경스러웠다.

함께 나온 구원회 관계자 사토 씨 또한 감동을 주는 이였다. 짧은 커트 머리에 안경을 쓴 수더분한 인상의 그이는 한국어로 이루어지는 대화 내내 진지하게 귀를 기울였다. 이령경 씨의 통역 속에 자신이 기억하고 도울 일이 무엇인지 꼼꼼히 메모했다. 그이는 1977년 당시 강우규 씨의 이웃으로서 구원회 활동에 참여하게 되었다고 했다. 우리는 이령경 씨를 통해 사토 씨 등 구원회 관계자들에 대해 더 자세히 들을 수 있었다.

30여 년 전 강우규 씨의 소박한 이웃이자 집회장의 눈 맑은 젊은이는 자신도 노년이 머지않은 지금까지 정기적으로 강화옥 씨를 만나 말벗이 되어왔다. 진화위 조사관이 방문했을 때도 사토 씨는 운영하는 보육원 공간을 내주며 강화옥 씨가 편안히 진술을 할 수 있도록 해주었다. 사토 씨 외에도 구원회 관계자 고이즈미 씨는 요즘도 일주일에 한 번 이상 강화옥 씨에게 들러 소소한 생활상의 어려움들을 처리해주고 병원에도 모시고 다닌다. 사토 씨나 고이즈미 씨를 비롯한 일본의 전후 세대들은 1970년대 당시 반전 평화, 민족 차별에 관심을 가졌을 뿐 아니라 한국의 재일 정치범 탄압을 방조하는 일본 정부에 대해서도 비판의 날을 세웠었다. 모국을 방문한 죄로 극형을 받은 재일교포들에게 손을 내밂으로써 그들은 과거 식민지 종주국이 저질렀던 과오를 성찰하며 호혜로운 이웃이 되고자 했다.

30여 년을 이어온 구체적이고 실천적인 연대였다. 그리고 지금 여기서 사토 씨는 초심 그대로 다시 강우규 씨를 위한 '구원 활동'을 같이 하기 위해 재심에 대해 경청하고 있는 것이다. 그이는 당시 TBS에서 방송했던 강우규 씨 관련 자료 등 자신이 간직해온 자료들을 정리해주겠다고도 했다.

내 주변에도 좋은 뜻을 가진 착한 이웃이 많이 있었다. 그럼에도 개인의 온전한 삶을 이렇게 소리 없이 타인의 삶에 스미게 해온 이들은 흔치 않았다. 나도 인연을 맺은 몇 군데 시민단체나 복지단체가 있었지만 대부분 월정액 후원금이나 회비를 내는 것으로 헐거운 소속감을 유지해왔을 뿐이었다. 누군가와 그이처럼 깊은 연대를 나눌 수 있을까. 그이에게 비추인 내 부끄러움을 잊지 말아야겠다고 생각했다.

좋은 사람들을 만날 때마다 나는 세상은 기꺼운 것이며 인간은 품위를 가진 존재라 느끼곤 한다. 내가 경탄의 눈으로 바라보았을 때 사토 씨는 흔한 미소마저 짓지 않았다. 어떤 깃발보다도 견고히, 일상 속에서 그이는 강화옥 씨와 함께 자연스럽고 담담할 뿐이었다.

우리는 자리를 옮겨 식사를 같이했다. 식사 비용까지 사토 씨가 내겠다는 걸 나는 이령경 씨에 대한 고마움을 앞세워 만류했다.

"어머니, 건강하셔야 해요."

"그래요. 꼭 다시 만납시다."

강화옥 씨의 야윈 손이 내 등을 따듯이 쓸어주었다.

동경 시내로 돌아오는 길에 이령경 씨의 소개로 K통신 기자를 이 변호사와 함께 만났다. 한국에 파견된 적이 있었다는 그는 한국어를 꽤 잘했다. 그가 자신이 보도했던 '재일한국인 정치범' 관련 기사를 건네주며 말했다.

"강우규 씨의 재심이 잘 진행되어서 일본의 다른 피해자들에게 용기가 되었으면 좋겠습니다."

이령경 씨도 이 변호사에게 도움을 청했다.

"일본에 비슷한 사건으로 재심을 준비하는 분들이 여럿 계세요. 진화위에 진실규명 신청을 하지 못했던 분들도 포함해 피해자들 간의 모임도 구성할 계획이던데, 변호사님께서 계속 관심 가져주시기를 부탁드립니다."

"어려움을 겪고 계신 분들을 지원하는 것은 마땅히 저희가 해야 할 일이지요. 진실규명 결정을 받지 못한 사건은 더 꼼꼼히 준비해 잘 풀어가야 할 겁니다. 돌아가서 후배들과 충분히 의논해보겠습니다."

이 변호사가 응답했다.

일본 방문을 마치고 돌아온 즈음, 나는 김기오 씨의 아드님과 연락이 닿았다. 그분을 만나 진실규명 결정문을 건네고 재심 참여를 제안했다. 그러나 생존한 피해 당사자들이 스스로 재심 참여 의지를 밝히는 반면 이미 고인이 된 피해자의 가족들은 아무래도 조심스러운 입장이었다. 고인의 생전, 가족들에게 이 사건은 금기어였다. 이제 와서 그 사건을 떠들썩하게 들추는 것이 고인의 뜻에 합당한지, 어렵게 쌓아온 가족들의 평온함을 어그러뜨리는 건 아닐지, 쓰라린 고통의 복기를 감당할 수 있을지, 그것을 감당할 만큼의 진정한 참회를 이 사회로부터 얻을 수 있을지, 유족들은 많은 고민을 안았을 것이다.

며칠 뒤 김기오 씨의 아드님은 고마움을 표하면서도, '힘들었던 과거를 다시 꺼내어 시끄럽게 하고 싶지 않다.'라는 당신 어머니의 의사를 전해왔다. 김문규 씨의 아드님도 진행에 누가 되지 않는다면 다른 피해자들이 먼저 재심을 청구하는 것이 좋겠다고 했다. 진화위에서 김문규 씨 공소사실의 조작에 대해 결론을 유예한 것이 가족들에게 상처가 된 듯해 마음이 아팠다.

한편으로 90세인 강화옥 씨와 지병을 앓고 있는 87세 강용규 씨의 자녀들은, 재판에 오가는 것이 연로한 부모에게 무리가 될까 봐 염려하고 있었다. 이석태 변호사가 다시 일본과 제주를 방문하겠다고 했다. 강화옥 씨와 강용규 씨가 재판정에 오가는 절차를 최소화할 방안을 강구하며 가족들의 협조를 요청하겠다는 것이었다. 얼마 후 이 변호사는 강국희 씨와 강용규 씨의 아들 강상철 씨가 적극 나서기로 한 소식을 전해왔다.

그렇게 하여 여섯 명의 당시 피고인—강우규, 김추백, 김성기, 강용규, 이근만, 이오생 씨—이 일차적으로 재심을 청구하기로 했다.

기다림, 탄원

　공정한 판결을 기대할 수 있는 때는 언제일까. 판결의 오류 가능성에 대한 경계는 물론 오류에 대한 인정과 수정이 전제될 때라고 나는 헤아려 본다. 정치적인 판결이 아니더라도 무고한 송사에 시달리는 이들이 적지 않았다. 항소에 상고를 거듭해도 원죄(冤罪)가 기어이 확정되고 마는 것이다. 고문이 아니더라도 피의자가 죄인으로 전락하여 원치 않는 자백을 하는 일도 여전히 이뤄지고 있었다. 언론 등의 선정적인 여론 몰이, 수사 자체의 완결성에 대한 집착, 기소와 판결을 담당하는 이들의 옹골찬 자기 확신에, 피고인에게 양형 참작이라는 조건까지 버무려진다면 그런 일의 가능성은 더욱 커졌다. 그 자백들은 불충분한 증거들을 그럴 듯한 증거로 둔갑시키고, 그리하여 그 증거들에 의해 내려진 판결들은 좀처럼 뒤집을 수가 없었다. 밀실에 갇혀 수사를 받던 탈북민이, 노숙을 하다 체포된 가출 청소년이, 가난한 지적 장애인이 그런 경우였다. 법이란 사회의 안정을 도모하기 위해 만들어진 것이기에 법을 다루는 판관들은 으레 보수적인 해석과 적용에 익숙하기 마련이다. 하지만 어떤 언어도 현실을 그대로 담아내지 못하는 것. 법전에 한정되지 않는 인문학자의 시야, 가설을 검증하려는 과학자의 개방성이 법의 언어를 대하는 이들에게는 더욱 절실할 터이다.

진화위의 활동이 지난날 잘못된 판결들에 대해서 사회적으로 오류를 시인하는 과정이었으니만큼, 재심은 기꺼이 그 오류를 즉각 수정하여 공정성을 실현하는 절차가 되리라 나는 믿었다. 그러나 기대와 달리 재심의 요건을 인정받는 데만도 3년이 넘게 걸렸다.

형사소송법은 재심 이유의 하나로 '판결의 기초된 조사에 관여한 법관, 공소의 제기 또는 그 공소의 기초된 수사에 관여한 검사나 사법경찰관이 그 직무에 관한 죄를 범한 것이 확정판결에 의해 증명된 때'를 들고 있고, 확정판결을 얻을 수 없을 경우 '확정판결에 대신하는 증명'을 하도록 규정하고 있다.[26]

2010년 10월, 이석태 변호사는 진화위의 진실규명에 근거, 다음과 같은 사유로 1977년 간첩단 사건의 재심을 청구했다.

- 재심 대상 판결 사건에서 유죄의 증거는 피고인들의 진술이 유일하며 그밖에 이를 뒷받침할 증언이나 자료가 전무함.
- 피고인들은 영장 없이 불법 체포 · 감금되어 극심한 고문 끝에 허위사실을 자백하게 된 것임. 이를 기초로 공소가 제기되었고 재심 대상 판결 또한 피고인들을 유죄로 인정함.
- 사건을 수사한 중앙정보부원들은 피고인들을 영장 없이 연행하여 감금하고 고문을 가하여 허위자백을 받아내었으므로, 이는 형법 제124조 제1항(불법체포 · 감금), 제125조(폭행 · 가혹행위), 제227조(허위공문서 작성), 제229조(동 행사) 등에 해당하는 직무상 죄를 범한 것임. 이들의 직무상 범죄는 공소시효(5년)가 경과하여 유죄 확정판결을

---

26 형사소송법 제420조의 제7호, 동법 제422조

얻을 수 없는 때에 해당하며, 진화위의 진실규명 결정은 확정판결에 준하는 고도의 신빙성을 갖고 있으므로 '확정판결에 대신하는 증명'에 해당됨.

　변호인과 법원이 여러 번 검찰에 문서 송부 촉탁을 했지만 수사기록과 재판기록이 법원에 도착하는 데만도 2년 가까이 걸렸다. 이제 여든에 달하는 생존 피고인들은 크고 작은 질환으로 각종 수술과 약물 치료를 받고 있었다. 그 사이 가슴 아픈 소식들도 들려왔다. 하나는 강용규 씨가 지병으로 2011년 4월에 별세했다는 것이었다. 파란 많은 일생을 마감하면서 강용규 씨는 아드님에게 국립묘지에는 묻지 말아 달라는 말을 남겼다고 했다. 6.25 참전 군인으로 여러 개의 무공훈장을 받았음에도, 온당한 사죄를 하지 않은 국가 폭력의 가해자들과는 죽어서도 같이 자리하지는 않겠다는 것이 당신의 뜻이었다. 또 다른 소식은 1977년 당시 남편의 구명을 위해 헌신했고, 이번 재심에도 적극 용기를 불어넣어 주었던 김성기 씨의 사모님이 암 투병을 한다는 것이었다. 진화위 조사 때도 김성기 씨 부부는 손을 꼭 잡고 왔더라고 조사관이 말했었다. 금슬 좋게 흐뭇한 노년을 보내던 김성기 씨는 뜻하지 않게 부인의 말기암 선고를 듣게 된 것이었다.
　"김 양, 보내준 연하장이랑 변호사님의 의견서 잘 받아보았어요. 오늘도 집사람 태우고 항암 치료 다녀오는 길이야. 집사람이 장로인데 교회에서 많은 분들이 매일 오셔서 걱정하고 기도해주고 하니 한결 힘이 돼요. 한방병원에 갔더니 옻으로 된 신약이 있다고 해서 그것도 써 보고, 이것저것 최선을 다해보는 거지. 우리 집사람이 나에겐 월상(月上)의 여인이거든. 참 고마운 사람인데…."
　나도 언젠가 김성기 씨가 지갑에서 꺼내 보여준 사모님의 사진을 본 적이 있었다. 곱고 단아한 모습이었다.

"그래, 재판 진행에는 좀 진척이 있나? 엊그제도 다른 조작 간첩 사건 재심에 대한 보도가 있던데 말이야."

"서류가 아직 다 법원에 도착하지 않은 모양이에요. 다른 사건들도 판결까지 1~2년 걸리는 것 같던데, 우리도 오래 기다렸으니 곧 좋은 소식이 있지 않을까요? 그래도 법원에서는 진화위 진실규명이 존중되고 있다고 하니 다행이에요. 최근 신문을 보니 조봉암 사건도 재심 결정이 나는 데 2년 걸렸대요. 워낙 비슷한 사건이 많아서…."

"그렇구나. 조봉암 사건은 내가 대학생 때 일인데 말이야. 그때도 우린 정치 탄압이라고 그랬었어. 참, 세월이 얄궂다."

나는 푸르던 날의 김성기 씨를 그려보았다. 약관의 청년 시절, 우수에 젖을 새도 없이 명랑하고 당당하던 한 젊은이가 훗날 그처럼 탄압에 내몰리게 될 줄 누가 알았으랴.

"하여튼 내가 그 일 당하고 한동안은 제주도라는 말만 들어도 소름이 끼치더라구. 최근에야 제주도 여행을 갈 수 있었어. 지금은 애들이 박사 학위도 따고 다들 잘 장성했지만, 내가 수감되었을 때 우리 아들이 머리를 크게 다쳐 수술했었거든. 혼자 놀이터에서 놀다가 그랬다는 얘길 듣는데 어찌나 미안하던지. 아비 없는 동안에 애들이 얼마나 기가 죽었으면 저 혼자 놀다 그렇게 넘어졌을까 싶어서…. 이제야 주고받는 얘기들인데 내 친구들도 나 때문에 끌려가서 고생했다더라구. 나야 우리 집사람하고 이렇게 같이 지내다가 인생을 잘 마무리하는 것 외에 더 바랄 게 없지만, 애들을 생각하면 과거 일에 대해 클리어하게 되는 건 중요한 일이니까. 기다려 봐야지. 다른 분들도 소식들 주곤 하지요? 나도 이오생 씨나 이근만 씨한테 전화해볼게요. 어머니한테도 안부 전하구. 김 양, 고마워요. 나중에 보자구."

김성기 씨는 친근하고 자상하게 자신의 이야기를 들려주곤 했다.

이 변호사는 법원에 제출한 주요 문서들을 꼼꼼히 챙겨 보내주었다. 그때마다 나는 그 문서들을 인사 편지와 함께 다른 피해자들에게 발송했다. 편지를 받은 김성기 씨, 이오생 씨, 이근만 씨는 꼭꼭 확인 전화를 걸어와 격려해주었다. 진척은 더뎠지만 무게를 나눠질 수 있어 인내할 수 있던 기다림의 시간이었다. 3년이라는 시간이 흐르는 동안 이 변호사는 의견서 등을 일곱 차례나 제출했다. 나의 어머니도 탄원서를 제출했고, 진척이 없자 다시 김성기, 이오생, 이근만 씨와 내가 공동으로 탄원서를 제출했다.

2013년 11월 15일. 서울고등법원은 사건 당시 수사관들의 불법 체포·감금·가혹행위를 인정, 재심 개시를 결정하였다. 법원 인사이동을 거치며 공판이 조금 더 늦어지자 2014년 봄, 이 변호사는 다시 강화옥 씨와 그의 아들 강상균 씨, 그리고 구원회 관계자들 3인의 탄원서를 법원에 제출했다.

나도 그 탄원서의 내용을 읽어보았다. 남편과 다른 피해자들의 명예회복을 위해 이 재심 재판을 제대로 끝내는 것이 생의 마지막 의무이며 그것을 이루지 못하면 죽으려도 죽을 수 없다고, 강화옥 씨는 애끓게 간원하고 있었다. 강상균 씨의 탄원서는 시종 담담하고 완곡한 어조였으나 아버지와 충분히 더 나누지 못했던 사랑에 대한 아쉬움이 짙게 배어 있었다. 소년 시기에 민족 차별에 더해 사형수의 아들로 불리면서 겪었던 이중의 모멸, 고통과 방황 속 사춘기를 보내고 성인이 되어 출소한 아버지를 마중 나갔을 때에도 카메라 때문에 차마 몸을 드러낼 수 없었던 심정, 세월이 더 지나서야 재일한국인 1세로서의 아버지를 객관적으로 보고 조국과 인간에 대한 아버지의 깊은 정을 새삼스레 느끼게 되었다는 고백…. 내 또래의 소년이 이국땅에서 겪어 온 또 다른 비애가 먹먹하게 다가왔다.

구원회 활동가들의 탄원서는 다시 내게 깊은 감동을 주었다. 그토록 꾸준히 강화옥 씨와 동행할 수 있었던 동력은 무엇인지, 구원회의 치열했던 과거가 현재 이들의 삶과 어떻게 연결되어 있는지를 그들은 겸허하고 견결한 목소리로 들려주고 있었다. 이들의 양심과 연대에 한국은 어떤 양심과 연대로 화답할 것인가. 나는 2014년 그 봄, 화답하는 마음들이 하나둘씩 더 많아져 세상이 한결 환해지기를 소망했다.

다음은 구원회 활동가들의 탄원서이다.

고이즈미 요시히데 씨의 탄원 _ 2014. 2. 28

- 강우규 씨와 그 사건에 연루된 피고의 재심 공판을 조속히 개시해주시기 부탁드립니다.

- 저는 강우규 씨가 체포되어 사형 판결을 받는 과정에서 결성된 '강우규 씨를 구하는 모임(이하 구원회)'의 결성 당시부터의 회원입니다. 당시 22살이었던 저도 올 3월로 59살이 됩니다. 구원회는 에도가와구의 루터파 교회의 에구치 목사를 대표로, 지역의 노동조합 연합단체인 에도가와구 노협을 주축으로 결성되었습니다. 저는 당시 신문 배달을 하면서 대학에 다니고 있었습니다. 신문 산업의 하청 임시 · 아르바이트 노동자로 구성된 전(全) 임시 노동조합 판매지부 에도가와 분회의 분회장이자, 에도가와구 노협 청년협의회 부의장이기도 했습니다. 구원회는 매주 월요일 루터파 교회에서 사무국 회의를 하고 역 앞에서 전단지를 배포하고 때로는 집회를 열었으며 사형 판결이 내려진 다음에는 단식 투쟁을 하는 등의 구원 활동을 해왔습니다.

- 강우규 씨가 돌아가신 다음에는 강화옥 여사를 모시고 식사모임을 하는 등 구원회는 아직도 활동을 이어가고 있습니다.

- 강화옥 씨가 생활보호 대상자가 되고 난 후부터 저는 이틀에 한 번 꼴로 귀

갓길에 강화옥 씨를 찾아뵙고, 그 외에는 전화로 이야기를 나누고 있습니다. TV가 안 나온다, 모기장이 떨어졌다, 지퍼가 고장났다 등 사소한 일들을 해결해 드리는 것이 제 역할이라고 여기고 있기 때문입니다. 고령인 강화옥 씨에게 도움이 된다는 게 제게는 큰 기쁨입니다. 황반변성증 때문에 올해 들어 글자를 못 읽게 되었기 때문에 제가 방문했을 때는 가능한 신문 등을 읽어드리고 있습니다. 재일한국인 정치범의 재심에서 무죄 판결이 이어지고 있다는 것은 강화옥 씨에게 있어 살아가는 힘이며, 한국의 정치 정세에 대해서도 강한 관심을 갖고 주시하고 있기에, 문자를 읽을 수 없게 된 것은 정신적으로 큰 스트레스일 것입니다.

- 첨부한 진단서를 써 준 안과에는 2주에 한 번에서 한 달에 한 번은 제가 차로 모시고 갑니다. 연고나 안약을 거르면 눈곱이 너무 심해지기 때문에 안과 치료는 빠뜨릴 수 없습니다. 치과 치료에도 다니고 있습니다. 정형외과의 고오다 씨는 도우미를 데리고 집까지 와주셨습니다.

- 주 3회, 하루 한 시간 정도 간병도우미가 와서 목욕이나 방 청소, 장보기 등을 해주고, 주말에는 손자가 오거나 아들 부부가 반찬을 만들어 옵니다. 돈 관리나 지불이나 구청 등의 행정기관 업무는 아들 부부가 해주고 있습니다. 모두가 힘을 합쳐 서로 도우면서 살아가고 있는 셈입니다.

- 93세(만)라는 고령이기에 언제 무슨 일이 일어날지 모릅니다. 하루라도 빨리 재심 공판을 개시해주시길 부탁드립니다. 강화옥 씨와 함께해 온 37년이라는 세월은 제게는 기쁨이었고 감사의 말밖에 드릴 말이 없습니다. 강우규 씨같이 성실하고 솔직한 사람이 간첩 활동을 했을 리가 없습니다. 강화옥 씨의 불굴의 정신이나 부드러운 성품에 기운을 얻고 있습니다. 강우규 씨의 명예 회복과 강화옥 씨의 마지막 소원이 이루어지는 날을 저는 고대하고 있습니다.

이상.

- 이웃 사촌이던 강우규 씨의 '사건'을 알자마자 바로 구원 활동에 참가한 이래 오늘날까지 강우규 씨의 부인 강화옥 씨와 가깝게 지내고 있습니다. 당시 제 나이 서른이었습니다.

- 강우규 씨는 16세에 일본으로 건너와서 곤경에 처한 사람들을 위해 갖은 노력을 해온 분입니다. 강우규 씨가 일했던 군수공장에서 조선인들은 일본인들의 몇 분의 일도 안 되는 임금밖에 못 받아 하루 끼니를 해결하기에도 벅찬 생활을 했습니다. 저임금에다가 가혹한 노동조건, 아무런 권리도 보장받지 못하는 상태를 강요당한 것입니다. 강우규 씨는 고통스러워하는 동포들의 선두에 앞장서서 마지막까지 의지를 굽히지 않고 싸웠다고 했습니다. 전쟁 중 일본에서 목숨을 걸었던 것이라고 여겨집니다. 이러한 강우규 씨의 삶의 태도에 깊은 감명을 받았습니다.

- 강화옥 씨 또한 일본에서 온갖 고초를 겪으며 살아온 분으로, 강한 의지와 부드러움이 넘치는 분이십니다. 그렇기에 93살이 된 지금까지도 저희들 '강우규 씨를 구하는 모임' 회원들과의 교류가 지속되고 있는 것입니다.

- 강우규 씨도 일본에서 갖은 고생 끝에 장렬한 인생을 보냈습니다. 그렇게 44년을 지내온 강우규 씨는 60살이 되어 조국에 대한 강렬한 열망을 안게 되었습니다. 노후는 고향으로 돌아가 한국에서 살고 싶다는 일념에 한국에서의 생활 기반을 만들어가던 와중에 북한의 '간첩단' 주모자로 몰린 것입니다. 의족 없이는 제대로 걷지도 못하는 불편한 몸으로, 다른 사람보다 몇 배는 더 주위 사람을 챙기고 곤경에 빠진 동포를 구하기 위해 노력한 분이 간첩이라니? 이런 말도 안 되는 부당한 일은 절대 용납할 수가 없다고 생각했습니다.

- 강우규 씨를 아는 많은 지역주민들의 활동으로 에도가와구에서는 구장을

비롯해 구의회 전원이 강우규 씨의 구명과 석방을 요구하는 탄원서를 써서 당시 한국 대통령에게 보냈습니다.

- 많은 이들의 바람이 이루어져 강우규 씨는 무사히 가족의 품 안에 돌아올 수 있었지만, 고령인 탓에 억울한 누명을 벗지는 못하고 돌아가셨습니다. 강화옥 씨도 93살이 되셨습니다. 누명을 벗고 조국의 땅을 밟을 수 있도록 부탁드립니다.

- 저희 구원회도 한국의 양심을 믿고 마지막까지 지켜보고자 합니다. 이상.

고이즈미 준코 씨의 탄원서 _ 2014. 3. 1

- 제가 강우규 씨의 구원 활동에 참여한 것은 '강우규 씨를 구하는 모임(이하 구원회)'이 결성된 1977년 5월 25일부터입니다. 그때 저는 22세였습니다.

- 구원회는 강우규 씨가 살고 있던 도쿄도 에도가와구 내의 노동조합으로 구성된 일본 노동조합총평의회 도쿄지역평의회 에도가와구 노동조합협의회(이하 에도가와구 노협)가 중심이 되어 결성한 모임으로, 저도 에도가와구 노협 가맹 노동조합의 일원으로 구원회 결성집회에 참여하였습니다. 아무런 죄도 없이 부당하게 체포되어 투옥당한 강우규 씨를 가족의 품으로 돌려보내기 위해 적극적으로 활동하지 않으면 안 된다고 생각했기 때문입니다.

- 당시 한국의 박정희 정부가 많은 재일한국인 유학생이나 실업가에게 북한의 간첩이라는 딱지를 붙여 체포, 투옥하여 사형 판결을 포함한 극형을 내리고 있다는 사실은 신문 보도나 노동조합 기관지 등을 통해 알고 있었습니다. 재일한국인 정치범에 대해서는 단순한 한국의 문제만이 아니라 일본의 한반도에 대한 식민지 지배의 역사나, 일본이 패전한 이후에도 일본

에서 생활할 수밖에 없었던 재일한국/조선인에 대한 일본 정부의 배타주의적 정책을 생각하면, 일본인이 주체적으로 관여하지 않으면 안 되는 문제라고 생각했습니다.

- 강우규 씨의 체포와 투옥 사실이 알려져 구원회 결성을 준비하던 즈음 첫 공판이 열렸고, 3개월도 안 되어 사형 판결이 선고되었습니다. 구원회의 활동은 사형 집행 저지를 위한 국내·국제 여론 형성, 나아가 일본 정부에 대해서는 박 정권에게 사형 집행을 그만두고 인권 구제 조치를 취하도록 구체적인 행동을 하라고 요구하는 것이었습니다.

- 강화옥 여사를 비롯해 딸과 친척 등 온 가족이 강우규 씨의 사형 집행 저지를 위한 집회나 가두에서 호소를 했고, 구원회도 가족과 함께할 수 있는 활동을 전개했습니다.

- 매주 1회, 가까운 역에서 선전 활동을 펼쳤고, 구원회 사무국을 만들어 사형 집행 저지 서명을 모으고, 노동조합이나 민주단체, 종교단체, 지방의회 등에 구원 활동의 지원을 호소하였습니다. 구원회는 여론 형성에 성공했고, 다른 정치범 구원 운동과도 연대하여 사형 저지, 감형, 그리고 강우규 씨를 가족들 품으로 무사히 돌아오게 할 수 있었습니다. 나리타공항에서 지팡이를 짚은 강우규 씨가 웃는 얼굴로 손을 흔들며 돌아왔을 때는 만감이 교차하며 가슴이 벅찼습니다.

- 구원회의 활동은 제 인생에도 큰 영향을 끼쳤습니다. 제 활동 거점인 노동운동에 대한 태도를 결정짓는 지침이 되었습니다. 국가권력이 일부의 이익을 위해 국민을 지배하고 인권을 유린하는 것은 절대 용납할 수 없으며, 국가의 이익이라는 것은 결코 한 사람 국민의 이익이 아니라는 것입니다. 국가와 국가 간의 대립이 국민과 국민 간의 대립이 아니라는 것은 명백한 사실입니다.

- 에도가와구 노협은 지역에 거주하고 있는 이웃의 목숨을 구하기 위한 활

동이라는 관점에서 구원회의 활동을 적극적으로 떠맡았습니다만, 결과적으로 재일한국/조선인이 처해 있는 권리 박탈 상태나 인권 침해의 상징인 외국인등록증의 지문 날인 문제 등. 넓게는 국가에 의한 국민 지배의 문제를 저희 일본의 노동자들이 깨닫는 계기가 되었습니다. 재일한국인 정치범 구원운동을 통해 우리는 박정희 군사정부를 거들어 출입국관리법 등으로 재일한국/조선인을 지배하고 있는 일본 정부의 자세를 바꾸는 것이야말로 우리 일본인들의 주체적 과제라는 것을 분명히 자각했습니다.

- 강우규 씨는 감형되었지만, 억울한 누명을 벗지는 못하고 돌아가셨습니다.
- 강화옥 여사는 고령이지만, 남편의 무죄를 밝히기 위해 온 힘을 다해 살고 있습니다. 건강을 챙기고 또렷한 의식을 가지기 위해 매일 노력하고 있습니다. 어떤 어려움 속에서도 환하게 웃는 얼굴로 저희들을 맞아줍니다. 저는 강화옥 여사와 지금껏 관계를 가질 수 있는 것은 행복한 일이며, 조금이라도 함께 살아온 것을 자랑으로 여기고 있습니다.
- 강우규 씨 재심공판이 시작되어 하루라도 빨리 무죄 판결이 나오도록 진심으로 기원하며, 강화옥 여사나 가족과 함께 그 기쁨을 나누고 싶습니다. 잘 부탁드립니다.
  이상.

무죄

아버지의 서른다섯 번째 기일이었다. 나는 걸음을 서둘러 변호사 사무실로 향했다. 다음 날 있을 첫 공판에 앞서 모든 재심 청구인들이 처음으로 다 함께 만나기로 한 것이다. 김성기 씨, 이오생 씨, 이근만 씨는 일찌감치 도착해 기다리고 있었다. 이오생 씨가 지팡이를 짚고 걷는 등 다들 처음 만났던 수년 전에 비해 기력이 쇠한 모습이어서 마음이 무거워졌다. 제주에서 올라온 강상철 씨가 마지막으로 도착하고 청구인들이 함께 인사를 나눈 뒤, 이석태 변호사가 말했다.

"오랜 시간 재심 공판을 기다리시게 되어 저도 여러분들께 죄송스런 마음이었습니다. 이제 공판이 시작되니 머지않아 좋은 결과가 있을 것으로 봅니다. 재판 준비도 준비지만, 청구인들이 만나서 서로 위로하는 시간이 필요하리라 생각해서 이렇게 걸음해주십사 부탁드렸습니다. 일본에 살고 있는 강화옥 씨와 그 따님이 곧 이리로 오시기로 했습니다. 자, 천천히 차들 드시면서 먼저 이야기 나누시지요."

이 변호사가 재판의 쟁점을 설명했고, 청구인들은 기억을 더듬어 당시 연행과 수사 상황을 되짚었다.

"안녕하세요?"

노크 소리에 이어 이령경 씨가 밝게 인사해왔다. 그 뒤로 휠체어를 타고 차광안경을 쓴 강화옥 씨가 구원회 활동가 두 분과 함께 들어왔다. 강국희 씨도 여동생 강신자 씨와 같이 왔다. 강신자 씨는 미국에 거주하는데 일본에 들어갔다가 이번 재판을 방청하러 온 것이라고 했다. 나는 강화옥 씨의 휠체어로 다가갔다.

"동경에서 만나뵈었었지요. 이렇게 멀리까지 와주셔서 정말 감사합니다."

"지난 번 만났을 때보다 야위었네요. 잘 지냈지요?"

강화옥 씨가 내 손을 잡아주고는 다른 청구인들에게 고개를 숙여 인사했다.

"미안합니다. 강우규 씨 때문에 고생이 많으셨지요?"

어떤 세월이었던가. 한 사람씩 돌아가며 재심 공판을 맞는 소회를 말하는 동안 이령경 씨는 일본과 한국, 과거와 현재를 가로지르는 서로의 경험과 언어들을 이어주었다. 국내의 청구인들로서는, 친절하고 선의에 넘쳤던 한 사람과의 만남이 어이없게 굴절되는 터에, 방향 잃은 원망의 앙금을 다 가라앉히지 못한 것도 사실이었다. 사형을 선고받았던 강우규 씨가 가석방되기까지 구원회와 가족들이 끈질기게 이어왔던 활동들을 하나둘 들으며 국내의 청구인들도 한층 더 마음을 뻗어내는 것을 나는 느낄 수 있었다.

이날 사촌지간인 강국희 씨네와 강상철 씨는 처음으로 얼굴을 마주했다. 다 함께 저녁 식사를 하며 회포를 푼 뒤 강상철 씨는 강국희 씨네 일행이 묵는 숙소로 합류했다. 이산의 가족사를 건너 비로소 이룬 이날의 재회까지, 사연들은 긴 밤 내 흐르고 또 흘렀을 것이다.

1차 공판 _ 2014년 5월 28일

오후 2시, 서울고등법원 302호 법정에는 재심 청구인들과 그 가족 외에도 꽤 많은 방청객이 함께 자리했다. 인권의학연구소 활동가들, 다른 재일동포 조작 간첩 사건 피해자들, 이런 사건에 함께 아파하고 울어주며 기도를 모두어 온 수녀님들이 이날부터 이후 공판까지 계속 함께해주었다. 진화위에서 이 사건에 대한 업무를 마무리하며 나를 살뜰히 독려해주었던 김 조사관도 왔다. 그이는 우리 사건 외에도 자신이 맡았던 사건의 재심을 꾸준히 함께 지켜보고 있었다. 일본에서 만났던 K통신 기자도 재판 과정을 꼼꼼히 취재하여 보도했다.

강국희 씨, 나, 김성기 씨, 이근만 씨, 이오생 씨가 이 변호사와 함께 먼저 피고인석에 앉았고, 이어 검사가 건너편에 마주 앉았다. 잠시 후 재판장과 배석판사들이 입장했다. 이번 재판장은 우리가 재심을 청구한 뒤로 사건을 맡는 세 번째 재판장이었다.

"여러분이 어떤 심정으로 이 자리에 계실지 헤아려 보게 됩니다. 긴 세월이 지난 후 어렵게 재심의 자리에 서게 되신 만큼, 본 재판부는 피고인들의 목소리를 먼저 충분히 들어보고자 합니다. 피고인들, 괜찮으시겠지요? 멀리 일본에서 오신 고(故) 강우규 피고인의 가족부터 말씀하십시오."

나는 한결 마음이 놓였다. 재판장은 따뜻한 귀를 가지고 있는 사람인 것 같았다. 그의 목소리는 탁성이지만 진폭이 넓고 투명한 데가 있었다.

"정말로 아무 짓도 안한 사람을 잡아 놓고 가족들을 이렇게 고생시키는 나라가 어디 있나 생각하며 지냈습니다. 옛날 재판이 너무 지긋지긋해서 재판을 다시 할 엄두가 나지 않았었습니다. 그러나 남편이 나오지 않았더라면 고생하지 않았을 피해자 가족들을 생각하며 남편 대신 저라도 무언가 해야 한다고 마음먹었습니다. 이 문제가 해결된다면 언제 죽는다 해도 여한이 없습니다. 부디 올바른 판결을 내려주십시오."

살아서 재판 결과를 확인해야 한다는 일념으로 매일같이 공원을 걷고 있는 강화옥 씨의 간청이었다.

　김성기 씨와 이오생 씨가 차례로 사건에 연루된 경위와 그간의 고통을 밝히며 무고함을 호소했다. 이근만 씨도 당신이 생각하는 재심의 의미를 담아 진술을 마무리했다.

　"강우규 씨가 간첩인 줄 알면서도 신고하지 않은 죄가 있다면 응분의 벌을 받겠습니다만, 간첩이라고 의심조차 못했는데도 사실대로 말하지 않는다고 모진 고통을 당했습니다. 경험하지 않으면 믿을 수 없는 일이었습니다. 이 자리에 서게 되니, 우리 사회가 예전과는 많이 달라지고 있구나 하는 생각에 희망과 기쁨을 느끼게 됩니다. 지나온 과거가 문제가 아니라, 앞으로 다시는 이런 일이 없도록 해야 할 것입니다. 이번 기회에 이런 문제가 슬기롭게 잘 해결되어 우리 사회의 뜻이 뭉쳐지고 그것을 원동력으로 더 훌륭한 사회를 이루었으면 하는 것이 제 조그만 바람입니다."

　"재심 청구를 하게 되면 손자들이 알게 되어 곤란하다고, 아버지가 처음에는 주저하셨습니다. 하지만 그럴수록 억울함을 벗어나야 하지 않겠느냐고 아버지를 설득했습니다. 저희 가족 모두 이 사건으로 큰 충격과 고통을 받았습니다. 저도 연행되어 고문을 받고 나서 한동안 대인 관계도 피하며 힘든 시절을 겪었습니다. 집사람을 만나서 많은 위로를 받았는데, 결혼할 무렵에도 여전히 주위의 시선은 따갑기만 했습니다. 그때 장인어른이 '자네 부친이 간첩이면 이 지역 사람 전부가 간첩이다. 내가 너무나 잘 안다.'라며 결혼을 승낙해주셨습니다. 그런 고마운 분들에게 이 자리를 빌어 감사의 마음을 전하고 싶습니다. 너무나 억울했던 일입니다. 꼭 진실을 밝혀주십시오."

　강상철 씨는 안경을 벗고 눈물을 훔쳤다.

　"아버지가 이 사건을 겪고 수감 생활을 하다 돌아가신 지 오늘로 꼭 35년입니다. 열 살 무렵이던 제가 이제 아버지 연배가 되어 아버지 대신 이

자리에 섰습니다. 국가란 무엇입니까? 피해를 입은 국민들의 억울함을 들어주고 풀어주고 어루만져주는 것이 국가의 역할이 아닐까요? 여기 계신 피고인들과 그 가족들은 국가가 우리 국민들을 보호해주고 지켜준다고 당연히 믿고 있던 평범한 시민들이었습니다. 그러나 오히려 국가에 의해 낙인찍히고 소외되어 개인의 삶은 망가지고 가족의 생활도 파괴되었습니다. 2006년에 진화위에 문제를 제기하여 이 자리에 오는 데 8년이 걸렸습니다. 아무 힘도 없는 개인이 국가가 저지른 잘못의 흔적을 찾아 나서고 뿔뿔이 흩어졌던 피해자들을 만나러 다녔습니다. 하지만 분명히 맞은 사람이 있음에도 때린 이는 나타나지 않는 상황이었습니다. 국가에 호소했으나 아직까지 이 폭력 사건은 해결되지 않고 있습니다. 힘든 과거를 딛고 용기를 내어 이 자리에 오신 분들, 여기 소박하고 평범한 이분들의 믿음 그대로, 피해자들이 아픔을 치유하고 삶을 회복할 수 있도록 국가의 역할을 다해 주시기를 진심으로 부탁드립니다."

내 말이 끝나자 나의 어머니도 손을 들고 발언대에 섰다. 어머니는 그간의 고통 외에도, 그 당시 재판정 밖에서 재판장의 옷자락을 움키며 억울함을 호소했을 때 "국가 정책적인 일이라 어쩔 수 없다."라는 말을 들었던 것을 다시 한 번 강조했다.

"더 하실 말씀이 있는 분 안 계십니까?"

재판장은 잠시 더 기다린 뒤 다음 기일을 알렸다. 강화옥 씨에게는 일본에서 나오는 어려움이 크니 직접 출석하지 않아도 된다고 배려해주었다.

2차 공판 _ 2014년 7월 2일

이석태 변호사는 김성기, 이근만, 이오생 씨와 신문을 진행하며 불법 연행·감금·고문을 당했던 사실과 강우규 씨를 의심하지 않았던 사실을 집중적으로 드러냈다. 검사가 반대 신문에 나섰다.

"변호사의 신문 과정 중, 이오생·이근만 피고인은 당시 법정에 중정 직원들이 나와 있어서 위압감을 느꼈다고 했습니다. 그런데 피고인들은 그 당시 법정에서 대부분의 공소사실을 부인하지 않았습니까? 위압감을 느꼈다면 공소사실을 부인할 수 있었겠습니까? 결국 중정 직원들이 와 있는 것은 아무 관계가 없었다는 것 아닙니까?"

어이가 없었다. 공포와 위압 속에서도 굴욕 대신 자존을, 굴복 대신 용기를 선택해본 경험이 없음은 물론 그런 경험에 대한 이해마저 결핍되어 있음을 검사 스스로 고백하는 말이었다.

이석태 변호사가 부드러운 어조로 이오생 씨에게 다시 물었다.

"피고인의 발언 취지는 법정에 수사관들이 나와 있어서 자유롭고 임의롭게 진술하기 어려운 위압감을 느꼈다, 그럼에도 핵심적인 사항은 부인했다, 그런 것이지요?"

"예."

이근만 씨도 당시의 엄혹했던 분위기를 상기시키며 '검사님이 당사자라면 어떻게 했겠느냐?'라며 일침을 놓았다.

강우규 씨 외의 피고인들에 대한 심리는 이날로 마무리가 되었다. 검사가 증인으로 당시 신고자 이용국 씨를 신청했고, 재판장은 다음 공판에서 증인 신문을 진행하겠다고 공지했다.

3차 공판 _ 2014년 8월 13일

지난 공판에서 재판장이 강우규 씨 외의 피고인들은 선고 공판 외에는 굳이 출석하지 않아도 된다고 안내했으나, 증인이 어떤 얼굴로 어떤 말을 하는지 보고 들어야 한다며 모두들 방청을 함께했다. 그러나 다들 더운 날씨에 먼 걸음을 했음에도 이용국 씨는 재판에 나오지 않았다. 재판장은 검사에게 증인의 신원 확인을 다시 명했다.

그는 왜 나오지 않은 것일까. 강상철 씨에게 들어보니, 5년 전엔가 그가 제주에 와서 지인을 만났는데, 아르헨티나에서 사업을 해왔고 그 사업을 아들에게 물려주겠다고 했었단다. 죽어도 이민자 1세로 죽어야 자식에게 도움이 된다고, 다시 귀국할 생각은 없다고도 했단다. 재판에서 할 말이 마땅치 않아 나오지 않은 것일까, 혹은 나오지 않는 것으로 더 이상의 죄는 짓지 않으려 했던 것일까. 이유를 두고 저마다 설왕설래했다. 불발된 그의 출연으로 10분도 안 돼 허탈하게 끝난 공판이었다.

4차 공판 _ 2014년 9월 24일

검사는 새로운 증인으로 김 모 전 수사관을 세웠다. 김 모 수사관은 사건 당시 강우규 씨를 수사한 당사자였다. 검붉은 얼굴에 뿔테 안경 너머의 눈이 다소 날카롭게 보였으나, 재판정이 아닌 곳에서라면 그저 평범한 노인으로 지나칠 법도 했다. 나는 그 얼굴을 한참 똑바로 쳐다보았다.

증인 신문은 한 시간 가까이 이어졌다. 먼저 검사가 신문했다.

"강우규 피고인을 연행하고 9일 뒤에 영장이 발부된 것으로 되어 있습니다. 그 동안은 구속 영장 없이 조사한 것으로 보이는데 그렇게 된 사유는 무엇인가요?"

"피고인이 처음에 저항을 심하게 하면서 단식을 하고 수사에 협조하지 않다가 3~4일 후에 진술을 시작했기 때문에 시간이 늦어진 것 같습니다."

"강우규 피고인이나 다른 관련자들은 중앙정보부 조사 과정에서 구타를 당하거나 고문 등 가혹행위를 당하여 허위로 자백하게 된 것이라고 주장하는데, 사실인가요?"

"저는 이해가 안 가는 이야기입니다."

"증인이 조사에 강압을 가하여 피고인이 북한에 들어갔다 온 사실을 진술하게 된 것이 아니라는 말인가요?"

"저도 부모와 가족을 가진 사람입니다. 그런 일을 한 적이 없습니다. 강압으로 요구하는 바를 충족하는, 그런 일은 해서도 안 되는 것입니다. 호텔 같은 VIP 조사실에서 피고인을 조사했으며, 저희들은 욕 한 마디 하지 않고, '영감님, 죄는 죄이고 건강을 위해 식사는 하십시오.' 그러면서 최대한 예우했습니다. 그래서 피고인에게 심경 변화가 온 것 같습니다. 그 결과 피고인은 과거 일본에서 다방을 경영할 때 조총련을 통해 재일 북괴공작원에게 포섭된 동기를 이야기했습니다."

그야말로 눈 하나 깜짝하지 않았다. 제 부모와 가족을 들먹이며 김 모는 피고인들과 그 가족 앞에서 냉정하고 무례하게 자신과 자기 조직만을 보호할 뿐이었다.

이석태 변호사가 반대 신문을 이어갔다.

"조금 전 검사 신문에서 피고인이 연행 후 3~4일 동안 심하게 저항하고 또 단식을 하다 보니까 영장을 늦게 발부받게 되었다고 했는데, 사실 그것과 상관없이 구금하면 바로 영장을 발부받아야 되는 것 아닌가요?"

"그것은 윗사람들이 할 사항이고, 저는 하급주사에 불과했습니다. 제가 조사관으로서 이렇다 할 수사 내용을 얻고 있지 못하니까 윗분들도 기다리는 수밖에 없었을 것입니다."

"증인은 이른바 미란다 원칙을 알고 있는지요?"

"예. 미란다 원칙이란 변호인을 접견할 수 있다는 것으로서, 그 원칙을 이야기했지만 피고인은 반응이 없었습니다. 단식을 하며 항거하다가 심경 변화 후 스스로 포섭된 경위, 입북했던 상황, 상부선의 지시에 의해 실업인으로 가장하여 국내에 들어온 바를 이야기했습니다."

"피고인이 단식을 며칠 간 하였나요?"

"4일 정도 한 것으로 기억됩니다."

"피고인이 3~4일 저항하고, 단식을 4일 했으니 8일 정도는 진술을 하지 않았다는 것인가요?"

"예."

이석태 변호사는 증거물로 제출한 책을 제시했다. 전 중정 수사관이 쓴 수기였다. 자신이 중정 근무 시 담당했던 여러 사건들을 회고하는 수기였는데 그중 강우규 씨 관련 내용도 있었다. 나도 이 변호사에게 그 책에 대해 듣고 직접 구해 읽어보았었다. 강우규 씨의 사형이 집행되었다는 등 사실과 맞지 않는 내용들이 있어 객관성이나 신빙성에는 의문이 드는 글이었다. 그럼에도 사건의 맥락이나 개요를 파악하는 데 부분적으로 도움이 되는 면은 있었다.

"이 수기에는 강우규 피고인이 세 차례 자살 기도를 했다고 되어 있습니다. 또, 구원회 소식지에는 피고인이 석방 후 지인과 면담하며, '연행됐던 당시 엄청난 고문을 당하며 자살을 기도했다.'라고 말한 부분이 있습니다. 피고인이 자살을 시도한 사실이 있는가요?"

김 모는 동료 수사관이 쓴 수기의 내용을 정정해서 강우규 씨가 치약, 담배가루, 유리 조각, 의족 위에 덧신는 양말을 가지고 자해하는 등 네 번 정도 비슷한 일이 있었다고 답했다.

이 변호사는 진화위 진실규명을 근거로, 다른 피고인들에 대한 고문 사실과 범죄사실 조작에 대해서도 물었다. 그러나 김 모는 7층 조사실에 있었을 뿐 다른 피고인들이 어디 있는지 몰랐으며, 조사 내용에 대해서도 강우규 씨의 진술에 의한 것 외에는 모른다고 했다.

"당시 신고자였던 이용국이 제보한 내용이 무엇인지 간단히 설명할 수 있는가요?"

"강우규 피고인과 이용국은 동향인으로, 제보 즈음 회사나 아파트에서 세 번 정도 접촉했습니다. 그런데 피고인이 이용국에게 '이북은 무상으로 교육받고 의료혜택을 받는 것에 비해서 남한은 매판자본이고 빈익빈 부익부로 못 사는 사람은 극도로 못 산다.'라며 이북의 발전상에 관해서 이야기를 하더라는 것입니다. 그래서 이용국이 '이북을 어떻게 잘 압니까, 갔다 왔습니까?' 하고 물었더니 피고인이 '갔다 왔지. 내가 이북 중앙의 간부다.'라고 답했답니다. 이용국이 동향인인 중정 직원 이기우에게 피고인으로부터 들은 얘기들을 전하자, 이기우가 자기는 지원부서에 있다면서 자세한 것은 대공상담소에 상담하라고 한 모양입니다. 이용국이 대공상담소에 알려왔고, 그래서 저희가 이 사건을 접하게 된 것입니다."

"증인은 이 사건을 수사하면서 이용국의 진술 외에 피고인이 간첩이라는 사실을 증명하는 서면이나 물증 등 객관적 자료를 입수했는가요?"

"그런 자료는 없었습니다. 피고인이 입국한 배경을 조사하고 대영플라스틱을 추적·내사해서 신고자의 진술과 대조해보니, 목적의식을 가지고 들어온 것 같았습니다. 피고인이 동향인들을 수시로 접촉하고 대영플라스틱에서 알게 된 사람들을 자기 집에 불러 모은 사항은 내사 과정에서 파악되었습니다."

"이용국이 이 사건 제보로 포상금을 받았나요?"

"저는 조사실에만 있어서 모릅니다."

"증인은 진화위 조사에서 '피고인 강우규가 재일 북괴공작원 이 모에게 암호문을 받아 그것을 자신의 동경 주거지에 보관했다.'라는 공소 내용은 사실이 아니라는 취지로 진술했는데, 그런가요?"

"잘못된 표현입니다. 피고인은 처음에는 그 암호 문건을 집 정원에 묻었다고 했는데 나중에는 연행될 때 몸에 숨겼다가 화장실 변기에 버렸다고 했습니다. 그 내용은 조사받을 때 얘기했던 것입니다."

"증인은 진화위에서 '저는 암호 문건에 대한 피고인의 말이 신빙성이 없다고 판단하고 채택하지 않았는데, 의견서를 작성한 간부가 강우규의 진술이 있다면서 의견서에 넣어 검찰에 송치하다 보니, 결국 저도 모르게 암호 문건에 관한 내용이 범죄 사실에 채택된 것 같습니다.'라고 진술했었는데, 어떤가요?"

"저는 조사만 했고, 검찰에 송치할 때는 어떤 식으로 반영됐는지 모릅니다. 진화위에서는 어떤 편중을 두지 말고 객관적인 입장에서 조사를 해야 하는데 조사관이 저한테 고문했냐며 터무니없는 이야기를 했습니다. 저는 '나도 학부 나온 사람이고 가정에 부모와 자식이 있다. 고문이라는 말을 함부로 쓰는 것이 아니다.' 그렇게 말하고 조사관에게 더 자세하게 이야기하지 않았습니다."

"증인은 공소사실 중 강우규 피고인의 지도원으로 되어 있는 이 모의 실존 여부에 대해 주일대사관에 근무하고 있는 중정 직원이나 민단 등을 통해서 조회한 사실이 있는가요?"

"저는 한 적이 없고, 윗분들이 했는지도 모릅니다."

책임을 피해가려는 자들의 전형적인 태도였다. 수사 당시 피의자들 앞에서 무소불위 힘의 횡포를 부리던 그들은, 죄를 추궁받게 되자 '그것은 제 뜻이 아니옵고 저는 오직 주어진 일을 했을 따름'이라며 꽁무니를 사렸다.

변호사의 신문이 끝나고 주심판사가 몇 가지를 더 물었다.

"피고인 강우규의 범죄사실 분량이 많고 그 중간 중간에 피고인 김추백이나 김성기 등 다른 피고인들이 등장하는 것으로 보아 다른 피고인들에 대한 조사도 필요했을 것 같은데, 피고인들 간의 대질 조사를 증인이 직접 하지는 않았나요?"

"대질 조사를 저는 하지 않았고, 관련된 다른 사람들 방에 가본 적도 없습니다. 대질할 일이 있으면 종합반에서 양측을 조사했던 것입니다."

"피고인 강우규가 입북하여 노동당에 가입했다는 부분을 뒷받침할 만한 객관적인 물증이나 당원증 등은 발견되지 않았는지요?"

"그것은 발견될 수가 없습니다. 피고인이 입북했을 때, 북의 지도원이 '강선생은 위대한 우리 노동당에 가입되어 있습니다. 당증번호는 추후 알려드리겠습니다.'라고 해서 며칠 있다 번호를 부여한 것이고, 피고인이 이용국에게 '내가 이북에 다녀왔는데 이북 고위층 간부로 있다.'라고 한 것이 노동당에 가입되었다는 이야기입니다."

"수사 과정에서 피고인 강우규가 노동당에 가입했다는 부분에 대해서 쉽게 자백했는가요?"

"모두 임의 진술한 것입니다."

"피고인 강우규가 추후 법정에서는 조선노동당에 입당하거나, 입당 선서를 하거나, 당증번호를 부여받은 사실은 없다는 취지로 진술한 것으로 보이는데, 어떤가요?"

"중형을 받게 되는 우려가 있어서 번복했을 가능성은 있습니다."

마지막으로 재판장이 보충신문을 했다.

"1977년 1월 27일에 제보하는 진술을 받았고, 2월 8일에 임의동행을 했다는 것이지요? 제보를 받고 임의동행한 시점은 열흘이 조금 넘는데, 그 기간 동안 수사했던 내용을 이야기할 수 있는가요?"

"명확하진 않은데, 제보받은 인물에 대해 확인하여 그가 사는 아파트 위치를 점검하고 미행을 한 정도입니다. 내사는 다른 사람들이 강우규 외에 대영플라스틱 회사 전체를 두고 한 것으로 알고 있습니다."

"임의동행하기 전에 서울에 체류하던 피고인을 열흘 정도 미행했는데 그때 피고인에게 특이사항이 있었는가요?"

"그때는 특이한 것은 발견되지 않았고, 사람들을 접촉하는 동선만 파악된 것입니다."

"임의동행 전에 수사를 통해서 대영플라스틱이 의심스럽다는 단서나 정보가 확보되었나요?"

"구체적인 내용은 잘 모르겠습니다. 당시 일본을 통한 우회침투가 많아서 신설된 회사를 중심으로 파악하는 사람들은 별도로 있었습니다."

재판장은 제보와 관련된 이용국 씨 진술 내용에 대해 다시 확인했다.

"당시 북에 대해 말하기 힘든 시기인데 북한의 발전상과 방북에 대한 얘기를 듣고 이용국이 가슴이 뛰어 신고해야 한다고 느꼈던 것인가요, 아니면 그밖에 더 많은 정보를 얻고 이상하다고 여겨 제보했던 것인가요?"

"피고인 강우규가 북한 발전상을 이야기한다고 이용국이 신고해서, 심층적으로 대화를 더 해보라고 권유했고, 그 후 이용국이 대화를 하면서 피고인에게 북에 다녀왔다는 말을 듣게 되었던 것입니다. 피고인 강우규는 일본에서 다방을 했고 민단, 조총련 구분 없이 만나며 접촉 범위가 넓었습니다. 국내에서는 그런 얘기를 평범하게 할 수 없지만 일본 사회에서는 흔히 하니까 그렇게 대답한 것 같습니다."

"북한 발전상을 이야기하는 특이함을 기초로 해서 이용국이 피고인 강우규를 신고하자, 중앙정보부는 제보자에게 다시 피고인을 만나서 구체적인 질문을 해보라고 했고, 그래서 이용국이 피고인을 재차 만나 방북 여부를 물으니 피고인이 방북했다고 답했다, 그런 말인가요?"

"제가 직접 임무를 준 것은 아니었습니다. 이용국이 피고인과 바둑을 두며 2차, 3차 접촉하는 과정에서 이북에 다녀왔다는 이야기를 들었고, 제가 생각하건대 이용국도 궁금하니 심층적으로 물어보았을 것입니다."

"임의동행 직전에 이용국을 통해 들은 피고인 강우규 진술의 최대치는 무엇이었던가요?"

"이북의 발전상과 이북에 다녀왔다는 것이고, 암호문을 받았다는 이야기는 없었습니다."

"조사받는 사람은 한 명이었는데, 조사관은 몇 명이었나요?"

"다섯 사람 정도가 돌아가며 조사했습니다."

"조사받는 사람의 입장에서는 혼자 조용히 있을 수 있는 시간이 없는 것인가요?"

"예. 혼자 둘 수 없습니다. 밤에는 자해하거나 잘못되는 것에 대비해 불침번을 섰습니다. 통상 저를 포함해 두 명이 더 있었습니다."

"피고인 강우규로서는 온전하게 모든 것을 털어놓기가 쉽지 않았을 것인데, 피고인의 심경 변화가 있어서 처음부터 모든 공소사실이 맞다고 했나요, 아니면 발전상을 먼저 이야기하다가 그 다음에 이북에 다녀왔다고 이야기하고 그 다음에 거기서 어떤 이야기를 했다는 식으로 진술하던가요?"

"피고인 강우규는 처음에는 진술을 거부하다가 심경 변화 이후 본인의 스토리를 이야기했습니다. 제가 볼 때, 저희들이 더 없느냐 묻고 피고인이 생각해보니 더 있다는 식으로 이야기가 나온 것은 아니었습니다. 피고인이 체념하고 저희 젊은 사람들한테 욕됨이 없어야 되겠다며 죽 스토리를 이어갔습니다."[27]

재판장의 신문 도중, 이 변호사가 발언을 요청하며 김 모에게 물었다.

"이용국이 제보한 내용의 중심 중 하나는 북한의 우월성에 대한 선전이고, 다른 하나는 북한에 다녀왔다는 것인가요?"

"예."

"이용국은 자술서를 두 번 썼지만 거기에는 강우규가 이북에 갔다 왔다고 말한 내용은 없는데, 어떤가요?"

"저는 분명히 기억합니다."

---

27 위 진술은 강우규 씨에 대한 수사기록이나 강우규 씨의 공판 진술과도 배치된다. 강우규 씨는 다른 이들의 진술서가 작성될 때마다 새로운 사실을 추가하며 5차례의 진술서를 썼다. 이후 공판에서도 강우규 씨는 다른 사람들이 말한 내용을 확인하는 식으로 자신의 조서가 작성되었다고 말했다(2부 2장 참조).

"그 내용은 중정에서 작성한 조서에도 없는데, 어떤가요?"

"있을 것입니다. 별도 부서에서 제보를 받았습니다."

이 변호사는 그대로 자리에 앉았다. 재판장이 마지막으로 확인했다.

"암호 문건에 대해 증인은, 강우규 피고인이 처음에는 동경 주거지에 묻었다고 했다가 다시 화장실 변기에 넣어 없앴다고 말하자 어느 한쪽을 믿기 어렵다, 그렇게 생각했다고 했지요? 진화위에서 그런 취지를 담아 증인에 대한 조서를 작성한 것 같지만, 암호문이 사실이 아니라는 말과 증인의 말은 뉘앙스가 좀 다른 것 같고, 본 법정에서 증인이 이야기하는 것이 맞다는 것이지요?"

"예. 크게 다르지는 않지만 본 법정에서 이야기하는 것이 맞습니다."

"증인은 진화위 조사 시, 조사관의 질문에 대한 증인의 답변 취지가 왜곡되지 않게 기재된 것을 확인하고 조서에 서명한 것이 맞는가요?"

"예."

증인석에 앉은 내내 긴장에 밀리지 않던 표정을 얼마간 구긴 채 김 모는 방청석으로 다시 내려왔다.

공판 말미에 검사는 지난 공판에 불출석한 이용국 씨의 사망 여부를 출입국관리소에 문의해 확인한 결과, 그에 대한 사망 신고는 접수된 사실이 없다는 답변을 받았다고 했다. 재판부는 거소 신고지로 출석 요구서를 다시 집행 송달하기로 했다.

김 모의 얼굴이 나를 고통스럽게 했다. 공판 후 한동안 지하철에서 마주치는 수사관 연배의 그럴듯한 노년들을 보고 적의를 느끼며 나는 당혹스러웠다. 아무 일 없었고 세상은 충분히 만족스럽다는 듯 완고한 표정의 노인들을 보면, 어디에서 무엇을 하던 사람일까 의심이 들었다. 하늘의 그물은 왜 이토록 성글까. 심판받지 않은 자들이 활보하는 거리, 은폐가

신념이자 직업인 공직자들, 한 번도 청산되지 않은 악들이 더욱 심한 악을 불러들여 창궐하게 하는 세상, 무고한 희생이 그치지 않고 희생자 가족들의 눈물이 마를 날 없는 나라.

그랬다. 그해 봄, 304명의 목숨이 배 안에서 그대로 침몰했을 때, 우리 성당의 신부님은 추모 미사를 시작하며 비통함을 삼켰다.

"도대체 왜! 아무런 죄도 없이 수많은 사람들이 희생되어야 하는 걸까요. … 그러나 이들의 죽음 뒤 우리가 살아가는 세상이 변화된다면 그 죽음은 단지 헛된 것만은 아닙니다. 그들의 희생 너머 새로운 생명의 세상이 만들어질 때 우리는 그것을 부활이라 부릅니다."

어둠에 잠식되지 않는 길은 분노보다도 더 절실한 희망을 놓지 않는 것이다. 나는 검붉은 김 모의 얼굴 대신 용기를 내라며 손을 잡아주던 재판정의 수녀님들을, 고문 후유증으로 다리를 절면서도 공판을 지켜보러 나온 다른 조작 간첩 사건 재일동포 피해자를, 대가 없이 바라지에 나서는 인권단체 사람들을 생각했다. 만연한 어둠 속에서도 서로의 기도가 되어주는 이들은 사라지지 않는다.

5차 공판 _ 2014년 10월 22일

이용국 씨는 증언대에 설 수 없었다. 재판장은 이용국 씨의 가족으로부터 그의 사망 사실을 확인하는 증명을 전달받았다고 말했다. 결심이 진행되었고, 피고와 원고 측의 최후 진술이 이어졌다.

"피고인들에 대하여 법과 원칙에 따라 선고해주십시오."

조작 간첩 사건 재심에서 구형하는 통상적인 문구를 읽고, 검사는 제자리를 지켰다.

이석태 변호사는 1차 공판 후 현재까지 세 차례 제출한 의견서 등을 원용해줄 것을 요청하며 최후 변론에 나섰다.

이 사건은 노년의 삶을 고국에서 지내고자 했던 평범한 재일동포와 그 지인들을 엮어 대규모 간첩단 조직 사건으로 만든 극단적 인권 침해 사건입니다.

중정은 피고인 강우규가 다른 피고인들과 함께 지하조직 자유통일협의회를 구성하여 의원, 교수, 예비역 장성 등 80여 명을 포섭, 유사시에 통일전선형 봉기를 기도했다고 발표했습니다. 그러나 이것이 허구임은 이 사건의 공소사실 자체, 그리고 이 사건의 공판 과정에서 명백히 드러났습니다.

이 변호사는 공소사실이 객관적 증거 없이 수사기관에서의 피고인들 진술만을 증거로 삼고 있으며, 수사 과정에서 피고인들의 가족 면회나 변호인 접견이 제한되었고, 진화위 진실규명을 통해 불법 체포와 감금, 가혹한 고문 등이 드러났다고 짚었다. 그는 불법 행위 가운데 이루어진 진술은 증거 능력이 없다는 판례를 인용하며 변론을 이어갔다.

지난 공판에 출석한 전 중정 수사관의 증언에 의하면 피고인 강우규가 상상할 수 없을 정도의 잔혹한 고문을 받았음이 드러났습니다. 얼마나 고통스러웠으면 그렇게 계속해서 자살을 기도했을까요. 더 이상 저항하기를 체념하고 중정 수사관들이 짜 놓은 시나리오대로 허위 진술을 시작했을 때 피고인이 얼마나 절망스러웠을지 그 심정이 그려집니다. 이 사건의 공소사실은 오직 강요 속에 이루어진 피고인들의 허위 진술에 의존한 것이기에, 수사관들은 이를 번복하지 못하도록 그렇게 무자비한 고문을 가했던 것입니다.

이 사건 공판에서 피고인 강우규는 북한 방문 외의 다른 공소사실에 대해서 모두 부인했고, 다른 피고인들 또한 자신들에 대한 공소사실 전부를 부인했습니다. 다른 피고인들은 이구동성으로 피고인 강우규가 친절하고 후덕한 사람으로서 북한의 우월성 등에 대하여 자신들에게 선전한 사실이 없다고 공판에서 진술했습니다. 오히려 피고인들의 공판 진술에 의하면, 피고인 강우규가 여행 중에 포항제철소나 소양강 댐 등을 보고 한국의 기술력과 발전상에 놀라 조국에 대한 자부심을 토로한 부분도 여럿 있었습니다.

진화위는 피고인 강우규 외의 다른 피고인들 전반에 대하여 무고하다는 진실규명을 한 바 있습니다. 피고인 강우규에 대한 공소사실은 다른 피고인들에 대한 것과 서로 연결되어 있습니다. 그러므로 조사 내용의 취지에서 볼 때, 진화위의 진실규명은 피고인 강우규 또한 무고하다는 것으로 결론지어진다 하겠습니다. 또 피고인 강우규에게 지령을 내렸다는 이 모 공작원에 대한 증거 또한 전무하고, 그 지령에 따라 피고인 강우규가 했다는 간첩 행위나 다른 피고인들에 대한 포섭 행위가 모두 사실이 아닌 이상, 이 모 공작원은 실존하지 않는 허구의 인물이라 하겠습니다.

다만 피고인 강우규는 공소사실 중 방북에 대해서는 시인하면서도, 당시 보통의 일본인 사업가들이 하듯이 방문 비용을 본인이 전부 부담하는 등 단순히 관광 목적으로 방북했던 것뿐이라고 공판에서 진술했었습니다. 이와 같은 방문이 객관적으로 반국가단체의 이익이 된다거나 사업가인 피고인이 이를 인식했다고 볼 수 없고, 이 방문이 대한민국의 존립과 자유민주적 기본 질서에 명백히 위해가 될 수도 없으므로, 이 부분 또한 범죄가 될 수 없는 것입니다.

따라서 피고인 강우규에 대하여 전부 무죄를 구합니다.

변호인 진술 후 강우규 씨를 대신하여 강국희 씨가 최후 진술을 했다.

강국희 씨는 정확한 발음을 하고자 천천히, 서툰 한국어로 진술문을 낭독했다.

37년 전에는 오고 싶어도 올 수 없었던 법정에 이렇게 설 기회를 주신 재판부에 감사드립니다. 한국의 민주화를 온몸으로 실감하고 있습니다.

제가 생각하는 '간첩'이란 북한과 김일성에게 충성을 바치는 사람입니다. 하지만 제가 기억하는 아버지는 전혀 그런 사람이 아닙니다.

식민지 지배와 전쟁 경험을 가진 아버지 세대가 다 그렇듯이, 저희 아버지도 반일 감정이 강한 분이셨습니다. 아버지는 언니들이 일본인과 결혼한다고 했을 때 크게 반대를 하셨고, 언니들은 결혼식도 못 올리고 집을 나갔습니다. 아버지가 괴로워하는 모습을 보고 저는 저만이라도 아버지가 슬퍼하지 않도록 한국인과 결혼해야겠다고 마음먹고 있었습니다. 일본 학교에 다니면 자연스레 일본인과 결혼하게 된다고 여기고, 아버지는 저를 초등학교 3학년 때 조선학교(민족학교)로 전학시켰던 것 같습니다. 당시 민단에서 운영하는 학교는 멀리 신주쿠에 한 곳밖에 없었는데, 조선학교는 동경에 열 개가 있었습니다. 마침 저희 집에서 도보 10분 거리에 조선학교가 있어 저는 그 학교에 다니게 되었습니다. 당시 대부분의 그 학교 학부모들은 단순히 타국에서 자기 모국어를 배우게 하고 싶은 마음에 자녀들을 그리 보내고 있었습니다. 물론 한국을 왔다 갔다 하는 학부형들도 많았습니다.

1959년경부터 재일동포 사회에서 북한으로 귀국하는 운동이 펼쳐졌었는데, 제가 중학교 2학년인 1972년경 저와 가장 친했던 친구의 가족도 북한으로 갔습니다. 그 친구와 헤어지는 게 싫었던 저는 '나도 북한으로 갈래.'라고 했다가 아버지에게 심하게 야단맞았습니다. '북한에 가도 행복하게 살 리가 없다. 두 번 다시 가족과 못 만나게 된다, 절대 안 된다.'라고 하셨습니다. 세상 물정을 모르던 저와 달리, 당시 북한으로 간 사람들이 편지 등으로 이것저것 보내 달라고 부탁하는 것을 보며, 아버지는 '지상낙원'이라는 북한의 선전이 거짓말이라는 것을 이미 알고 계셨던 거죠.

한때는 재일동포 사이에서 한국으로 취득했던 국적[28]을 다시 '조선적'으로 바꾸자는 운동을 벌였던 적도 있었습니다. 그때 아버지는 '조선적에서 한국 국적으로 바꿨는데 이제 와서 다시 왜 돌아가야 하냐.', '너희 고향은 제주도니까 당연히 한국 사람이다.'라면서 들은 척도 안 하셨습니다. 그래서 저희 가족은 일찍부터 모두 한국 국적을 취득하고 있었습니다.

언제나 조국을 그리던 아버지가 어느 날 한국에 가서는 갑자기 연락이 두절되었습니다. 저희 가족이 사방팔방으로 수소문하며 두 달 가까이 시간을 보냈을 무렵, 일본 민영방송 TBS 뉴스를 통해서 처음으로 아버지가 '간첩' 혐의로 체포되었다는 것을 알게 되었습니다. 저녁 6시 뉴스에 저희 집과 아버지 사진이 나오는 것을 보고 너무나 깜짝 놀랐던 기억이 아직도 생생합니다. 어머니는 기절하셔서 몇 시간이나 정신을 차리지 못했습니다. 저희 가족은 틀림없이 뭐가 잘못된 것이라고 생각했습니다.

체포와 감금에 이어 사형 선고까지 받게 된 아버지의 구명을 위해 거리 서명, 집회에 나서고, UN 인권위에 호소하러 가는 등 부단했던 활동을 전하며 강국희 씨는 눈물을 흘렸다.

---

28 일본은 제2차 세계대전 패망 후 일본에 남은 동포에 대해서 1947년 일본 국적을 박탈했고, 행정 편의를 위해 식민지 시대 이전의 국호인 '조선'을 따와 '조선적'으로 칭했다. 이후 1950년 일본을 통치하던 연합군사령부가 한국 정부의 요청에 따라 "신청이 있을 경우 국적란의 '조선'을 '한국'으로 변경한다."는 조치를 내렸고, 1965년 한일 국교가 정상화되면서 많은 재일동포가 대한민국 국적을 얻었다. 나머지는 일본으로 귀화하거나 조선적을 유지한 채 살아왔다. - 〈연합뉴스(2016. 3. 25)〉 발췌

한국의 감옥에서 12년을 보내고 아버지는 마침내 가석방되어 가족의 품으로 돌아왔습니다. 석방되었을 때 아버지는 이미 일흔을 넘기셨고, 우리에게 온갖 얘기를 들려주시던 모습은 어디론가 사라져버렸습니다. 늘 어깨가 축 늘어지고 어두운 표정의 노인이 되셨습니다.

저는 지금 아버지가 원하셨던 대로 한국인과 결혼하여 세 명의 자식과 네 명의 손자가 있습니다. 제 자식들과 손자들에게 할아버지의 이야기, 자신들의 뿌리인 조국에 관한 이야기를 해주고 싶습니다. 불행한 과거를 바로잡아서 두 번 다시 이런 일이 일어나지 않도록 하는 것이, 일본에서 살아가긴 하겠지만 한국인인 제가 한국인으로 살아갈 제 자식들에게 해줄 수 있는 일이라고 생각했습니다. 또 아버지를 대신하여 이 사건으로 큰 고생을 하신 다른 분들과 그 가족들을 위해서라도 이 재판을 해야 한다고 생각했습니다.

지난번 공판에서 검찰과 전 수사관의 대응을 접하고, 아직도 한국 정부는 아버지를 간첩으로 삼고 싶어 한다는 생각이 들어서 사건 발생 당시보다 더 슬펐습니다. 그날 밤에는 제대로 잠을 이루지 못했습니다.

돌아가신 아버지에게, 도쿄 집에서 기다리고 계시는 아흔네 살의 어머니에게 좋은 소식을 전해드리고 싶습니다. 아무쪼록 하루라도 빨리 올바른 판단을 내려주시기를 진심으로 간절히 부탁드립니다. 어색한 제 우리말을 마지막까지 들어주셔서 감사합니다.

재판정이 한결 더 숙연해졌다. 재판장은 공판을 마무리하며 말했다.

"여러 피고인들의 마음을 헤아려 속히 기일을 잡아야 하겠지만 판결문 작성에도 시간이 걸리니 양해를 부탁드립니다. 이 해를 넘기지는 않도록 두 달 뒤로 선고 기일을 잡겠습니다."

선고 기일 전, 비슷한 재일동포 조작 간첩 사건 피해자가 강우규 씨처

럼 단순 방북한 부분에 대해 무죄판결을 받은 일이 있었다. 이 변호사는
그 판결을 재판부에 참고 자료로 제출했다.

선고 _ 2014년 12월 19일

2014년 12월 19일. 오늘의 법정은 37년 전의 법정과 무엇이 어떻게 달라질 수 있을까. 모두 무죄 판결을 얻을 수 있을까. 우리는 긴장된 마음으로 법정에 앉았다. 재판부가 입장했다. 재판장은 판결문을 요약해가며 다음과 같이 판결 이유를 밝혔다.

1. 검사가 제출한 증거들에 대하여

경찰 조사 시 수사관들의 불법 감금 · 가혹행위 · 영장주의 위반 속에 이루어진 피고인들의 진술은 그 임의성을 인정할 수 없으므로 증거능력이 없다. 압수물 등도 경찰이 위법하게 수집한 것이므로 증거능력이 없다. 또한 검찰 조사 시에도 종전 중앙정보부 조사 단계의 불법 구금이나 수사관들의 폭행, 협박에 따른 심리적 압박감이나 정신적 강압 상태가 계속된 것으로 의심되는 이상, 검찰에서의 피고인들의 진술도 임의성 없는 상태에서 이루어졌다고 볼 만한 이유가 있고 달리 그 임의성에 관한 의문을 해소할 검사의 증명이 없으므로 증거능력이 없다.

2. 피고인 강우규에 대하여

1) 회합, 특수 잠입, 금품 수수
이에 대한 피고인의 공소사실은 북한공작원 이 모 등이 반국가단체의 구성원이거나 그로부터 지령을 받은 사람이라는 것을 피고인이 인식했

음을 필요로 한다. 그런데 피고인은 원심 공판에서 대부분 공소사실을 부인했으며, 공소사실에 부합하는 듯한 일부 진술을 했다 하더라도 이는 수사기관에서의 불법 구금, 가혹행위를 당하면서 야기된 임의성 없는 상태가 법정에서도 계속되었기 때문인 것으로 보인다. 이러한 피고인의 진술만으로 피고인이 위와 같은 사정을 인식했다는 점을 인정할 수는 없다. 또, 달리 위 공소사실을 인정할 만한 증거가 없다. 따라서 이 부분의 공소사실은 인정되지 않는다.

2) 탐지 등 간첩 행위

위에서 본 바와 같이 피고인이 이 모로부터 지령을 받았다는 공소사실이 인정되지 않는 이상, 반국가단체로부터 국가기밀 탐지 등의 지령을 받았음을 전제로 하는 이 부분 공소사실도 유죄로 인정할 수 없다. 또, 피고인은 법정 진술에서 이 부분에 대한 공소사실을 부인했으며 다른 피고인과 증인들 역시 법정에서 피고인의 진술에 부합하는 취지로 진술했다. 설령 피고인이 탐지·수집을 했다 하더라도 그 내용은 자동차를 타고 다니며 육안으로 볼 수 있는 공지의 사실에 불과하다. 이는 국가보안법에 정해진 국가기밀에 해당한다고 볼 수 없으므로 이 부분의 공소사실은 인정되지 않는다.

3) 반국가단체 가입, 가입 권유

원심 법정에서 피고인이 일관되게 이 부분의 공소사실을 부인했고, 다른 피고인들의 진술도 이를 뒷받침하고 있는 반면 공소사실을 증명할 객관적 증거가 없다. 따라서 이 부분의 공소사실은 인정되지 않는다.

4) 찬양·고무

이 죄는 반국가단체나 그 구성원 또는 국외 공산계열의 활동을 찬양, 고무하거나 또는 이에 동조하거나 기타의 방법으로 반국가단체를 이롭게 하는 때에 성립한다. 대법원 판례를 참조해 보면, 위 규정을 적용하기 위해서는 그 행위의 내용이 객관적으로 반국가단체의 이익이 될 수 있어야 하고, 주관적으로는 반국가단체에 이롭다는 인식이 있을 것을 요한다. 또 그 행위는 국가의 존립·안전을 위태롭게 하거나 자유민주적 질서에 위해를 주는 적극적인 행위여야 한다. 원심 법정에서의 피고인 진술, 다른 피고인들과 증인들의 여러 진술에 비추어볼 때 피고인의 발언이 반국가단체인 북한을 이롭게 한다는 인식 하에 이루어졌다고 단정하기 어렵다. 반면 위 공소사실을 증명할 만한 증거는 없다. 또 피고인의 발언 내용 또한 북한의 의료제도, 교육제도, 평화통일, 조총련 모국방문 사업 등에 관한 개인적인 의견을 표명한 정도에 불과하고 국가의 존립·안전이나 자유민주적 질서에 위해를 주는 반국가활동성에 대한 찬양·고무 행위로 파악하기 어렵다. 따라서 이 부분의 공소사실은 인정되지 않는다.

3. 피고인 김추백, 김성기, 강용규, 이근만, 이오생에 대한 공소사실의 인정 여부

1) 회합

앞에서 말한 바와 같이 피고인 강우규가 반국가단체의 지령을 받았다는 공소사실은 인정되지 않는다. 또한, 공판기록과 참고인 진술 등에 나타나는 여러 정황 등에 비추어볼 때나, 당시 강우규가 회사 감사로서 명확한 신분을 가지고 있고 재일동포로서 피고인들에 비해 언론매체 등을 통하여 상대적으로 북한 관련 정보를 많이 접할 수 있었으며 피고인들 역시 이런 사정을 잘 알고 있었던 점을 감안할 때, 제출된 증거들만으로 피고인들에게 강우규가 반국가단체의 구성원이라거나 그로부터 지령을 받은 자라는 점에 대한 인식이 있었다고 보기는 어렵다. 따라서 이 부분의 공소사실은 유죄로 인정되지 않는다.

2) 금품 수수, 편의 제공

기록상 나타나는 여러 사정들에 비추어 피고인들의 금품 수수 행위가 국가의 존립·안전이나 자유민주적 기본 질서를 위태롭게 할 위험이 있는 경우에 해당된다고 보기 어렵고 달리 이를 인정할 증거가 부족하다. 또한 피고인들이 했다는 편의 제공의 행위에 공산계열과의 관련성이나 국가의 안전, 국민의 자유를 실질적으로 위태롭게 할 구체적이고 명백한 위험성이 존재한다고 보기 어렵다. 피고인 김추백이나 김성기는 한국의 거래 사정 등에 어두운 강우규를 위해 아파트 관리나 구입 등을 도와준 것으로 보이고, 피고인 이근만은 회사 상사에게 선의를 베푸는 차원에서 벽시계를 교체해준 것으로 이해된다. 피고인 강용규가 자신의 형에게 숙식을 제공한 것을 가리켜 위법한 활동으로 볼 수도 없다. 따라서 이 부분 공소사실은 인정되지 않는다.[29]

법정에는 차츰 안도감이 흘렀다. 모두의 모든 죄가 벗겨진 것이다. 마침내 재판장이 소회를 밝히며 진심 어린 사과의 뜻을 전하자, 무죄판결은 우리 가족과 모든 피고인들에게 비로소 의미 깊은 '사건'으로 다가왔다.

40년 가까운 세월이 흘렀습니다. 1977년 6월 24일, 1심 재판부가 이제는 고인이 된 강우규 피고인에게 사형을 선고하고 다른 피고인들에게도 중형을 선고하였을 때, 그 후 항소심에서도 사형 판결이 그대로 유지되고 다른 피고인들에게도 감형은 되었지만 유죄를 인정하였을 때, 그리고 그 이전 수사기관에 의해 영문도 모른 채 불법 구금되어 모진 가혹행위를 받았을 때

---

29 40쪽이 넘는 원 판결문의 주요 내용을 요약했다.

고인과 피고인들이 느꼈을 절망감과 그 공포를, 저희 재판부는 빛바랜 기록들을 읽어가면서 공감할 수 있었습니다. 알 수 없는 슬픔으로 가슴이 답답하고 먹먹해지기도 하였습니다. 고인의 자제분들, 그리고 연세 깊은 피고인들이 이 법정에서 떨리는 가슴을 애써 진정하며, 치밀어 오르는 회한을 힘겹게 참아내며 하신 진술을 들으면서 그 사이 고인들과 피고인들이 겪었을 몸과 마음의 고통, 이를 지켜 본 가족들의 상처를 다는 아니지만 조금이나마 느낄 수 있었습니다.

저희 재판부는 피고인들에 대한 재심 재판을 진행하고 판결을 준비하면서, 피고인들처럼 사법 절차의 과정에서 심각한 상처를 받는 일이 없도록 하는 것이야말로 사법을 담당하는 법관의 중대한 임무이구나 하는 것을 새삼 깨닫게 되었다고 고백합니다. 법원이 형사 재판을 받는 당사자인 본인에게, 법원의 최종 판단을 제시하는 모든 과정에서, 그 어느 경우에도 고문을 받지 않아야 하는 등 헌법 및 형사소송법에서 정한 국민의 중대한 절차적 권리가 훼손되지 않도록 단호하고도 섬세한 심리를 해야 된다는 것을 교훈으로 얻게 되었습니다.

제주에서 근무한 경험이 있는 저는 제주 사람들의 애환과 고향 사랑을 조금은 알고 있습니다. 고향 제주에 대한 깊은 그리움과 고국에 대한 사랑으로 노년에 귀국하여 생활하면서, 그 사이 많은 세월을 보냈던 일본과는 사뭇 다른 대한민국의 환경에서 때로는 불편한 시선을 받고 살 수도 있었을 고(故) 강우규 피고인, 70년대 사회 상황에서 간첩과 연관되었다는 혐의로 수사를 받는다는 것 그 자체만으로도 주변의 불편하고 차가운 시선을 받아야 했고 그래서 커다란 곤경에 처했을 피고인들에게 약간의 도움의 손길을 내밀어 줄 이웃들도 쉽게 찾기 어려웠을 그 당시의 상황을 생각해보면, 법원은 다른 누구보다도 그러한 곤경에 처한 분들에게 좀 더 따뜻한 시선을 주고 그러한 분들의 작은 목소리라도 더욱 주의 깊게 귀담아 들어야 된다는 것을 깨닫게 됩니다. 또 법원이 이를 제대로 실천하지 않을 경우, 언젠가는 법원의 소홀함이 드러날 수 있다는 것을 겸허하게 생각해봅니다. 고문과 협박에 못 이겨 죽지 않으려고 허위 진술했다는 30여 년 전의 피고인들의 절규를 우리 법원이 이제야 받아들이게 된 것에 대해서 피고인들에게 현재 사법부의 구성원인 저희들은 다시 한 번 반성의 말씀을 드립니다. 힘겹게 오랜 세월을 거쳐서, 많은 사람들의 노력이 보태어져서, … 오늘의 판결이 가능하지 않았을까 생각됩니다.

재판장의 목소리가 차츰 떨렸다. 방청석은 여든이 넘은 피고인들, 이미 고인이 된 피고인 가족들의 흐느낌으로 가득 찼다. 이령경 씨도, 이석태 변호사도 눈물을 흘리고 있었다. 재판장은 잠시 낭독을 멈추었다.

오늘의 판결이 고인들과 다른 피고인들의 상처를 모두 씻을 수 없을지라도 작은 위안이 되었으면 합니다. 고인과 가족 분들, 피고인 김성기, 이근만, 이오생 어르신, 이제는 마음의 한과 짐을 떨어내시고 가족들과 소박한 행복을 누리면서 … 건강하게 살아가시기를 우리 재판부는 엎드려 기원합니다. 주문을 …
주문: 원심 판결 중 피고인들에 대한 부분을 파기한다. 피고인들은 모두 무죄. 피고인들에 대한 판결의 요지를 공시한다.

말을 다 잇지 못하던 재판장은 주문을 겨우 낭독한 뒤 서둘러 일어섰고, 배석판사들도 따라 나갔다. 누군가 먼저 박수를 쳤다. 진심어린 감사의 박수가 재판정을 한참 울렸다.

37년의 세월을 뒤풀이하는 자리였다. 재판에 함께한 이들 모두 모여서 식사를 함께하며 감회를 나누는 시간을 가졌다. 오래도록 쌓였던 회한들을 쓸어주고, 남은 눈물을 서로 닦아주었다. 강우규 씨와 감옥에서 여러 해를 같이 보냈던 재일동포 학원간첩단 사건의 피해자 강종헌 씨도 함께 자리했다. 그는 강우규 씨가 감옥 안의 젊은이들에게 아버지 같은 이였고, 불의를 보면 참지 못하는 성품이었다고 회고했다. 일흔이 다 된 나이에도 강우규 씨가 1987년 감옥 내의 처우 개선을 요구하는 단식 투쟁에도 적극 참여했었다고 전했다.

"저 또한 무고하게 사형을 선고받고 조국의 감옥에서 청춘을 보냈습니다. 그러나 감옥 안에서 만난 사람들에게 희망을 얻을 수 있었습니다. 독재정치 속에서도 감옥행을 두려워하지 않는 젊은이들은 늘어갔습니다. 감옥 안의 이들 서로가 서로를 비추어주었습니다. 인간은 인간을 통해 감동을 받는다고 생각합니다. 오늘 재판에서도 그런 감동을 느낄 수 있었습니다."

그의 말처럼, 정연한 판결문보다 더 우리들의 마음을 울린 건, 37년 전의 법정에서는 찾아볼 수 없던 인간의 얼굴이었다. 세상 누구에게도 듣지 못했던 사죄의 말을 피해자들은 이날 처음으로 들을 수 있었다. 재판장은 피해자들에 대한 자비 어린 공감, 자신과 자신이 속한 조직을 아우르는 반성, 개인과 사회의 역사를 대하며 외경을 놓지 않는 겸허한 판관의 자세를 보여주었다.

수십 년간 굳어져 왔던 봉인을 떼고 고통스런 상흔을 꺼내보였던 피해자들의 용기에, 우리 사회의 환부를 드러내는 지난한 싸움을 함께해온 피해자들의 인고에 나는 충심으로 감사했다. 진화위 조사관들, 연구자들, 변호인과 인권단체, 재판을 함께 방청하고 응원해준 사람들 모두 내가 만난 고마운 선지식들이었다.

마땅히 이루어져야 할 상식적인 판단이 비로소 상식적인 것으로 받아들여지는 데 걸린 37년의 시간. 그것은 '아니'라는 말을 지키기 위해 누군가는 박탈당하고 내몰리고 갇히며, 또 누군가는 죽음을 겪어야 했던 시간들이었다. 그런 이들의 희생을 바탕으로 아버지 등의 무고함이 밝혀졌으니, 이 또한 예전에 신부님이 말했던 '부활'이리라.

죽음도 침묵도 역사적인 것. 돌무덤을 열고 진실은 우리 곁으로 다가온다. 그것을 목격한 이들은 다락방에 갇혀 있는 대신 지금 여기 쓸쓸하고 외롭고 낮은 이들의 오늘에 동참하며 거기 담긴 부활의 신비를 선포하게 될 것이다. 이번 재심을 담당한 판사들 또한 지난 37년, 그 시간의 의미를 잊지 않으려는 이들이었을 것이다. 1977년의 판사들이라고 특별히 개인적인 됨됨이가 부족한 이들은 아니었을 터. 우리가 지나온 시간의 의미들을 떠받치는 사회적 기억이 탄탄할 때, 한 개인의 양심은 좌초되지 않는다.

나는 이번 재심이 그 기억의 일부가 되기를 바랐다.

상고 _ 2014년 12월 23일

검찰은 이명박 정부 이후 거의 모든 조작 간첩 사건에서 항소와 상고를 거듭했다. 우리 사건에 대해서도 예외는 아니었다.

2015년 1월, 나는 검사가 제출한 장문의 상고이유서를 받아 읽어보았다.

- 77년 원심에서 이미 충분한 심리를 통해 고문 등의 가혹행위는 없었다고 판단되었다. 피고인들의 일방적 주장만으로 가혹행위가 있었다고 볼 수는 없다.
- 77년 검찰 조사 시 가혹행위는 없었으며 공판에서 피고인들이 공소사실을 부인했던 것으로 보아 피고인들에게는 진술의 임의성이 보장되었다고 보아야 한다. 따라서 피고인들의 공소사실은 유죄로 인정

되어야 한다.

- 피고인 강우규에게 진술의 임의성이 보장되었으므로 '회합, 특수 잠입·탈출, 금품 수수' 관련하여, 피고인이 이 모 등의 반국가단체 구성원으로부터 지령을 받았다는 사실은 충분히 인정될 수 있다. 또한 '간첩' 행위 관련하여, 북악스카이웨이 능선 일대 등 강우규가 다니며 탐지·수집한 정보들은 당시 남북 대치 현황에 비추어 대한민국에 위험성을 초래할 염려가 없는 사소한 내용이라고 보기 어렵다. '반국가단체 가입, 가입 권유'와 관련하여, 이에 부합하는 피고인들의 공판 진술이 있으며 공소사실을 충분히 인정할 만하다. '찬양·고무' 행위와 관련하여, 피고인 강우규의 발언은 반국가단체의 이익이 된다는 점을 충분히 인식한 상태에서 한 것으로, 자유민주적 기본 질서에 명백한 위험을 초래했다고 보아야 할 것이다.

- 피고인 김추백, 김성기, 강용규, 이근만, 이오생 역시 진술의 임의성을 보장받았고, 강우규가 반국가단체의 구성원이거나 그 구성원으로부터 지령을 받은 자라는 것을 충분히 인식하고 있었음이 인정된다. 그럼에도 금품을 수수하거나 편의를 제공한 행위로 나아간 것은 반국가단체인 북한에 이익이 되는 행위로, 국가의 안전 등을 실질적으로 위태롭게 할 명백한 위험이 존재하였다고 봄이 상당하다.

- 따라서 합리적 근거 없이 피고인들의 일방적 주장만을 받아들여, 공소사실에 부합하는 증거들이 불법으로 이루어져 임의성 없거나 신빙성이 없다며 이를 배척한 원심의 판결은 부당하다.[30]

---

30 상고이유서의 주요 요지를 발췌하였다.

검사는 여전히 어떠한 객관적 증거도 제출하지 못하면서 37년 전의 검사들이 했던 주장을 고스란히 반복하고 있었다. 아울러 "최근 다수의 과거 사건들에 대한 재심이 이뤄지고 있음에 따라 개개 사건에 대한 재심대상판결 및 재심판결의 당부를 떠나 실질적 정의 실현과 법적 안정성 유지라는 양대 가치를 조화시킬 수 있도록 재심 제도 전반에 관한 합리적 해석 기준이 제시되어야 한다는 사법적 요청 또한 절실하다."라며 과거사 재심 자체에 대해서도 회의를 내비쳤다.

그들의 시간은 따로 흐르는 것 같았다. 무고한 제 국민을 기소하여 가두고 죽음에 이르게 해 놓고도 여전히 책임을 외면하는 검찰. 끝까지 힘없는 국민들을 배제하면서 그들이 그토록 방어하려는 원고 대한민국은 누구를 위한 나라인가. 갈등을 부추기며 분열을 양산하는 것은 또한 누구인가. 화해와 통합은 입바른 명분에 불과했다. 권력을 품앗이하며 거룩한 계보를 이어온 세력들에게 과거사 재심이란 존영에 대한 훼손이었고 자신들의 우아한 세계에 대한 분탕질에 다름 아니었다. 맡은 일을 성실히 할 뿐이라며, 권력의 자장 안에서 휘어진 제 양심을 성찰하지 않는 검사들. 그들은 과연 누구의 청지기인가.

확정판결 _ 2016년 6월 9일

확정판결을 기다리는 데 다시 1년 반이 걸렸다. 어머니는, 1977년 당시보다도 그 시간이 더 고통스럽다고 말했다.

2016년 6월 9일. 대법원 선고가 내려졌다. 판결 내용을 낭독하는 데는 30초도 걸리지 않았다.

"검사의 상고를 모두 기각한다."

2006년 진실규명을 신청한 이래 10년이 넘게 걸려 얻은 한 줄의 문장이었다. 39년을 짊어져 온 죄의 굴레를 이제야 비로소 벗을 수 있었다.

발부리 아래의 돌

그러나 무죄 판결 이후에도 달라진 것은 없었다. 망자의 육신은 고스란히 부식되었고, 남은 이들의 삶은 풍화되고 침식되었다. 사리처럼 단단히 굳은 아픔들이 핏줄 깊이 맺혀온 근 40년의 세월이었다. 소거되고 적출되고 폭격당한 삶들. 그 어처구니없는 훼손들 위에 남은 삶을 부여잡고 한 걸음씩 버팅겨왔던 오늘들이, 헛것으로 판명된 과거의 잔해 앞에 허망히 휘청거렸다.

인혁당 사건 피해자의 유족은 판결 이후 자꾸 발이 허공에 뜬 느낌이 들어 자주 넘어진다고 했다.[31] 민청학련 사건으로 옥살이를 하고 이후에도 감시와 미행에 시달렸던 한 문학청년은 지금까지 고문 후유증을 겪으며 정신 장애인 시설에 거주하고 있다.[32] '개가 사람으로 보이고 사람이 개로 보이기도 했다.'는 그. 40년간 지연된 무죄 판결문이 이제 와서 그를 짓눌러온 굴레를 풀어줄 수는 없었다. 글도 쓰고 대학생활도 다시 하고 싶다는 그의 소망은 여전히 미완으로 남았다.

나는 어릴 적 읽었던 동화 「백조왕자」를 떠올려본다. 마법에 걸려 백조

---

31 〈한겨레신문(2015. 4. 9)〉 기사 참조
32 〈한겨레신문(2010. 11. 19)〉 기사 참조

가 되어버린 열한 명의 오빠들을 구하기 위해 쐐기풀 옷을 짓는 엘리제. 오직 침묵 속에서 한 땀 한 땀 살갗을 베이는 아픔을 견디며 열한 벌의 옷을 엮어야 한다고 천사는 일러주었었다. 자신이 머무르던 동굴 가에서 쐐기풀을 뜯어 옷을 짓던 엘리제는 임금의 눈에 띄어 궁에 들어가게 된다. 말없이 계속 옷을 짓던 엘리제는 모자란 풀을 뜯으러 교회 무덤가에 갔다가 마녀로 의심받고 화형에 처해진다. 고통을 감내하고 죽음 앞에 두려워하지 않는 것은 구원을 희구하는 이들에게는 마땅한 시련의 과정이었으나, 세상의 질서에 안주하며 편견에 차 있는 이들에게는 수상스럽고 괴이한 일일 뿐이었다. 형이 집행되기 직전 열한 마리의 백조가 찾아와 엘리제를 감싼다. 그때 엘리제가 쐐기풀 옷을 던지고 그 옷을 입은 백조들은 다시 열한 명의 왕자로 돌아온다. 엘리제의 침묵은 풀렸으나 막내 오빠의 한쪽 팔은 여전히 백조의 날개인 채 영영 상흔으로 남게 된다.

그 결말이 나는 못내 아쉬웠었다. 허나 회복에는 상흔이 남는다. 기어이 남고야 만 상흔은, 과거의 참혹한 고통을 입증하는 동시에 우리를 흔들어 깨우며 그 고통의 세계로 소환한다. 우리에겐 아무 일도 없지 않았다. 우리들의 간절했던 기도와 소망, 함께했던 인고의 흔적들이 이토록 분명히 우리 곁에서, 지금 우리가 가고자 하는 길들을 되묻게 한다.

그런 상흔을 직면하는 것은 한편으로 우리 안의 폭력과 야만을 바라보고, 부끄러움과 치욕을 우리들 유전자 속에 새겨 넣는 일. 그것은 또한 은폐에 맞서고 말소에 저항하는 일이며, 거짓 평화의 장막을 걷어내는 일이다.

그러기에 누군가는 피로감과 고단함을 들며 상흔에 대한 '기억하기'를 멈추고 상흔의 '기억되기'를 가로막는다. 그러나 그 피로야말로 당신과 나, 우리들이 서로를 보듬으며 마음을 축여주는 까닭이기도 하다. 부조리한 세계를 짊어지는 것이 어찌 고단한 일이 아니랴. 허나 그 고단을 나누어질 때 우리들은 서로에게 하나의 인간다운 세계가 된다.

돌이킬 수 없기에 슬픈 상흔이지만 나는 그 상흔을 이제 여기에 펼쳐 놓는다. 응시된 슬픔은 그대로 머물러 있지만은 않을 것이기에.

• • •

재심의 과정에서 나를 헛헛하게 한 또 하나는, 39년 전 비극을 야기한 세력들이 여전히 온존할 뿐 아니라 한편으로는 더욱 공고해져 있다는 것이었다. 여기저기 박정희의 동상과 기념관을 세우고, '탄신 100주년' 기념우표를 발행하며, 국정교과서를 통해 그의 '공'을 포장하는 반면 '과'는 소거하려 하고 있었다. 국정원은 과거의 잘못을 반성하기는커녕 여전히 조작 사건을 만들어냈고, 검찰도 그에 가담했다. 통신기록과 은행 계좌를 털면서 국가권력은 개인의 사생활을 한층 더 촘촘히 '탐지·수집'할 수 있었다. 국가기구만이 아니라 민간에서까지 감시와 조작이 횡행했다. 작업장에 아무렇지도 않게 CCTV가 설치되고, 노무법인을 자처하는 자본의 청부인들이 블랙리스트와 용역깡패들을 동원하며 노동조합을 분열시키고 파괴했다. 그런 법인에 들어가려는 이들이 줄 서고 있다는 절망스런 소식도 들려왔다. 바야흐로 염치는 성가셔지고 이익은 무슨 수를 써서라도 온전히 취득해야 버젓한 시류, 영혼을 팔아 권력을 쥐는 이들을 비판하면서도 그들을 질시하고 선망하는 기류가 역력했다.

뼈아픈 과거사는 비루한 현재에 면죄부를 쥐어주며 이대로 소비되고 마는 것인가. 현재를 조명하지 않는 과거는 우리의 삶에 어떤 정동(情動)도 일으키지 못한다. 과거를 청산하지 못하고 음습한 유령들을 재호출하는 데에는 지금의 우리들에게 책임이 있다.

유신독재가 이어진 시기에 국가보안법은 기실 대부분의 국민들에게 자연스레 받아들여졌다. 긴급조치 위반 사건의 48%가, 민주화운동에 직접 관련된 지식인·종교인이 아니라 평범한 국민들을 검거하여, 그들의 일상적 발언을 '유언비어 유포'라며 처벌한 것이었다.[33] 평범한 국민이 무고(無辜)한 국민을 수사하라며 무고(誣告)한 사건이 그만큼 많았다는 것이다. 오종상 씨는 버스 안에서 '반공·수출 증대 웅변대회'에 나간다는 고등학생에게 정부 비판 발언 몇 마디를 건넸다가 중앙정보부에 끌려가 고문당하고 3년형을 받았다.[34] 심지어 어떤 이는 자신과 사이가 좋지 않은 사업가를 모함하여, 군부대 사진을 찍은 필름과 북한 책자들을 그 사업가의 주변에 일부러 갖다 둔 뒤 신고해서 포상금을 타기도 했다.[35] 유신독재의 작동에는 분명 국민들의 성원이 깔려 있었던 것이다. 1,000달러 국민소득, 개발도상국을 넘어 선진국 대열로 나아가자는 정부의 구호에 기대를 걸고, 모두의 번영을 위해서는 작은 희생쯤은 감수해야 한다는 전체주의를 내재화하며 욕망에 편승해왔던 것이다. 우리는 왜 그토록 애국시민이 되고자 했던가.

'학생인권모임'에서 우리는 학생들에게 사랑과 보호라는 이름으로 가해져온 폭력들을 살피곤 했다. 정작 보호가 절실할 때는 손을 놓고, 사랑이 필요할 때는 시선을 돌리면서 사랑과 보호를 운위하는 데에는 필경 어른들이 쳐 놓은 금 안에서 어른들이 시키는 대로 성취해내기를 바라는 위선과 욕심이 깔려 있었다. 애국을 강조하는 국가 또한 다르지 않았다. 자신들이 쳐 놓은 경계 안에서, 자신들의 이익에 국민들이 복무하기를 바랐을 뿐, 국민들이 정작 간절히 보호를 청할 때는 손을 내밀어주지 않았으

---

33 진실과 화해를 위한 과거사정리위원회 『2006년 하반기 조사보고서』의 「긴급조치위반 판결분석 보고서」 참조
34 〈한겨레신문(2010. 12. 17)〉 기사 참조
35 〈한겨레신문(2010. 2. 5)〉 기사 참조

며 시선 한번 건네주지 않았다.

그러므로 국가를 끊임없이 의심하지 않고는 온당한 국가를 가질 수 없고 생각을 끊임없이 의심하지 않고서는 스스로의 생각을 가질 수 없다. 나와 다른 이들을 왕따시키며 비국민으로 낙인찍는 습속에서 벗어나려면 자꾸만 휩쓸려지는 생각에 끈질기게 의문부호를 달아야 한다. 국가가 '해내겠다'는 것들에 대해 경계하며, 국가가 '무엇을 함부로 하지 않는지' 따져보고, '하지 말아야 할 일을 하지 않도록' 견제하는 것이 필요하다. 질문을 멈추는 순간 우리는 언제라도 '비국민'이나 '외부의 적'을 통하여 체제를 유지하려는 불량국가의 공모·방조자가 될 것이다. 나는 우리 사회가 치열한 토론과 검증을 거쳐 '하지 말아야 할 것'들에 대한 정련된 목록들을 후손들에게 전할 수 있기를 소망한다.

· · ·

아버지 사건의 진실규명과 재심에서 직간접적으로 도움을 주었던 이들은 물론, 곳곳에서 증언의 현장을 만들어 온 이들, 그들의 정직한 목소리를 오래 간직하고 싶다.

교통사고로 지체장애를 겪게 된 김 모 씨는 민간인 학살 피해자 유족의 사연을 듣고, 의족과 목발에 의지한 채 18박 19일 동안 320km를 순례하며 민간인 학살 관련 특별법 제정을 촉구했다. 건설회사에 다니는 직장인 이 모 씨는 장애인 활동가, 위안부 할머니들을 위한 공익콘서트에 이어 옛 안기부 건물에서 하는 인권 콘서트를 기획, '블루스 인 남산 - 인권숲'을 열었다. 3.15 당시 열일곱 살 김주열의 시신을 마산 앞바다까지 운반했던 차량의 운전사는 56년 만에 당시 일에 대해 고백하고 무덤에 참배하며 속죄를 청했다. 동료 수사관들에 의해 형을 잃은 최종길 교수의 동생은 스스로 정신병원에 입원해 중앙정보부 내부에서 보고 들은 내용을 토대로 형이 '고문에 의해 타살되었음'을 드러내는 수기를 남겼다. 인혁당 사형 집행 당시 교목과 교도관은 재심 법정에 증인으로 나와 피해자들의 억울한 죽음을 증언했다. 재일동포 김양기 씨가 수감됐던 교도소의 교도관은 당시 법정에서 담당 검사의 폭력 행위를 증언하여 불이익을 받았으나 재심에서도 재차 증언에 나섰다. 조작 사건에 대한 재심에서 참회 의견을 진술하고 무죄를 구형한 검사도 있었다. 진화위 활동이 종료된 뒤에도 학살 현장 발굴에 나서며 꾸준히 기록 작업을 해온 조사관이 있었다. 조작 간첩 사건 피해자들은 배상금을 인권 교육이나 고문 피해자 지원을 위해 기부하기도 했고, '해고는 사회적 고문'이라며 해고노동자들의 가족을 지원하기도 했다.

2차대전 후 독일의 전쟁 세대들 중에는 과거사에 대해 침묵하거나 부정하는 이들도 많았다. 그러나 68혁명 이후 세대들은 끊임없이 앞 세대들에게 따져 물었다. 왜 그런 일을 저질렀는가. 당신은 그때 무엇을 했던가. 수많은 토론과 논쟁이 이어졌고 피해 배상이 이루어졌으며 기념과 추모 시설이 속속 들어섰다. 그렇게 역사를 증언하기 위한 독일 시민사회의 노력 중 하나로, '발부리 아래의 돌'이라는 프로젝트가 있다고 한다. 집앞 혹은 길가에 가로 세로 10cm 정도의 작은 금속판을 박아 그곳에 살던 사람이 나치에게 끌려가 숨졌음을 알리는 것이다. 누가, 언제, 어디로 끌려가 언제 사망했는지 새겨놓은 금속판이 지금까지 6,000여 명 분에 달한다고 한다.[36]

과거사에 대한 책임은 범죄자나 학살자들의 몫만이 아니다. 희생된 이들을 내 이웃으로 기억하고, 과거의 고통에 맞닿아 있는 우리의 현재를 돌아보는 것. 그런 평범한 책임감들이 다른 미래를 가능케 하는 것이리

라. 나 또한 이 책을 당신 앞에 '발부리 아래의 돌'로 새겨놓고자 한다. 불의한 시대를 겪은 불우한 피해자 일반이 아니라, 길모퉁이 세 번째 푸른 대문 집에서, 어린 딸의 머리를 땋아주고 꽃씨를 함께 거두던 아버지, 당신 곁의 한 이웃의 이야기로 기억되기를 소망하며 여기, 내 아버지가 구치소에서 보낸 편지를 함께 놓는다.

문정아, 호정이, 세준이, 유정이 다들 잘 있니? 아빠는 너희들이 염려해주는 덕택으로 잘 지내고 있단다. 엄마 말씀 잘 듣고 공부도 열심히 하여 훌륭한 사람이 되어야 한다. 세준이와 유정이는 글을 잘 배우고 있겠지? 아빠하고 다시 만나는 그날 기쁜 얼굴로 웃으며 만날 수 있지? 호정이는 몸이 약하니 밥 잘 먹고 튼튼해야지. 아빠는 너희들이 정말 보고 싶구나. 모두들 성당에도 열심히 나가야 한다. 다시 만날 수 있는 날까지 부디 몸조심하고 잘 있어요, 안녕!

78. 3. 7. 아빠로부터,

귀여운 아이들에게,

서울 서대문구 현저동 101번지[37] 김추백

. . .

대법원 확정판결이 난 얼마 뒤, 중앙일간지와 제주 지역 언론에 우리 사건에 대한 기사들이 났다. 피해자 어르신들은 고향 친지들의 전화를 받고 감회가 한결 더하더라고 했다. 예전에는 미처 연락이 닿지 못했던 다

---

36 이상 인용한 사례들은 〈한겨레신문〉 기사 스크랩에서 발췌, 참고했다.
37 서대문 구치소의 주소

른 피해자들도 하나둘 연락이 닿게 되었다. 고재원 씨 큰아드님은 전화를 주시며 얼마나 반가워하셨는지 모른다. 나는 지금 그분을 만나러 신림역으로 간다.

이제 또 다른 증언이 이어질 것이다.

[자료1] 피고인들의 주요 공소사실[1]

1. 김추백 씨 관련 주요 공소사실 발췌

- 1975. 10. 하순 일자 미상 18:00시경 S여관에서 강우규(이하 강)와 접선, 삼촌-조카의 의를 맺고 강에게 "북한의 공업이 발전되어 있다. 남한은 빈부 차가 너무 심하여 재벌들은 차관을 도입하여 혜택을 받으며 호화생활을 하고 있다. 빈익빈 부익부의 모순을 없애기 위해 속히 남북통일이 되어 노동자, 농민을 잘살 수 있게 하는 지도자가 나와 이 나라를 통치해야 한다. … 김일성은 얼굴도 잘생기고 풍채도 당당하다. 김일성 수령님은 항일투쟁을 한 참된 애국자이며 지도자가 될 수 있는 사람이다. … 조약이란 국가와 국가끼리 맺는 것인데 동족끼리 무슨 불가침 조약이라는 것이 필요한가 … 남한에 주둔하여 동족끼리 싸움만 부추기고 있는 미군이 하루속히 철수해야 남북통일이 될 수 있다."라는 등 북괴의 우월성과 발전상에 대한 선전 교양을 받고 동인이 반국가단체의 구성원으로서 그 목적 수행을 위하여 국내에 잠입 활동 중인 간첩이라는 정(情)을 충분히 인지하였음에도 불구하고,

- 1975. 10. 하순 일자 미상 S여관에서 강에게 "북한에는 탁아소가 설치되어 있어 여성들까지도 직장에 나가 일하기 때문에 자네 같은 실업자는 한 사람도 없는 지상

---

1 이하의 공소사실들은 중앙정보부에서 작성된 「수사결과 보고서」의 내용을 검찰이 베낀 바 다름 없으며, 재판부 역시 판결문에서 위 공소사실과 거의 같은 내용으로 '범죄 사실'을 확정하였다. 여기에서는 각 피고인들의 공소사실을 1부 1, 2장에 실린 '피고인들의 이야기' 순서에 맞추어 실었다.

천국이다. … 남쪽에서도 평화통일을 운운하지만 자네도 알다시피 곳곳에 핵무기를 배치하고 전쟁 준비만을 하고 있는데 어떻게 평화통일을 한다는 것인가. … 조총련계 사람들은 자네가 상상할 수도 없는 막대한 돈을 저쪽에 보내서 공업발전에 이바지하고 있고, 교육 사업에 있어서도 민단 측의 학교는 숫자도 적으며 시설 또한 형편이 없지만 조총련 측의 학교는 그 수도 많을 뿐 아니라 시설도 좋다 … 남한에서도 북쪽과 같이 공장을 노동자에게, 토지는 농민들에게 돌려주어야 하며, 토지를 세분하여 사유화하고 전근대적인 방법으로 경작하는 이쪽의 제도보다는 토지의 경계선을 없애고 협동농장으로 국유화하여 거기서 일하는 노동자들에게 일한만큼의 배급을 주어 모두가 균등하게 잘살라는 저쪽의 토지제도가 얼마나 공평한가.…"라는 등 북괴의 우월성과 발전상에 대한 선전교양을 받고 그에게 "통일만은 평화적인 방법으로 이루어져야 한다고 생각합니다."라고 동조하는 등 반국가단체의 구성원과 회합함.

- 그밖에 강의 부탁을 받고 아파트를 관리해주어 편의를 제공함. 생활비 조로 10만 원, 이사비 10만 원, 여비 5만 원, 처남 결혼식 축의금 1만 원을 받아 금품 수수함.

2. 김성기 씨 관련 주요 공소사실 발췌

- 1975. 11. 중순 일자 미상 12:00경 P다방에서 강우규(이하 강)와 접선하고 동인으로부터 "자본주의 사회에서는 조상들의 재산으로 놀고먹을 수 있으나 사회주의 제도인 북한에서는 공동 재산이라 모두가 일을 해야만 한다. … 북한 여성들은 자식들을 탁아소에 맡기고 모두 직장에 나가 일을 하기 때문에 많은 능률이 오른다."라는 내용의 북괴 발전상과 우월성에 대한 선전 교양을 받고 국내에 잠입 활동 중인 간첩이라는 정(情)을 충분히 인지하였음에도 불구하고,

- 1976. 1. 하순 일자 미상 14:00경 S여관 객실에서 강과 접선 회합하고 동인으로부터 피고인의 처 김○○에게 전해주라고 제공하는 시가 20만 원 상당의 여자용 스위스제 로렉스 시계 1개를 교부받고 동인으로부터 "나는 여관 생활보다는 아파트 생활을 하고 싶으니 전세 아파트를 구해 달라."라는 지시를 받고 그 전세금 조로 일화 180만 엔을 교부받는 등 반국가단체의 구성원과 회합하여 금품을 수수함.

- 1976. 8. 하순 일자 미상 20:00경 강의 아파트에서 동인과 접선 회합하고 동인으

로부터 "남과 북의 정치인들이 허심탄회하게 문호를 열고 서로 조금씩 양보하여 7.4 공동성명에 준한 대화를 계속하면 통일이 될 것이다."라는 등 선전 교양을 받고 1976. 10. 초순 일자 미상 동인 아파트에 가서 동인과 접선 회합하고 동인으로부터 "명동 사건에서 김지하가 입건된 것은 정치활동의 자유가 없어서 그런 것이다. 한국에는 아직도 부조리가 많다. 북한에서는 농기구가 현대화되어 있어 개인이 농기구를 구입할 필요가 없다."라는 등 북괴의 우월성에 대한 선전 교양을 받음으로써 반국가단체의 구성원과 회합함.

- 1977. 1. 29. 15:00경 강으로부터 아파트 구입 조로 교부받아 보관하고 있던 일화 250만 엔을 동인의 지시에 따라 한화 4,275,000원에 환전 보관하는 등 동인이 반국가단체의 지령을 받고 잠입 활동 중인 간첩이라는 정(情)을 알면서 편의를 제공함.

- 1977. 2. 7. 15:00경 P다방에서 강과 회합하고 동인으로부터 "내 조카딸 강○○가 간경화증에 걸려 있다. 사회주의 제도에서는 병원에 무료로 입원시켜 치료를 해주고 있는데 비해 한국에서는 입원비 마련도 문제가 된다."라는 선전 교양을 받는 등 반국가단체의 구성원과 회합함.

3. 고재원 씨 관련 주요 공소사실 발췌

- 1972. 12. 29. 10:00경 명동 M호텔에서 강우규(이하 강)로부터 "나는 북조선 노동당 중앙위원으로 있는데 당신도 북조선 노동당 중앙위원으로 가입하면 어떻겠느냐, 북조선은 위대한 김일성 수령님의 영도 하에 나날이 발전하고 있으며 인민들은 모두 잘살고 있다."[2]라는 등 북괴 우월성에 대한 선전 교양 및 입당 권유를 받고, 동인이 반국가단체의 구성원으로서 그 목적 수행을 위하여 재일교포 실업인을 가장, 국내에 잠입 활동하고 있는 간첩이라는 정(情)을 충분히 인지하였음에도 불구하고,

- 1973. 1. 8.~1. 13. 강과 접선 회합하여 국회의원 H, Y, H′ 및 전직 국회의원 P, 제

---

2 1977년 당시 공판에서는 이 부분 관련 치열한 변론이 있었는데, 판결문 범죄사실에서는 이 부분이 "나는 북조선 노동당 당원으로 있는데 당신도 북조선 노동당에 가입하여 협력하면 어떻겠느냐"로 수정되었다.

주도민회 회장 등에게 안내하며 소개하는 등 강으로 하여금 포섭 대상자들을 접촉, 그들의 성분을 확인케 하는 동시, 합법 신분을 위장하여 활동 거점을 확보케 하여서 동인이 반국가단체의 구성원이라는 정(情)을 알면서 편의를 제공하고,

- 1973. 1. 14. 10:30경 M호텔에서 강과 접선 회합하고 동인으로부터 "서울 시내를 관광 안내하라."라는 지시를 받고 동인이 제반 정보를 탐지 수집할 목적으로 잠입한 간첩이라는 정(情)을 알면서, 택시 편으로 동인을 북악스카이웨이 등지로 관광 안내하여 동인으로 하여금 북악스카이웨이 능선 일대에 있는 간첩 침투에 대비하여 구축한 참호와 군대 배치 상황 등 군사 비밀을 탐지 수집케 하는 등 간첩 활동을 용이하게 하여 간첩을 방조하고,

- 1973. 10. 27. 10:00경 재경 제주도민회 사무실에서 강과 접선 회합하고 동인으로부터 "강원도 지방을 여행하겠으니 속초 등지를 관광 안내하라."라는 지시를 받고 동인으로 하여금 여행 과정을 통하여 강원도 춘천, 양구, 인제 등지에 주둔한 군사 도로 상황과 속초에서 강릉까지 사이에 주둔하고 있는 '동해경비사령부' 소속 군부대 배치 상황 및 해안 초소 등을 확인케 하는 등 간첩 활동을 하게 하여서 간첩을 방조하고,

- 1974. 2. 24. 11:00경 세종로 Y다방에서 강과 접선 회합하고 동인으로부터 "강화도 전등사를 여행하겠으니 그곳을 안내하라."라는 지시를 받고 동인을 안내, 신촌 로타리에서 강화행 직행버스 편으로 위 전등사로 가던 도중 동인으로 하여금 김포읍 서북방 도로 부근에 주둔한 군대 배치 상황과 강화대교 양측 입구에 설치된 군경 합동 검문소 등을 확인케 하는 등 정보 수집 활동을 용이케 하여 간첩을 방조하고, 같은 날 13:00경 강과 같이 전등사 사찰을 관광하면서 그로부터 "북조선은 위대한 김일성 수령님의 영도 하에 모든 인민이 잘살고 있다. 북조선에서는 의료 시설이 잘 되어 있어 누구나 무료로 치료를 받을 수 있다. 북조선에서는 노동자 농민 위주로 정치를 잘 하고 있기 때문에 실업자와 거지가 없다. 남조선은 빈부의 차이가 심하여 잘사는 사람은 잘살고 못사는 사람은 생계유지도 못하는 실정이다."라는 등의 북괴 우월성에 대한 선전 교양을 받음으로써 반국가단체의 구성원과 회합하고,

- 1974. 6. 하순 일자 미상 11:00경 도쿄도 우에노 소재 상호 미상 다방에서 강과 접선 회합하고, 동인의 안내로 아타미(熱海)에 도착한 후 유람선으로 해상 관광을 하

던 도중, "북조선은 위대한 김일성 수령님의 영도 하에 나날이 발전하고 있다. 고등학교까지 의무교육 제도가 되어 있어 자식들을 공부시키는 데 부담이 없다. 의료시설이 잘 되어 있어 누구나 차별 없이 무료로 병을 고칠 수 있다. 북조선에서는 기계공업이 발전되어 각종 무기를 생산하고 있으며 세계적으로 막강한 나라가 되어 가고 있다."라는 등 북괴 우월성에 대한 선전 교양을 받고,

- 1974. 8. 중순 일자 미상 동인의 안내로 ○○○ 집 2층 방에 도착하여 주식을 제공받으면서 교담을 하고 있던 중 성명 미상 50세가량의 남자가 도착하여, 위 강으로부터 "이 분은 북조선공화국에서 오신 분입니다."라고 그를 소개받은 후 위 성명 미상자로부터 "고재원 선생은 남조선에서 고생이 많으시겠습니다. 우리 공화국은 위대한 김일성 수령님의 영도 하에 나날이 발전하고 있으며 기계 공업과 중공업이 고도로 발달, 세계 수준에 도달하여 각종 기계류를 세계 각국에 수출하고 있고 각종 무기도 생산하고 있습니다. 모든 인민은 빈부의 차이 없이 잘살고 있고 병이 나도 국가에서 무료로 치료해주고 있습니다. 교육은 고등학교까지 의무교육 제도가 되어 있어 자식들을 교육시키는 데 부담이 없습니다. 그렇기 때문에 우리 공화국은 세계에서 가장 살기 좋은 지상 낙원입니다. 남조선에 가거든 부디 몸조심 하십시오."라는 등 북괴의 우월성에 대한 선전 교양을 받으며 반국가단체 구성원과 연락, 회합하고,

- 1974. 8. 18. 12:00경 오사카시 이꾸노(生野)구 신바(新橋)시 상호 미상 다방에서 위 강과 접선 회합하고 일화 30만 엔과 독일제 몽블랑 만년필 1개를 제공받으면서 동인으로부터 "이 돈은 내가 주는 것이고 이 만년필은 일전에 만난 공화국에서 오신 그분이 선물로 보내주는 것이니 그리 아시오."라는 설명을 듣는 등 반국가단체의 구성원과 회합, 금품 수수함.

- 그밖에 강과 임진각을 관광하며 간첩 방조, 양복과 구두 등 금품 수수, 일화 환전을 해주는 등 편의 제공함.

4. 김기오 씨 관련 주요 공소사실 발췌

- 1977. 1. 26. 22:00경 강우규(이하 강)의 아파트에서 동인과 접선한 자리에서 동인으로부터 "나는 김 선생을 믿고 말을 하겠는데, 내 말에 비위가 틀리면 안 들어도

좋다. 다만 오늘은 김 선생을 나의 동정자, 지지자, 동지 셋 중 가장 믿을 수 있는 동지로 생각하고 이야기를 하겠다. 사실은 내가 얼마 전에 북한에 갔다 왔다. 이제 나의 생명은 김 동지에게 맡기겠다. 나는 무슨 지하조직을 한다든가 비합법적인 운동을 하자는 것은 아니다. 일정한 직장에 있으면서도 합법적으로 누구나가 바라고 있는 평화통일을 위해 뜻을 같이하는 동지를 한 사람이라도 더 만들자는 것이다. … 사실 나는 일본에서 몇 년 전에 북한에서 온 사람과 여러 번 만나 토론도 많이 했었다. 그러던 중 그 사람의 말이 옳다고 확신하고 그 사람으로부터 교양을 계속 받았다. … 교양을 받은 후에 시험에 합격이 되어야만 '자유통일협의회'에 가입 원서를 내어 가입하게 되는 것이다. 그러나 나는 연령이 많아서 시험을 보지 않고 그 협의회에 가입 원서를 내고 가입하였다. … "라는 등의 말을 듣고 동인이 반국가단체 구성원으로서 북괴의 지령을 받고 국내에 잠입 활동 중인 간첩이라는 정(情)을 충분히 인지하였음에도 불구하고 동인에게 포섭되어 동인의 지시에 따라 활동할 것을 결의한 후 동인에게 일제 밤색 가죽잠바 1착, 여자용 손목시계 1개 등을 교부받음으로써 반국가 단체의 이익이 된다는 정(情)을 알면서 그 구성원으로부터 금품을 수수하고,

- 1977. 1. 29. 21:00경 강의 아파트에서 동인과 접선 회합하고 동인으로부터 "우리가 바라는 것은 너나할 것 없이 평화통일인데 … 남쪽에 조국의 민주화를 기하고 평화통일을 해야 한다고 뜻을 같이하는 동지를 선정 추천하는 것이 나의 임무이다. … 내가 이번에 일본에 가서 윗사람에게 김 동지가 적당하게 생각된다고 보고를 하면 그 사람이 무조건 믿는 것이 아니라 김 동지의 성장 과정, 학경력 등을 심사해 보고 거기에서 인정이 되면 김 동지를 도일케 하여 교육을 시킨다. 교육을 마치고 시험을 볼 때는 윗사람이 손에 종이쪽지 몇 개를 쥐고 있으면 그 중에서 김 동지가 쪽지 하나를 뽑아 그 쪽지에 적혀 있는 시험문제를 풀어야 합격이 되는 것이다. 그 시험에 합격하면 '자서전'을 작성, 제출하게 되고 그 '자서전'은 북에 보내진다. 거기서 이를 심사하여 통과가 되어야만 비로소 조직원이 될 수 있는데, 그 기간은 2,3개월이 소요된다. … 김 동지를 추천할 테니 이력서 1통과 사진 3매를 제출하라."라고 선전교육을 듣는 등 반국가단체의 구성원과 회합하고,

- 1977. 2. 2. 20:00경 위 강의 아파트에서 동인과 접선 회합하고 동인에게 재일 상부선인 북괴공작지도원에게 줄 추천용으로 자신의 이력서 1통 및 증명사진 3매를 제공한 후 동인으로부터 "김 동지는 나와 같이 조국의 민주화와 평화통일을 위해

투쟁합시다. 그러기 위해서는 겁을 먹거나 주저해서는 아니 됩니다. … 김일성 수령님은 남북통일이 되면 절대적으로 대통령이 되어 이 나라를 통치하게 될 것이며 지금 이 땅에는 적임자가 없습니다. 우리 조직은 아래와 위, 단 두 사람만 알고 있지 옆으로는 전혀 알 수 없는 조직입니다."라는 내용의 북괴 선전 교양을 받는 등 반국가단체의 구성원과 회합하고 반국가단체에 가입할 목적으로 예비함.

- 그밖에 일화 환전해주며 편의 제공, 임진각을 안내하며 간첩 방조, 돈을 받는 등 금품 수수함.

5. 강우규 씨 관련 주요 공소사실 발췌[3]

- 1969. 2. 초순 일자 미상 10:00경 피고인이 경영하던 시엔(詩園)다방에서 평소 지면이 있는 조총련 분회 간부 김 명 미상(45세가량)으로부터 됴쿄도 시모조 소재 조선인 고급 중학교에서 개최 중인 궐기대회에 가보자는 권유를 받고, 같은 날 11:00경 동인의 안내로 조총련 궐기대회에 참석 관람하고 있던 중 평소 지면이 있는 민주청년동맹 간부 김 명 미상(40세가량)의 소개로 동 대회를 참관하고 있던 조총련 부의장 김병식을 소개받고 인사를 교환한 후, 1969. 2. 초순 일자 미상 19:00경 위 시엔 다방에서 위 민청간부 김 모와 접선하고 "일전에 소개한 김병식 중앙부위원장께서 강 선생을 모시고 오라는 연락을 했는데 같이 갑시다."라는 제의를 받고 동인이 타고 온 승용차 편으로 도쿄도 아까사까 소재 상호미상 호텔에 도착하여 호실 미상 객실에서 대기 중이던 위 김병식 및 공작 지도원 이 명 미상(45세가량) 등과 접선하고 김병식으로부터 "강 선생께서 우리 민족을 위하여 좋은 일을 많이 하셨다는 말을 듣고 이곳까지 오시라고 하였습니다. … 강 선생께서는 앞으로 이 동지를 통하여 혁명 과업을 수행하는 데 필요한 많은 학습 지도를 받아 혁명가로서의 역량을 축적하여 통일 사업을 훌륭히 달성해 주시오."라는 내용 등의 포섭 교양을 받은 후 합석하고 있던 위 이 모 재일 북괴공작지도원(이하 이 모)을 소개받고 동인들에게 "앞으로 위대한 수령 김일성 동지를 위하여 몸과 마음을 바쳐 충성을 다할 것을 맹세한다."라는 취지의 결의 표명을 하여 포섭된 이래 1969. 2. 중순경부터 1972. 12.

---

3 공소사실 중 강우규 씨가 일본에서 '이 모 재일 북괴공작원'과 만나서 한 활동과 입북에 관련된 내용을 발췌했다. 국내에서의 활동은 다른 피고인들의 공소사실에 나온 것과 거의 같다. 그 외 피고인이 아닌 이용국(신고자)이 들었다고 되어 있는 내용은 이곳에 적었다.

중순경까지 위 이 모의 안내로 여러 호텔, 여관 등을 전전하면서 정치 교양으로 김일성 주체사상, 항일 빨치산 투쟁기, 혁명 전통, 사회주의 제도의 우월성, 3대 혁명 이론 등에 대해 교양을 받고, 선전 교양으로서 북의 공업화, 농업의 현대화, 의료 · 교육제도 선전, 미제 축출의 필요성과 통일의 당위성 강조 등 북괴의 발전상과 체제의 우월성에 대한 교양을 받아오던 중,

– 1969. 6. 초순 일자 미상 19:00경 도쿄도 우에노 소재 '다까라 호텔' 호실 미상 객실에서 위 이 모와 접선 회합하고, 동인으로부터 자서전 및 입당 원서를 작성 제출하라는 지시를 받고 동인이 제시하는 18절지 백지 2매 위에 소정 양식에 따라 흑색 볼펜으로 인적 사항을 비롯하여 학경력, 재일 가족 및 재남 가족, 친인척 관계, 재산 정도, 성장과정, 도일 동기, 일본에서의 활동 상황, 재일 및 재남 가족의 사상 성분 등을 기재하여 자서전을 작성하는 한편 소위 조선노동당 입당 원서에 서명 날인하고 미리 준비해간 명함판 사진 3매와 같이 제출하고 지령사항으로서 "남반부에 위장 기업체를 설립, 합법 토대를 구축하고 혁명 역량을 축적하는 한편 각종 정보를 수집 보고하라. 남반부에 침투하면 그곳의 현실을 정확히 판단하여 어떠한 계층에서 통일을 염원하고 있는가를 분야별로 상세히 파악 보고하라. 연고자들을 중심으로 그들을 요해하여 조직원으로 포섭하고 지하 세력을 구축하라. 남반부에서 영향력 있는 고위층 인사들에게 자연스럽게 접근하여 그들의 약점을 조성하는 한편 사상성분을 요해하여 조직원으로 포섭하라."라는 등의 지령을 받고 그 지령 사항 수행을 서약하고 대영플라스틱 회사 설립 자금으로 일화 500만 엔을 투자하고, 1972. 12. 22. 주일 한국대사관으로부터 국내 공장 설립 및 친족 방문이란 위장 구실 하에 여권을 발급받아 같은 해 12. 28. 입국함으로써 반국가단체의 지령을 받고 그 목적 수행을 위하여 잠입하고,

– 1973. 1.~1975. 10.까지 수차례 이 모와 접선 회합, 활동 상황을 보고하고, 교양을 받으며 지령을 받고,

– 1974. 3. 하순 일자 미상 20:00경 '도텡코' 경양식점에서 이 모와 접선 회합하고, "강 동지께서는 조국의 특별한 배려로 항공편을 이용, 구라파와 모스크바를 경유하여 조국에 가게 될 것이므로 불란서, 스위스, 영국, 이태리 등지를 관광 여행한다는 위장 구실 하에 여권 기재 사항 변경, 비자 발급 후 다음 연락이 있을 때까지 대기하고 있으라."라는 지시를 받고, 1974. 7. 4. 14:00경 하네다 공항에서 출발, 알래스카

경유 7. 5. 파리 국제공항 도착, 7. 6. 성명 미상의 안내공작원(40세가량)과 접선, 7. 7. 09:00경 위 안내공작원으로부터 위조 외교관 여권을 제시받고 동인의 안내로 파리 국제공항-스위스, 7. 8. 모스크바를 경유하여 1974. 7. 11. 12:00경 평양 순안 비행장에 도착 입북함으로써 반국가단체 구성원의 지령에 의하여 반국가단체의 지배하에 있는 지역으로 탈출하고,

- 1974. 7. 11. 공항에서 대기 중이던 강 모(43세가량), 최 모(40세가량) 지도원 및 성명 미상의 고위 간부(50세가량)의 영접을 받고 흑색 승용차 편으로 대동강 초대소에 수용된 후 같은 날 18:00경 그곳을 방문한 김병식과 인사를 교환하고 동인으로부터 "강 동지는 조국에 오느라고 대단히 수고가 많았습니다. 조국에 왔으니 좋은 곳을 많이 구경하고 돌아가 훌륭한 혁명 전사로서 조국 통일을 위해 투쟁해주시오."라는 격려를 받고, "당과 수령님의 명령이라면 어떠한 일이라도 생명을 바쳐 투쟁하겠습니다."라고 결의 표명을 하고,[4] 1974. 7. 14. 위 강 모, 최 모 지도원으로부터 김일성 주체사상, 항일 빨치산 투쟁기, 혁명전통, 사회주의 제도의 우월성, 유물론적 변증법, 3대 혁명론 등에 대한 정치교양을 받고, 사상교양으로서 흑색 승용차(벤츠) 편으로 만경대, 김일성 생가, 혁명 박물관, 금성 뜨락또르 공장, 청산리 협동농장, 평양 시내 탁아소, 모란봉, 소년 궁전, 평양 대극장, 공업 전시관 등을 관람 견학하고, 위장 기업을 설립, 남반부에 침투하여 보고하며 조직원을 포섭하라는 등에 대한 지령을 받고, 통신교육으로서 A-3 지령 수신 방법, 암호 해문 및 조립 방법 등에 대한 교양을 받던 도중 노령과 이해 부족으로 중단하고, 앞으로 통신 연락은 재일 지도원을 통하여 할 테니 그를 통하여 보고하고 지시를 받으라는 등의 지령을 받고 그 지령 사항 수행을 서약하고,

- 1974. 7. 하순 일자 미상 14:00경 위 초대소에서 위 강 모, 최 모 두 지도원 및 성명 미상(50세가량)의 간부지도원으로부터 "강우규 동지는 김일성 수령님의 깊은 배려로 우리 조선노동당에 입당하게 된 것을 무한한 영광으로 생각하십시오."라는 격려의 말을 듣고 동인 등에게 "나는 김일성 원수님께서 몸소 창건하시고 영도하시는 조선노동당에 입당하게 된 것을 영광스럽게 생각하며 당과 수령님과 혁명을 위해 몸 바쳐 투쟁할 것을 결의합니다."라고 입당 선서를 하여 노동당에 입당하고 당증 번호(당증번호 미상)를 부여받음으로써 정부를 참칭하고 국가를 변란할 목적으로 구성된 반국가단체인 조선노동당에 가입하고,[5]

- 1975. 3. 하순 일자 미상 20:00경 위 '도텡코' 경양식집에서 이 모와 접선 회합하고 동인으로부터 "중앙으로부터 직접 연락을 취할 수 있도록 교양을 실시하라는 지시를 받았으니 지금부터 나를 통하여 A-3 수신 방법과 암호 해문 · 조립 방법 등에 교양을 받으라."는 지시를 받고 그때부터 계속 통신교양을 받았으나 노령과 이해 부족으로 중단하고,[6] 동인으로부터 송수신 난수표 1조, 기본 암호표 1매, 암호 해문표 1매 등을 수수하고, "이 문건은 생명과도 같은 것이니 변질되지 않도록 소형 약병 속에 넣어 누구에게도 발각되지 않게 적당한 장소에 매몰하라는 지시를 받고 귀가 즉시 위 암호 문건을 소형 약병 속에 넣어 주거지 정원에 매몰 · 보관하고,

- 1977. 2. 7. 19:00경 자신의 아파트에서 김성기, 이용국과 접선 회합하고 다음날 05:00경 김성기가 귀가한 후 위 이용국에게 북의 의무교육, 무상 의료, 농업 발전, 주택 · 식량 배급 등을 들며 사회주의 제도의 우월성을 선전, 자본주의 사회를 비판하고, "… 용국이는 변화하면서 발전한다는 사실을 깊이 연구하라. 물이 쇠를 이긴다는 사실은 과학적으로 증명이 된다. 그러므로 낡은 것은 새로운 것에 굴복하는 법이다. 월남은 사회주의와 자본주의의 대결이었는데 대부분의 지도자들은 재산을 도피시키고 국외로 도망해버림으로써 마침내 사회주의의 통일 월남을 이룩하여 사회주의가 승리한 것이다. … 앞으로 나와 대화가 일치되고 사상 이념을 같이

4 이 부분 관련, 중앙정보부의 「수사결과보고서」에는 1974. 7. 13. 18:00경 위 초대소에서 위 김병식의 방문을 받고 그로부터 "강 동지는 영광스럽게도 김일성 수령님께서 친히 만나보시겠다고 하니 같이 가자."라는 제의를 받고 그의 안내를 받아 흑색 승용차 편으로 약 40분가량 평양시 교외(지명 미상)에 있는 궁전 같은 곳에 도착, 접견실에서 대기하고 있던 중 김일성이 입실하여 김병식으로부터 "이번에 일본에서 조국에 온 강우규 동지입니다."라고 소개를 받은 후 김일성으로부터 "강 동지께서 조국에 오시느라고 수고가 많았습니다. 앞으로 통일 사업을 달성하는 데 있어 총력을 다하여 투쟁해 주시오. 앞으로 조국의 발전된 모습을 많이 보고 돌아가거든 뜻을 같이하는 동지들에게 전해주시오."라는 격려를 받고 그에게 "당과 수령님의 명령이라면 어떠한 일이라도 몸과 마음을 바쳐 투쟁하겠습니다."라고 결의를 표명했다고 되어 있다. 강우규 씨의 진술서에는 나오지 않고 진술 조서와 수사결과보고서에 보태졌던 이 내용은 공소사실에서는 삭제되었다.

5 이는 강우규 씨의 진술서, 진술 조서에는 나오지 않은 것으로, 「수사결과보고서」를 거치며 공소사실에 새로 추가된 내용이다. 한편 앞의 공소사실에서는 강우규 씨가 이미 1969년 6월 일본에서 노동당 입당 원서를 작성, 서명 제출한 것으로 되어 있다.

6 앞에서는 74년 7월, 입북 시 강우규 씨가 통신교육을 받다 이해 부족으로 중단하고 통신 연락은 이 모를 통해 하라는 지시를 받았다고 하나, 여기서 다시 75년 3월 일본에서 이 모가 중앙의 지시에 따라 강우규 씨에게 통신교육을 하다 이해 부족으로 중단한 것으로 나온다.

할 때는 나의 재산도 나누어줄 수가 있다. 즉 이런 것을 동지라 하는 것이다. 그리고 조직을 이탈하거나 배반하는 행위는 반동이라고 하는 것이다."라고 교양하는 등 반국가단체의 지령을 받고 국내에 잠입하여 지령 사항을 수행하는 한편 간첩함.

6. 강용규 씨 관련 주요 공소사실 발췌

– 1975. 3. 중순 일자 미상 17:00경 피고인 집을 방문한 강우규(이하 강)와 접선하고 내실에서 동숙한 후 다음 날 06:00경 내실에서 동인으로부터 "이번에 세계 일주를 하면서 유럽을 다녀왔는데 영국, 불란서, 이태리 같은 나라를 여행하면서 평양까지 가서 좋은 구경을 많이 하고 돌아왔다. 자본주의는 부익부 빈익빈으로 대자본가에 의하여 소자본가는 흡수되고 있으며, 중소기업은 커지지 못하고 대기업만 비대해지는 현 체제 하에서는 노동자, 농민은 가난하게 살 수밖에 없다. … 저쪽 세상은 배급을 골고루 나누어주고 이쪽은 돈을 주고 사 먹는 실정이다. 아무래도 나라를 하나로 만들어야 된다.…"라는 등 북괴 및 국외 공산계열의 우월성과 발전상에 대한 선전교양을 받고, 강이 반국가단체의 구성원으로서 북괴 지역을 왕래하고 북괴의 지령 하에 합법신분을 위장하여 국내에 잠입 활동 중인 간첩이라는 정(情)을 충분히 인지하였음에도 불구하고, 1975. 10. 하순 일자 미상 17:00경 피고인 집을 방문한 강과 접선하여 2일간 숙식을 제공하고 동인으로부터 "일제시대에도 태극기 밑에서 싸웠는데 조국이 평화적으로 통일되어 같은 국기가 되어야 한다. … 전쟁으로 폭격되면 이쪽저쪽 다 파괴되니 평화적으로 통일되어야 한다."라는 내용의 선전 교양을 받고, 도착 익일 09:00경 동인으로부터 처조카 강○○에게 전하라고 주는 현금 5만 원을 교부받은 후 동일 12:00경 강을 안내, ○○중학교 앞길에 이르게 하여 처조카 강○○에게 위 돈을 전달하는 등 반국가단체의 지령을 받고 잠입 활동 중인 간첩과 회합하여 편의를 제공하고,

– 1976. 2. 초순 일자 미상 17:00경 피고인 집을 방문한 강과 접선하고 다음 날 서울에서 내방한 김성기 부부에게 점심 식사를 대접한 뒤 밀감 2상자를 제공하고, 그 다음날 10:00경 상경하는 강과 김성기 부부를 전송함으로써 반국가단체의 지령을 받고 잠입 활동 중인 간첩과 회합하여 편의를 제공하고,

– 1976. 9. 중순 일자 미상 18:00경 피고인 집을 방문한 강과 접선 회합하여 피고인의 장녀의 결혼 축의금 명목으로 금 10만 원을 받아 금품을 수수함.

7. 고원용 씨 관련 주요 공소사실 발췌

- 1976. 2. 중순 일자 미상 19:00경 강우규(이하 강) 아파트를 방문하여 이오생, 이근만 등과 합석한 자리에서 위 강으로부터 "지금 일본에서는 조총련과 민단이 술도 마시고 사돈도 맺고 지내는데 이곳은 왜 이 모양인지 한심스럽다. 이남에서 벌이고 있는 조총련 모국 방문 사업은 이미 실패한 상태다. 조총련 교포가 안 오니까 민단 교포가 끼어오는 판국이니 경비만 낭비하는 것이 아닌가. 지금 일본에서는 민단계 교포들이 불평을 더 많이 하고 있다. 아무리 이남에서 모국 방문 사업을 전개하여도 일본의 조총련 조직은 더욱 강화되고 있다. 한국은 유신체제라고 하지만 정보정치를 하고 있기 때문에 독재정치이다. 이것을 시정하기 위해서는 이 자리에 있는 우리들로부터 하나가 되고 동지가 되어야 한다. 공장은 종업원이 주인이 되고 농토는 농민이 주인이 되어야 하며 그들이 합심하여 생산하는 이익을 골고루 나눠 갖게 해야 한다. 남한의 경제는 차관경제이기 때문에 남의 빚을 지는 사람은 남에게 알맹이는 다 뺏기고 껍데기만 남게 되는 것이다. 그래서 남한은 결국 남의 종살이를 하게 되는 것이다. 남한은 부익부 빈익빈으로 돈이 있는 자는 부자가 되고 돈이 없는 자는 항상 가난한 생활을 해야 하는데 이것이 자본주의의 모순이다. 남한에서는 미군을 철수시키고 아무런 간섭 없이 평화통일이 이루어져야 한다. 외국 군대는 어느 나라에도 있어서는 안 된다. 외군이 있기 때문에 모든 불합리한 점이 생긴다. 남북회담은 이북에서 정치인, 지식인 등 모든 사람이 호응하고 있으나 남한에서 이를 기피하고 있다. 이북은 평화통일을 원하고 있지만 남한은 미국에서 많은 원조를 받아 이북을 공격하기 위한 수단을 취하고 있는데, 미군이 철수하여 평화통일이 되면 미국에서 원조 받은 무기들은 공장과 가정집의 연통이나 울타리로 사용될 것이다. 이남은 의무교육제도가 완전히 실시되고 있지 않아서 가난한 아이는 아무리 머리가 좋아도 그저 썩혀버리는 수가 많다. 대학도 많지만 재수생이 더 많은데 재수생들은 기술교육을 시켜서 활용해야 하며 이런 조치 없이 방치하고 있으므로 대학에만 가려고 하여 노동력이 부족되고 실업자가 늘어난다. 탁아소를 비롯하여 인민학교에서 고등학교까지 무료로 공부할 수 있는 곳도 있다."라는 등 북괴의 우월성과 발전상에 대한 선전 교양을 받고 피고인이 "그런 곳에 가본 일이 있습니까?"라고 묻자 동인이 "가본 사실이 있다."라고 대답하면서 "이남에는 부모형제를 잡는 전화가 있다는데 돈을 타 먹기 위하여 부모형제까지도 팔아먹는 짓을 해서는 안 된다."라는 말을 하여 강이 반국가단체의 구성원으로서 북괴지역을 왕래하고 북괴의 지령 하에 합법 신분을 위장하여 잠입 활동 중인 간첩이라는 정(情)을 충분히 인지하

였음에도 불구하고,[7]

- 1976. 5. 중순 일자 미상 19:00경 위 강의 아파트에서 동인과 접선하고 이근만과 동석한 자리에서 강으로부터 "사상과 체제는 어떻게 다른가. 나는 사상과 체제가 양립할 수 있는가 하는 문제에 대하여 회의를 느꼈다. 사상이 곧 체제가 될 수 없고 한쪽이 강하든 약하든 통일을 해야 한다."라는 등 교양을 받음으로써 반국가단체의 구성원과 회합하고,[8]

- 1976. 9. 24. 13:00경 S호텔 커피숍에서 강과 접선하고 동인에게 장봉일 및 전○ ○을 소개, 같이 식사하며 조총련 두둔, 자본주의 비판, 남한의 차관 경제 비판 등의 선전 교양을 받고[9] 김기오에게 강이 만나고 싶어 한다는 연락 전갈을 하는 등 반국 가단체의 구성원과 회합하는 한편 편의를 제공.

- 1976. 9. 25. 12:00경 김기오에게 재차 연락하여 강과 만나도록 권유한 후 동일 13:00경 강의 아파트에서 강우규, 김기오, 장봉일 등과 접선하고 시내 영등포구 소 재 새마을 장수대학으로 동인들을 안내하여 피고인이 맡은 1시간 강의가 끝난 후 부근 S다방에서 강에게 동 대학 이○○을 소개하는 등 반국가단체의 구성원과 회 합하는 한편 편의를 제공하고,

- 1976. 9. 28. 16:00경 광화문 다방에서 강우규, 장봉일 등과 접선하고 동석한 예비 역 장군 김○○ 및 S산업사 전무 김○○을 강에게 소개한 후 종로5가 Y사 2층 방에 서 강으로부터 13,000원 상당의 주식(酒食)을 제공받으며 조총련 모국 방문 사업에 대한 비판 등 선전 교양을 받고, 동일 19:00경 강과 헤어져 부근 Y다방에서 예비역 장군 김○○, 장봉일과 다시 만난 자리에서 김○○이 "재일교포들은 함부로 만나지 말라."라고 말하고 장봉일이 "강우규 그 사람 빨갱이 아니냐."라고 따지자 "강우규 는 일본에서 교포들을 위하여 의로운 일을 많이 하는 사람이다. 빨갱이가 아니다." 라고 강을 비호하는 등 반국가단체의 구성원과 회합하여 금품을 수수하는 한편 편 의를 제공하고,

- 그밖에 1976. 9. 29. 강에게『한국경제통감』을 구해 달라는 부탁을 받고, 1976. 10. 7. 강을 전송한 뒤 제주신문사에 들러 책을 구할 수 있는지 알아보는 등 반국가단체 의 구성원과 회합하는 한편 편의를 제공함.

8. 장봉일 씨 관련 주요 공소사실 발췌

- 1976. 9. 24. 13:00경 S호텔 커피숍에서 강우규(이하 강)와 인사를 나누고 동석한 전○○과 함께 대한적십자사 서울지사 장년봉사회에 들러 위 전○○의 강의가 끝난 후 강우규가 뚝섬유원지로 장어구이를 먹으러 가자고 제의하여 택시편으로 가던 도중, 차 안에서 강우규로부터 "… 자본주의 하에서는 부자는 더욱 부자가 되고 가난한 사람은 더욱 가난해지게 마련이다. … 이남에서는 의무교육제도가 제대로 실시되고 있지 않아서 자식 많은 사람이 대학까지 공부시키려면 힘이 많이 들겠더라. 이남은 외국 차관을 받아다가 빌딩이나 짓고 있으니 한심하다. 포항제철을 자랑하지만 외국차관으로 건물을 짓고 철광석을 전량 수입해야 하니 문제이다. 남의 나라 돈 빌려다가 그런 공장을 지으면 빚을 어떻게 갚을 것인가."라는 등 선전 교양을 받고, 1976. 9. 28. 16:00경 광화문 K다방에서 강우규, 고원용과 접선하고 동석한 김○○, 김□□과 종로 5가 Y사에서 술과 음식을 대접받으며 강에게 조총련 모국방문단 비판 등 선전교양을 받고 강이 반국가단체인 북괴의 지령을 받고 국내에 잠입 활동 중인 간첩이라는 정(情)을 충분히 인지하였음에도 불구하고,

- 1976. 9. 29. 18:00경 강의 아파트에서 강우규, 고원용, 김기오와 접선하고 강에게 "『한국경제통감』이라는 책자가 필요하니 구해 달라."라는 말을 듣는 등 반국가단체의 지령을 받은 자와 회합하고,

- 1976. 10. 7. 09:00경 김포공항으로 나가는 강우규를 고원용과 함께 접선하고 동인을 전송한 후 제주신문 서울지사를 방문, 『한국경제통감』을 구할 수 있는지 여부

---

7 1976. 2. 중순(2. 14) 집들이 모임 관련한 고원용 씨의 공소사실('강에게 선전 교양을 받은 데 이어 방북까지 했었다는 말을 듣고 간첩임을 인지하게 되는' 부분)은 이하 이근만, 이오생 씨에게도 똑같이 적용되었다(자구도 거의 그대로 같음). 이 공소사실 관련하여 당시 공판에서 치열한 변론이 벌어졌으며, 이후 전체 사건의 '조작'을 밝히는 데 중요한 단서가 되었기에 원문 그대로 기록하였다.

8 1976. 5. 중순의 공소사실은 뒤에 나오는 이근만 씨의 공소사실 내용과 같다. 그러나 이후 공판에서 이근만 씨는 이 날 고원용 씨가 자리하지 않았다고 말했다. 이 부분은 '1976년 2월 집들이에서 강이 간첩이라는 정을 알고도 이어서 한 동조 행위'로 공소사실의 완결성을 위해 넣어졌을 가능성이 있다.

9 자세한 내용은 뒤에 나오는 장봉일 씨의 공소사실(같은 날짜) 내용과 같다.

를 확인하는 등 반국가단체의 지령을 받은 자와 회합하는 한편 편의를 제공함.[10]

9. 이근만 씨 관련 주요 공소사실 발췌

- 1976. 2. 중순 일자 미상 19:00경 강우규(이하 강)의 아파트에서 강으로부터 조총련 두둔, 정부와 남한 사회 비판, 미군 철수 등에 대한 선전 교양을 받음으로써[11] 강이 반국가단체의 구성원으로써 북괴지역을 왕래하고 합법신분을 위장하여 국내에 잠입 활동 중인 간첩이라는 정(情)을 충분히 인지하였음에도 불구하고,

- 1976. 5. 일자 미상 19:00경 강이 입주할 때 선물로 준 벽시계가 고장나 그 대체품을 가지고 강의 아파트를 방문, 강에게 교부하고 그곳에 있던 고원용과 함께 교담하던 중 강으로부터 "사상과 체제는 어떻게 다른가. 나는 사상과 체제는 양립할 수 있는가 하는 문제에 대하여 회의를 느꼈다. 사상이 곧 체제가 될 수 없고 어느 하나가 강하든 약하든 통일되어야 한다."라는 등 교양을 받은 후 동인으로부터 일제 옷걸이 1점(시가 5,000원 상당)을 교부받음으로써 반국가단체의 구성원과 회합하여 금품을 수수하는 한편 편의를 제공하고,

- 1976. 9. 일자 미상 13:00경 대영플라스틱 사무실에서 강과 접선하여 동인으로부터 "조총련 모국 방문 사업에는 많은 문제점이 있다. 모국 방문단원은 민단원이 대다수이고 몇 사람 안 되는 조총련계 교포는 쓸모없는 인물들뿐이다."라는 등 선전 교양을 받음으로써 반국가단체의 구성원과 회합함.

10. 이오생 씨 관련 주요 공소사실 발췌

- 1976. 2. 중순 일자 미상 19:00경 강우규(이하 강)의 아파트에서 선전 교양을 받음으로써[12] 강이 간첩이라는 정(情)을 충분히 인지하였음에도 불구하고,

- 1976. 8. 중순 일자 미상 11:00경 위 회사 사무실에서 강을 접선하고 동인으로부터 "영동고속도로를 관광 여행하였는데 자연 경관을 많이 훼손하였더라. 현대조선소에도 가 보았으나 이남은 너무 큰 공장에만 힘을 쓰고 있는데 중소기업체를 발전시켜야 된다."라는 등 교양을 받음으로써 반국가단체의 구성원과 회합하고,

- 1976. 10. 하순 일자 미상 11:00경 회사 사무실에서 강을 접선하고 동인으로부터 일제 만년필 1개(시가 10,000원 상당)를 교부받아서 반국가단체의 구성원과 회합하여 금품 수수함.

11. 김문규 씨 관련 주요 공소사실 발췌

- 1975. 11. 중순 일자 미상 11:00경 제주교육대학을 방문한 강우규(이하 강)와 접선하고, 동인으로부터 일본으로 떠나는 길에 학교 구경을 하러 왔다는 말을 듣고 동인을 안내하여 학교 교정, 시청각 교실, 도서관 등을 돌다가 3층 복도에 이르렀을 때 동인으로부터 "일본 사람들과 세계일주 여행을 하면서 구라파 여행을 한 사실이 있는데 그때 서방국가와 공산국가도 돌아보았다. 이북도 가보았는데 평양에서는 상급이 나와 환영을 해주더라. 북조선의 사회상을 보니 남녀가 평등하게 생활하면서 동등권을 가지고 있고 농촌은 기계화된 협동 농장으로 혁명화 되었고, 중공업이 크게 발전하였더라. … 북조선에서는 길에 화물차만 다니고 일 없이 돌아다니는 행인의 무리가 없는 것을 보았는데 그것은 모두 다 혁명 사업에 충실하고 있기 때문이다. 나의 민족주의자적 입장에서 남북을 비교해 본 객관적인 판단이다."라는 내용의 북괴 우월성 및 발전상에 대한 선전 교양을 받고, 동인이 북괴의 지배 하에 있는 불법 지역에 다녀온 반국가단체의 구성원으로서 북괴 지령 하에 국내에 잠입 활동 중인 간첩이라는 정(情)을 충분히 인지하였음에도 불구하고, 동일 15:00경 시내까지의 차량 편의를 보아달라는 제의를 받고 학장 전용 승용차를 이용, 약 700m 떨어진 차도까지 타고 가게 함으로써 편의를 제공하고,

- 1977. 2. 7. 09:30경 제주시 소재 피고인의 집에서 강으로부터 제주 K호텔 커피숍으로 나오라는 전화 연락을 받고 동일 11:00경 그 커피숍에 도착해서 강과 접선하여 동석하였던 고재원을 소개받은 후 강으로부터 "퇴직하고 수양하고 있다 하니 건강관리를 잘 하라. 서구라파의 복지국가에서는 노인 대우를 잘 한다."라는 교양을 받음으로써 반국가단체의 구성원과 회합함.

---

10 장봉일 씨의 공소사실 내용은 고원용 씨의 1976. 9. 24 / 9. 28 / 9. 29 / 10. 7자 공소사실과 거의 겹친다.

11 '선전 교양'의 원문 내용은 고원용 씨의 '76. 2. 중순 일자미상' 부분 공소사실에 나온 것과 같다.

12 '선전 교양'의 원문 내용은 고원용 씨의 '76. 2. 중순 일자미상' 부분 공소사실에 나온 것과 같다.

[자료 2] '간첩단' 관련 보도 내용 – 중앙일간지 기사와 사설[13]

1. 1977. 3. 24. 〈경향신문〉 기사

중앙정보부 교포 실업인 위장 간첩망 타진

– 고정간첩 등 11명 구속 송치

– 반유신 구실 포섭활동

– 자유통일협 지하조직, 봉기 획책

– 정, 재, 학계 등 인사 86명 대상으로 암약

중앙정보부는 24일 북괴 김일성으로부터 직접 간첩지령을 받고 재일동포 투자기업체의 임원을 가장, 국내에 잠입, 암약해오던 북괴 거물급 간첩 강우규(60)와 국내관련 고정간첩 김기오 등 일당 11명을 검거, 서울지검에 구속 송치했다. 정보부는 이들이 갖고 있던 간첩활동기록부 공작금 1천5백만원, 북괴노동당입당이력서 및 여권 등 38점을 압수했다. 강우규 등 일당은 재일동포 실업가의 국내진출에 편승, 국내 투자기업체의 임원이란 합법적 신분을 취득, 안전보호토대를 구축한 다음 정계 재계 학계 언론계 및 저소득층 인사를 대상으로 반유신, 민주화라는 구실하에 동조자를 규합, 이른바 자유통일협의회라는 지하통일전선형 비밀조직을 만들어 장기 매복했다가 유사시 봉기할 것을 획책했었다.

이들 간첩단의 일망타진으로 북괴는 대남 기본전략에 입각하여 '남조선의 현정부를 전복, 민주화를 쟁취'해야 한다는 공작 지령에 따라 제2의 4.19와 같은 혼란사태를 조성한 후 '남조선인민의 요청에 따라' 남침을 감행하려고 획책한 새로운 흉계가 드러났다.

이들 간첩단이 포섭대상으로 한 인사들 중에는 전,현직 국회의원 4명을 비롯, 경제인 상공인 7명, 예비역 육군준장, 대학교수, 고교 교장, 대학생, 신문지사장, 전직 교육감 및 서예가 등 20명, 음식점 주인, 다방 종업원, 노동자 50명 등 모두 86명에 이르고 있으며 전 제주교대학장 김문규 등 10명이 포섭됐었다.

검거된 간첩 강은 제주도 출신으로 재일조총련 제1부의장 김병식에게 포섭되어 국내투자회사인 대영플라스틱 감사로 72년 12월 국내에 잠입, 동향인인 고재원을 포섭, 제주도 출신 국회의원 실업인 등을 순방, 포섭 가능성을 타진하고 국내 상황 등을 탐지하는 등 암약해왔었다. 강은 74년 7월 파리에서 북괴공작원과 접선, 모스크바 경유 평양으로 들어가 김병식의 안내로 김일성을 직접 만나 '통일혁명사업 달성에 총력을 다하여 투쟁하라', '혁명세력의 조직지도', '서울에서 요청만 있으면 언제든지 정치적 군사적 지원을 다할 것이니 혁명역량을 구축하라'는 공작 지령을 받고[14] 75년 3월부터 77년 1월까지 7차례에 걸쳐 국내에 왕래하면서 동향인들을 포섭, 간첩활동을 해왔었다.

2. 1977. 3. 24. 〈서울신문〉 기사

무모한 도발 중지하라
- 한국엔 간첩이 발붙일 곳 없다
- 중앙정보부, 북괴에 경고

중앙정보부는 24일, 남북적십자회담의 추진 등으로 끊어진 겨레의 핏줄을 다시 이으려는 우리의 인도적 노력을 역이용하여 북괴는 재일교포 실업인들의 국내 진출에 편승, 간첩을 남파시키는 등 대남 도발을 계속하고 있다고 지적, 무모한 도발을 즉각 중지하라고 경고했다.

중앙정보부는 간첩 강우규 일당을 구속 송치하고 이같이 경고하면서 '대한민국에는 어디에도 간첩이 발붙일 곳이 없다는 사실을 북괴는 분명히 깨닫고 민족적 양심으로 돌아오라'고 촉구, '우리 국민들은 북괴의 위장된 평화 선전과 기만 술책에 현혹되지 않을 것'이라고 못 박았다.

3. 1977. 3. 25. 〈한국일보〉 사설

시급한 안보의 생활화
- 교포 위장 간첩이 던지는 교훈

미묘해지는 요즘의 우리 주변 정세를 내다보면서 북괴가 대남 침투 및 교란 공작을 격화시키리라는 예견은 쉽사리 할 수 있는 것이었다. 어제 중앙정보부가 구속 송치한 11명의 교포 실업인 위장 간첩 사건은 바로 그 흉계의 한 사례를 대한 것이 분명

---

13 인용된 당시 신문 기사들에는 기사를 작성한 기자들의 이름은 실리지 않았다.

14 위 내용은 수사기록(피의자 신문 조서)과도 배치된다. 수사기록에 의하면, 74년 평양에서 강에게 했다는 김일성의 발언은, "강 동지, 앞으로 통일 혁명 과업을 달성함에 있어 총력을 다해주시오. 그리고 강 동지께서 조국에 오느라고 고생이 많았을 것입니다. 조국에 왔으니 발전된 참모습을 많이 구경하고 돌아가 뜻을 같이하는 동지들에게 조국의 발전상을 전해주시오."이다(강우규 씨는 검사 신문, 공판 과정에서 일관되게 김일성을 만난 일이 없다고 진술했다.).

한 데서 우리 모두의 경각성을 한참 날카롭게 하지 않을 수 없게 한다.

물론 과거라 해서 이와 비슷한 교포 실업인 가장 간첩 사건이 없지는 않았다. 하지만 이번 주범인 강 모처럼 ①북괴에 포섭된 지 근 10년의 내력을 갖고 ②파리 경유 평양으로 가서 직접 김일성을 만나 공작 지령을 받은 후 잠입하여 ③기업체 임원을 빙자코 장기 체류 암약을 벌였음은 물론 ④ 7차 이상씩이나 내 집 대문 드나들 듯 자주 한일 간을 왕래하면서 일선 지구로까지 거의 합법적으로 날뛴 자는 그다지 없었다.

(중략)

어차피 간첩들이란 일단 이 따위 암약에 눈이 뒤집히기 마련이고 또 그런 검은 마귀가 돼버리면 좀체로 빠져나올 수도 없는 것이다. 하지만 이번 사건 내용을 읽으면서 우리가 새삼 욕질이라도 해주지 않을 수 없는 상대가 있다면 그것은 바로 북괴 두목 김일성이다.

아무리 하찮은 평양 집단의 우두머리라지만 일개 간첩을 직접 만나서 공작 사명을 다하기 위해 투쟁하라느니, 무슨 지하당을 조직하라느니 하면서 지령을 하였다는 그 꼴이란 하도 유치하고 가증스럽기 때문이다. 세계에서도 이처럼 치졸하며 악착스러운 추태는 아마 달리 없을 듯하다.

다음은 이 사건에 말려든 우리 일부 유력 인사들의 얼빠진 처신이라 할 것이다. '간첩이라는 정(情)을 알면서도' 휩싸여 방조를 한 혐의자 가운데는 회사 사장을 비롯하여 중역급과 어느 대학 학장 전력자까지 포함되어 있으니 말이다.

원래 간첩이란 음흉한 그림자 같아 얼른 정체를 알아차리긴 힘들지 모르나 일단 그 정을 알거나 수상한 점이 다소라도 보이면 의당 타진의 손길을 쓰도록 해야 할 것은 안보 활화산 속에 사는 우리 국민 누구나의 도리며 당연한 행동 규범에 속한다. 한데 오히려 그런 지위의 인사들이 적의 손길에 덜미가 잡혀 꼼짝을 못하고 하찮은 금품을 수수하며 편의를 제공하거나 그와 같이 회합하여 교양을 당하는 방첩심 결핍이란 상상만 해도 분하기 그지없다.

그뿐 아니다. 흔히 재일교포 기업의 줄기를 타고 잡으면 그 무슨 뾰족한 수라도 이내 나는 줄 착각하면서 사람됨이나 그 성향을 제대로 가리기에 앞서 오히려 착착 붙어버리는 일부 층의 맹점을 또한 여기 지적해두고 싶다.

주범만 해도 그렇다. 그는 고향인 제주에서 보통학교를 나온 후 구직 차 일본으로 건너가 공원이나 잡역부 같은 밥벌이를 하다가 술집과 다방을 한 자에 불과하다. 그러다 북괴공작원에 포섭되어 대남공작을 위해 어느 플라스틱 회사 감사 자리를 따고 위장 잠입한 대수롭지도 않은 인물인데 그 무엇이 그리 끌릴 점이 있다고 회장이니 전무니 하는 사람들이 그의 교양을 받은 한편 정치인이나 일선 지구 관광 안내를 저두응대(低頭應待)까지 하였는지 줏대가 없어도 이만저만하지 않은 것이다. 이제부턴 정말 이런 허점 · 약점을 각별히 조심해야 할 것을 이번 사건은 지시하고 있음을 서로 새겨둬야 하겠다. 앞에 말한 것처럼 내외 정세는 틀림없이 북괴의 대남 전투와 위장 교란 선동이 가열해질 정황을 내포하고 있다. 여러 대공기관을 비롯하여 우리 군관민 모두의 방첩 투쟁을 더욱 생활화해야겠다. 새해 첫 大간첩단 사건을 마무리지은 정보부의 勞를 여기 평가해두고 싶다.

4. 1977. 3. 25. 〈동아일보〉 사설

대남간첩전술의 변천

김일성집단의 대남간첩전술이 남한의 사회구조변화에 따라 차차 변모하여 가고 있다.

24일 중앙정보부가 밝힌 바에 의하면 재일교포 강우규는 투자기업체의 임원을 가장하여 72년 국내에 잠입한 후 정계 재계 학계 언론계 및 저소득층을 상대로 동조자를 규합, 5년 동안 공작을 펴다가 체포되었다고 한다. 그동안 강은 일본과 북한을 왕래하면서 김일성을 만났고, 국내에서는 10명을 포섭했으며 70여 명에 달하는 유력인사들에게 접촉을 기도했다는 것이다.

북괴의 간첩남파는 어제 오늘에 시작된 일이 아니다. 우리 수사진이 간첩을 체포한 것도 이것이 처음이 아니고 수없이 많다. 그러나 이번에 검거된 강의 경우는 간첩활동의 새로운 면을 나타내고 있다. 재일교포 실업인들의 국내진출에 편승하는 수법을 쓰고 있는 것이다. 반정부 여론을 조성하고 적당한 시기에 봉기를 하도록 그 토대를 구축한다는 구태의연한 목적을 가지고 있으나 그것을 전개하는 방법에 있어서는 교활한 변천을 보이고 있다.

(중략)

북괴가 재일교포를 간첩활동에 이용하는 것은 국내 침투가 용이한 점도 있겠으나 그 이면에는 정치적 흑색전술이 숨어 있다는 것도 간과할 수 없다.

간첩 혐의로 재일교포가 자주 검거되면 모국에 진출하려는 순수한 교포들에게도 심리적 위축을 주어 주저하게 만들 수도 있으니 한국의 경제발전에 그만큼 손실을 줄 수 있고, 한국민은 재일교포를 의심의 눈초리로 볼 터이니 이간의 효과도 거둘 수 있다는 계산이 나온다. 또 재일교포를 향해서는 한국정부가 포악해서 무고한 사람을 마구잡이로 체포 구금한다고 역선전의 구실을 삼을 수도 있다. 이것은 단순한 추정이 아니라 여태까지도 그들이 심심치 않게 애용해온 수법이다.

국내에 사는 우리들은 물론 재일교포들도 대개는 그들의 간계를 간파하여 이제 속을 사람은 별로 없을 것이다. 우리는 재일교포들을 진심으로 환영하고 그들의 활동을 적극 지원하고 있다. 그렇다고 간첩도 마음대로 준동하라는 법은 없다. 간첩은 엄하게 다스리되, 떳떳한 교포들에게는 동포애가 넘치고 있다는 사실을 잊어서는 안 되겠다.

[자료 3] 피고인들의 항소이유서 주요 요지[15]

1. 제1 피고인 강우규의 항소이유서(1977. 9) - 변호인 태윤기, 박세경

- 학설 상 간첩이라 함은 「적국에 보지(報知)하기 위하여 은밀하게 또는 위계(僞計)로써 아군의 편성, 병기 탄약의 현유량(現有量), 그 제조 능력, 동원 및 작전 계획, 기타 군사상의 기밀에 속하는 사항, 도서·물건을 수집·탐지하는 것을 말한다.」라고 했고, 우리나라 판례에 의하면 「간첩죄에 있어서 군사상 기밀은 순전한 군사기밀에 그치는 것이 아니고 정치, 경제, 사회, 문화 등 각 방면에 긍하여 적에게 알려서는 우리나라에 불이익을 초래할 중요 국가기밀의 수집을 포함하는 것으로 해석하여야 한다(68도 1409호 대법원 판례 참조).」라 했습니다. 따라서 학설과 판례를 비교하여 보면, 일상생활에 있어 누구나가 알 수 있는 사실, 예컨대 TV, 라디오, 신문, 잡지, 관광 등을 통하여 누구나가 용이하게 알 수 없는 중요 기밀 또는 국방 정책상의 기밀로서 객관적·구체적 내용을 가져야 될 것이며, 수집 방법 역시 은밀하게 또는 위계의 방법에 의하여야 한다는 점을 추려낼 수 있습니다.

그렇다면 피고인에 대한 범죄 사실과 학설, 판례상의 간첩죄의 구성 요건을 대조 검토하여 볼 때에, 피고인은 16세 때 출국했다가 근 40년 만에 다시 입국하여 친구, 친지의 안내에 따라 관광한 것일 뿐 은밀하게 또는 위계의 방법에 의하여 중요 기밀을 탐지한 사실이 없음에도 원심이 간첩죄로서 판시한 것은 사실의 오인에 있어 판결에 영향을 미친 때에 해당한다고 사료됩니다.

---

15 1977년 당시, 독재 치하에서도 여러 변호사들이 피고인들의 입장에 서서 용기 있게 변호한 내용을 발췌하여 실었다.

- 형사소송법 제310조를 보면 '피고인의 자백이 그 피고인에게 불이익한 유일한 증거인 때에는 이를 유죄의 증거로 하지 못한다.'라고 규정되어 있는 바, 공소장을 보더라도—예를 들어 노동당 입당 원서를 69년에 일본에서 제출했다고 했다가 74년 7월 평양에서 입당 격려를 받고 선서 후 당증을 받았다고 하거나, 74년 7월 평양에서 통신교육을 받다가 노령으로 이해가 부족해서 중단했다면서 다시 75년 3월 이 모 공작원에게 통신교육을 받다가 노령으로 이해가 부족해서 중단하고 암호문은 받아 보관했다고 하는 등—논리적으로 모순되는 진술이 기재되어 있으며, 일본에서 있었던 행위의 경우 아무런 보강 증거가 없는 피고인의 자백을 유일한 유죄의 증거로 삼고 있습니다. 이는 형사소송법 소정의 법률에 위반한 때 또는 사실을 오인하여 판결에 영향이 미친 때라고 사료됩니다.

- 피고인은 16세 때부터 61세 현재까지 45년 간 일본에서 거주하여 일종의 일본인이라 할 수 있으며, 일본 사회가 사상적으로 문호를 개방하고 남북한 등거리 외교를 성원하고 있는 까닭에 무학에 가까운 피고인이 남북한 대립상을 정확히 파악하지 못한 데 본 사건의 근원이 있는 것입니다. 그런 의미에서 조국 양단의 비극의 산물로서 피고인은 어떤 의미에서는 피해자라고 볼 수 있으며, 공소장을 보더라도 피고인이 이렇다 할 활동이나 중요한 사실을 상부에 보고한 바 없습니다. 따라서 피고인은 신문에 보도된 거물 간첩과는 근본적으로 상위합니다. 또한 피고인은 검사 작성 조서 말미에 자기의 소망을 진술했고 또 전향 의사를 표시하고 있습니다. 고래(古來)로 집에 들어온 새는 잡지 않는다 했고, 죄를 미워하고 사람을 미워하지 말라는 말이 있습니다. 지금 피고인은 모든 것을 참회하고 모국의 품에 안기려 하고 있습니다. 조총련 간부였던 사람까지도 성묘단원으로서 내왕하는 이 시점에서 상기(上記)한 정상을 고려해볼 때 1심 선고형은 과중하였다고 사료됩니다.

2. 제2 피고인 고재원의 항소이유서 (1977. 10) - 변호인 고재호, 조준희

- 제1의 점: 원심 판결에는 사실오인이 아니면 증거에 의하지 않고 사실을 인정한 위법이 있습니다.
1) '노동당 중앙 위원 운운…'의 판시에 대하여
원심은 피고인이 상피고인 강우규가 간첩이라는 점을 충분히 인지했다고 판시하고, 이를 금품수수 · 회합 · 편의제공 및 간첩 방조에 이르는 모든 판시 사실에 있어서 이른 바 지정(知情)의 근거로 삼고 있습니다. 그러나 피고인과 상피고인 강우규는 원심 법정에서 관련 부분을 시종 부인하고 있고 사법경찰관 및 검사 작성의 신문 조서에 관하여도 그 내용의 진정성과 진술의 임의성을 부인하는 터로서, 기록상 각 조서의 증거 능력과 신빙성을 뒷받침할 아무런 자료도 없습니다.

뿐만 아니라, 위의 판시 내용은 경험칙이나 조리에도 명백히 반하는 것입니다. 공소장 기재 자체에 의하여도 상피고인 강우규는 노동당원으로 가입했다는 것일 뿐이며(노동당 중앙위원 관련 사실을 확인할 수 없음), 남파간첩의 포섭 공작은 '처음 상당 기간은 자기 신분을 숨긴 채 합법 신분을 가장하여 자연스럽게 상대방에게 접근하고 자주 불평불만을 토로하며 상대방의 반응을 엿보면서 사상 성분을 확인한 후, 최후로 북괴의 우월성을 강조하는' 점차적 방식에 의한다는 것인데, 상피고인 강우규가 처음 입국하여, 특별히 친분이나 연고 관계를 유지해 온 것도 아닌 피고인을 만나자마자 '노동당 중앙위원'이라는 허언과장까지 해가면서 자신의 신분을 노출하고, 다짜고짜로 '북괴의 우월성'을 강조하면서 '노동당 입당 권유'까지 해 온다는 것은 우리의 경험칙상 도저히 수긍할 수 없는 일이라 하겠습니다.

공소장 자체와 일건 기록, 피고인 및 상피고인들의 법정 진술에 의하여 인정되는 사실들—일본에서 우연히 만났을 때 상피고인 강우규가 귀국하여 사업을 하고 싶다고 토로한 것, 이후 상피고인이 국내법인 대영플라스틱에 투자하고 감사로 취임하여 주변으로부터 추호도 의심을 살 처지가 아니었던 점, 설사 상피고인이 간첩 목적으로 위장 잠입한 사람이라 하더라도, 피고인 등 주변 사람에게 이러한 사실을 전혀 숨겨왔던 것 등—을 고려할 때, 제주도민회 간사 등 여러 친목 단체를 이끌면서 제주도민 상호 간 또는 해외 교포와 도민 간의 교량 역할을 천분으로 알아왔던 피고인이, 상피고인 강우규를 고국에 돌아와 살기를 바라는 선의의 교포 실업가로만 생각하여 제주 출신 인사들을 소개하고 여러 곳을 구경시켜 친절과 후의를 베풀기에 이르렀던 점을 인정하기에 족합니다. 따라서 '노동당 중앙위원 운운', '입당 권유 운운'의 원심 판시는 사실오인이라 할 것이며, 달리 피고인이 상피고인 강우규가 남파간첩이라는 정(情)을 알고 그와 접촉을 가졌던 것이라고 볼 만한 증거는 기록상 아무 것도 없습니다.

2) 간첩 방조 사실 등에 대하여

피고인은 수사기관 이래 원심 법정에 이르기까지 상피고인 강우규와 순수한 관광 또는 여행을 한 것일 뿐, 상피고인이 판시와 같은 정보 수집 활동을 한다는 인식은 추호도 없었다고 일관된 진술을 하고 있고, 상피고인 강우규의 원심 법정 진술도 이와 부합되며 나아가 동인은 당시는 물론 지금도 위의 각 여행지에 과연 판시와 같은 군사시설 등이 있는지 여부조차 알지 못한다고 하여 판시 사실을 일관되게 부인하고 있는 바, 일건 기록을 통틀어 보아도, 적어도 증거 능력을 갖춘 범위 내에서 판시 사실을 뒷받침할 증거는 아무 것도 없습니다.

– 제2의 점: 원 판결에서는 사실오인 아니면 국보법상의 금품수수죄, 반공법상의 회합죄의 구성 요건에 관한 법리를 오해한 위법이 있습니다.

○ 국보법상 '금품 수수'란 반국가단체의 구성원으로부터 그 반국가단체의 목적 활동과 관련하여 금품을 수수하는 경우를 말하는 것이라 함은 이론의 여지가 없는 것인 바, 기록이나 피고인 및 상피고인 강우규의 원심 법정에서의 진술에 의하면 상피고인이 피고인에게 준 금품 등은 피고인이 베푼 친절에 대한 의례적인 답례 또는 우의의 표시로 준 것에 지나지 않음을 알 수 있고, 달리 간첩 기타 반국가단체의 구성원으로서의 목적 활동과 관련된 수수로 볼 아무런 자료도 없습니다. 그러한데도 원심이 금품을 주고받았다는 사실 자체만으로서 위 법조를 적용 처리한 것은, 필경 그 수수 목적을 반국가단체의 목적 활동과 관련된 것으로 오인하였거나 아니면 국보법상의 금품수수죄의 구성 요건에 관한 법리를 오해한 결과라 하겠습니다.

○ 또, 원심은 피고인이 상피고인 강우규의 아들 집에서 판시 내용과 같이 북괴공작원으로부터 선전 교양을 받은 사실을 인정하고 이를 반공법 제 5조 1항의 회합죄로 처단하였습니다.

반공법상의 회합죄는, 반국가단체의 이익이 된다는 정(情)을 알면서 그 구성원과 회합한 것, 즉 반국가단체 구성원의 목적 활동과 관련하여 이를 용인 또는 수용하는 내심으로 함께 회동할 것을 구성 요건으로 하는 것이며, 따라서 그 목적 활동과는 전혀 무관한 모임을 갖거나 그 목적 활동에 반발 또는 항거한 경우에는 동 회합죄가 성립하지 않는다 함은 두말할 나위가 없습니다.

그런데 원심 법정에서 피고인은 판시 내용과 같이 장황하고 조리 있는 얘기를 들은 것도 아니며, 그 집에서 성명불상자가 북의 의무 교육 등을 운운하다가 김일성 얘기를 꺼내자 '북에서는 김일성을 왜 신격화하느냐'며 상대방이 무안해 할 정도로 반박을 했다고 진술했고 이 진술에 반하는 하등 증거가 없는 바, 원심이 피고인의 반응이나 태도에 대한 심리 판단도 없이, 상대방의 말 한 가지만으로써 회합죄의 성립을 인정한 것은 필경 반공법상의 회합죄의 구성 요건에 관한 법리를 오해한 결과라 할 수밖에 없습니다.

3. 제7 피고인 고원용 · 제11 피고인 장봉일의 항소이유서 (1977. 9)
– 공동변호인 장준택

– 제1의 점: 원 판결은 경험칙에 의한 탐증 법칙의 위배로 인하여 판결에 영향이 미칠 중대한 사실에 대하여 오인한 위법이 있습니다.

원 판결은 피고인에 대한 공소사실을 자구조차 수정 없이 그대로 판시 사실로 하여 유죄로 판시하고 그 증거로는 오직 판시 사실에 부합하는 각 피고인의 일부 공판정에서의 진술, 검사 작성의 각 피의자 신문조서 중 판시 사실에 부합하는 일부 진술 기재만으로 거시(擧示)하고 있습니다.

만약 피고인 고원용이 강우규를 소개받을 때 그가 전력이 공산계열이었다거나 국내에서 친공산분자들과 교분이 있는 사람 혹은 일시 귀국 여행하는 사람이라고 들었다면 또 모르는 일이지만, 피고인은 다만 그를 믿을 수 있는 친구로부터, 한문지식이 풍부하고 일본에서 의로운 일을 많이 하고 일정 시에는 애국운동까지 한 고향 선배라고 소개받고 만나게 되어 평범히 대화를 주고받았던 것입니다. 외면상 어디에도 공산 계열의 냄새가 없는 사람과 만났던 것인데. 그의 토막말 몇 마디가 불온하다고 하여 곧 이적의 정(情)을 가지고 회합한 것이며 그에게 편의를 제공하고 금품을 수수한 것이라고 할 수 있겠습니까.

피고인 장봉일이 강우규를 만나 들었다는 공소장 기재의 말도 평범한 대화 속에 섞여 나왔던 얘기들인데, 그 내용인즉 헌법상 보장된 범위 내에서 지식인들이 항간에서 부주의스럽게 할 수 있는 불평 정도의, 특별히 신경 쓰지 않으면 반국가적이라고 감지할 수 없을 만큼 애매한 것이었습니다. 피고인이 당국의 시책에 비판적인 토막말을 듣고 조금 의구심을 가졌으나 친구 고원용이 강우규는 의심할 만한 사람이 아니라고 하기에 오히려 순간적으로나마 사람을 의심했던 자신의 심성을 부끄럽게 여겼던 것이 전부라고 합니다.

검찰과 법정에서의 진술이 상반된 본 건에 있어서는 '움직일 수 없는 사실들(피고인들의 경력이 공산계열과는 거리가 멀고, 강우규를 소개한 이나 강우규의 회사 사람들이 반공사상이 투철한 사람들이며, 피고인들이 강우규와 만난 시기는 당국에서 조총련원의 모국 방문을 적극 유치하여 그 성과에 대해 항간에서 화제가 되고 있던 때라는 것 등)'을 감안하여 그 행위 당시의 전후 사정을 객관적으로 보아 법정 진술이 보다 진실에 부합하는 합리적인 진술이라고 인정하는 것이 경험칙과 논리칙에 맞는 것이라고 사료됩니다.

– 제2의 점: 원 판결은 법률 적용을 잘못한 위법이 있습니다.

판시 사실에는 고원용 피고인이 지인들을 강우규에게 소개한 일이, 무엇을 어떻게 '편의 제공'한 것인지가 드러나지 않습니다. 하물며 소개한 그 사람들은 우연히 동석했던 사람들이고 그 사람들에게 강우규가 어떻게 공작했다는 사실이 전혀 없으므로 불분명한 사실을 범죄로 인정한 잘못이 있습니다.

또, 고원용, 장봉일 피고인이 강우규를 공항에서 전송한 뒤 강우규에게 부탁받았던 경제통계 관련 책자를 구할 수 있는지 제주신문사를 방문하여 확인했던 바, 편의제공죄에는 예비나 미수의 처벌 법규가 없으므로 피고인들이 위의 행위로 강우규에게 어떻게 편의를 제공했는지 또는 강우규가 어떤 편의를 결과적으로 입었는지에 대하여 전혀 불분명인 채 유죄로 인정한 잘못이 있습니다.

– 제3의 점: 피고인들의 공소사실이 설사 유죄가 된다 하더라도 사안이 국가 질서를 파괴할 만큼의 위험한 것이 아니고 경미한 것이며, 피고인들은 구금하여 사상 교도를 시켜야 할 정도의 친공산분자가 아니라는 점을 종합한다면 원심 형량은 너무도 가혹한 것이라고 하지 않을 수 없습니다. 우리나라가 조총련원의 대량 모국 방문을 유치하고 있을 정도로 공산주의에 대하여 탄력성 있는 정책을 시행하고 있는 현 시점에서 실형 선고는 어느 모로나 가혹하며 적절한 것이라고는 사료되지 아니하오니 원 판결을 파기하고 관대한 처분 있으시기를 바랍니다.

[자료 4] 피고인들의 상고이유서 주요 요지

1. 제6 피고인 강용규의 상고이유서(1978. 1) – 변호인 김무근, 김택현

– 제1의 점: 판시 1의 사실(피고인이 강우규가 간첩이라는 정(情)을 충분히 인지했음에도 불구하고 강우규에게 숙식을 제공하고 선전교양을 받았으며 강우규의 처조카 강○○에게 3만 원을 건네는 등 편의를 제공함)은 채증법칙에 위배하여 사실을 인정했을 뿐 아니라 반공법의 법리를 오해하여 법률의 적용을 그릇한 위법이 있습니다.

원래「반공법은 국가의 안전을 위태롭게 하는 공산계열의 활동을 봉쇄하자는 것이 그 목적이므로 공산계열과의 단순한 대면이나 또는 그들의 목적 수행을 위한 활동과는 아무런 관련이 없는 전연 다른 의도 하에서의 모임이나 순수한 인도적인 의미에서의 도움은 반공법 제5조 1항 소정의 회합죄나 제7조의 편의제공죄에 해당하지 않는다」는 것이 일관된 판례입니다(1974. 2. 12. 선고, 73도 2186호, 대법원 판결요지집 1436항 참조). 더욱이 피고인이 위의 선전 교양을 받은 일이 없다는 사실은 원심 법정에서의 피고인의 일관된 진술 등을 통해 확인한 바 있고, 설사 회합이 있었다고 가정하더라도 피고인은 약 40년 만에 고향을 찾아온 친형 강우규와 골육지정으로 피차 대화를 나눈 것에 불과합니다. 그리고 그 회합에 대해 일건 기록을 자세히 살펴보아도 반국가단체나 국외 공산계열의 이익이 된다는 정을 알면서 만났다거나 그들에게 이익이 될 수 있다는 의사 표시를 한 흔적을 찾아볼 수 없습니다. 또, 피고인이 강우규에게 숙식을 제공한 것은 친형제 간에 골육지정으로 이루어진 것으로서 이로 인하여 강우규의 '간첩 활동'에 아무런 도움도 준 사실이 없고, 피고인이 강우규의 처조카 강○○에게 안내하여, 강우규가 강○○에게 학비에 보태 쓰라고 3만원을 준 사실도 강우규의 목적 수행을 위한 활동과는 아무런 관련이 없으므로 이것만으로는 편의 제공이 될 수 없는 것입니다.

- 제2의 점: 판시 2의 사실(피고인이 1976년 2월 초 강우규와 함께 내방한 김성기 부부에게 식사를 대접하고 밀감 2상자를 제공, 다음 날 공항에서 전송함으로써 간첩과 회합, 편리를 제공함)은 반공법의 법리를 오해하여 법률의 적용을 그릇한 위법이 있습니다. 원심 법정에서의 피고인 등의 진술을 종합하여 보면, 피고인은 김성기 부부가 관광차 온 손님인 줄 알고 식사를 대접했으며, 재수하러 상경하는 자식의 학원 안내 등을 부탁하여 밀감을 선물하고 자식을 전송할 겸 공항에 나갔던 것으로, 이것은 자식의 향학을 위해 이루어진 인간적인 사교 행위에 불과한 것으로서 강우규의 '간첩 활동'과는 아무런 관련이 없다는 것이 명백합니다. 그렇다면 이것이 반공법상의 회합 · 편의제공에 해당할 리 만무합니다.

- 제3의 점: 판시 3의 사실(피고인이 강우규와 접선하여 피고인의 장녀 강○○의 결혼축의금 10만 원을 받아 금품을 수수함)은 채증법칙에 위배하여 사실을 인정했을 뿐 아니라 국가보안법의 법리를 오해하여 법률의 적용을 그릇한 위법이 있습니다. 원심 공판에서 피고인, 상피고인 강우규, 증인 강○○이 한 진술 모두 강우규가 조카딸에게 축의금으로 10만 원을 직접 준 것이 틀림없는 사실임을 확인케 합니다. 이것은 친족 간의 관례적인 의례 행위에 불과한 것으로 강우규의 간첩 활동과는 아무런 관련이 없는 것입니다.
이처럼 백부 강우규로부터 조카딸 되는 강○○이 직접 10만 원을 받았음에도 마치 피고인이 이를 수수한 것같이 인정한 것은 부당합니다. 또, 강○○은 강우규가 '반국가단체의 구성원 또는 그 지령을 받은 자'라는 사실을 모르는 자입니다. 그렇다면 이런 행위가 국보법 제5조 2항 금품수수죄에 해당할 리 만무한데도, 피고인에게

동 조항을 적용한 것은 위법 부당한 것이라 아니할 수 없습니다.

2. 제8 피고인 이근만 · 제9 피고인 이오생의 상고이유서(1978. 1)
– 공동 변호인 함정호

원심은 공소사실을 유죄로 인정했으나 동 판결은 증거능력 없는 조서를 유죄의 증거로 인정하는 등 채증법칙 위반의 위법한 판결인 것이다.

1) 증거능력

형사소송법 제309조, 제317조는 피고인의 진술과 그 진술을 기재한 조서에 대하여 그 진술이 임의로 기재된 것이 아니라고 의심할 만한 사유가 있을 때는 이를 증거로 할 수 없다고 규정하고 있다. 그런데 검사 작성의 위 각 피의자 신문조서는 그 진술이 임의로 된 것이 아니라고 의심할 만한 충분한 자료가 있다.

검찰 조서에 관하여 서울형사지법 심리 중 피고인 이근만은 '검사가 이오생이 진술한 대로 진술하라고 해서 그대로 썼다.'라고 진술했고, 피고인 이오생은 '정보부에서는 엄문에 못 이겨 허위 진술하게 됐고, 검찰에 갔을 때도 정보부에 근무했던 사람이 그런 말을 못 들었을 리가 없다면서 검사가 정보부에서 작성한 조서를 그대로 베껴 썼다.'라고 진술했다. 또, 피고인 고원용도 '수사기관에서 강우규가 말했다는 대로 베껴 썼다.'라고 진술했고, 피고인 강우규 역시 '다른 사람들이 다 시인했다고 하여 인정하게 되었다.'라고 진술한 바, 동 검사 작성의 조서는 모두가 검찰청에서 작성된 것이 아니고 서울구치소 내에서 작성된 것이다(각 조서의 표지 참조).

피고인들이 정보부의 공포 분위기 속에서 조사를 받고, 송치되자 검찰청에는 한 번도 출석하지 못하고 변호인, 가족, 친지의 얼굴도 보지 못하는 분위기에서 조사를 받았으며 또한 구치소 내에서 조사하였다면 각 진술의 임의성은 충분히 의심받아야 하는 것이다.

위와 같은 이유로 법정에서 변호인이 검사 작성의 위 피고인들에 대한 각 피의자 신문조서의 임의성을 부인했으면 소추관인 검사가 그 임의성을 입증해야 하는데도 불구하고 그 임의성의 입증 없는 조서를 유죄의 증거로 삼은 원 판결은 의당 증거법 위반의 비난을 면치 못할 것이다.

2) 논리칙 및 경험칙 위반

피고인 이근만, 이오생, 강우규, 고원용의 법정 진술과 김○○의 증언에 의하면 1976년 2월 강우규의 아파트에 모인 것은 위 4인의 피고인과 증인 김○○뿐이었음에도 검사 작성 각 피의자 신문조서를 보면 김추백이 동석한 양 되어 있고, 피고인 이근만, 이오생이 강우규 아파트에 갈 때와 돌아올 때 김○○가 운전하는 회사 차를 탔는데도 검사 작성의 조서에는 택시로 귀가하면서 강우규를 신고할까 운운하는 대화를 한 양 진술되어 있다.

이와 같은 모순된 조서는 검사가 피고인 등의 진술을 기재한 것이 아니라, 정보부가 조사하여 송치한 사법경찰관 작성의 의견서를, 그와 같이 모순으로 기재되어 있는데도 분별없이 그 문장 그대로 옮겨 썼기 때문인 것이다.

이러한 점에서 위와 같은 검찰 조서는 진실하게 작성되지 아니하였음(더구나 아파트에서 피고인 등이 대화할 때 동 좌석에는 운전사 김○○도 함께 있었던 바, 피고인 등이 강우규가 북괴에 다녀왔다는 말을 하는 것을 들었다면 김○○도 당연히 들었을 것인데 동인은 듣지도 못했고 입건조차 되지 않았다는 사실에 비추어 볼 때 이는 더욱 명백하다)이 경험과 논리 상 쉽사리 판단되므로 이와 같은 증거는 의당 배척되어야 할 것이다.

[자료 5] '강우규 씨를 구하는 모임'의 소식지 발췌 자료

억울한 강 씨를 가족과 우리들의 손에! 강우규 씨는 무죄

– '강우규 씨를 구하는 모임' 회보 2호(1977. 6. 29) 발췌

퍼져가는 구원 활동 '강우규 씨를 구하는 모임' 결성

강 씨의 부당한 체포가 3월 24일 공표된 뒤로, 우리들은 가족 측의 호소에 답하여 '구하는 모임' 준비회를 발족시키고 에도가와구, 아라가와구를 중심으로 광범위하게 시민들에게 강 씨의 억울함과 즉시 석방을 호소하였습니다. 그리고 많은 사람들의 협력과 찬동을 얻어, 5월 25일에는 코이와(小岩) 주민회관을 가득 채운 150여 명의 구원 활동을 펼치려는 사람들과 함께 결성집회를 열 수 있었습니다. 매주 1회 이상에 달하는 초고속 재판에 반대하는 결성집회를 열었는데, 가족 측의 호소 말고도 니시미야 히로시 의원을 시작으로 한청회(韓青會), 재일한국인정치범가족협의회, 사회당, 에도가와구 노협, 재일한국인 '정치범'을 지원하는 전국회의 등에서 '구하는 모임'에 연대하여 강 씨의 무죄석방을 쟁취할 때까지 함께 힘차게 구원활동을 해가기로 결의하여, 점점 힘을 보태었습니다.

'구하는 모임(救う会)'은 결성 뒤에 즉시 사무국을 편성하고 강 씨를 구원하기 위해 온 힘을 다하기로 확인했습니다.

또한 우리들은 서울형사지방법원의 재판장에게 보내는 탄원서에 서명활동을 하고자 조를 편성하여 단기일 안에 3,554명을 모았습니다. 이번 서명은 재판장에게 보냈는데 이후에도 계속될 것입니다. 모금도 전국 각지에서 도착한 것이 10만엔이 넘었습니다. 감사드리며 모금반 덕분입니다.

전국 각지에서 억울함 호소

6월 24일에 예정된 판결 공판을 앞두고 강 씨의 부인 강화옥 씨는 조카 김정자 씨등 가족 여러 분들과 함께 전국에서 개최된 집회에 무죄를 호소하며 순회하고 있습니다.

6월 10일에는 아라가와구 주민회관에서, 21일에는 시나가와 공회당에서 열린 페스티발 '서울로 가는 길'에 온 약 800명의 참가자들에게 강 씨의 부인이 남편의 억울함을 호소하였습니다. 부인은 박 정권의 비도(非道)함을 들추고 많은 사람들의 양심에 깊이 호소했습니다.

또한 6월 14일에는 오사카에서 열린 '6.14 전관서집회'의 1천여 명의 참가자들 앞에서 강 씨의 부인이, 또한 6월 17일에는 후쿠오카에서 열린 '세계 인민에게 알림'의 상영회에서 300여 참가자들에게 조카 정자 씨가 '삼촌은 억울합니다. 삼촌을 우리들의 손에 돌려주십시오.'라고 호소했습니다.

항의 성명

오늘 한국 지방법원은 강우규 씨 이하 11명 모두가 북조선 간첩범이라며 사형을 포함한 중형을 선고했습니다. 우리들은 이번 판결에 대하여 심각하게 놀라며 거센 분노의 감정을 표합니다.

우리들은 본 판결에 대하여 아래의 이유로 분노를 담아 항의합니다.

1. 부당하기 그지없는 한국중앙정보부(KCIA)의 강 씨 체포 뒤, 강 씨가 충분히 합리적인 이유를 대어 죄의 정황을 부인하고 있는데도 구속하여 엉성한 채증으로 유죄를 인정한 점.

2. 마치 예정되었던 스케줄을 소화하려는 것처럼 기소 후 불과 두 달도 되지 않은 기간에 일곱 차례나 공판정을 열어 강 씨와 강 씨의 변호사에게 무죄를 입증하기 위한 증거 수집의 시간을 주지 않고 '무죄 입증이 없는 한 유죄이다'라 말하는 것은 전혀 이치에 맞지 않으며, 근대 형사재판사상 보기 드문 암흑재판인데다가 또한 공평한 재판이 이루어지지 않은 점.

3. 일본에 있던 평상시 강 씨의 일상생활에 나타났던 인품이 좋았고 근면하며 진실했던 점을 알아 이번에 한국중앙정보부에 의한 부당한 체포와 기소에 대하여 진정으로 인도적인 입장에 따라 강 씨의 구원을 바랐던 4천여 명의 일본 국민의 마음을 본 판결이 조금도 배려하고 있지 않은 점.

우리 '강 씨를 구하는 모임'은 오늘 판결을 맞아, 더더욱 투지를 불태우며 강 씨의 무죄와 즉시 석방을 쟁취하는 운동을 권유함과 더불어, 체포 후 어떤 연락도 받지 못하고 놀람과 불안 속에서 지내는 가족들을 지키고자 행동하노라 결의한다!

강우규 씨는 무죄!
– 강우규 씨를 구하는 모임 회보 4호(1977. 11. 9) 발췌

11월 3일, 한국 서울고등법원 형사 제3부의 오석락 재판장은 강우규 씨에 대하여 다시 사형판결을 내렸다. 강 씨의 무죄를 분명히 하는 많은 증거와 증언, 모든 피고의 주장을 압살하고 가혹한 중형, 유죄 판결을 내렸다.
3월 24일, 한국중앙정보부 발표에 따라 '자유통일협의회'라는 북조선 간첩단의 우두머리로서 강 씨가 사실 무근의 죄로 붙잡혀 있게 된 지 7개월여가 되었다. 우리 강 씨를 구하는 모임과 가족들, 그리고 전국의 정의와 진실을 사랑하는 사람들의 목소리는 박 정권의 검은 정치적 음모―암흑 정치재판의 벽을 깨뜨리지 못했다.
제2심은 10월 20일과 24일의 두 차례 공판에서 결심공판이 이루어졌다. 그러나 이번 공판정에서는 전례도 없는 11명의 피고 전원의 항소·무죄 주장(1심 집행유예를 받은 피고까지 항소했다)에 앞서, 거센 검찰 측의 추궁과 한국중앙정보부의 고문에 의한 자백강요가 있었음이 폭로되었다. 세 명의 증인들도 분명히 피고 전원의 무죄를 명백히 했다. 검찰 측은 증거도 증인도 제기하지 못하고 고문에 의한 자백조서만을 일방적으로 내세울 뿐이었다. 공판정에서도 강 씨와 10명의 피고의 무죄는 명백했다.
구하는 모임도 온 힘을 다해 구원활동을 추진해 왔다. 6천여 명의 구원서명이 거리와 가정, 집회, 노동조합에서 모아졌고, 국회의원의 탄원서명도 초당적으로 186명을 헤아린다. 노벨 평화상을 받은 국제 엠네스티도 구명 결의를 발표했다. 10월 29일부터 48시간 단식 투쟁에 가족을 포함한 6명이 참가하고 1,300명의 서명과 15만 엔의 모금이 도착했다. 산데-매일과 TBS 라디오에서도 특집이 편성되어 큰 반향을 불렀다. 강 씨의 무죄를 호소한 10만 장이 넘는 전단이 전국에 뿌려졌다.

그리고 무엇보다도 강 씨의 무죄는 시간이 갈수록 선명해지고 있다. 기소장에 입북했다고 되어 있는 74년의 강 씨의 유럽 여행 중 알리바이도, 호텔 숙박 장부와 증언에 따라 당시 파리에 머물렀던 것이 입증되었다. 또한 38점의 증거가 가공되어 있는데, 사실은 강 씨의 통상적인 여권과 만년필, 갖고 있던 돈, 손목시계일 뿐이다. 군사기밀 조사용이라고 일컫는 물건도 완전한 관광 여행품이라는 점 등.

이 정도까지 강 씨의 무죄가 선명해졌음에도, 박 정권은 자신의 지배를 연명하기 위해 강 씨에게 사형을 내렸다. 게다가 다른 10명의 피고에 대해서는 대폭적인 감형을 했는데도 주모자로서 재일한국인 강 씨에 대해서는 일체의 타협이 없었다.

강 씨의 건강에도 불안이 예상된다. 우리들은 분노를 안고 다시 운동을 넓게 펴지 않을 수 없다.

- 1977년 11월 3일 강우규 씨를 구하는 모임

활동 일지
- '강우규 씨를 구하는 모임' 회보 19호(1989. 7. 15) 발췌

1977년

1월 24일 : 상업적 이유로 강 씨 한국에 건너갔으나 소식 끊김

2월 8일 : KCIA(한국중앙정보부) 요원에 의해 연행, 감금당함

3월 24일 : KCIA, '자유통일협의회' 사건을 발표. 강 씨가 주모자로 날조됨

4월 29일 : 첫 공판 열림

5월 25일 : '강우규 씨를 구하는 모임' 결성집회

6월 24일 : 서울지방법원에서 사형 판결

10월 20일 : 2심 개시

10월 26일 : 중의원(衆議院) 법무위에서 한 시간 10분 넘게 강 씨에 관해 질문함

10월 29~31일 : 무죄석방을 요구하고, 스키야바시 공원에서 단식

11월 3일 : 서울고등법원에서 사형 판결

1978년

2월 15일 : 중의원 법무위에서 질문

2월 28일 : 한국 대법원 상고 기각 · 사형 확정. 긴급 항의 집회, 한국대사관에 항의

3월 5일 : '구원회', 한국대사관 앞 시위(히노키 마을 공원, 300명 참가)

5월 27일 : 서준식 씨에게 사회안전법 적용

9월 25일 : 강 씨를 구하기 위한 콘서트

1979년
2월 27일 : 사형 확정 1주년 규탄 집회
4월 19일 : 제1회 월례 학습회 개시
8월 15일 : '광복절 특사'에서 8명 석방, 이철 씨 무기로 감형
10월 19일 : 동경변호사회, 강 씨의 무죄를 증명하는 보고서 발표

1980년
1월 7~31일 : 제1차 국제연대 파견
7월 9일 : 현지의 의사, 강 씨와 면회
7월 23일 : 강우규, 진두현, 백옥광 씨 재심 기각, 긴급 행동
8월 5일 : 제2기 월례 학습회 개시
8월 11~13일 : 스키야바시에서 긴급 선전, 항의 엽서로 사형 저지 호소
8월 16일 : 사형 저지 · 재심 기각 탄핵, 한국 대사관 상대로 시위
12월 12일 : '김대중 씨, 강우규 씨 등을 죽이지 말라', 에도가와 긴급 집회
12월 18일 : 외무성 교섭, 에도가와구장 · 구의회 의원 서명 제출
12월 29일 : 고등법원, 강 씨의 재심 청구 항고를 기각

1981년
1월 12일 : 재항고
1월 27일 : 외무성 교섭, 에도가와구 여러 곳의 도의회 의원 · 국회의원 서명 제출
2월 14일 : 강종건 씨에게 사회안전법 적용
5월 26일 : 강 씨의 사형 집행 저지 · 재심 기각 규탄 집회
7월 30일 : 제3기 월례 학습회 개시
8월 15일 : '광복절 특사'에서 8명 석방, 4명 감형
10월 22일 : 한국 강남성모병원 박사, 강 씨를 진찰 – 고혈압, 심부전, 백내장으로 진단
11월 28일 : 국회의원 유지(有志,) 강 씨, 최철교 씨의 긴급 입원 요청을 대통령 앞으로 제출
12월 14일 : 에도가와구장, 구의회 전원이 전두환 대통령에게 강 씨, 최 씨의 입원을 요청하는 서명 제출

12월 22일 : 동경변호사회, 강 씨와 최 씨의 긴급 입원에 대한 요청서 대통령 앞으로 제출

12월 19~21일 : 이케부쿠로 니시구치 공원에서 단식

1982년

3월 1일 : 중의원 예산위에서 강 씨, 최 씨의 병 상태에 대해서 국회 질문

3월 3일 : 강 씨 등 사형확정 5명 무기로 감형

3월 15일 : 강 씨와 최 씨, 강남성모병원에서 정밀 검사

6월 18일 : '중태인 강 씨의 즉시 석방, 입원 치료를!' 집회

10월 18일 : 강 씨, 대전교도소에 이감

1983년

3월 3일 : 제4회 월례 학습회 개시

3월 14일 : 대법원, 강 씨의 재심 청구 항고

5월 25일 : 법무부 징계위, 강 씨 변호인이었던 태윤기 변호사의 자격 정지 처분 결정[16]

1984년

2월 6일 : 강 씨, 외부의 병원에서 진찰

8월 22일 : 구원회 사무국원 강 씨와 면회를 이루어냄

8월 중 : 에도가와구장, 구의회 의장, 부의장이 강 씨의 석방 요청

1985년

7월 중 : 강 씨 대구교도소에 이감

---

16 광복군 출신의 태윤기 변호사는 남들이 꺼리는 시국 사건을 도맡아 변론했다. 이승만 대통령 저격미수 사건, 특무부대장 김창룡 암살사건, 진보당 사건, 5.16 쿠데타 이후 박창암 김동하 등 반혁명 사건, 원충연 등 반혁명 사건, 백범 암살범 안두희에 대한 살인미수 사건, 통혁당 사건, 유신 쿠데타 이후 강신옥 · 한승헌 변호사 사건과 10.26 김재규 사건 등을 맡았다. 전두환 정권 시절인 81년 재미동포 홍선길 간첩사건에서 대법원 무죄판결을 받아낸 태 변호사는 안기부의 보복으로 연행당해 고초를 당한 끝에 변호사협회에서 제명을 당했다. 태 변호사는 6월항쟁 이후 88년 항고, 재항고를 거쳐 헌법소원 심판까지 청구했으나 헌재는 90년 기각결정을 내려 끝내 '부끄러운 사법 판례'로 남았다. - 〈한겨레신문(2012. 5. 14)〉 발췌

1987년

2월 27일 : 에도가와구장, 구의회의장, 부의장, 에도가와구 의사회 회장, 가톨릭 동경 대주교, 강 씨의 석방 요청

3월 1일~ : 강종건 씨 25일간 단식

3월 3일~ : 서준식 씨 51일간 단식

5월 중 : 전국교도소 민주화 운동 옥중 투쟁위원회 결성. 정치범 585명이 옥중 투쟁 성명을 발표, 전국의 교도소에서 옥중 단식

5월 26일 : 강 씨, 가톨릭 병원에서 진찰

6월~ : 한국 민중 봉기 시작

1988년

2월 27일 : 강 씨, 무기에서 20년으로 감형

5월 25일 : 서준식 씨 석방

6월 10일 : 강종건 씨 석방

8월 3일 : 에도가와구장, 구의회 의장, 부의장 서명으로 강 씨의 즉시 석방을 요구하는 요청

9월 1일~ : 한국교도소 16개 곳에서 일제히 옥중 단식 투쟁

10월 3일 : 이철 씨 등 재일한국인 정치범 2명 석방

12월 21일 : 강 씨, 강종헌 씨 등 재일한국인 정치범 4명 석방, 서승 씨 무기에서 20년으로 등 22명 감형

1989년

4월 6일 : 강 씨 귀일

4월 13일 : 법무성 교섭, 강 씨의 영주권 회복을 요구

[자료 6] 사건 관련 현황

- 1977. 2. : 강우규 씨를 비롯한 11인 중앙정보부에 의해 연행

- 1977. 2. ~ 1977. 3. : 11인 구속, 기소

- 1977. 3. 24. : 중앙정보부, '북괴 거물급 간첩 강우규와 국내관련 고정간첩 김기오 등 일당 11명을 검거, 구속 송치'했다고 발표, 언론에 보도됨

- 1977. 4. 15. ~ 1977. 6. 24. : 1심 진행(서울형사지법)
  · 판사 허정훈(재판장), 김승묵, 김황식
    검사 황진호
    제1 피고인 강우규 변호인 태윤기
    제2 피고인 김기오 변호인 함정호
    제3 피고인 고재원 변호인 고재호, 조준희
    제4 피고인 김추백 변호인 현규병
    제5 피고인 김성기 변호인 정보성
    제6 피고인 강용규 변호인 김택현, 김무근
    제7 피고인 고원용, 제11 피고인 장봉일 변호인 장준택
    제8 피고인 이근만 변호인 함정호
    제9 피고인 이오생 변호인 함정호, 강신옥
    제10 피고인 김문규 변호인 장영철
  · 선고 결과 : 국가보안법 위반, 반공법 위반죄로
    제1 피고인 강우규를 사형
    제2 피고인 김기오를 무기징역
    제3 피고인 고재원을 징역 15년 및 자격정지 15년
    제4 피고인 김추백을 징역 5년 및 자격정지 5년
    제5 피고인 김성기 · 제6 피고인 강용규 · 제7 피고인 고원용을 징역 4년 및 자
    격정지 4년
    제8 피고인 이근만 · 제9 피고인 이오생을 징역 3년 및 자격정지 3년
    제10 피고인 김문규 · 제11 피고인 장봉일을 징역 1년 6월 및 자격정지 1년 6월
    (집행유예 3년)에 각 처함
- 1977. 10. 17. ~ 11. 3. : 항소심(서울고등법원)
  · 판사 오석락(재판장), 이익우, 정귀호
    검사 서동권
    제1 피고인 강우규 변호인 태윤기, 박세경
    제2 피고인 김기오 변호인 태윤기, 박세경, 김인기
    제3 피고인 고재원 변호인 고재호, 조준희
    제4 피고인 김추백 변호인 오제도
    제5 피고인 김성기 변호인 정보성
    제6 피고인 강용규 변호인 김택현, 김무근

제7 피고인 고원용, 제11 피고인 장봉일 변호인 장준택
제8 피고인 이근만, 제9 피고인 이오생 변호인 함정호
제10 피고인 김문규 변호인 장영철
· 선고 결과 : 국가보안법 위반, 반공법 위반으로
제1 피고인 강우규의 항소 기각(사형)
제2 피고인 김기오를 징역 12년과 자격정지 12년
제3 피고인 고재원을 징역 7년과 자격정지 7년
제4 피고인 김추백을 징역 3년 6월에 자격정지 3년 6월
제6 피고인 강용규 · 제7 피고인 고원용을 징역 3년에 자격정지 3년(집행유예
4년)
제5 피고인 김성기 · 제8 피고인 이근만 · 제9 피고인 이오생을 징역 2년에 자격
정지 2년(집행유예 3년)
제10 피고인 김문규 · 제11 피고인 장봉일을 징역 1년과 자격정지 1년(집행유예
2년)에 각 처함
- 1978. 2. 28. : 상고심(대법원)
· 판사 주재황(재판장), 양병호, 임항준, 라길조
검사 설동훈
제1 피고인 강우규 변호인 태윤기
제2 피고인 김기오 변호인 태윤기
제3 피고인 고재원 변호인 고재호, 조준희, 장준택
제4 피고인 김추백 변호인 오제도, 장준택
제5 피고인 김성기 변호인 정보성
제6 피고인 강용규 변호인 김택현
제7 피고인 고원용, 제11 피고인 장봉일 변호인 장준택
제8 피고인 이근만, 제9 피고인 이오생 변호인 함정호
제10 피고인 김문규 변호인 김무근
· 선고 결과 : 국가보안법 위반, 반공법 위반
모든 피고인의 상고 기각

- 2006. 3. 2. : 진실과 화해를 위한 과거사정리위원회에 사건 관련 피해자 6인 진실
규명 신청서 제출
- 2010. 5. 11. : 진실과 화해를 위한 과거사정리위원회 '일부 진실규명 결정'

- 2010. 10. 11. : 사건 관련 피해자 6인 재심 청구
- 2013. 11. 13. : 재심 개시 결정(서울고등법원)
- 2014. 12. 19. : 1심 선고(서울고등법원)
  - 판사 김상환(재판장), 김성수, 윤정근
  - 선고 결과 : 모든 피고인에게 무죄 선고
- 2015. 1. : 검사 상고
- 2016. 6. 9. : 대법원 선고
  - 판사 박병대(재판장), 박보영, 김신, 권순일
  - 선고 결과 : 검사의 상고 기각
- 6명의 무죄확정판결 후 사건 관련 나머지 5명의 피해자들, 2차 재심 청구

| 참 고 자 료 |

- 사건 관련 기록(수사 · 공판기록, 진화위 보고서 등의 기록, 면담 기록)
- 김병진,『보안사』, 소나무, 1988
- 김기오,『안개 속의 하얀 집』, 태광문화사, 1991
- 강만길,『한국사』, 한길사, 1995
- 김기오,『이삭을 주으며』, 학문출판사, 1996
- 류승렬,『뿌리 깊은 한국사 샘이 깊은 이야기』, 솔, 2003
- 김정남,『진실, 광장에 서다』, 창비, 2005
- 이인우,『조작간첩 함주명의 나는 고발한다』, 길, 2014
- 김효순,『조국이 버린 사람들』, 서해문집, 2015
- 우치다 히로우미 외,『전락자백』, 뿌리와 이파리, 2015
- 가지무라 히데키 외,『해방 후 재일조선인운동 1945~1965』, 도서출판 선인, 2015